KB116326

인민 3부작 · 1

해방의 비극

인민 3부작·1

해방의 비극

중국 혁명의 역사

1945~1957

프랑크 디쾨터 지음 l 고기탁 옮김

일러두기
• 별도의 표기가 없는 한 각주는 옮긴이주다.

이 책은 실로 꿰매어 제본하는 전통적인 사철 방식으로 만들어졌습니다.
사철 방식으로 제본된 책은 오랫동안 보관해도 손상되지 않습니다.

다수의 지지를 얻고 소수를 반대하여 모든 적을 각개 격파하라.

—— 마오쩌둥

차례

머리말

중국 공산당은 1949년에 거둔 그들의 승리를 〈해방〉이라고 말한다. 해방이라는 단어는 거리로 쏟아져 나와 새로 쟁취한 자유를 자축하며 환호하는 군중을 떠올리게 하기 마련이지만 중국의 해방과 그 뒤를 잇는 혁명의 이야기는 평화나 자유, 정의와 무관하다. 다른 무엇보다, 계산된 공포와 조직적인 폭력의 역사를 보여 준다.

제2차 세계 대전으로 유혈 참사를 겪은 중국에서는 1945년부터 1949년까지 진행된 국공 내전으로 군인 사상자를 제외하고도 수십만 명의 민간인이 또다시 목숨을 잃었다. 공산주의자들은 장제스와 국민당을 상대로 정권을 탈취하는 과정에서 도시들을 포위하고 굶주리게 만들어 차례로 항복을 받아 냈다. 만리장성 북쪽의 광활한 만주 벌판 중앙에 위치한 창춘은 1948년에 5개월 동안이나 봉쇄되었다. 공산군을 이끌던 린뱌오 사령관은 창춘을 〈죽음의 도시〉로 만들라고 지시했다. 그리고 도시 전체를 빙 둘러 50미터 간격으로 보초를 배치하고 굶주린 민간인들이 도시를 떠나지 못하게 함으로써 국민당의 곡물 비축량에 더욱 압박을 가했다. 사람들은 살아남기 위해서 풀, 곤충, 나무껍질을 먹었다. 인육을 먹는 사람들도 있었다. 대공포와 중포가 밤낮으로 창춘 시내를 포격했다. 포위 기간 중 최소 16만 명이 굶주림과 질병으로 사망했다.

불과 몇 개월 뒤 인민 해방군은 베이징에 무혈입성했다. 장기간의 봉쇄를 견딜 자신이 없었던 다른 도시들도 이렇다 할 저항 없이 투항했다. 지역에 따라서는 호의를 품은 군중이 공산주의자들을 환영했다. 그들은 전쟁이 끝났다는 사실에 안도하고 보다 나은 미래를 꿈꾸었다. 중국 전역에서 사람들은 두려움과 희망, 체념 등이 뒤섞인 감정으로 해방을 맞았다.

해방에 이어 농촌에서 토지 개혁이 단행되었다. 농부들은 그들의 지도자를 끌어내리는 대가로 약간의 땅을 분배받았다. 토지 분배 과정에서 폭력은 불가결한 속성이었으며 신중하게 선정된 소수를 죽이는 일에 다수가 연루되었다. 각각의 공작대에는 농민들로부터 비난과 모욕, 구타를 당하고, 재산을 빼앗기고, 죽임을 당해야 할 희생자 수가 할당되었으며 이를 위해 증오로 가득 찬 분위기 속에서 수백 명의 농민들이 동원되었다. 200만 명에 육박하는 일명 〈지주〉들이 당과 가난한 자들 사이에 피로 맺어진 계약에 의해 숙청되었다. 지주로 분류된 사람들 중에는 그들의 이웃보다 상황이 별반 나을 게 없는 이들도 많았다. 부주석인 류사오치가 허베이 성에서 보고한 내용에 따르면 그들은 생매장을 당하거나 결박된 채 분시(分屍)를 당하거나 교살을 당했다. 〈어린 지주〉라는 이름으로 어린아이들이 도륙되기도 했다.

해방 후 1년도 지나지 않아 공산당의 적을 모조리 제거하기 위한 대공포 시대가 도래했다. 마오쩌둥은 1,000명당 한 명을 죽이도록 할당량을 하달했지만 많은 지역에서 할당량의 두세 배가 넘는 사람들에게 대개는 조잡한 구실로 처형이 행해졌다. 그 결과는 마을이라는 공동체의 전면적인 붕괴였다. 여섯 살밖에 안 되는 어린 학생들이 적의 첩자 노릇을 했다는 이유로 체포되어 고문을 당하다가 목숨을 잃었다. 때로는 할당량을 채우려는 당 간부들이 죄수를 임의로 선정해서 총살시키기도 했다. 1951년 말까지 거의 200만 명에 가까운 사람들이 목숨을 잃었다. 어떤 사람들은 대중 집회가 열리는 대회장에서 공개적으로 처형됐으며 대개는 대중의 시선이 미치지 않는 숲이나 계곡, 강가에서 홀로 또는 떼로 죽임을 당했다. 그리고 그들보다 훨씬 많은 사람들이 중국 전역에 산재한 감옥에서 목숨을 잃었다.

프랑스 혁명에 대한 사이먼 샤마의 견해를 다른 말로 바꾸자면, 혁명이란 폭력의 또 다른 이름이었다. 하지만 폭력이 효과를 발휘하기 위해서는 가끔씩만 행해질 필요가 있었다. 공포와 위협은 폭력의 충실한 동반자였으며 광범위하게 활용되었다. 사람들은 그들 자신을 개조하여 공산당이 〈신(新)인민〉이라고 부르는 존재가 되어야 했다. 이를 위해 관공서나 공장, 소규모 작업장, 초·중·고등학교와 대학 등 모든 곳에서 〈재교육〉을 받았으며 신문과 교과서를 공부하며 올바른 대답과 올바른 생각, 올바른 표어를 배웠다. 몇 년 뒤 폭력은 감소했지만 사상 개조는 끝나지 않았다. 사람들은 겉으로 사회주의에 순응하는 한편 그 뒤에 숨겨진 부르주아적인 생각을 잠깐이라도 드러내지 않도록 조심하면서 모든 믿음을 검증받아야 했다. 반복해서 군중 앞이나 학습 모임에서 엄격한 감시를 받는 가운데 죄를 고백하고, 친구를 비난하고, 과거 행동을 해명하고, 질문에 답하면서 정치적 신뢰성을 증명해야 했다. 한 희생자는 이 과정을 〈세심하게 구축된 정신적 아우슈비츠〉라고 지칭했다.

공산당 정권이 단순한 폭력과 위협만으로 수립된 것은 아니었다. 중국에서 공산주의의 역사는 약속과 약속의 파기로 점철된 역사이기도 하다. 공산주의자들은 권력을 잡기 전까지 구애 작전을 펼쳤다. 레닌과 볼셰비키당처럼 마오쩌둥은 각각의 불만 세력에 그들이 가장 원하는 것을 약속함으로써 정권을 잡았다. 농민에게는 땅을, 소수 민족에게는 독립을, 지식인에게는 자유를, 사업가에게는 사유 재산의 보호를, 노동자에게는 보다 높은 생활 수준을 약속했다. 중국 공산당은 신민주주의라는 기치 아래, 즉 가장 강력한 정적들을 제외한 모든 세력에게 협력을 약속함으로써 다수를 규합했다. 통일 전선이라는 이름 아래 민주당 같은 수많은 비공산주의 조직들이 공산당의 지배를 받으며 정권에 동조했다.

이러한 약속들은 하나씩 파기되었다. 마오쩌둥은 전략의 대가였다. 〈다수의 지지를 얻고 소수를 반대하여 모든 적을 각개 격파하라.〉 그는 공산 정권에 협조하도록 사주한 미래의 적들로부터 본의 아닌 도움을 받아 모든 분야의 반대자들을 차례로 제거해 나갔다. 1951년 피로 얼룩진 대공포 정치가 끝나자마자 공산 정권은 불과 몇 년 전 그들이 계속 일해 달라고 부탁했던 이전 공무원들에게서 등을 돌렸다. 더 이상 그들의 도움이 필요 없었기 때문이다. 그 결과 100만여 명의 공무원들이 해고되거나 투옥되었다.

1952년에는 재계에 대한 공격이 이루어졌다. 기업가들은 강제로 비판 대회에 끌려 나갔고 그곳에서 진심이든 아니든 증오에 사로잡혀 극도로 흥분한 직원들과 마주했다. 단 2개월 동안 상하이에서만 600명이 넘는 기업가와 사업가, 소상인이 자살을 선택했다. 그 외에도 많은 사람들이 무너졌다. 기업가를 정부로부터 보호하는 모든 안전장치가 제거되었다. 기존의 법률과 사법 기관이 모두 폐지되었고 소비에트 연방의 영향을 받은 법률 제도로 대체되었다. 언론의 자유도 축소되었다. 독립적인 법정은 인민 재판으로 대체되었다. 자율적으로 운영되던 상공 회의소의 역할은 중앙 정부의 통제를 받는 중화 전국 공상업 연합회 지역 사무소로 넘어갔다. 1956년에 중국 정부는 소위 〈보상 매입 정책〉이라는 명목으로 구멍가게부터 대기업에 이르기까지 모든 민영 기업을 국유화했다. 이 정책은 매입이나 보상과는 아무런 관련이 없었다.

농촌에서는 집산화를 둘러싼 거센 저항과 폐해에도 불구하고 1956년에 이르러 농부들이 농기구와 땅, 가축을 잃게 되었다. 그들은 이동의 자유를 잃었고 정부에서 정한 가격에 양곡을 국가에 판매하도록 강요받았다. 지역 공산당 간부의 명령만 기다리는 채무 노동자로 전락했다. 이미 1954년에 정부 스스로 인정했듯이 농민들은 해방 전과 비교했을 때 식량이 3분의 1이나 줄어든 상황에 처했다. 거의 모든 농민들이 기근에 허덕였다.

1957년에 들어서는 마오쩌둥이 지식인에게서 등을 돌리고 50만 명에 달하는 지식인들을 강제 노동 수용소로 보내면서 소수 민족, 종교 단체, 농민, 기능공, 기업가, 제조업자, 교사, 학자, 당 내부의 회의론자 등 반대자들을 제거하기 위한 공산당의 행보가 최고조에 달했다. 공산당이 정권을 잡은 지 10년 만에 주석에게 반기를 드는 사람은 아무도 남지 않게 되었다.

모든 약속이 깨졌음에도 공산당을 추종하는 사람들은 계속해서 늘어났다. 그들 중 상당수는 이상주의자들이었고 일부는 기회주의자들도 있었으며 폭력배도 있었다. 그들은 놀라울 정도의 믿음과 거의 광신적인 신념을 보여 주었다. 때때로 이러한 태도는 당 조직의 배신을 몸소 경험한 이후에도 전혀 달라지지 않았다. 실제로 1957년에 당에서 축출된 몇몇 지식인들은 모기가 들끓는 광활한 습지대인 북대황(北大荒)행을 자원했다. 북대황은 황무지 개간을 위해 죄수들이나 보내지는 그런 곳이었다. 그들은 이를 언젠가는 다시 당을 위해서 봉사할 수 있을 거라는 희망에 자신을 만회하고 쇄신할 기회로 여겼다.

발렌틴 추는 공산당이 중국을 점령하고 10년 뒤에 발표한 그의 기념비적인 저서 『중국 공산당 비화The Inside Story of Communist China』에서 〈중국 공산당이 한 일들 중에서 잘한 것도 있는가?〉라고 물었다. 그의 설명에 따르면 따로 떼어 놓고 보았을 때 어떤 단일 행위나 프로그램은 잘한 일일 수도 있었다. 예컨대 유효한 댐이나 아이들이 편안하게 지낼 수 있는 보육원, 재소자가 인간적인 대우를 받는 교도소 등이 그것이다. 농촌의 문맹 퇴치 운동도 중도에 포기하기 전까지는 칭찬할 만했다. 하지만 전체적인 맥락에서 1949년부터 1957년 사이에 일어난 일들을 본다면 이러한 단편적인 성과들은 평등이나 정의, 자유 등 공산 정권에서 공표한 가치의 포괄적인 흐름에 아무런 영향을 주지 못했다.

각계각층의 사람들이 거대한 비극에 휘말렸으며 바로 그들이 이 책의 주인공들이다. 그들의 경험은 특히 지도부에서 발표한 내용만으로 가득 채워진 듯 보이는 공식적인 선전에 의해 흔히 침묵당했다. 공산당의 선전은 현장에서 일어나는 현실이 아니라 그들이 만들고자 하는 세상을 다루었다. 온갖 계획과 청사진, 모델로 이루어진 세상이었으며 피와 살로 이루어진 진짜 인간이 아니라 모범적인 노동자와 농부가 주인공인 세상이었다.

때로는 역사가들도 선전을 통해 제시되는 추상적인 세상을 혁명의 뒤를 이은 복잡하고 개별적인 비극과 혼동했다. 공산 정권이 다른 사람들에게 보여 주고자 세심하게 준비한 반짝반짝 빛나는 이미지들을 너무 쉽게 믿은 결과였다. 1966년에 시작된 문화 대혁명의 대재앙과 대조하여 해방기를 〈황금기〉나 〈밀월기〉로 지칭한 역사가들도 있었다. 보다 일반적인 상황에서 그 같은 신봉자들은 중국 혁명을 세계사에서 가장 위대한 사건들 중 하나로 묘사하길 멈추지 않는다. 러시아의 이오시프 스탈린이나 캄보디아의 폴 포트, 북한의 김일성 등 다른 공산주의 독재자들이 그들의 신뢰성을 상당 부분 잃었다는 사실이 그들의 믿음을 더욱 부채질한다. 하지만 이 책에서 보듯이 마오쩌둥의 집권 후 초기 10년은 최소 500만 명 이상의 민간인들이 목숨을 잃고 그보다 훨씬 많은 사람들을 불행하게 만든 20세기 최악의 폭정들 가운데 하나였다.

이 책에 제시된 증거들은 대부분 중국 공산당의 기록 보관소에서 나왔다. 지난 몇 년 사이에 방대한 자료들이 공개되었으며 나는 비밀경찰의 보고서, 수정되지 않은 지도부의 연설문, 사상 개조 운동에서 발췌된 자백서, 농촌의 반란을 둘러싼 사실 조사, 대공포 시대의 희생자들에 관한 세부적인 통계 자료, 공장과 소규모 작업장의 근로 환경에 대한 조사, 일반인들이 제출한 항의서 등을 포함하여 이전까지 기밀로 취급되던 수백 건의 문서들을 참고했다. 이외에도 혁명을 직접 겪은 목격자의 증언을 비롯하여 개인의 회고록, 편지, 일지 등의 자료들을 참고했다. 이들 초기 목격자들의 증언은 공산 정권을 지지하는 사람들에 의해 그동안 많은 부분이 부당하게 묵살되어 왔지만 이제 기록된 증거들을 통해 확인이 가능해졌고 새로운 생명력을 갖게 되었다. 전체적으로 볼 때 이러한 자료들은 우리에게 선전을 통해 반짝이는 겉면의 안쪽을 살피고 혁명의 주인공이자 주된 희생자인 일반인의 이야기에 다가갈 수 있는 유례없는 기회를 제공한다.

『해방의 비극』은 〈인민 3부작〉의 두 번째 책이다. 1958년부터 1962년까지 수천만 명의 목숨을 앗아간 인재를 다룬 『마오의 대기근』이 먼저 발간되었지만 연대상으로는 『해방의 비극』이 앞선다.* 문화 대혁명을 다룰 세 번째이자 마지막 책은 적절한 시기에 발표될 예정이다.** 〈인민 3부작〉을 뒷받침하는 기록 증거의 특징에 대해서는 『마오의 대기근』 출처에 관한 소론에서 훨씬 자세하게 설명한다.

---

* 우리나라에서는 연대 순서를 따라 『해방의 비극』을 먼저 출간하고 『마오의 대기근』을 뒤이어 출간했다 — 편집자주.
** 인민 3부작의 세 번째이자 마지막 책 *The Cultural Revolution*은 2016년에 출간되었고, 우리나라에서는 (주)열린책들에서 2017년에 번역 출간되었다 — 편집자주.

연대표

1945년 8월 6일과 9일
히로시마와 나가사키에 원자 폭탄이 투하됨.

1945년 8월 8일
스탈린이 일본에게 전쟁을 선포하고 소련군이 만주로 진격함.

1945년 8월 21일
일본이 중국에 공식적으로 항복함으로써 태평양에서 제2차 세계 대전이 종식됨.

1946년 4월
공산주의자들에게 만주를 넘기고 소련군이 철수함.

1946년 5월
마오쩌둥이 농촌 지역에서 급진적인 토지 재분배와 전면적인 계급 투쟁을 천명함.

1946년 6월
국민당 군대가 만주 북쪽 경계선까지 공산주의자들을 추격하지만 트루먼 대통령의 특사로 파견된 조지 마셜의 정전(停戰) 요구로 어쩔 수 없이 진격을 중단함. 공산당은 군대를 재정비하고 소련군에게 훈련을 받음.

1946년 9월 ~ 1947년 12월

트루먼이 무기 금수 조치를 단행함.

1946년 12월 ~ 1947년 12월

국민당이 보유한 최고의 부대가 계속해서 만주에 투입되었고 만주가 죽음의 덫으로 화함.

1947년 12월 ~ 1948년 11월

공산주의자들이 대도시를 봉쇄하는 전략으로 만주 전쟁에서 승리함.

1949년 1월 22일

베이징이 포위 40일 만에 공산주의자에게 함락됨.

1948년 11월 ~ 1949년 1월

국민당이 화중 지역인 쉬저우 전투에서 패배하고 양쯔 계곡을 비롯한 화남 지역 전체로 나아가는 길목을 공산주의자에게 내줌.

1949년 4월 ~ 5월

양쯔 강 이남에 위치한 국민당의 수도 난징이 공산주의자들에게 함락됨. 오랜 포위 끝에 공산주의자들이 상하이를 점령함.

1949년 6월 30일

중국 공산당 28주년 기념일을 맞아 마오쩌둥은 중국이 〈한쪽 편에 기대야 하며〉 소비에트 연방을 받아들여야 한다고 공표함.

1949년 10월 1일

마오쩌둥이 베이징 톈안먼 광장에서 중화 인민 공화국을 선포함.

1949년 12월 10일

충칭이 함락된 후 장제스가 중국을 버리고 타이완으로 도주함.

1949년 12월 ~ 1950년 1월

마오쩌둥이 모스크바에서 스탈린 정권의 공인과 도움을 받음. 1950년 2월 14일 중국과 소비에트 연방이 중소 우호 동맹 상호 원조 조약을 체결함.

1950년 6월 ~ 1952년 10월
공산주의자들이 남쪽에서 토지 개혁을 시행함.

1950년 6월 25일
북한이 남한을 침공하면서 유엔 안전 보장 이사회로부터 비난을 받고 더글러스 맥아더 장군이 이끄는 연합군의 반격을 받음.

1950년 10월 7일
인민 해방군이 티베트를 침공함.

1950년 10월 10일 ~ 1951년 10월
〈반혁명 진압 운동〉이라는 이름으로 대공포 시대가 열림.

1950년 10월 18일
중국이 한국 전쟁에 개입함.

1950년 11월
미국에 저항하고 한국을 돕자는 〈항미 원조(抗美 援朝)〉 운동이 시작됨.

1951년 ~ 1953년
토지 재분배가 완료되고 농민들이 농기구와 역축, 노동력을 공유하는 〈호조조(互助組)〉에 편입됨.

1951년 10월 ~ 1952년 6월
정부 고위 관료들을 정화하기 위해 〈삼반 운동(三反 運動)〉이 시행됨.

1951년 10월
학식 있는 엘리트들을 정부 관리로 편입하고 흡수하기 위한 사상 개조 운동이 시작됨.

1952년 1월 ~ 6월
마오쩌둥이 〈오반 운동(五反 運動)〉을 통해 민간 부문에 대해 전쟁을 선포함.

1952년 2월 ~ 4월
중국 정부에서 미국이 세균전을 벌이고 있다고 주장함.

1953년 3월 5일
스탈린 사망.

1953년 7월 27일
한국 전쟁에서 휴전이 선포됨.

1953년 11월
양곡에 대한 전매 제도가 도입되면서 정부가 정한 가격으로 〈잉여〉 곡식을 국가에 판매하도록 농부들에게 강요됨.

1953년 ~ 1955년
호조조가 농기구와 역축, 노동력을 영구적으로 공유하는 합작사(合作社)로 바뀌고 토지가 공동으로 관리됨.

1954년 2월 ~ 1955년 5월
가오강을 비롯한 고위 간부들이 〈배신〉과 〈당의 분열을 조장〉했다는 혐의로 숙청됨.

1955년 4월 ~ 12월
후평과 그 밖의 지식인들이 〈반혁명적인〉 집단을 이끌었다는 비난을 받고 반혁명에 반대하는 운동을 통해 77만 명 이상이 체포됨.

1955년 6월
호구 제도로 농촌 사람들의 이동이 제한됨.

1955년 여름 ~ 1956년 봄
〈사회주의의 고조(高潮)〉라고 불리는 농촌의 집산화를 가속화하기 위한 조치로 농부들은 집산주의 사회로 편입되었고 더 이상 토지를 소유할 수 없게 됨. 도시에서는 대부분의 산업과 상업이 국유화됨.

1956년 2월

흐루쇼프가 모스크바 비공개 연설에서 스탈린과 개인 숭배를 비난함. 막대한 피해를 가져온 스탈린의 집산주의 운동에 대한 비난은 중국에서 사회주의의 고조에 반대하는 사람들의 입지를 강화함. 마오쩌둥은 탈스탈린화를 자신의 권위에 대한 도전으로 받아들임.

1956년 9월

당헌에서 〈마오쩌둥 사상〉을 언급한 부분이 없어졌고, 집단 지도 체제의 원칙이 환영을 받았으며, 개인 숭배가 공공연히 비난을 당함. 사회주의의 고조가 버림받음.

1956년 10월

비스탈린화에 고무된 헝가리 국민들이 정부에 반대하여 폭동을 일으키자 소비에트 군대가 헝가리를 침공하여 반대자들을 진압하고 모스크바의 지지를 받는 새로운 정부를 설립함.

1956년 겨울 ~ 1957년 봄

마오쩌둥이 대다수 측근들의 반대를 무릅쓰고 헝가리에서 소련군의 침공을 불러온 사회 불안을 피하기 위해 〈백화제방(百花齊放)〉 운동을 벌여 정치적으로 보다 개방적인 분위기를 조성함. 중국 전역에서 학생들과 노동자들이 시위와 저항 운동, 파업 등을 벌임.

1957년 여름

비난 공세가 갈수록 거세져서 당의 지배권 자체에 문제를 제기하는 등 백화제방 운동이 역화를 일으킴. 마오쩌둥이 방침을 바꾸어 이들 비난자들을 향해 당을 무너뜨리려는 악질분자라고 비난함. 반우파 투쟁의 책임자로 덩샤오핑이 임명되고 이 운동으로 50만 명에 달하는 지식인들이 박해를 당함. 대다수가 학생들과 지식인들로 이루어진 그들은 궁벽한 곳으로 강제 이송되어 고된 노동을 강요당함. 당은 주석의 뒤에서 단결하고 몇 달 뒤 마오쩌둥은 〈대약진 운동(大躍進 運動)〉을 시작함.

중국, 1957년

소련

우루무치

뤄부포 호

신장

이슬라마바드

서파키스탄

칭하이

티베트

델리

네팔

라싸

창두

카트만두

팀푸

인도

부탄

동파키스탄

다카

캘커타

만달레이

벵골 만

버마

500 킬로미터
300마일

타

1부

정복

1945~1949

1장
포위

2006년 여름 창춘에서 새로운 관개 시설을 만들기 위해 도랑을 파기 시작한 인부들은 섬뜩한 광경을 목격했다. 기름진 흑색토가 사람들의 유해로 가득했던 것이다. 땅속 1미터 아래에서 수천 점의 해골들이 다닥다닥 붙은 채 발견되었다. 깊이 파들어 갈수록 유골들이 마치 장작처럼 겹겹이 쌓여 있었다. 주민들은 엄청난 매장 규모에 놀랐다. 어떤 사람은 이들 유골들이 제2차 세계 대전 중 일제 강점기에 희생된 사람들일 것으로 추측했다. 연로한 한 남성을 제외하고는 그들 중 누구도 자신들이 마오쩌둥의 공산주의자들과 장제스의 국민당 사이에서 1945년을 기점으로 재개된 국공 내전의 흔적을 발견했다는 사실을 알아차리지 못했다.

1948년 공산주의자들은 창춘을 5개월 동안 포위했고 도시의 성벽 안쪽에 주둔하고 있던 국민당 수비대를 굶주림 속으로 내몰았다. 승리의 대가는 엄청났다. 봉쇄 기간 중 최소 16만 명 이상의 민간인들이 아사했다. 해방 직후에 공산당 군대는 아무런 묘비나 명패, 간단한 표식도 없이 무수히 많은 시체를 합장했다. 중국이 평화롭게 해방을 맞았다는 수십 년에 걸친 선전 때문에 공산당이 권력을 쟁취하는 과정에서 희생된 사람들을 기억하는 사람은 거의 없었다.[1]

———

만리장성 북쪽의 광활한 만주 벌판 중앙에 위치한 창춘은 1898년 철도가 들어서기 전까지 작은 교역 도시에 불과했다. 이후 일본이 운영한 남만주 철도와 러시아 소유의 동청 철도가 만나는 교통의 요지로서 빠르게 성장했다. 1932년에는 일본 제국주의가 세운 괴뢰 정부 만주국의 수도가 되었으며 일본 제국주의자들은 후에 마지막 황제로 알려지는 헨리 푸이를 만주의 통치자로 내세웠다. 일본인들은 넓은 도로와 나무 그늘을 조성하고 공공사업을 벌여 창춘을 방사상의 근대적인 도시로 탈바꿈시켰다. 널찍한 공원 옆에는 제국의 관청으로 사용될 커다란 크림색 건물들이 들어섰으며 일제에 협력하는 지역민과 일본인 고문관을 위한 우아한 저택들이 지어졌다.

1945년 8월에 창춘을 점령한 소련군은 그들이 할 수 있는 한 모든 공장과 기계, 자재 등을 해체했고 이들 전리품을 화물 열차에 실어 본국으로 보냈다. 도시의 산업 시설은 붕괴되었고 한때 우아한 자태를 뽐내던 많은 저택들이 벌거숭이가 되었다. 소련군의 주둔은 1946년 4월까지 계속되었고 뒤이어 국민당이 이 도시를 점령했다. 2개월 뒤 국공 내전이 시작되었고 만주는 재차 전쟁의 나락으로 떨어졌다. 주도권을 잡은 공산당 군대가 남하하면서 창춘과 남쪽의 국민당 요새들을 연결하던 철도를 파괴했다.

1948년 4월, 공산당이 본격적으로 창춘을 향해 진격했다. 황푸 군관

학교에서 훈련을 받은 왜소한 체격의 남자 린뱌오가 지휘하는 공산당 군대가 창춘을 포위했다. 린뱌오는 최고의 야전군 지휘관으로 여겨졌으며 탁월한 전략가였다. 아울러 무자비한 인물이기도 했다. 그는 창춘의 방어군 지휘관 정둥궈에게 항복할 의사가 없음을 알고는 도시를 굶겨서 항복하게 만들라고 지시했다. 1948년 5월 30일에 그의 명령이 떨어졌다. 〈창춘을 죽음의 도시로 만들라.〉[2]

창춘에는 약 50만 명의 민간인들이 있었는데 상당수가 공산주의자들의 진격에 떠밀려 남쪽의 베이징으로 향하던 중 철도가 끊기는 바람에 발이 묶인 피난민들이었다. 10만 명 규모의 국민당 군대도 주둔하고 있었다. 거의 즉각적으로 통행 금지령이 내려졌고 저녁 8시부터 이튿날 새벽 5시까지 외출이 금지되었다. 건장한 남자들은 모두 참호를 파는 데 동원되었다. 아무도 도시를 떠날 수 없었다. 초병의 수색을 거부하는 사람은 즉석에서 총살을 당할 수 있었다. 그럼에도 봉쇄가 이루어진 처음 몇 주 동안은 항공기로 긴급 보급품이 투하되었기 때문에 호의적인 분위기가 만연했다. 심지어 일부 부유한 사람들은 창춘 동원(動員) 위원회를 조직해서 남자들에게 사탕과 담배를 제공하고, 부상자들을 보살피고, 그들을 위해 노점 찻집을 운영하기도 했다.[3]

하지만 이내 상황이 악화되었다. 창춘은 20만 명에 달하는 공산당 군대에게 포위된 채 섬처럼 고립되어 있었다. 공산당 군대는 방공호를 파고 시내로 이어지는 지하 수로를 차단했다. 20여 기의 대공포와 중포가 창춘 시내를 향해 종일 포격을 가했으며 정부 청사들이 집중적으로 포격을 당했다. 국민당 군대는 시 외곽에 사격 진지를 만들고 삼중으로 방어 진지를 구축했다. 국민당군과 공산당군 사이에 방대한 무인 지대가 형성되었고 곧 비적들의 차지가 되었다.[4]

1948년 6월 12일 전보로 장제스의 명령이 하달되었다. 사람들이 도시를 이탈하지 못하도록 했던 것을 번복하는 내용이었다. 적군의 포화가 아니더라도 항공기로 도시 전체의 수요를 충족시킬 만큼 충분한 보급품을 지원하는 데 한계가 있었기 때문이다. 게다가 보급품을 실은 비행기들은 공산당 군대의 대공포 때문에 3,000미터 이상 고도를 유지하며 비행해야 했는데 그 결과 상당량의 보급품이 국민당 군대의 통제권밖에 있는 지역에 떨어졌다. 굶주림을 피하기 위해 국민당은 민간인에게 시골로 피난하도록 부추겼다. 일단 도시를 떠난 다음에는 다시 돌아올 수 없었다. 돌아오더라도 그들을 먹여 살릴 수 없다는 이유였다. 도시를 떠나는 피난민들은 모두 엄격한 수색을 받았다. 금이나 은은 물론이고 냄비나 프라이팬 같은 쇠붙이, 심지어 생필품인 소금까지 반출이 금지되었다. 수색을 받은 피난민들은 다음으로 무인 지대를, 비적들이 지배하는 음울하고 위험한 지역을 통과해야 했다. 대체로 탈영병으로 이루어진 그들은 무방비 상태의 군중을 먹잇감으로 삼았다. 상당수가 총으로 무장했으며 말도 있었다. 자기들끼리 암호를 사용하기도 했다. 일부 노련한 피난민들이 보석이나 시계, 만년필 등을 숨겨 다니기도 했는데 옷 솔기에 귀걸이나 팔찌를 숨기고 있다가 발각되는 경우 총살될 위험이 있었다. 때로는 수색 과정에서 옷을 일일이 만져 보는 경우도 있었다. 몇몇 사람들은 악취로 강도를 피해 보려는 마음에서 그들에게 가장 귀중한 물건을 오줌이 묻은 아기 옷을 포함해 더러운 누더기로 채운 삼베 주머니 안에 감추기도 했다.[5]

무인 지대에 이어 공산당 군대의 봉쇄선까지 통과하는 사람은 거의 없었다. 린뱌오는 가시 철조망과 4미터 깊이의 참호를 따라 50미터 간격으로 보초를 배치했다. 모든 출구가 봉쇄되었다. 그는 마오쩌둥에게 다음과 같이 보고했다. 〈우리는 피난민이 도시를 떠나지 못하도록 했으며 그들에게 돌아가라고 강력히 권고했다. 이 방법은 처음에 무척 효과적이었다. 나중에는 기근이 심해지면서 굶주린 민간인들이 밤낮없이 떼를 지어 도시를 탈출하려 했고 우리에게 가로막힌 다음에는 우리 군대와 적군 사이의 중간 지대로 모여들기 시작했다.〉 린뱌오는 피난민이 얼마나 절박하게 공산당 군대의 봉쇄선을 통과하고자 했는지 묘사하면서 이렇게 설명했다.

그들은 단체로 우리 군대 앞에서 무릎을 꿇고 지나가게 해달라고 애원했다. 어떤 사람들은 아기나 어린아이를 우리에게 맡긴 채 도망쳤고 어떤 사람들은 초소 앞에서 목을 맸다. 그들의 비참한 모습에 우리 군인들은 단호함을 잃었고 일부는 무릎을 꿇고 굶주린 사람들과 함께 울면서 〈우리는 단지 명령에 따를 뿐입니다〉라고 말했다. 암암리에 피난민을 통과시키는 군인들도 있었다. 이 문제를 시정하자 또 다른 풍조가 발견되었다. 군인들이 피난민을 때리고, 포박하고, 총을 쏴서 죽음에 이르게 한 것이다(이 과정에서 부상을 당하거나 죽은 피난민들의 숫자는 아직 파악되지 않고 있다).

50년 뒤 왕쿤루는 자신이 군인이었을 때 있었던 일을 설명하며 이렇게 말했다. 〈우리는 그들이 적이며 죽어야 한다는 이야기를 들었다.〉 공산군에 징집되어 입대했을 당시 왕쿤루는 열다섯 살이었다. 공산당 군대가 창춘을 포위한 동안 그는 린뱌오의 군대에 배치되었고 굶주린 민간인들을 창춘 시내로 돌려보내라는 명령을 받았다.[6]
6월 말에 이르자 대략 3만 명의 피난민이 그들을 통과시키지 않으려는 공산당 군대와 다시 받아들이길 거부하는 국민당 군대 사이에서 발이 묶여 있었다. 매일 수백 명씩 목숨을 잃었다. 2개월 뒤에는 죽음의 지대에서 곤궁에 처한 민간인 숫자가 15만을 넘어섰고 그들은 풀과 나뭇잎으로 연명하며 서서히 굶주려 갔다. 사방이 시체 천지였고 타는 듯한 태양 아래서 시체가 부패하면서 배가 부풀어 올랐다. 한 생존자는 〈시체들이 부패하면서 코를 찌르는 악취가 사방에 진동했다〉고 회상했다.[7]

창춘 내부의 상황도 별반 나을 게 없었다. 민간인을 먹여 살리려면 수비군을 위해 공수되는 보급품 외에도 하루에 약 330톤의 식량이 추가로 더 필요했지만 네다섯 대의 비행기를 통해 보급되는 식량은 기껏해야 84톤에 불과했고 그보다 적은 경우도 많았다. 창춘을 방어하기 위해 모든 것이 징발되었다. 8월이 되자 장제스는 민간인들 사이의 거래까지 금지하면서 명령을 어기는 상인은 누구든 총살하겠다고 위협했다. 머지않아 국민당 군대는 민간인을 표적으로 삼았고 그들에게 총구를 들이댄 채 식량을 약탈했다. 그들은 군마(軍馬)를 도살했으며 나중에는 개와 고양이, 새까지 잡아먹었다. 일반인은 썩은 수수와 옥수수속을 먹었으며 그마저도 귀해지자 나무껍질을 벗겨 먹었다. 벌레나 가죽 벨트를 먹는 사람도 있었다. 더러는 인육을 먹기도 했는데 인육은 암시장에서 450그램에 1.2달러에 거래되었다.[8]

집단 자살도 빈번하게 일어났다. 비참한 생활에서 벗어나기 위해 일가족이 자살하기도 했다. 매일 수십 명이 길가에서 죽어 갔다. 장잉화는 그녀의 형제를 비롯해 대다수 이웃의 목숨을 앗아간 기근에 대해 인터뷰하면서 〈우리는 주린 배를 움켜쥐고 침대에 누워서 마냥 죽기만을 기다렸다〉라고 말했다. 〈우리는 기어 다닐 힘도 없었다.〉 다른 생존자 쑹잔린은 문이 살짝 열린 좁은 집에 들렀던 일을 설명하며 다음과 같이 회상했다. 〈나는 안을 살펴보기 위해 그 집으로 들어갔는데 침대며 바닥 여기저기에서 10여 구의 시체를 발견했다. 침상 위에 있던 시체 중 한 구는 베개를 벤 채로 휴식을 취하는 듯 보였고 한 소녀는 여전히 아기를 안은 채였다. 그들은 마치 잠들어 있는 것 같았다. 벽에 걸린 시계가 계속 째깍거리고 있었다.〉[9]

가을로 접어들면서 기온이 뚝 떨어졌고 생존자들은 체온을 유지하기 위해 사투를 벌였다. 땔감을 확보하기 위해 마룻바닥과 지붕 널빤지를 뜯어냄은 물론이고 때로는 건물 전체가 땔감으로 변하기도 했다. 그들은 나무를 베었고 간판도 훔쳐다가 땔감으로 사용했다. 도로의 아스팔트도 뜯겨 나갔다. 마치 서서히 진행되는 내파처럼 도시가 외곽에서부터 붕괴되기 시작했고 차츰 도시의 중심부로 파장이 밀려들었다. 종국에는 40퍼센트에 달하는 집들이 연기로 화했다. 국민당 고위 간부들은 중국 중앙은행 건물의 두꺼운 시멘트 벽 뒤로 피신한 반면 민간인들은 각종 파편과 썩어 가는 시체들 틈바구니에서 판잣집에 몸을 숨기고 있었기 때문에 근거리에서 날아오는 대포의 집중 포격이 비극적인 상황을 더욱 악화시켰다.[10]

포위 기간 내내 탈영도 심심치 않게 발생했다. 시내로 되돌려 보내지던 민간인들과 달리 군인들은 공산주의자들에게 환영을 받았고 좋은 음식과 관대한 처우를 보장받았다. 밤낮으로 확성기에서 투항이나 반란을 부추기는 선전 방송이 흘러나왔다. 〈국민당 군대에 합류했는가? 당신은 어쩔 수 없어서 끌려갔을 뿐이다. 우리에게 오라. 지금 시점에서 창춘을 탈출할 수 있는 방법은 없다.〉 여름이 지나면서 군인들에게 하루에 지급되는 식량이 300그램으로 줄어들자 탈영은 급증했다.[11]

포위는 150일간 지속되었다. 마침내 1948년 10월 16일, 장제스가 정둥궈 장군에게 도시를 포기하고 선양으로 나아가는 남쪽 길을 차단하라고 지시했다. 선양은 창춘에서 베이징으로 이어진 철도를 따라 남하하면 만나는 첫 번째 대도시였다. 〈장군의 솔직한 생각으로 창춘을 넘겨주더라도 베이핑[베이징의 1949년 이전 이름]은 안전할 것 같은가?〉라는 질문에 정둥궈가 한숨을 내쉬며 대답했다. 「중국의 어느 곳도 안전하지 않을 것입니다.」[12]

장제스는 창춘에서 두 개의 부대를 철수시켜야 했다. 하나는 아열대 지역인 윈난 성에서 파병되어 대다수 군인들의 사기가 떨어진 제60군이었고, 다른 하나는 미국이 훈련시킨 강인한 베테랑들이며 버마 전선에서 싸운 경험이 있는 제7군이었다. 제7군은 명령받은 대로 용감하게 돌진했으나 포위를 뚫는 데는 실패했다. 반면에 제60군은 적에게 돌진하길 거부했다. 선양까지 그 먼 길을 행군만 하기에도 벅찰 정도로 군인들의 상태가 너무나 좋지 못했기 때문이다. 그들은 대신 제7군에게 총구를 겨누었고 린뱌오에게 창춘을 넘겨주었다.

———

만주에서 거둔 결정적인 승리라고 추켜세우는 중국 역사책들의 찬사에도 불구하고 창춘의 함락에는 엄청난 희생이 따랐다. 대략 16만 명에 달하는 민간인이 공산당 군대에 포위된 채 굶어 죽었다. 인민 해방군 중위였던 장정룽은 봉쇄 작전에 대해 기록하면서 〈창춘은 마치 히로시마 같았다〉라고 썼다. 〈사상자 수도 대충 비슷했다. 다만 히로시마는 9초가 걸렸고 창춘은 5개월이 걸렸을 뿐이다.〉[13]

2장
전쟁

　1945년 8월 6일 B-29 폭격기가 히로시마에 원자 폭탄을 투하했다. 3일 뒤에는 눈부신 섬광이 나가사키를 집어삼켰다. 그로부터 일주일도 지나지 않아 히로히토 국왕이 자국의 군인들에게 무기를 내려놓으라고 지시했다.

　일본이 무조건적인 항복을 선언하면서 중국 전역이 환호했고 중국 역사상 가장 피비린내 진동했던 역사의 한 장(章)이 마무리되었다. 장제스의 전시 수도였던 충칭에서도 사방에서 감격에 겨운 외침과 폭죽이 〈처음에는 산발적으로 나타나다가 점점 확산되어 한 시간도 지나지 않아 화산이 분출하는 것처럼〉 터져 나왔다. 탐조등이 하늘에서 흥겹게 춤을 추었다. 사람들은 환호하거나 웃거나 기쁨의 눈물을 흘리면서 물밀듯이 거리로 쏟아져 나왔고 마주치는 모든 미군 병사들에게 담배를 선물해서 그들을 당황하게 만들기도 했다. 라디오 방송에서 승리의 메시지를 낭독한 장제스가 훈장을 달지 않은 수수한 카키색 제복 차림으로 방송국 스튜디오를 걸어 나왔고 들뜬 군중에게 둘러싸였다. 지지자들이 경찰 저지선을 뚫고 주위로 몰려들었으며 다른 사람들은 발코니

에 매달리거나, 지붕에서 환호하거나, 자신의 아이가 총통을 볼 수 있도록 높이 들어올렸다.[1]

8년간의 전쟁은 인간이 어디까지 타락할 수 있는지를 보여 주었다. 1937년 12월에 일본군이 수도인 난징을 점령한 뒤로 민간인들과 무장 해제된 군인들은 6주 동안 집중적인 폭력에 의해 조직적으로 학살당했다. 한곳으로 집결된 포로들은 기관총을 맞거나 지뢰에 폭파되거나 총검에 찔려 목숨을 잃었다. 여자들은 어른 아이 할 것 없이 광분한 군인들에게 강간당하고, 팔다리를 잘리고, 죽임을 당했다. 정확한 사망자 수가 집계되지는 않았지만 대략적으로 최소 4만 명에서 최대 30만 명이 목숨을 잃은 것으로 추산되었다. 전쟁이 막바지에 이른 몇 년 동안은 게릴라의 저항에 대한 보복으로 무자비한 초토화 정책이 화북 지역 일대를 유린했으며 마을 전체가 잿더미로 변하기도 했다. 적으로 의심되는 15세에서 60세 사이의 남성들이 체포되어 살해당했다.

점령 기간 중 일본군은 시종일관 생화학 무기를 사용했다. 만주 북부에서 아열대 지역인 광둥 성에 이르기까지 산재해 있던 일련의 비밀 실험실에서 전쟁 포로들을 상대로 치명적인 실험을 자행했다. 희생자들은 다양한 세균에 감염된 다음 마취도 하지 않은 상태에서 생체 해부를 당했다. 어떤 사람들은 팔다리가 절단되거나, 위가 적출되거나, 외과 수술을 통해 장기 중 일부가 제거되었다. 말뚝에 묶인 죄수에게 화염 방사기와 화학 작용제를 비롯한 각종 무기들이 실험되었다. 하얼빈 인근에 비행장, 기차역, 군인들 막사, 실험실, 수술실, 화장터, 극장, 신사까지 완벽하게 갖춘 731부대의 악명 높은 복합 시설에서는 세균에 감염시킨 벼룩과 옷이 개발되기도 했다. 민간인에게 폭탄 형태로 투하해서 흑사병이나 탄저병, 콜레라 등을 전염시키기 위함이었다.[2] 일본군이나 그들의 동조자들로부터 벗어나기 위해 수천만 명의 피난민이 국민당군 기지가 있는 남쪽의 윈난 성과 쓰촨 성을 향해 피난길에 올랐다. 하지만 미점령 지역에서도 두려움에 떨며 지내기는 마찬가지였다. 충칭을 비롯한 다른 대도시들에 민간인을 겨냥한 대대적인 공습이 이루어졌고 수백만 명의 사망자와 부상자, 난민이 발생했다.[3]

해안에서 내륙으로 향하던 난민의 행렬이 평화가 찾아올 거라는 전망에 방향을 바꾸기 시작했다. 한 인력거꾼이 충칭에 나붙은 벽보를 읽고서 일본의 항복이 의미하는 바를 깨닫고는 〈일본이 패망했으니 이제 집에 갈 수 있으려나〉라고 중얼거렸다. 중국의 광활한 내륙 지역 곳곳에서 어쩔 수 없이 떠돌이 생활을 하던 수백만 명의 피난민들이 임시로 만들었던 가구들을 팔면서 고향으로 돌아가 예전의 삶을 이어갈 준비를, 가족과 집과 일터를 재건할 준비를 하기 시작했다. 양쯔 강 둑에서 사람들은 하류로 내려가는 배를 찾았고 다른 사람들은 수레를 밀며 폭염 속에서 터덜터덜 걸음을 옮겼다.[4]

국민당 정부도 원래의 수도로 돌아갈 채비를 서둘렀다. 1945년 8월 21일, 후난 성 즈장 비행장에서 중국과 일본 사이에 공식적인 항복식이 열렸다. 벚나무 그늘 아래서 이마이 다케오 소장이 중국에 주둔하고 있는 일본군 100만 명의 배치도를 넘겼다. 일본군은 치안 유지를 위해 국민당 군대가 도착할 때까지 무장을 유지하기로 했다. 극동 지역 최고위급 미군 장교들 중 한 명인 앨버트 웨드마이어의 지휘 아래 대대적인 해상 수송과 공수 작전을 통해 국민당 군대가 만리장성 이남의 모든 주요 도시에 급파되었다. 제2차 세계 대전을 통틀어 최대 규모의 부대 공수 작전을 통해 제6군 소속의 군인 8만 명이 비행기를 타고 난징으로 날아갔으며 예전 수도를 수복했다. 상하이에서는 허름한 차림으로 거대한 수송기를 나서던 제94군 군인들이 활주로에서 깃발을 흔드는 군중의 화려한 면면에 눈이 휘둥그레졌다. 〈시골뜨기 군인들은 쭈뼛거리며 가파른 사다리를 내려왔고 군중을 향해 경례를 하려다 자신들이 해방시키러 온 사람들의 압도적인 모습에 멍해졌다. 해방될 군중은 비단옷을 입고 가죽신을 신은 반면에 그들을 해방시키러 온 자신들은 더러운 짚신을 신고 있었다.〉[5]

상하이 시내로 들어서자 화환과 주름 종이로 장식된 거대한 장제스 초상화를 든 군중이 환호했다. 해안을 따라 국민당 군대가 도시로 진입할 때마다 〈수많은 사람들이 길가로 나와 해방을 자축하면서 목이 쉬도록 소리를 질렀다〉. 육군의 3분의 1이 베이징으로 날아갔다. 미 공군이 시간을 다투며 매일 2,000~4,000명의 국민당 정규병을 실어 날랐다. 11월 초 만리장성 이남 지역에 마지막 남은 일본군들이 체포되었고 무장 해제를 당했다.[6]

중국 영토에 대해 권리를 주장한 것은 장제스만이 아니었다. 히로시마에 원자 폭탄이 투하된 이틀 뒤 소비에트 연방에서 일본을 상대로 전쟁을 선포했다. 이오시프 스탈린이 1945년 2월에 열린 얄타 회담에서 윈스턴 처칠과 프랭클린 루스벨트에게 했던 약속을 지킨 것이다. 흑해 연안에 위치한 이 소련 휴양지에서 스탈린은 자신이 일본과의 불가침 조약을 깨는 조건으로 만주 철도를 중국 정부와 공동으로 관리하는 것에 더해 다롄과 뤼순 등 만주의 항구 도시에 대한 지배권을 요구했었다. 루스벨트는 전시 동맹 관계인 장제스와 상의도 하지 않고 스탈린의 요구를 받아들였다. 스탈린은 또 150만 명의 군인들이 2개월 동안 사용할 식량과 연료 지원도 요구했다. 루스벨트는 이마저도 수락했고 미군의 셔먼 탱크를 포함해 수백 척 분량의 대여 무기가 시베리아로 보내

졌다.[7]

그 결과 소비에트 연방은 한시라도 빨리 베를린을 선점하여 유럽 절반을 장악하기 위해 미국과 경쟁하는 한편 시베리아에서 100만 명의 군대를 유지할 수 있었다. 1945년 8월 8일, 그들은 지원받은 전술 항공기로 아무르 강* 너머 만주에 병력을 쏟아부었다. 정예군을 실은 무장한 열차들이 동청 철도를 달려 하루에 최대 70킬로미터씩 점령 지역을 늘리면서 하얼빈을 향해 동쪽으로 이동했다. 블라디보스토크에서는 또 다른 군대가 한반도를 향해 남하했고 얼마 뒤 만주의 라신 항구, 즉 나진항을 손에 넣었다. 항공기가 거의 없던 일본군은 효율적인 대응이 불가능했고 소련군은 며칠 만에 만주의 전략적 요충지들을 모두 점령했다.[8]

───────

만리장성에서 남쪽으로 100킬로미터 남짓 떨어진 곳에서 마오쩌둥이 자신의 군대를 세고 있었다. 짧은 몇 년 동안의 협력 관계가 끝나면서 1927년에 공산당과 국민당 사이에 국공 내전이 발발했는데 1934년에 이르러 마오쩌둥과 그의 지지자들은 장제스 군대를 피해서 어쩔 수 없이 내륙 깊숙이 후퇴해야 했다. 1년 뒤 대장정에서 살아남은 2만여 명의 생존자들은 적진에서 한참 떨어진 내륙 도시 옌안에 본부를 설치했다. 군인들 중 상당수는 여전히 동굴에서 생활하고 있었다. 이후로 10년 동안 자신의 지휘권을 강화한 마오쩌둥은 이제 화북 지역 요소요소에서 대략 90만 명의 유격대 대원을 거느리고 있었다. 그는 반격할

* 헤이룽 강의 러시아 이름.

준비를 마쳤다.

그럼에도 세력의 우열을 가늠하면서 지나치게 낙관적이었던 모양이다. 그는 상하이에 폭동을 일으켜서 경제적으로 중국의 실세나 다름없는 도시를 함락시킨다는 웅대한 계획을 세웠다. 그에 따라 3,000명 규모의 비밀 군대에 상하이에 잠입해서 전면적인 폭동을 획책하라는 사뭇 즉흥적인 지시가 하달되었다. 마오쩌둥은 폭동을 계기로 혁명이 일어나길 기대했다. 그의 군대가 어떻게 해볼 방법이 없을 만큼 수적으로 열세이며 대중의 지지도 받지 못하고 있다는 보고에도 그는 자신의 전략을 밀어붙였다. 그러자 스탈린이 개입해서 마오쩌둥에게 군인들을 자제시키고 국민당과의 노골적인 대립을 피하라고 조언했다. 마오쩌둥은 마지못해 동의했다. 소련의 적군(赤軍)이 만주를 점령하자 그는 새로운 가능성을 들고나왔다. 이제 목표는 러시아 군대와 동맹을 맺어서 외몽골부터 만주 지역 전체를 가로지르는 영토에 대해 권리를 주장하는 것이었다. 린뱌오가 이끄는 팔로군 소속의 군인들 10만 명을 포함하여 네 개의 무장 집단이 북쪽으로 이동했고 곧 적군과 합류했다.[9]

한편 스탈린의 당면 관심사는 미군을 중국과 한반도에서 확실하게 철수시키는 것이었다. 어쨌거나 미국은 원자 폭탄에 대해 독점권을 가진 상태였고 스탈린으로서는 또다시 세계 대전이 일어나지 않도록 조심할 필요가 있었다. 이 같은 목적을 달성하기 위해 스탈린은 중국의 국민당 정부를 공개적으로 지지하고 나섰고 중소 우호 동맹 조약을 통해 장제스를 통일 중국의 지도자로 인정했다. 1945년 8월 20일에 마오쩌둥에게도 메시지를 보냈다. 국민당과 공개적인 마찰을 피하고 대신 농촌에서 그들의 입지를 강화하라는 내용이었다. 마오쩌둥은 하는 수 없이 기존의 방침을 뒤집어야 했다.[10]

쇠약해지고 분열된 중국을 둘러싸고 무서운 전망이 흘러나왔다. 소비에트 연방이 중국 공산당을 지원하고 그 결과 중국이 러시아가 지배하는 북쪽과 미국이 보호하는 남쪽으로 분리될 수 있다는 내용이었다. 적군(赤軍)이 만주를 침략한 바로 그날부터 스탈린과 장제스의 협상이 시작되었다. 장제스 진영의 가장 걸출한 정치인 중 한 명이던 쑹쯔원은 모스크바와 협상하는 자리에서 내놓을 카드가 별로 없었다. 협상 테이블에 스탈린과 마주한 그는 루스벨트가 앞서 얄타 회담에서 양보했던 내용에 동의할 수밖에 없었다. 그 결과 만주 최남단에 위치한 자연항 뤼순이 러시아의 해군 기지가 됨은 물론이고 소련은 중국과 동등한 조건으로 현대적인 다롄 항구를 이용하게 되었다. 또한 제정 러시아가 건설한 남만주 철도와 동청 철도 둘 다 소비에트 연방과 중국의 공동 소유가 될 터였다. 대신 스탈린은 중국 전체에 대해 국민당 정부의 통치권을 인정하고 만주를 장제스에게 넘겨주기로 약속했다.

중소 우호 동맹 조약을 체결함으로써 모스크바가 자신을 지지한다고 확신한 장제스는 마오쩌둥에게 평화 협상에 동참하여 함께 중국의 미래를 논의하자고 제안했다. 미국 대사인 패트릭 헐리를 대동한 채 상당한 신변상의 위험을 무릅쓰고 마오쩌둥이 충칭으로 날아갔다. 지난 20년 동안 한 번도 만난 적 없던 장제스와 마오쩌둥이 첫날 밤 열린 공식 연회에서 서로에게 억지 미소를 지어 보이며 수수로 만든 술로 건배를 들었다. 마오쩌둥은 양보를 얻어 내기 위해 언쟁을 벌이면서 꼬박 6주 동안 충칭에 머물렀다. 그 와중에도 현장에서는 공산당과 국민당의 대격전이 계속되었다. 마침내 9월 18일 마오쩌둥이 다음과 같이 공표했다. 〈우리는 내전을 중단하고 중국의 근대화를 위해 장제스 주석의 영도 아래 모든 당파가 일치단결해야 한다.〉 청나라가 멸망한 1911년

혁명 기념일에 맞추어 10월 10일에 공식 성명이 발표되었다. 며칠 뒤에 옌안으로 돌아온 마오쩌둥은 그의 전우들에게 충칭에서 합의된 성명이 〈단지 휴지 조각에 불과하다〉고 설명했다.[11]

스탈린은 공개적으로 장제스를 지지하면서도 한편으로 국민당 정부와 미국 지지자들에 대한 견제 세력으로 중국 공산당을 강화하고자 했다. 8월에 그는 중국 공산당이 칼간*을 점령하도록 했다. 칼간은 19세기에 정기적으로 낙타를 타고 만리장성을 넘어 러시아로 차(茶)를 운반하던 대상들이 전국 각지에서 모여들던 주요 관문이었으며, 여전히 〈베이징의 북문〉으로 통했다. 다시 말해서 이 옛 도시를 장악하는 사람이 베이징을 공격하는 데 유리한 고지에 선다는 뜻이었다. 일본군은 이곳을 경제와 산업 중심지로 탈바꿈시켰고 60여 대의 탱크를 포함하여 막대한 양의 탄약과 무기 저장고를 남겨 놓았다.[12]

내몽골과 만주의 다른 도시들에서 소련군은 일본군이 남긴 무기와 운송 수단으로 중국 공산당 군대를 무장시키라는 지시를 받았다. 당시의 병참과 군사 지원 규모를 정확히 추산하기는 어려운 일이지만 후에 모스크바는 그들이 소총 70만 정과 기관총 1만 8,000정, 항공기 860대, 대포 4,000기를 제공했다고 주장했다. 소련은 막후에서 중국 공산당에게 병력 대부분을 만주에 배치하도록 부추겼다. 아직 충칭에 있던 마오쩌둥은 9월에 그의 유격대 중 주력 부대를 만리장성 너머 만주에 집중 투입하도록 지시했다. 그곳에서 소련의 묵인 아래 퇴역 군인과 괴뢰군, 비적 등을 흡수했다. 그리고 그해 말까지 만주에서 잡다한 인원들로 구성된 50만 군대를 조직했다.[13]

* 장자커우의 몽골식 이름.

장제스는 소련이 만주에서 공산당과 협력하고 있다는 사실을 뻔히 알았지만 스탈린과 다툴 수 있는 입장이 아니었다. 그럼에도 제강 공장을 비롯하여 철광석과 석탄 매장량이 엄청날 뿐 아니라 무성한 숲과 비옥한 농지를 보유한 만주의 전략적, 경제적 중요성을 잘 알고 있었다. 그는 두위밍 장군에게 이 지역을 되찾을 임무를 맡겼다. 장제스 군대는 중소 우호 동맹 조약에 따라 이제는 소련의 지배하에 있는 뤼순항과 다롄항에 상륙할 수 없었다. 1945년 10월, 대신 내륙과 철도로 연결된 작은 항구 도시 잉커우로 향하던 미국 제7함대 소속의 배들은 그곳에서 공산당 수비대를 발견했다. 더욱 남쪽으로 이동해서 친황다오에 상륙한 두위밍의 군대는 산하이관에서 만리장성을 넘었고 공산당 군대로부터 거의 아무런 저항도 받지 않은 채 철도를 따라 진격했다. 만리장성에서 산업 도시인 선양까지 300킬로미터를 진격하는 데 3주도 채 걸리지 않았다. 장제스는 만주를 최소한 분할이라도 해달라며 모스크바를 설득했다. 국민당 정부에게 했던 약속을 지키라는 압박에 소련은 뒤로 한발 물러났고 선양에서 철도를 따라 조금 더 북쪽에 위치한 창춘으로 국민당 군대가 비행기를 이용해서 진입하는 것을 허락했다.[14]

　　소련이 그토록 까다롭게 굴었던 이유가 곧 드러났다. 적군(赤軍)의 약탈로 만주의 도시들이 처참하게 유린당했던 것이다. 소련에 점령된 뒤로 처음 선양에 들어간 사업가 중 한 명인 제임스 맥휴의 증언에 따르면 적군은 아무런 제지도 받지 않은 채 〈3일 내내 강간과 약탈〉을 저질렀다. 그들은 〈눈에 보이는 모든 것을 훔쳤고, 해머로 욕조와 변기를 부수었으며, 회반죽 벽에 매립된 전선을 파헤쳤고, 마룻바닥에 불을 질러서 집 전체를 태우거나 적어도 바닥에 커다란 구멍을 남겼다〉. 여성들은 강간을 당하지 않으려고 머리를 짧게 자르고 남자처럼 옷을 입었다. 선양에서는 〈기계가 모조리 사라진 공장들이 앙상한 해골 같은 모습으로 방치되었다〉. 한 기자의 글에 따르면 선양은 〈이전의 거대한 산업 도시에서 다롄으로 가는 러시아 소유의 철도 노선에 포함된 비참하고 혼잡한 중간역 신세로 전락했다〉. 만주의 산업 기반 시설에 행해진 이 조직적인 약탈의 규모는 나중에 20억 달러에 상당하는 것으로 평가되었다.[15]

소련은 만주에서의 철군을 5개월이나 미루었고 1946년 4월이 되어서야 그들의 마지막 탱크가 덜컹거리며 국경선을 넘었다. 그들은 이 지역을 중국 공산당에게 넘기고 린뱌오로 하여금 모든 대도시 외곽에 그의 군인들을 배치하도록 했다. 일본군이 남긴 무기로 무장한 린뱌오의 팔로군은 창춘에서 국민당의 수비대를 공격했으며 7,000명에 달하는 수비대 군인 대부분을 죽였다. 4월 28일에 러시아와 국경을 마주한 만주의 얼음 도시 하얼빈이 마오쩌둥에게 넘어갔다.

트루먼 대통령은 전시 동맹 관계인 장제스를 지원하는 대신 조지 마셜을 파견하여 국민당과 공산당이 연립 정부를 세우도록 중재에 나섰다. 양쪽 진영이 오래 지속될 어떤 합의를 도출한다는 것은 그 어느 때보다 가능성이 없어 보였지만 미국의 지속적인 경제적, 군사적 지원에 의존하던 장제스로서는 중재안을 따를 수밖에 없는 입장이었다. 한편 공산당도 잃을 것이 없었다. 그들은 정전 협정을 이용하여 만주에서 군대를 재편성하고 대도시와 철도로부터 떨어진 외곽 지역에 단단히 뿌리를 내렸다. 마오쩌둥의 특사로 평화 협상에 파견된 정중하고 겸손한 저우언라이는 기만술의 대가였다. 그는 우선 마셜과 친밀한 관계를 형성한 다음 공산당을 민주주의로부터 배우고자 하는 열의가 넘치고 소작농의 이익을 대변하는 개혁가들로 묘사했다. 심지어 마오쩌둥을 진지하게 설득해서 〈중국의 민주주의는 미국의 발자취를 따라야 한다〉라고 공표하도록 했다. 마오쩌둥은 자신이 현장에서 벌이는 일을 견제받지 않는 한 서류상으로는 거의 무엇이든 동의했다. 적군(赤軍)이 만주에서 철수하자 마셜은 스탈린이 중국을 포기했다고 믿었다. 더불어 장제스를 돕고자 하는 의지도 시들기 시작했다.[16]

장제스는 미국의 지원이 예전 같지 않다는 사실을 눈치챘지만 공산당을 창춘에서 몰아내려는 의지가 단호했다. 그의 군대는 거의 아무런 저항도 받지 않았다. 1946년 6월 초, 린뱌오와 그의 10만 군대가 북쪽으로 허겁지겁 퇴각했다. 장제스의 신1군과 신6군이 그들을 추격했고 쑹화 강 너머까지 그들을 괴롭혔다. 이제 장제스 군대는 그때까지 공산당의 손아귀에 있던 유일한 도시 하얼빈을 공격할 수 있는 거리까지 도달했다. 수많은 병사들이 탈영하면서 린뱌오의 군대는 붕괴 직전이었다. 당시 군인이었던 자오쉬전은 인터뷰를 통해 정신없이 후퇴하는 과정에서 장교들과 당원들, 정치 고문들까지 탈영에 가세했다고 회상했다. 〈어떤 사람들은 고향으로 돌아갔고, 어떤 사람들은 강도가 되었으며, 어떤 사람들은 항복했다.〉 그러나 이번에도 마셜이 장제스에게 진격을 중단하고 휴전을 선포하도록 종용했다. 그는 바로 얼마 전 옌안을 방문하고 돌아온 참이었는데 옌안에서 만난 마오쩌둥이 교묘하게 자유민주적인 혁명과 민주주의의 이미지를 내세웠던 것이다. 마셜은 트루먼에게 만주를 장악한 공산당 세력이 〈엉성하게 조직된 무리에 불과하다〉라고 보고했다.[17]

공산당은 평화 회담을 빌미로 그들의 군대를 재정비하고 일본군으로 복무했던 20만의 강병을 흡수했으며 만주에서 많은 군인들을 모집했다. 모집 대상에는 전쟁 포로, 죄수 집단, 대한 제국 부대, 소련에서 돌아온 망명자 등도 포함되었다. 그들 모두는 소련의 기술 고문과 군사 전문가 수백 명으로부터 자주 도움을 받으면서 고되고 냉혹한 훈련을 받았다. 소련은 공군과 포병, 기술 학교를 포함 16개의 군사 훈련 기관도 개설했다. 일부 중국인 장교들은 고등 훈련을 받기 위해 소련에 가거나 뤼순과 다롄의 러시아인 집단 거주지에서 도피처를 제공받기도 했다. 소련은 만주 지역에서 많은 부(富)를 약탈했지만 다롄의 군수 공장들을 그대로 남겨 놓았고 이 공장들이 일본인 기술자와 지역 노동자의 도움으로 가동되면서 수백만 개의 총알과 포탄을 만들어 냈다. 철도와 비행기를 이용한 병참 지원도 국경을 넘어 속속 도착했다. 이 임무를 위해 북한에서만 최대 2,000대의 화물 트럭이 동원되었다. 중국 공산당은 보답으로 1947년에 만주에서 러시아로 다른 생산물과 함께 100만 톤 이상의 양곡을 보냈다.[18]

중국 공산당이 소련의 도움을 받아 오합지졸이던 유격대 대원들을 무시무시한 전쟁 기계로 탈바꿈시키는 동안 미국은 국민당에게 환멸을 느끼고 무기 공급을 축소하기 시작했다. 군수 물자를 실은 기차들이 만주와 소련 사이의 국경을 오가고 있음에도 미국은 중국이 군사적으로 무장하는 것을 불허했다. 심지어 중국 정부가 이미 대금을 지불한 계약 건에 대해서도 판매를 금지했다. 1946년 9월에 트루먼의 무기 금수 조치가 내려졌고 이 조치는 국민당 군대의 보병들이 3주간 사용할 양만큼의 탄약 구매가 허락된 1947년 7월까지 지속되었다.[19]

국민당은 한동안 전쟁을 계속 이어 가면서 울창한 산악 지대로 둘러싸인 광활한 만주 벌판을 가로지르는 철도에 인접한 도시들을 지켜 내고자 했다. 일진일퇴의 공방을 벌이면서 여러 도시들을 잃었고 후퇴하는 공산당 군대와 혈전을 벌여 겨우 되찾기를 반복했다. 전쟁은 더 이상 게릴라전 형태의 소규모 충돌이 아니었다. 수십만 명의 군인들이 대대적인 규모로 맞붙었고 대포와 공중 지원까지 동원되었으며 전장의 기온은 자주 섭씨 영하 20도를 밑돌았다. 1947년에 이르러 만주는 죽음의 덫으로 변해 가고 있었다. 장제스가 정예 부대를 계속해서 만주에 퍼부었지만 마오쩌둥의 기세는 전혀 꺾이지 않았고 혹독한 소모전을 통해 적을 약화시켰다. 공산당은 만주 한 곳에서만 대략 100만 명의 군인들을 모집하거나 징집했다. 전투가 거듭될수록 장제스의 정예 정부군은 무너져 갔다. 박봉에 적절한 보급 없이 여러 도시에 몇 개월씩 한없이 주둔 중이던 군대의 사기 문제도 국민당을 괴롭혔다. 베이징에서 창춘으로 이어지는 철도를 따라 만리장성 밖까지 확장된 병참선은 한계에 도달했으며 그마저도 공산당의 폭파 공작대에게 빈번하게 공격을 받았다. 군사 장비는 노후했고 탄약이 너무 부족해서 군인들이 단 한 발의 연습 사격도 하지 못할 경우가 있었다. 고장 난 트럭이 대부분이었지만 무기 금수 조치로 예비 부품의 거래가 금지되었기 때문에 수리도 할 수 없었다.[20]

　노련한 외교관이자 의회 민주주의를 주장한 운동가이며 국민당 정부에 인정사정없는 비난을 가한 장쥔마이가 후에 언급했듯이 설령 효율적인 정부가 존재했더라도 모스크바와 옌안의 합작 세력에는 상대가 되지 않았을 터였다. 더구나 장제스 정부는 좀처럼 제대로 기능하지 못하는 상태였다. 웬만한 대륙과 맞먹는 면적을 보유했을 뿐 아니라 8년에 걸친 전쟁으로 초토화된 나라를 장악하는 과정에서 국민당은 커다란 문제에 봉착했다. 만리장성 이남 지역에서 게릴라 부대로부터 끊임

없이 괴롭힘을 당한 것이다. 공산주의자들은 농촌을 불법 점유하고 약탈함으로써 수많은 난민을 발생시켰다. 여기에 더해서 허베이 성과 산둥 성 외곽의 넓은 지역을 점령한 채 도시로 공급되는 연료와 에너지원, 식량 등을 차단해서 인플레이션을 부추겼다. 일본군에 의해 이미 심각하게 손상되어 있던 수송망은 공산주의자들이 철도를 파괴하고 다리를 폭파하면서 이제는 완전히 붕괴되다시피 했다. 두 당파 간의 무자비한 전쟁에서 중국을 파괴시키는 모든 것들이 공산당에게 유리한 방향으로 작용하고 있었다.[21]

공산당과 충돌하기 이전부터 국민당은 악순환에 빠져 있었다. 1937년 일본이 중국을 침략한 이래로 국민당은 국채를 팔아서 전쟁 자금을 조달하는 데 곤란을 겪었다. 세수(稅收)만으로 전쟁 자금을 감당해야 했지만 턱없이 모자랐다. 돈을 찍어 내는 것이 난관을 타개할 유일한 방법이었다. 그리고 이는 전쟁 수행에 따른 무거운 짐이 중산층에 집중되고 국민당의 병사와 장교 들은 물론이고 교사나 대학 교수, 공무원 등 고정 수입으로 살아가는 사람들의 생활 수준이 악화되는 결과로 이어졌다. 〈100위안으로 1940년에는 돼지 한 마리를 샀다. 1943년에는 닭한 마리를 샀고 1945년에는 생선 한 마리, 1946년에는 달걀 하나를 샀다. 그리고 1947년에는 그 돈의 세 배를 주어야 성냥 한 갑을 샀다.〉 1947년에 이르러 생활비는 일본이 중국을 침략하기 1년 전인 1936년에 비해서 거의 3만 배로 올랐다. 1947년에 장제스가 이자율에 상한선을 두고 모든 임금을 동결하는 한편 외화와 금괴의 해외 반출을 금지함으로써 인플레이션을 잡고자 노력했지만 지속적인 효과를 거두지는 못했다. 1949년에 이르러서는 돈을 수레에 실어 나르는 사람들이 심심치 않게 목격되었다.[22]

군 장교나 세금 징수원이나 할 것 없이 공무원 급여는 엄청나게 낮은 수준을 유지했다. 일반 병사들은 임금 체불이 심각했을뿐더러 장교들도 정규 수입만으로 그들의 아내와 자식들을 부양하는 데 곤란을 겪었다. 그러다 보니 다양한 형태의 부정 이득과 착복, 비리가 성행했다. 세금 징수원들은 뇌물을 받았다. 경찰은 체포하거나 감옥에 보내겠다고 위협해서 가난한 사람들의 돈을 뜯었다. 군대 내부에서는 장교가 사병의 봉급을 착복하고, 청구서를 부풀리고, 군수품을 암시장에 내다 팔았다. 문제를 해결할 만한 해결책이 보이지 않았다. 공무원 급여를 인상할 경우 인플레이션은 더욱 심화되고 그 결과 생활비가 영향을 받게 되면서 급여를 인상한 효과가 금방 사라지고 다시 비리가 판칠 터였다.

국민당은 도움이 필요했다. 그들은 인플레이션을 억제하고, 나라를 재건하고, 무기와 군수 물자를 사들이기 위해 재정 지원을 요청했다. 1948년 4월 초, 한때 온갖 문제에도 불구하고 장제스와 공산당의 연정을 꾀했던 바로 그 사람이 고안한 마셜 플랜에 따라 유럽에 재건을 위한 경제와 기술 지원 명목으로 130억 달러가 지급되었다. 종전 시점부터 마셜 플랜이 도입되기 전까지 지원된 120억 달러는 포함되지 않은 액수였다. 그리스와 터키가 소련에 넘어가지 않도록 1947년 3월에 이들 나라에 미국의 경제적, 군사적 지원을 약속한 트루먼 독트린과 더 이상 부합되지 않는다는 이유로 트루먼이 중국에 대한 무기 금수 조치를 마지못해 포기한 뒤로도 미국의 국민당 원조는 최소 수준을 유지했다. 미국은 다수당이던 공화당이 마침내 의회를 설득함으로써 1948년 4월에야 비로소 중국에 일괄 원조를 제공하는 법안을 통과시켰고 적기를 놓친 채 1억 2500만 달러 남짓한 원조를 제공했다. 미국의 원조가 더해지면서 대일 전승 기념일 이래로 중국이 받은 군사 원조는 총 2억 2500만

달러에서 3억 6000만 달러에 이르렀다.[23]

1948년에 접어들며 조류가 바뀌었다. 공산당이 연이은 몇 개월에 걸쳐 만주에서 공격을 감행했으며 국민당이 점령하고 있던 도시들을 차례로 대파했다. 어떻게든 버티기로 결심한 장제스는 해당 지역으로 계속해서 병력을 퍼부어 사상자들을 대체했다. 그는 자신의 일기장에서 만약 만주를 잃는다면 화북 지역 전체가 공산당에게 넘어갈 거라고 전망했다. 장제스는 후퇴해서 만리장성을 따라 전선을 안정시키는 대신 단 하나의 커다란 도박에 자신이 가진 모든 것을 걸고 있었다.[24]

1947년 12월, 1미터가 넘는 폭설과 영하 35도의 추위 속에서 린뱌오가 얼어붙은 쑹화 강을 건너 대대적인 공격을 실시했다. 이제 자칭 인민 해방군으로 이름을 바꾼 공산당 군대에게는 공군이 없었지만 얼음을 머금은 짙은 안개와 몹시 추운 날씨 때문에 국민당이 공군을 활용하는 데도 심각한 제약이 따랐다. 인민 해방군은 그들의 군사적 이점을 앞세워 40만 명에 달하는 병력 대부분을 대거 남하시켰고 개별적으로 움직이던 정부군의 여러 사단을 궤멸시키면서 철도 주변의 도시들을 포위해 나갔다.[25]

남쪽으로 창춘 바로 밑에 위치한 선양은 만주의 요새인 동시에 중국 최대의 무기고 중 하나였다. 린뱌오는 베이징과 선양 사이의 철도를 차단하고 도시를 포위했다. 고립된 채 저항할 힘을 잃어 가던 이 도시 안에서는 원래부터 거주하던 120만 명에 공산주의자들을 피해 도망친 사람들까지 더해져서 400만 명에 육박하는 민간인들이 10개월 동안 갇혀 지냈다. 그들과 별도로 20만의 국민당 군대도 마찬가지 신세였다. 곧 수많은 사람들이 포위된 선양을 등지기 시작했다. 민간 항공기들로 구성된 클레어 체너트 장군의 비행단이 도시를 드나들며 매일 1,500명의 승객들을 안전한 곳으로 대피시켰지만 뇌물을 주고 비행기에 탑승할 수 있는 사람은 극소수에 불과했다. 멀리서 포성이라도 들려오면 비행장에는 일대 혼란이 벌어졌다. 밤이 되면 사람들은 폭탄을 맞은 격납고 안에 옹기종기 모여 있었다. 사람들은 한 달에 10만 명 이상씩 기차를 타고 도시를 떠났으며 도시의 방어선이 끝나는 서쪽을 향해 철길이 닿는 곳까지 덜컹거리며 나아갔다.[26]

너무 가난하거나 병약해서 떠나지 못한 사람들은 곧 굶주림에 시달렸다. 이미 2월부터 선양에는 음식과 연료, 탄약이 바닥을 드러내기 시작했다. 비타민 부족 때문에 실명한 사람들이 수천 명에 달했으며 이외에도 상당수의 어린아이를 포함하여 무수히 많은 사람들이 얼굴이 망가지는 괴저성 질환인 수암(水癌)과 피부병인 펠라그라병, 괴혈병, 영양실조로 인한 그 밖의 질병으로 목숨을 잃었다. 당시 한 외국인 기자는 다음과 같이 적었다. 〈나는 황폐해진 거리를 걸었고 비쩍 마른 시체들이 버려진 도랑을 지나쳤다. 도저히 눈 뜨고 볼 수 없을 만큼 불쌍한 몰골로 구걸하는 아이들과 도와 달라고 애걸하는 여성들이 내 뒤를 따라왔다.〉 황량한 거리를 따라 늘어선 가게들은 문에 판자를 친 채 폐쇄되었고 빨간 벽돌을 생산하던 공장들은 앞선 전쟁에서 폭격을 당하고 1946년에 다시 소련군에게 약탈을 당한 뒤로 버려져 있었다. 사람들은 나무껍질과 나뭇잎을 먹으면서 또는 보통 비료나 사료로 사용되는 콩깻묵을 먹으면서 연명했다. 어떤 사람들은 길거리에서 쓰레기통을 뒤지기도 했다.[27]

비참한 행색으로 만주를 탈출하는 사람들의 행렬이 이어졌다. 포위된 도시에서 탈출한 피난민들이거나 피비린내가 진동하는 농촌에서 도망친 농부들이었다. 대다수가 비틀비틀 걸으며 앞으로 나아갔으며 일부는 목발이나 지팡이에 의지한 채 다리를 절뚝거렸다. 1948년 여름에는 매달 약 14만 명에 달하는 사람들이 선양 인근의 군사 경계선을 통과해 길을 재촉했으며 대탈출에 합류했다. 그들은 내전의 혼란을 노린 무장 강도들이 출몰하는 광활한 들판을 가로지르며 힘겹게 나아갔다. 하지만 철길이 다링 강을 건너는 진저우의 북쪽 30킬로미터 지점에 도달하자 그들 앞에는 더욱 커다란 위험이 나타났다. 국민당 수비대가 강 건너편을 지키고 있었고 그들은 강물에 뛰어들어 무작정 앞으로 나아가거나 헤엄쳐서 보트를 타고 그들 쪽으로 건너가려는 사람들에게 마구잡이로 총을 난사했다. 강을 건너기 위해서는 폭발로 무너진 철교의 뒤틀린 대들보에 매달려 통과하는 수밖에 없었다. 일정한 요금을 지불하면 그 지역 출신 안내원들이 피난민을 밧줄로 자신의 등에 묶고 부서진 다리를 헤쳐 나아갔다. 등에 매달린 인간 짐들은 공포에 질린 채 한참 아래에서 소용돌이치는 강물을 내려다보았다. 일단 진저우에 도착한 다음에는 만리장성이 보하이 해(海)와 만나는 산하이관까지 피난 열차를 이용했다. 산하이관에서는 수도꼭지가 하나밖에 없는 임시 피난민 수용소가 그들을 기다렸다. 많은 사람들이 비록 마땅한 거처도 없고 먹고살 방법도 막막했지만 곧바로 베이징이나 톈진으로 넘어갔다.[28]

1948년 9월에 최후의 일격이 단행되었다. 린뱌오는 선양에 전면적인 공격을 가했고 30만에 육박하는 병력을 투입해서 만주의 생명줄인 진저우를 포위했다. 공병들이 성벽을 폭파해서 공격로를 확보했다. 진저우는 3만 4,000명의 사상자를 낸 다음 10월 15일에 함락되었으며 살아남은 8만 8,000명은 포로 신세가 되어 인민 해방군에게 끌려갔다. 9만 명에 달하는 지원군이 선양 외곽에서 적진을 뚫었지만 죽음의 덫으로 직행한 셈이었다. 수적으로 불리했던 그들은 일주일 뒤 린뱌오의 군대에게 대패했다. 창춘에서는 살아남은 8만 명의 군대가 공산주의자들에게 도시를 넘겨주었다. 선양에서의 전투는 일주일 동안 지속되었는데 포격으로 성벽이 무너진 다음부터는 주로 시내에서 유혈이 낭자한 백병전 형태로 진행되었다. 11월 1일, 살아남은 고급 장교가 항복을 선언하면서 만주를 놓고 벌어진 일련의 전쟁이 마침내 막을 내렸다.[29]

―――――――

하룻밤 사이에 상하이 물가가 네다섯 배로 뛰어올랐다. 금위안화*의 국제 시장 가치는 10분의 1로 급락했다. 패배주의의 파도가 국민당 정부의 지배하에 있는 중국을 휩쓸었다. 미국은 군인들 가족을 해외로 대피시키고 남쪽의 난징과 상하이에 거주하는 자국민에게 해당 지역을 벗어나라고 권고했다. 탱크와 중포를 비롯해 국민당 군대에게서 빼앗은 무기로 더욱 강력해진 75만 명의 공산군 전사들이 얼어붙은 만주 벌판을 가로질러 만리장성을 통과하고 베이징을 향해 남하하자 중국 전역이 공황에 빠졌다.

공산당 군대가 재빨리 움직여 장자커우에서 다구 항구까지 북방축을 연결하는 생명줄과도 같은 철길을 끊는 바람에 국민당 군대에서 북쪽 전선을 맡고 있던 지휘관 푸쭤이 장군은 이렇다 할 저항도 한번 해보지

* 국민당 정부가 1948년부터 발행한 화폐.

못했다. 1948년 11월, 공산당 군대는 중국에서 세 번째로 큰 도시인 톈진을 포위했으며 뒤이어 푸쭤이의 군대를 밀어붙여 베이징 성벽 안쪽으로 후퇴시켰다. 린뱌오는 베이징을 에워싸고 포위망을 구축하는 한편 전력과 물 공급을 차단했다. 일주일도 지나지 않아 성벽 바깥쪽에 있던 비행장이 공산당의 손에 넘어갔다. 머지않아 제국의 수도에 기묘한 적막이 흐르기 시작했다. 포성이나 기관총을 발사하는 소리가 이따금씩 적막을 깰 뿐이었다. 일본과의 전쟁에서 가장 눈부신 활약을 보였던 지휘관 중 한 명이던 푸쭤이는 처음에 베이징을 지켜 내고자 단단히 결심한 듯 보였다. 곳곳에 참호가 만들어졌고 도로에 서둘러 방책이 설치되었으며 군인들이 이 집 저 집을 돌아다니며 임시 숙소로 사용할 집들을 징발했다. 화물 수송기가 보급품을 실어 나를 수 있도록 고도의 심장부인 구(舊)공사관 지역 내 폴로 경기장에 활주로도 건설되었다. 겨울의 혹한 속에서 누빈 솜옷을 입은 사람들이 노역에 동원되었고 여러 무리로 나뉘어 비행기가 활주로에 진입할 때 방해가 되는 전신주와 나무, 경우에 따라서는 건물을 제거했다. 계엄령도 선포되었다. 자동 소총과 폭이 넓은 칼로 무장한 경찰과 군인이 트럭을 타고 거리를 질주하면서 아군의 건재함을 과시했다. 성벽 밖에서는 수비군의 사계(射界)를 확보한다는 명목으로 수많은 가옥이 파괴되었다.[30]

그럼에도 베이징에 있는 사람들은 누구나 할 것 없이 창춘에서 일어난 일을, 지금 성벽 밖에 주둔하고 있는 바로 그 장군에 의해서 창춘이 〈죽음의 도시〉로 변했다는 사실을 알고 있었다. 푸쭤이는 중국의 문화적 심장인 베이징이 타당한 이유도 없이 훼손될 거라는 생각에 괴로워하며 우울증에 빠졌다. 그는 장제스에게 사의를 표명했지만 총통이 반려하자 공산당원인 자신의 딸을 통해서 인민 해방군과 비밀 협상을 벌였다. 그리고 1949년 1월 22일, 포위 40일 만에 항복 문서에 서명했다. 그가 거느리던 군인들 24만 명은 모두 공산당 군대에 흡수되었다. 그와 그의 군대가 받은 대우는 다른 국민당 지휘관들과 장교들에게 항복을 부추기는 유인책으로 작용했다.[31]

공산당 군대를 기다리는 8일 동안 제국의 수도는 회색 지대를 부유하는 듯 보였다. 국민당 군대의 일부는 여전히 무장한 채 자유롭게 도시를 활보했다. 바뀐 것은 거의 아무것도 없었다. 기묘한 공백 상태에서 베이징은 최대한 성대하게 춘절을 기념했다. 상점들은 새해를 맞아 예전부터 해오던 대로 현관 앞에 사자나 밝은 초록색 토끼, 노란색 호랑이 모양의 등들을 빼곡하게 내걸었다. 그럼에도 톈안먼 광장에 있던 장제스의 초상화는 사라지고 없었다.

1949년 1월 31일, 마침내 인민 해방군의 선봉대가 베이징의 서문으로 들어왔다. 확성기를 통해 같은 말이 반복해서 흘러나오는 대형 트럭이 행렬의 선두를 맡았다. 〈해방군의 베이핑 입성을 환영한다! 인민군의 베이핑 입성을 환영한다! 베이핑 인민들의 해방을 축하한다!〉 그 뒤로 중무장한 군인들이 6열 횡대로 행진했다. 붉게 상기된 얼굴에 겉으로 보기에는 사기가 충만한 모습이었다. 학생들이 두 개의 커다란 초상화를 들고 군인들 뒤를 따랐다. 하나는 마오쩌둥의 초상화였고 다른 하나는 인민 해방군 총사령관 주더의 초상화였다. 군악대와 보다 많은 군인들이 지나갔고 공무원들이 행진의 마무리를 장식했다. 베이징의 대다수 시민들은 포위에서 살아남은 것에 안도하면서도 군인들에 대해서는 〈길가의 연석에서 그들을 바라보면서 호기심 외에는 어떠한 감정도 드러내지 않으며〉 조심하는 눈치였다. 드문드문 눈에 띄는 국민당 군인들도 조용히 행렬을 지켜보았다. 당시 공산당 소속의 젊은 군인이었던 자커는 〈우리가 조용히 바닥에 앉자 사람들이 주위로 몰려들었다. 그들은 우리를 자세히 보고 싶어 했으며 호기심으로 가득했다. 나는 무척 자랑스러웠다〉라고 회상했다.[32]

공산당에게는 열렬한 지지자들이 있었다. 열여섯 살의 학생 단링도 그런 지지자들 중 한 명이었다. 해방일을 맞아 수업이 모두 취소되었고 단링은 현수막이나 수숫대에 매단 별 모양 등롱을 들고 나가 인민 해방군을 환영할 인원으로 선발되었다. 그는 톈안먼 광장에서 서쪽으로 1킬로미터 떨어진 시단이라는 번화한 상점가에서 다른 학생들과 함께 군중에 합류했다. 호기심 많은 구경꾼들이 가세하면서 군중이 수천 명으로 늘어나자 학생들은 이리저리 밀리다가 곧 뿔뿔이 흩어졌다. 단링은 팔꿈치로 사람들을 밀치며 앞으로 나아가려고 했지만 행렬은 구경도 할 수 없었다. 갈가리 찢긴 깃발을 내팽개친 그는 트롤리 버스를 발견하고 올라탔다. 행렬을 구경하느라 정신이 팔린 버스 기사는 단링이 무임승차했다는 사실을 알아차리지 못했다. 버스 창문에 얼굴을 들이밀자 소총과 총검, 탄약대, 수수하지만 깔끔하고 계급장이 없는 제복 등이 보였다. 그는 군기 정연한 군인들을 보면서 기쁨이 차올랐다.[33]

톈안먼 광장에는 급하게 마련된 마오쩌둥의 초상화가 내걸렸다. 마오쩌둥 본인은 몇 개월 후에야 베이징을 방문했으며 1930년대에 장제스의 개인적인 용도로 디트로이트에서 제작된 닷지사(社)의 방탄 리무진을 타고 시 외곽에 위치한 여름 궁전인 이화원으로 향했다.[34]

린뱌오에 의해 북방축이 합병되는 사이 쉬저우 인근에서는 더욱 피

튀는 전투가 진행되고 있었다. 만주와 북부 전선에서 보듯이 전쟁의 승패는 간선 철도의 장악에 달려 있었다. 베이징에서부터 남쪽의 난징까지 이어지는 본선 철도와 중국의 극서 지방부터 황해까지 이어지는 유일한 동서 횡단 철도가 만나는 쉬저우는 교통의 요지였다. 국민당 정부의 수도인 난징은 물론이고 비옥한 양쯔 강 유역으로 나아가는 길목이었다.

1948년 11월, 100만이 넘는 병력들이 쉬저우 성을 급습했다. 화이하이 전투라고도 알려진 이 전투는 중국 역사상 가장 치열했던 전투 중 하나로 기억될 터였다. 만주를 뒤로하고 진격을 이어가면서 공산당은 거의 40만에 달하는 병력을 따로 편성하여 베이징을 그대로 지나쳐 하루라도 빨리 쉬저우에 도착하도록 했다. 이웃한 산둥 성에서도 별도로 20만 명의 병력이 몰려왔다. 산둥 성에서는 이미 유격대원들이 외곽의 대부분 지역을 장악하고 있었다. 국민당은 철도 교차로 주변의 평평하고 비옥하며 늪지대가 많은 평야에 40만 명의 군인들을 배치했다. 공산군을 지휘하는 민머리에 작고 다부진 체격의 천이 장군은 재빨리 모든 철도를 차단하고 주요 비행장을 포격했다. 만주에서 린뱌오를 상대한 적이 있는 두위밍 장군은 가을 홍수를 이용해서 도시 북쪽과 북서쪽의 늪이 많은 지역을 방어하는 한편 질퍽한 도로와 파손된 철도를 이용해서 필사적으로 병력을 이동시켜 동쪽에 새로운 방어선을 구축했다.[35]

양쪽 모두 중국의 심장부를 놓고 싸웠기 때문에 도시 외곽에서 진행된 전투는 치열했다. 국민당과 공산당은 탱크와 중포까지 투입했고 맑은 날에는 하늘을 장악한 정부군의 비행기가 밤낮으로 적에게 맹공을 퍼부었다. 해자와 성벽으로 둘러싸인 오래된 마을들이 난타를 당했다. 십자 포화에 갇힌 마을은 폭발로 인한 오렌지색 화염에 휩싸였고 잿더미로 변한 집들이 가을밀을 심은 들판 한가운데서 모락모락 연기를 내뿜었다. 차오라오지 북쪽의 한 마을도 박격포의 포격에 의해 불바다가 되었다. 억새와 지푸라기의 탄내 속에서 아이들과 여성들이 지붕이 날아간 초가집과 시커멓게 그을린 담장 사이를 절망적으로 헤매고 다녔다. 검정색 누비 외투로 몸을 감싼 한 나이 든 여성이 폐허 속에서 망연한 표정으로 잔해를 바라보았다. 그녀의 모든 것이 사라진 터였다. 후일 한 공산군 장군의 회상에 따르면 인민 해방군은 융단 포격을 통해 마을들을 차례로 지워 나갔다. 〈두위밍과 싸우면서 우리는 수많은 포격과 무수히 많은 폭탄으로 마을을 사실상 평평하게 밀어 버렸다.〉 전쟁에서 생환한 한 조종사는 눈에 보이는 모든 마을이 불길에 휩싸여 있었다고 전했다. 〈들판이 시체들로 뒤덮여 있었다.〉[36]

덩샤오핑이라는 냉정한 당 지도자의 주도로 공산당은 대략 500만 명의 남자들과 여자들, 때로는 아이들까지 징용했다. 그는 각각의 마을에 엄밀한 할당량을 배정하고 자신의 명령이 지켜지지 않을 경우 엄중한 처벌을 내리겠다고 위협했다. 곡괭이와 삽을 든 이들 징용자들은 전선으로 식량이나 각종 물건들을 지어 나르며 병참 지원을 제공했을 뿐 아니라 부대의 맨 앞에서 행군하도록 강요받음으로써 총알받이로도 이용되었다. 비무장 상태의 마을 주민들이 물밀듯 밀려오자 국민당군은 당황했다. 당시 일반 사병으로 국민당군의 참호를 지켰던 린징우는 수년 뒤 그 숫자가 너무 많아서 총을 쏘다가 손이 마비될 정도였다고 회상했다. 그는 비무장한 일반인에게 총을 쏜다는 사실에 구역질이 났으며 눈을 감으려고 애썼다. 그럼에도 사격을 중단할 수는 없었다.[37]

사람들이 검붉게 변한 벌판에서 떼를 지어 탈출했다. 철길 옆에는 〈봉제 인형처럼 보이는〉 남자와 여자, 아이의 시체가 널부러져 있었고 그 사이로 피난민을 가득 태운 열차가 덜컹거리며 나아갔다. 밤사이 추위 때문에 손이 얼어서 손잡이를 놓치고 열차 지붕에서 떨어진 사람들이었다. 운 좋게 살아남은 사람들 — 아기를 등에 업은 채 누더기 외투를 입고 있던 여성들이나 남은 소지품이 든 꾸러미를 꼭 끼고 있던 남성들 — 은 열차 지붕에 몸을 묶고 있었다. 객차와 객차 사이의 연결부에도 많은 사람이 옴짝달싹하지 못한 채 갇혀 있었다.[38]

쉬저우는 선양의 선례를 그대로 답습했다. 조직적이지 않은 군대의 움직임, 혼란스러운 지휘 계통, 총통의 끊임없는 간섭, 부정확한 현장 정보, 군인들의 낮은 사기 등이 재앙을 만들어 냈다. 그칠 줄 모르는 포화 속에서 국민당 군대는 금방 쉬저우 성 안으로 후퇴했으며 공중 보급에 전적으로 의존한 채 생존을 이어갔다. 식량이 빠르게 바닥을 드러냈다. 말들이 도살되었고 일반인들은 나무껍질과 풀뿌리를 찾아 길거리를 뒤졌다. 성벽 바로 바깥에서는 적진 사이에 낀 작은 마을의 여성들과 아이들이 땔감을 구하지 못해 움막 안에서 얼어 죽었다. 한 조종사의 증언에 의하면 상하이행 후송 비행기 안에는 〈피를 흘리며 죽어 가는 군인들과 그들의 배설물〉이 가득했다. 적군에게 장비가 넘어가지 않도록 도시를 폭파하라는 장제스의 지시가 떨어졌다는 소문이 나돌면서 쉬저우는 공황에 빠졌다. 때마침 공산군의 확성기에서 음식과 피난처를 제공하겠다는 방송까지 흘러나오자 궁지에 몰려 있던 국민당군 산하의 사단들이 하나둘씩 항복하기 시작했다. 두위밍마저 일반 사병으로 위장하고 몰래 탈출하려다가 체포되었다. 1949년 1월 10일, 전투는 끝났고 공산당은 국민당에게 치명타를 날렸다.[39]

북부 전선이 무너진 순간부터 국민당의 붕괴는 필연적인 수순이었다. 1949년 1월 14일, 공산당에서 평화를 위한 여덟 가지의 가혹한 제안을 제시했다. 2주 뒤 22년 동안 중국의 지배자로 군림하던 장제스가 물러났다. 그는 계급장이 없는 수수한 카키색 제복 차림으로 난징에 위치한 국방부의 작은 응접실에서 부총통에게 평화 회담을 일임한다는 공식 성명서를 읽었다.[40]

하지만 너무나 늦고 무의미한 행동에 불과했다. 인플레이션과 무거운 세금에 시달리던 사람들은 하나같이 냉담한 반응을 보였고 국민당에 노골적으로 적대감을 드러내는 사람까지 생겼다. 언론에 함구령을 내렸음에도 갈수록 도를 더해 가던 권력 남용 실태가 이미 널리 알려져 있던 터였다. 특히 비밀 요원을 색출한다는 명목으로 경찰이 동원했던 잔인한 방법들도 도시민의 상당수가 등을 돌리도록 만들었다. 저우언라이가 지휘하는 유능한 선전 간부들은 국민당 정부의 모든 약점을 철저하게 이용했다. 공산당은 이미지 전쟁에서 민주주의와 사회 개혁에 관련된 환상을 심어 주는 데 성공했다. 성공의 주된 요인은 안내원을 동반하고 돌아다닌 소수의 방문 기자들을 제외하고는 공산당의 본거지에서 시간을 보낸 사람이 아무도 없었기 때문이었다. 다른 무엇보다 사람들은 전쟁에 지쳐 있었다. 그들은 10여 년 동안 두려움과 폭력에 시달리면서 공산주의라도 상관하지 않을 만큼 무조건적으로 평화를 갈망했다.

한편 공산당은 휴식과 조직 재편을 위해 평화 협상을 이용했다. 양쯔강 이북에서는 마을길을 따라 외바퀴 손수레와 당나귀 마차 행렬이 끊임없이 이어지며 식량이 비축되었다. 강가에서는 대형 트럭에 달린 엔진이 내려져서 강을 운행하는 배에 설치되었다. 3월 말에 이르자 중국을 남과 북으로 양분하는 양쯔 강의 북쪽 강둑을 따라 100만 명에 육박하는 병력이 집결했다.

공산당이 양쯔 강을 건너 중국 전체를 집어삼키려고 준비하는 동안 영국 정부는 강의 남쪽 제방과 인접한 수도 난징에서 오도 가도 못하고 있는 자국민을 구출하기 위해 상하이에서 한 척의 해군 슬루프함을 파견했다. 강철로 된 회색 선체 양쪽에 5미터 크기의 영국 국기가 그려진 애미시스트호는 외국의 포함(砲艦)들이 양쯔 강 위를 오가며 치안을 유지하던 지난날을 떠올리게 하는 정교한 기념품처럼 보였다. 애미시스트호가 상하이와 난징의 중간 지점에 도착했을 때였다. 북쪽 제방에서 날아온 두 발의 포탄이 슬루프함에 적중했다. 기능을 상실한 배가 수류를 따라 표류하다가 진흙 바닥으로 된 제방에 좌초되었다. 두 개의 백기가 내걸렸지만 포격은 며칠간 계속되었고 44명의 선원들이 목숨을 잃었다. 영국 해군 소속의 이 프리깃함은 꼼짝없이 갇혀 있다가 10주 만에 탈출했으며 그사이 공산당은 영국과 미국, 프랑스에 중국 전역에서 군대를 철수하라고 요구했다. 마오쩌둥은 애미시스트호를 예전 중국을 상징하는 완벽한 상징물로 여겼고, 자신의 군대에게 〈외세의 개입을 절대로 용납하지 말라〉고 명령했다. 영국 해군에 대한 이 공격은 세계적으로 대서특필되었으며 마오쩌둥은 흡족했다.[41]

애미시스트호 사건은 상하이에 있던 외국인들을 바짝 긴장시켰다. 며칠 뒤 공산당 군대가 마지막 전투에 돌입했다. 인민 해방군이 집합 나팔 소리와 군가에 맞추어 정크선과 삼판선, 대형 보트를 타고 양쯔 강을 건너 밀어닥치자 난징은 겨우 상징적인 저항만을 보였다. 군인들이 대규모로 전향하면서 난징은 이미 힘을 잃은 상태였다. 민간인들에 의한 약탈도 만연했다. 푸쯔먀오의 분잡한 상업 지구에서는 초라한 행색의 남자들과 여자들, 어린아이들이 자기들끼리 웃고 소리치며 쾌활한 분위기에서 약탈을 자행했다. 그들은 2층짜리 저택의 위층에서 아래 잔디밭으로 소파와 양탄자, 침구 등을 끌어내렸다. 〈어떤 군인은 자신의 소총을 던져 버리고 대신 양손에 등을 하나씩 조심스럽게 든 채 활짝 미소를 지었다. 낡은 검정 외투를 입고 허연 머리를 뒤로 쪽진 고지식한 인상의 한 노부인은 가냘픈 다리를 절뚝거리면서도 행복한 표정으로 정성스레 수놓인 방석 네 개를 들고나왔다.〉교통부 건물에서도 내리닫이 창이나 배관 설비에 이르기까지 모든 것을 뜯어 갔다. 마룻바닥도 뜯겨 나가 장작으로 사용되었다. 막무가내로 혹은 뇌물을 먹여 어떻게든 비행기를 타려는 시민들이 비행장으로 몰려들었고, 군인들은 총검을 장착한 소총을 휘두르며 그들의 접근을 막았다. 그 와중에도 국민당군 소속의 한 장군이 비행기에 그랜드 피아노를 싣고 있는 부하들을 향해서 큰소리로 연신 명령을 내리고 있었다.[42]

어둠이 내리면서 공포가 도시를 엄습했고 길거리의 분위기도 흉흉해졌다. 멀리서 총소리가 들리더니 이내 커다란 폭음이 수도 전체를 뒤흔들었다. 군인들이 도시를 탈출하면서 강둑에 있는 탄약고와 연료 저장고에 불을 질렀기 때문에 불길이 하늘을 붉게 물들였다. 부서진 호텔 안에서는 평화 유지 위원회 회원들이 작은 탁자에 둘러앉아 차를 마시면서 공산주의자들을 환영할 표어를 제작했다. 그들은 시민들에게 질서를 유지하라고 호소하는 벽보를 대량 제작함으로써 도시와 100만 명에 달하는 시민들의 안전을 도모했다.[43]

4월 23일, 솜옷을 입고 땀을 뻘뻘 흘리는 인민 해방군들이 열을 맞추어 난징에 들어왔다. 이튿날 그들이 인도를 따라 자리 잡은 각자의 침낭에 질서 정연하게 앉아 있는 모습이 관찰되었다. 그들은 간부들로부터 정치적인 지시를 받거나 혁명가를 부르고 있었다. 호기심을 느낀 사람들이 그들을 자세히 살피고자 주위로 몰려들었다. 따뜻한 물을 가져와서 군인들이 허리에 차고 다니는 컵에 부어 주는 사람도 있었다. 정갈한 옷차림의 학생들 — 진심 어린 젊은 남녀 학생들 — 이 기숙사에서 나와 공산군의 입성에 환호를 보냈다. 정작 군인들 대부분은 학생들에게 무관심으로 일관했다. 그들은 서로가 너무나 다른 사람들이었다. 총통부에 머무르는 동안 천이 장군과 덩샤오핑은 장제스가 사용했던 의자를 번갈아서 앉았다.[44]

중국의 마지막 남은 방어벽인 양쯔 강을 넘어서자 공산군은 매우 빠르게 움직였다. 나흘 만에 난징이 함락되었다. 곧이어 양쯔 강 중부에 위치한 상공업의 중심지 우한이 함락되었다. 그들은 해안을 향해 동쪽으로 빠르게 진격하면서 상하이와 광저우를 잇는 철도를 차단했다. 그로써 중국의 금융 수도인 상하이가 고립되었다. 상하이 방어 임무를 맡은 국민당군의 장군이 〈상하이는 중국의 스탈린그라드가 될 것이다〉라며 결연한 의지를 표명했다. 하지만 〈동양의 파리〉로 칭송받던 이 자유방임적인 도시의 대다수 시민들은 장기간에 걸친 공격으로 도시가 파괴될 것을 걱정해서 장군의 약속이 지켜지지 않기를 바랐다.[45]

상하이의 주된 방어 시설은 원래는 유엔의 한 구호 단체에서 제공한 목재를 말뚝으로 가공해서 만든 장장 50킬로미터에 달하는 나무 울타리였다. 공산군이 접근해 오고 있다는 사실을 부정이라도 하듯이 북적이고 활기찬 일상이 이어지면서 도시에는 일종의 비현실적인 평온함이 만연했다. 해안의 클럽과 카바레, 술집을 중심으로 도박이 빠르게 성행하기 시작했다. 영국인들은 완벽하게 손질된 잔디밭에서 여느 때와 다름없이 크리켓을 즐기거나 오후의 햇살 아래서 핑크 진을 홀짝였다. 듀

크 리어스나 더 탱고, 레인보우 같은 술집의 스툴이나 안락의자에 느긋하게 앉아 있는 접대부들은 그 도시가 포위되어 있다는 사실을 잊은 것 같았다. 또한 엄청난 인플레이션에도 불구하고 달러나 금괴를 이용한 또는 물물 교환을 통한 상거래가 여전히 활발한 듯 보였다.

난징에서 성행했던 것 같은 약탈 행위를 사전에 봉쇄하기 위한 노력으로 계엄령이 선포되었다. 도시 외곽에서 공산당의 간첩이나 암거래상, 기타 범죄자로 의심되는 사람들이 총살에 처해졌다. 그들은 대형 트럭의 화물칸에 선 채로 상하이의 번잡한 시가지를 통과한 다음 일렬로 세워져 국민당 군인들에 의해 뒤통수에 총을 맞았다. 그들을 태운 트럭에는 그들이 저지른 범죄가 적힌 하얀 현수막이 내걸렸다. 한편 도시의 외곽 도로에서는 수많은 사람들이 기관총 포상(砲床)과 가시철조망 울타리, 방어 진지를 급조하는 일에 징용되었다. 주요 교차로에 모래주머니로 만든 초소에서는 군인들이 시내로 들어오는 피난민들의 가방과 짐을 총검으로 찔러 검사했다. 사기 진작을 위해서 대형 트럭에 장제스에 대한 충성을 연호하는 노동자와 학생 들을 태우고 시가지를 질주하는 승리의 행진도 행해졌다. 상하이에서 가장 높은 아파트 건물인 브로드웨이 맨션의 꼭대기 층 주민들은 황푸 강 너머에서 발사되는 대포의 강렬한 섬광을 볼 수 있었다. 그보다 더 북쪽으로 마을들이 불타면서 내뿜는 은은한 불빛이 보였다. 지평선 너머에서 발사된 예광탄들도 여기저기에 붉은 줄무늬를 만들었다.[46]

천이 장군과 그의 부대가 상하이 근처의 농경 지대까지 진격하면서 생물을 판매하는 시장과 노점에서 신선한 채소가 자취를 감추었다. 포위 공격은 어부들에게도 배를 항구에 정박시킨 채 일손을 놓게 만들었다. 그 결과 상하이에서 가장 인기 있는 생선인 참조기의 가격이 불과

하루 만에 여섯 배로 뛰었고 그마저도 이튿날이 되자 진열대에서 완전히 모습을 감추었다. 물가가 폭등하고 공급이 줄어들까 봐 불안해진 사람들이 쌀가게로 몰려들었다. 시장이 시민들에게 승리의 텃밭을 만들라고 공개적으로 호소하고 나섰다.[47]

몇 주에 걸친 지루한 기다림을 끝으로 5월 25일에 상하이가 공산당의 수중에 떨어졌다. 상인들과 삼합회가 은밀히 그들의 편을 바꾸면서 이렇다 할 총격전도 일어나지 않았다. 국민당 군대는 전면적인 퇴각에 나섰다. 일부는 거의 퍼레이드를 하듯이 행군하면서, 일부는 전장에서 묻은 진흙이 말라붙은 그대로 두려움과 혼란에 빠져서 쏜살같이 도시를 빠져나갔다. 홍등가에서는 탈영병들이 필사적으로 헌 옷 파는 가게들을 찾아다녔고 탈영병이 버린 군복들이 주변 여기저기 널려 있었다. 이튿날 천이 장군의 명령을 받은 군인들이 한밤중에 여러 개의 작은 조로 나뉘어 도시 남서쪽에 위치한 프랑스 조계지(租界地)로 침투하기 시작했다. 그들은 고립된 국민당군 저격병의 산발적인 총격으로부터 몸을 보호하기 위해 주변 건물들에 바짝 붙은 채 조프르 애비뉴와 그레이트 웨스턴 로드의 인도를 따라 조심스럽게 앞으로 나아갔다. 아침이 될 무렵에는 이미 해안에 도착했다.

상하이는 안도의 한숨을 내쉬었다. 약탈 행위도 없었고 강간이나 징발도 없었다. 다른 도시에서 그랬던 것처럼 공산당 군인들은 인도에서 잠을 자고 주민들이 동정 어린 마음에서 제공하는 따뜻한 물마저 거절하면서 모범적인 행동을 보였다. 또한 반공주의자들이 선전하듯이 무뚝뚝하고 호전적인 군인이라기보다 어린 소년들로 이루어진 군대처럼 보였다. 필리핀 총영사 마리아노 에즈펠레타는 그들이 어린 것에 놀랐다.

그들이 왔다. 공산군 병사들의 대다수는 군인처럼 걷는 것이 아직은 어색한 왜소한 체격의 어린 10대들이었다. 체중을 이쪽저쪽 다리로 옮겨가면서 마음을 진정시키려고 애쓰는 이제 막 소년티를 벗은 시골내기들도 있었다. 그들은 교차로에 서서 자신의 카빈총을 느슨하게 든 채 휘둥그레진 눈으로 주위를 둘러보았으며 도시의 화려하고 웅장한 건물에 압도된 것이 분명해 보였다. 잘못 보면 내륙의 시골 마을에서 와서 보초 임무를 처음 배우는 호기심 많은 견습생으로 착각할 정도였다.[48]

군인들의 모범적인 행동은 신문에도 보도되었다. 상하이의 「임파셜데일리」가 선봉에 나섰다. 〈대중교통이 복구되었는데 표를 구매하지 않고 이용하는 인민 해방군은 단 한 명도 없으며 일반 이용객에게 불편을 끼치면서 먼저 승차하려는 군인도 없다.〉 비슷한 기사들이 대대적으로 보도되었고 불안해하던 시민들을 안심시켰다.[49]

사람들은 안도했다. 그들은 군인들을 계속 얕보았고 공산군 병사들을 시골뜨기에 빗댄 농담들이 회자되었다. 일단의 병사들이 도자기로 만들어진 하얀색 양변기를 발견하고 그 안에다 쌀을 씻었다는 일화도 전해졌다. 한 병사가 변기의 물탱크에 부착된 줄을 잡아당겼고 변기 안에 있던 쌀이 거품과 함께 사라지자 망연자실한 표정이 되었다. 호화로운 캐세이 호텔에 들어간 시골뜨기들은 엘리베이터를 만지작거리느라 정신이 없었고 호텔 로비에 노새를 묶어 놓기도 했다. 이런 이야기들이 전부 지어낸 것만은 아니었다. 상하이로 행진해 들어갔을 때 스물다섯 살이었던 참전 용사 펑빙싱은 당시를 이렇게 회상했다. 〈우리는 전구로 담뱃불을 붙이고 양변기에 쌀을 씻으려고 했다. 우리는 대다수 장교들과 사병들이 시골 출신이었고 상하이에 처음 도착한 그때까지 그런 물

건들을 한 번도 본 적이 없었다.〉[50]

하루도 채 안 되어 아메리칸 클럽 근처에 〈인민 해방군을 환영합니다〉라는 현수막들이 내걸렸다. 상하이에서 사람들로 가장 붐비는 6층짜리 유흥 건물 대세계(大世界) 놀이 센터에는 거대한 마오쩌둥의 초상화가 설치되었다. 가게의 출입구마다 붉은 깃발들이 펄럭였고 붉은 깃발로 장식된 대형 트럭들이 환호성을 지르며 삼각 깃발을 흔드는 학생들과 노동자들을 태우고 거리를 누볐다. 저 멀리서는 여전히 기관총 소리가 들려오는 가운데 도심에서는 확성기를 통해 공산주의자들의 노랫소리가 울려 퍼졌다. 공산군에게 함락된 지 하루 만에 상하이 곳곳에서 트램과 버스의 운행이 재개되었다. 새로운 충성을 상징하는 붉은 완장을 찬 경찰들이 거리에 복귀해서 교통 정리를 실시했다. 〈길모퉁이에서는 행상들이 다시 물건들을 짤랑거렸고 거의 일주일 만에 다시 등장한 채소 노점상들이 농촌에서 올라온 물건들로 빠르게 좌판을 채웠다.〉[51]

───────

난징과 상하이가 공산당의 손에 넘어간 뒤로 아직 항복하지 않은 국민당 군대는 더 남쪽으로 후퇴를 계속했다. 영국령인 홍콩과 인접한 화남 지역의 항구 도시이면서 상업 중심지인 광저우는 1911년에 청나라가 멸망하고 쑨원이 처음 국민당 정부를 수립한 도시였다. 국공 내전에서 양쪽으로 나뉘어 싸운 장군들도 1924년 광저우에 설립된 황푸 군관학교에서 대부분 훈련을 받은 터였다. 국민당의 임시 수도가 된 광저우는 짧은 몇 주 동안 신흥 도시로 변신했다. 공산군이 난징으로 진격할 때 가장 먼저 피신했던 소련 관료들은 해안가 위편에 우뚝 솟은 아르 데

코 양식의 현대적인 건물 아이췬 호텔 6층에 자리를 잡았다. 10층에는 미국 외교관들이 머물렀으며 국민당이 나머지 거의 모든 층을 장악하고 그들의 본부로 이용했다. 정부 관리들은 해안가 아래편에 위치한 사몐 섬에서 바니안 나무가 그늘을 드리우는 호화 주택을 구입했다. 새로 온 사람들이 얼마 남지 않은 주택과 아파트를 놓고 경합을 벌이느라 침실 두 개짜리 아파트의 보증금이 4,000달러까지 치솟았다. 반면 도시 외곽의 가난한 사람들은 거의 하룻밤 사이에 뚝딱 지어진 조잡한 집에서 생활했다. 우후죽순처럼 늘어나는 인구 때문에 도시가 과부하로 삐걱거리고 있었다.[52]

광저우의 붐은 오래 가지 않았다. 짧은 몇 주 동안 멈추었던 공산군의 진격이 재개되었다. 1949년 10월 14일에 광저우가 〈나직한 한숨 속에서〉 함락되었을 때 공산군은 1년 전 창춘을 함락시킨 이래로 3,500킬로미터를 행군해 온 셈이었다.[53] 혼란에 빠져 허둥지둥 충칭으로 퇴각한 장제스는 12월 10일에 타이완으로 탈출해서 다시는 돌아오지 않았다.

———

공산군은 광저우를 향해 남하하는 병력과 별도로 또 다른 병력을 편성해서 철도를 따라 쉬저우의 서쪽으로 이동했다. 그들 앞에는 티베트, 인도, 아프가니스탄, 소비에트 연방, 몽골 인민 공화국 등과 국경을 맞대고 있는 광활한 국경 지대가 있었다. 중국 전체 인구의 3퍼센트 미만인 1300만 명이 거주하는 인구 밀도가 낮은 지역이었다. 사막과 산, 대초원, 호수 등이 척박한 지형을 형성했지만 풍광이 아름답고 석유와 석탄, 금, 텅스텐, 우라늄을 비롯해 여러 가지 희토류 금속에 이르기까지 귀중한 광물 자원을 감추고 있었다. 북쪽에서 서쪽으로 길게 이어진 이슬람 벨트 지역에는 모든 주요 거주지마다 이슬람교 사원들이 들어서 있었고 종교 행사에서 아라비아어가 사용되었다. 1948년에 이 지역을 방문했던 사람은 이렇게 말했다. 〈남자들이 쓴 사발 모양의 모자와 여자들이 얼굴에 두른 천으로 물론 그들을 구별할 수 있지만 얼굴 특징만으로도 충분히 구분이 가능하다. 그들은 전형적인 중국인보다 큰 코와 더 동그란 눈을 가졌고 남자들의 경우 무성한 턱수염이 덥수룩한 구레나룻 때문에 더욱 두드러져 보인다.〉[54]

이 밖의 많은 민족들이 매우 다양한 인종 사회를 구성했으며 가장 서쪽에 위치해 중앙아시아와 국경을 맞댄 신장의 경우에는 더욱 그러했다. 광대한 사막과 봉우리가 눈에 덮인 산으로 둘러싸인 이 목초지에는 잦은 침략과 이주의 결과로 위구르족, 카자흐족, 한족, 타란치족, 키르기스족, 몽골족, 백러시아족, 우즈베크족, 타지크족, 타타르족, 만주족 등을 비롯한 다양한 민족들이 모여 살았다. 〈현란한 색상과 수가 놓인 사발 모양의 모자와 외투, 가죽 장화를 신는〉 위구르족은 총 400만 명의 인구 중 4분의 3을 차지하며 신장에서 절대다수를 차지했다. 이민족들은 서로 갈등을 빚기도 했으며 갈등이 종종 폭력으로 발전하기도 했다. 특히 19세기에는 청나라에 대한 반발로 만주족이 이 지역 전체에 대해 재차 정복 사업을 벌이기도 했다. 신장은 1884년에 이르러서야 청나라에 완전히 통합되었다.[55]

중국의 서북 지역에는 매우 유력한 지방 정권들이 존재했으며 국민당의 지배하에 있던 다른 지역들과 매우 다른 모습을 보여 주었다. 짧게 자른 머리에 건장한 체격의 회족 출신 장군 마부팡은 강력한 권위를 기반으로 칭하이 성을 완전히 바꿔 놓았다. 쇄석을 깔아 평평하고 양옆으로 버드나무와 포플러 묘목을 심은 고속도로를 건설하고, 도시를 정화하고, 농촌에 수로를 건설하고, 병원과 그 밖의 의료 시설을 지었다. 성도인 시닝에서는 인구의 3분의 1이 학교에 다녔으며 모든 학생들에게 음식과 옷, 학비가 무료로 제공되었다. 중국의 대다수 도시들이 국공 내전으로 피폐해졌을 때 칭하이 성은 번영을 누렸다.[56]

그럼에도 마부팡은 쉬저우에서부터 철도를 따라 이동하고 있던 공산당 군대에 상대가 되지 않았다. 머리를 면도한 불독 같은 인상의 뚱뚱한 남성 펑더화이는 약 15만의 군대를 이끌고 4만 명의 무장한 회족 기마병들로 이루어진 마부팡의 기병대를 상대했으며 해당 지역에서 국민당의 모든 희망을 짓밟아 버렸다. 1949년 8월, 예전 비단길을 따라 서북쪽으로 나아가는 관문인 란저우가 함락되면서 위먼의 유전들이 줄줄이 공산당의 손아귀에 들어갔다.

신장도 곧 사정거리에 들게 되었다. 하지만 인종 간의 불화로 오랜 문제가 있을 뿐 아니라 위협적인 소련의 존재 때문에라도 신장은 결코 호락호락한 곳이 아니었다. 소련군은 유정과 주석, 텅스텐 광산을 둘러싼 특혜와 양보를 제공받는 대가로 1933년부터 1944년까지 신장의 성장(省長)이던 성스차이를 도와 현지의 반란을 잠재웠다. 1940년 9월에는 일본을 상대로 완충 지대가 필요한 상황에서 이 지역을 사실상 완전히 장악했다. 몇 년 전 외세의 침략을 받아 스탈린과 히틀러에 의해 영토가 분할된 폴란드와 똑같은 길을 걷게 될까 봐 걱정한 성스차이가 소련에게 향후 40년간 추가적인 양보를 인정하는 조약에 서명한 것이다. 전쟁이 끝났을 때 장제스는 협상을 통해 중소 우호 동맹 조약을 내세워 소련이 신장에서 물러나도록 하는 데 성공했다. 그는 카자흐족과 위구르족을 상대로도 타협을 벌여 신장 북부에서 소련의 지원을 받은 반란군이 수립한 동투르키스탄 공화국과 국민당이 연립 정부를 구성하고 권력을 공유하기로 합의했다.

한편 공산당은 정복 전쟁과 협상을 병행해서 신장을 압박했다. 먼저 마오쩌둥은 정치 협상 회의에 참석해 달라며 동투르키스탄 공화국의 핵심 지도자 다섯 명을 베이징으로 초청했다. 1949년 8월 22일에 스탈린도 그들에게 마오쩌둥과 협력하라고 지시했다. 이틀 뒤 그들은 카자흐스탄에서 비행기를 타고 베이징으로 향했다. 비행기는 바이칼 호수 근처를 지나던 중 추락했고 타고 있던 승객들은 전원 사망했다. 의혹이 난무했다. 어떤 사람들은 마오쩌둥과 비밀리에 거래한 스탈린의 지시로 그들이 숙청된 거라고 의심했다. 남은 지도자들은 동투르키스탄 공화국을 신장에 포함시키기로 동의하고 새로운 중화 인민 공화국에서 제안한 요직을 수락했다. 얼마 뒤인 10월의 어느 날 펑더화이가 성도인 우루무치를 포위하고 국민당군의 항복을 이끌어 냈다. 신장은 해방되었지만 이제는 펑더화이의 군대도 힘을 잃고 말았다. 1949년 12월 29일, 그는 마오쩌둥에게 편지를 써서 자신이 파산했으며 더 이상 자신의 군대를 먹여 살릴 수 없다고 설명했다. 〈내 생각에 지금의 우리 문제를 해결하고 향후에 신장을 재건하기 위해서는 소련의 대대적인 원조가 절대적으로 필요하다.〉 불과 몇 주도 지나지 않아 이 지역 곳곳에서 소련 상인들과 기술자들, 고문들이 떼를 지어 다니기 시작했다. 두툼한 겨울옷 차림의 소련 군대를 실은 군용 트럭 행렬이 우르릉거리며 밤거리를 누볐다.[57]

티베트의 해방은 조금 더 기다려야 했다. 1949년 7월에 티베트의 수도 라싸는 국민당 대표단을 추방했고 몇 개월 뒤 미 국무부에 서한을 보내서 공산군의 침략에 대비하여 〈가능한 모든 수단으로〉 스스로를 지킬 계획이라고 밝혔다. 서한의 복사본이 각각 런던과 베이징으로 보내졌다. 베이징은 기다렸다. 협상이 열렸고 제안이 이루어졌다. 라싸가 신중한 태도로 나오자 1950년 10월 7일에 4만 명의 공산군이 티베트로 진입했고 4,000미터의 산길을 달려 황량한 티베트 고원을 향해 진격했다. 그들은 창두에서 무장 저항군을 궤멸시키고 자신들의 통제를 받는 나약한 신정(神政) 정부를 세웠다. 1947년 이래로 독립국이 된 인도는 바로 얼마 전 인민 공화국을 승인한 참이었다. 이전부터 중국 공산당을 옹호해 오던 인도 수상 자와할랄 네루는 티베트 문제가 평화적으로 해결될 거라며 세계를 안심시켰다. 이제 중국은 히말라야 산맥을 넘어 인도와 네팔로 들어가는 주된 통로를 모두 장악했다. 영국은 인도가 독립한 이래로 완충 지대로서의 이 지역에 흥미를 잃은 상태였고 따라서 중립을 유지했다. 유엔의 개입도 없었다. 그들은 한국 전쟁만으로도 정신없이 바빴다.[58]

이제 공산당은 19세기 말 청나라의 세력이 미쳤던 영토를 따라서 그들의 국경을 확립하는 데 성공했다. 볼셰비키가 제정 러시아 때 정복된 왕국을 계승했듯이 이제 중국 공산당은 만주족이 건설했던 제국 위에 새로운 나라를 세울 수 있게 되었다. 오직 홍콩과 타이완에만 여전히 인민 공화국의 손길이 미치지 않고 있었다.[59]

2부

장악

1949~1952

3장
해방

팡파르와 함께 해방의 서막이 올랐다. 세심하게 연출된 행진이 모든 주요 도시에서 공산당의 통치가 시작되었음을 알렸다. 변함없이 군인들이 행진의 선두를 맡았고 거대한 마오쩌둥 초상화를 실은 대형 트럭이 그 뒤를 따랐다. 파란색과 빨간색, 녹색 옷을 입고 실크 스카프를 두른 무용수들이 머리에 흰색 수건을 두른 채 붉은 깃발을 흔들었고, 장구와 커다란 징, 나팔로 연주되는 음악에 맞추어 몸을 좌우로 흔들며 농촌의 모내기를 형상화한 앙가(秧歌)라는 민속춤을 선보였다. 유려한 각각의 춤 동작들은 씨를 뿌리거나 장대로 물통을 져 나르는 농부들의 일상적인 활동을 찬양하는 의미가 담겨 있었다. 앙가야말로 인민에 의한 인민을 위한 예술 형태인 것 같았고 따라서 모든 행진과 집회에 등장했다.

하지만 앙가가 대중적이던 화북 지역의 일반 농민들조차 무용수들의 민속춤 공연을 본다면 어리둥절할 것 같았다. 일부 선율은 지역 민요와 더 이상 아무런 관련이 없었고, 대신 소련 군가에서 차용된 터였다. 사랑과 배신 이야기를 다루던 예전 노랫말은 전 세계 모든 민속극이 그렇

듯 야하거나 노골적으로 외설스러운 경우가 대부분이었는데 이제는 불평등 조약의 폐지와 인민 해방군의 승리를 찬양했다. 전통적으로 복잡했던 민속춤의 스텝도 서너 가지 기본 동작으로 단순해졌다. 점쟁이와 공처가, 승려, 향신(鄕紳), 불사신 등 전통적인 등장인물들도 노동자와 군인, 농부로 대체되었다. 새롭게 변한 앙가는 중국 대부분의 지역에서 일반인들에게 감흥을 주지 못했다. 시안에서는 등장인물들이 원래의 가극과 영 딴판으로 바뀌었기 때문에 구경꾼들이 행진 속 등장인물들을 전혀 알아보지 못했다. 〈변하지 않은 것은 고막을 찢는 듯한 장구와 징 소리뿐이었고 시내에서는 너무나 자주 장구와 징 소리가 울려 퍼진 탓에 거의 매일이 춘절 같았으며 마치 시대가 바뀌었음을 소리로 알려 주는 것 같았다.〉 그럼에도 축제 소리는 전쟁의 종식을 의미했고 따라서 수많은 구경꾼들이 축제를 즐겼다.[1]

해안의 대도시에서는 이러한 정치적 행사들이 훨씬 성대했다. 1949년 7월 6일, 폭우가 쏟아지는 가운데 다수의 탱크와 곡사포가 굉음을 내며 상하이의 상업 지구에서도 가장 번잡한 난징로(路)를 행진했고 움켜쥔 주먹을 허공을 향해 불쑥거리는 노동자 군대가 그 뒤를 따랐다. 기업들이 노동자를 태운 대형 트럭들을 보내오기도 했다. 셸 오일 컴퍼니에서 보내온 트럭에는 종이 반죽으로 만든 거대한 크기의 자본주의자 인형이 실려 있었는데 손에 거대한 크기의 5달러짜리 지폐가 들려 있었다. 다른 트럭들은 깔끔한 흰색 블라우스와 면 반바지 차림으로 징 소리에 맞추어 노래를 부르는 여학생들을 태우고 있었다. 불과 몇 주 전 장제스를 위한 승리의 행진을 벌이며 도로를 질주했던 바로 그 트럭들이었다. 또다시 목이 쉬도록 함성을 외치는 사람들도 그때와 똑같은 얼굴들이었다. 다만 이번에는 공산당을 위해 함성을 지른다는 것이 달랐다.[2]

가장 중요한 행진이 10월 1일 베이징에서 열렸다. 30만 명의 인원이 동원된 기념식에서 마오쩌둥이 중앙 인민 정부의 수립을 선포한 날이었다. 준비 작업은 일찍부터 시작되었다. 국공 내전 기간 중 베이징의 대부분 지역이 그랬던 것처럼 톈안먼 광장도 오랫동안 방치된 채 흉물스럽게 변해 있었다. 규모도 오늘날보다 훨씬 작았으며 중세 시대의 벽과 오래된 도로, 다 허물어져 가는 건물들로 어수선한 모습이었다. 한때는 자금성이라고 불리던 황궁에서 황제를 알현하기 전 차례가 오길 기다리는 관료들이 휴식처로 이용하던 건물들이었다. 여기저기에 구덩이가 팬 광장 바닥에는 쓰레기들이 어지럽게 나뒹굴었다. 엉겅퀴와 나무들도 판석이 깨진 틈으로 뚫고 나와 제멋대로 자리를 잡고 있었다.[3]

단링은 열정적으로 자원해서 광장 청소를 도운 학생들 중 한 명이었다. 그리고 열심히 일한 대가로 행진을 구경할 수 있는 기회를 얻었다. 행사 당일 일찍 도착한 그는 매서운 추위와 싸우며 성문 밖에서 대기했다. 동이 트면서 이슬비가 내리기 시작했다. 학교 친구들이 모두 도착하자 그들은 줄을 맞추어 선 다음 다른 무리들과 대형을 유지하며 행진해서 광장 안쪽에 그들에게 배정된 위치에 자리를 잡았다. 아직 평탄 작업이 끝나지 않아 곳곳에 깊은 구덩이가 팬 우묵한 곳이었다. 단링과 그의 친구들은 체온을 유지하기 위해서 구덩이를 피난처 삼아 서로의 몸을 밀착시켰다.[4]

사회 각계각층에서 신중하게 선발된 사람들이 바다를 이루었고 그들 위로 수많은 깃발들이 가을 바람을 맞으며 펄럭였다. 공산당이 단 한 발의 총성도 없이 자신의 고향인 베이징을 함락시켰다는 기사를 읽고 오스트레일리아에서 중국으로 돌아온 스물아홉 살의 의사 리즈쑤이도 군중과 합류해서 구호를 외쳤다. 〈중국 공산당이여, 영원하라!〉〈중화 인민 공화국이여, 영원하라!〉〈마오 주석이여, 영원하라!〉 군중은 혁명가를 불렀다.

10시 정각, 마오쩌둥을 비롯한 여러 지도자들이 자금성의 남문 톈안먼에 마련된 사열대에 모습을 드러냈다. 가뜩이나 흥분해 있던 군중이 그의 등장을 계기로 더욱 열광했다. 중국의 구세주를 그 자리에서 처음 보는 사람들이 많았다. 마오쩌둥은 쉰여섯 살이었고 키가 컸으며 건강했고 혈색도 좋았다. 목소리는 힘이 있었고 또렷했으며 단호한 태도로 연설에 임했다. 그동안은 사진 속에서 자주 군복 차림을 선보였지만 이제는 더 이상 군복을 입고 과시하지 않았다. 대신 쑨원이 입었던 것 같은 짙은 갈색 정장을 입었는데 조만간 이 옷은 마오 정장이라고 불리게 될 터였다. 짙은 검은색 머리 위에는 노동자들이 즐겨 쓰는 모자를 썼는데 크고 넓은 이마가 그대로 드러났다. 그는 쑨원의 아내로도 알려진 쑹칭링을 포함해 공산당원이 아닌 정치가들과 나란히 서서 화합과 민주주의의 메시지를 전했다. 쑹칭링은 여동생이 장제스와 결혼했음에도 국공 내전 당시 공산당 편을 들었고 이제는 명목상 통일 전선을 상징하는 대표적인 인물이 되어 있었다. 그럼에도 관심은 오직 마오쩌둥에게 집중되었다. 수많은 구경꾼들에게 그는 정말로 자석 같은 존재였다. 부드럽고 거의 간드러지는 듯한 그의 목소리에는 후난 성 억양이 강하게 묻어 있었다. 대다수 중국어 사용자들이 상대적으로 이해하기 쉽다고 여기는 말투였다. 연설의 효과는 확실했다. 그가 〈중화 인민 공화국 중앙 정부가 수립되었다!〉라고 선언하자 열광한 군중은 더욱 큰 소리로 구호를 외쳤고 우레와 같은 박수가 터져나왔다. 리즈쑤이는 거의 울다시피 했다. 〈너무 기뻐서 심장이 목구멍 밖으로 튀어나올 것 같았고 눈에서는 눈물이 마구 솟구쳤다. 나는 중국이 정말 자랑스러웠고, 희망에 한껏

들떴으며, 약탈과 고난, 외세의 침략이 영원히 사라졌다는 사실에 너무나 행복했다. 나는 마오쩌둥이 위대한 혁명적 지도자라는 사실을, 그가 중국의 역사를 새롭게 써나갈 거라는 사실을 전혀 의심치 않았다.〉[5]

그날 행사에서 단링을 가장 흥분시킨 것은 군인들의 행진이었다. 무용수들이 장구와 징으로 연주하는 앙가에 맞추어 춤을 추었고 죽마(竹馬)를 탄 사람들이 형형색색의 옷을 입고 군중의 머리 위에서 흥겹게 뛰어다녔다. 그럼에도 약 1만 6,400명의 보병과 기병대, 탱크와 장갑차, 기관총으로 무장한 대형 트럭에 이르기까지 행진의 주인공은 군인들이었다. 인민 해방군이 톈안먼 광장을 가로지르며 행진하는 사이 하늘에서 비행기 몇 대가 굉음을 내며 단결력과 군사력을 과시했다. 절도 있게 보조를 맞춘 군인들에 이어 노동자들과 학생들, 공무원들이 밀집 대형으로 그 뒤를 따랐다. 많은 사람이 색종이로 만든 깃발과 마오쩌둥의 초상화를 들고 있었는데 일부는 바람에 날려 심하게 훼손된 상태였다. 단링과 그의 친구들은 빗속에서 음식이나 물도 마시지 않고 비를 피할 곳도 없이 10시간 넘게 서 있었지만 그럼에도 마냥 신났다.[6]

이튿날 단링은 설사병에 걸려 한 달 동안을 앓았고 거의 생명이 위독할 정도로 몸이 약해졌다. 단링이 공산당을 처음 만난 것은 1947년, 그가 열네 살 때였다. 국민당은 공산당을 가리켜 〈강도〉라고 불렀지만 열네 살짜리 소년에게는 오히려 공산당의 명망을 높여 줄 뿐이었다. 민간 구전에 따르면 무법자는 부패한 정부 관리와 싸우는 영웅인 경우가 많았다. 단링의 집 근처 수용소에는 공산당원 몇 명이 체포되어 수감 생활

을 하고 있었는데 그들은 종종 허락을 받고 밖으로 나와 노래를 부르거나 연극을 공연했으며 단링을 비롯한 그 동네 소년들에게 깊은 인상을 주었다. 단링은 그들을 우상시하면서 해방구에서는 가난한 사람도 배부르게 먹을 수 있고 동등한 대우를 누린다고 믿었다. 어느 날 단링과 다른 두 명의 소년은 공산당에 가입하기로 결심했다. 소문에 의하면 베이징 서쪽의 산속 어딘가에 그들의 본거지가 있다고 했다. 그들은 약간의 식량과 물, 칼을 준비한 다음 저녁에 몰래 집을 빠져나와 어둠 속에서 황량한 벌판과 으스스한 묘지들을 지나쳤다. 그날 밤은 어느 작은 마을에서 보냈지만 먹을 것이 금방 떨어지면서 결국 자신들의 사명을 포기하기로 결정했다. 이 무모한 시도를 계기로 공산당에 대한 단링의 열정은 더욱 뜨거워졌다. 1년 뒤 포위된 베이징 전역에 국민당군 부상병들이 넘쳐났다. 그리고 그들 가운데 일반인을 괴롭히는 사람들이 등장했다. 그들은 심지어 경찰을 위협하기도 했다. 수도 외곽에 주둔 중이던 공산당 군대가 식량 공급을 차단하면서 화물 수송기에서 낙하산으로 꼭 필요한 보급품이 공수되던 시기였다. 국민당 군인들은 하늘에서 떨어진 보급품을 서로 차지하려고 싸움을 벌였다.

단링에게는 풍요로운 공산주의 사회에 대해 환상이 있었으며 소련의 생활상을 담은 그림 전시회를 방문한 뒤로는 그 같은 환상이 더욱 굳어졌다. 그는 한 노동자 가족의 그림에 깊은 인상을 받았다. 그림 속에는 희색만면한 부모와 불그스레한 볼을 가진 그들의 자녀가 달걀과 빵, 고기는 물론 자신은 이름조차 모르는 각종 음식들로 넘쳐 나는 저녁 식탁에 둘러앉아 있었다. 단링은 그림 전시회에 대해 자랑스럽게 떠들고 다녔으며 소련의 생활상에 대한 전문가를 자처하면서 가족과 친구에게 공산주의로 전향하라며 부추겼다. 그의 부모는 미온적인 태도를 보였는데 아마도 고된 일상으로 상상력이 무뎌졌기 때문일 터였다. 하지만 두 명의 어린 남동생들은 모든 것이 풍족하다는 말에 군침을 흘렸다. 단링은 나이에서 비롯된 순진함과 배불리 먹을 수 있다는 약속에 매혹되어 열다섯 살의 나이로 공산당에 가입했다.[7]

스물아홉 살의 의사 리즈쑤이는 어려서부터 애국심이 남달랐고 자국의 문화와 문학, 예술과 역사를 자랑스럽게 여겼다. 그는 1948년에 국공 내전을 피하기 위해 오스트레일리아 배에서 의사로 근무하는 일에 이끌렸지만 〈백인에게만〉 유리한 엄격한 이민법 때문에 한시적으로만 그 나라에 머무를 수 있었다. 좁은 하숙방에서 생활하면서 그리고 내면의 자부심이 오스트레일리아의 인종 차별 정책을 큰 소리로 불평하는 가운데 그는 자신도 모르는 사이 서서히 우울증에 빠졌다. 아내를 위해서 홍콩에 임대 주택을 얻었지만 그곳에서 살고 싶은 마음도 없었다. 영국령 식민지에서 외국인 왕의 백성으로 참정권도 없이 살아가기에는 그의 자부심이 허락하지 않았다.

해방은 그를 우울증에서 꺼내 주었다. 리즈쑤이는 공산당이 승리했다는 기사를 읽고 몹시 흥분했으며 마침내 중국이 이 세상에서 마땅히 있어야 할 자리에 서게 될 것으로 믿었다. 애미시스트호 사건을 보도한 기사 제목을 보았을 때는 그 즉시 제국주의 침략에 대한 승리로 받아들였다. 베이징에 사는 자신의 형으로부터 돌아오라는 편지까지 받고 나자 다시 애국심이 불타올랐고 고향으로 돌아가기로 했다. 그는 비(非)공산당원인 지식인들을 포용하는 공산당의 통일 전선이 진짜라고 믿었다. 〈나는 공산당을 흠모했다. 공산당은 새로운 중국을 이끌어 갈 희망이었다. 오스트레일리아에서 나는 자신이 어디로 가고 있는지도 모르는 장님 같았다. 통일 전선 정책은 그런 나에게 빛이 되어 주었다.〉[8]

해외에 거주하던 수많은 중국인들이 본토를 위해 봉사하라는 부름에 응답했다. 홍콩에서는 지하 조직원들이 한 번에 많은 사람들을 모집해서 국경 너머 광저우로 데려갔다. 여정은 험난했다. 새로 모집된 사람들은 농부처럼 옷을 입고 국경 근처의 지정된 장소에 집결해야 했다. 그곳에서부터 안내인을 따라 걸어서 수차례 언덕과 강을 넘어 둥장의 해방구로 들어갔다. 붉은 깃발이 게양되는 순간을 많은 사람들이 그 여정의 하이라이트로 꼽았다. 〈우리가 가져간 깃발이 깃대를 따라 올라가는 모습을 보면서 나는 눈시울을 적셨다.〉 그 순간을 기념하는 단체 사진도 찍었다. 홍콩의 명문인 바추이 여자 학교에서 교육을 받은 왕이상은 자신의 이름을 노란 별을 뜻하는 황싱으로 바꾸었다. 그녀는 다른 수백 명과 함께 이 행렬에 가담했으며 중간중간 만나는 학교에 들러 교실에서 질서 정연하게 잠을 잤다. 7일 만에 광저우에 도착한 그들은 이스트 아시아 호텔에 묵었으며 한 방에 열 명씩 짐을 풀었다. 불과 몇 달 전까지 국민당 본부로 사용되었던 길 건너편의 아이췬 호텔에는 지붕에서 내려온 긴 현수막이 걸려 있었다. 〈중국의 인민들이 일어섰다.〉[9]

홍콩은 중요한 기로가 되었다. 혁명에 합류하려는 사람들이 외국에서 도착했을 뿐 아니라 공산주의자들의 진격으로부터 안식처를 구하려는 피난민들이 이 영국령 도시로 속속 몰려들었다. 기술과 자본을 가진 사회 각계각층의 사람들이 중국에서 도망쳐 나왔다. 1945년 중소 우호 동맹 조약을 체결할 당시 협상 당사자였던 쑹쯔원 박사는 의장대의 환영을 받으며 홍콩에 하선했다. 윈난 성 사령관이었던 룽윈 장군도 측근들과 함께 홍콩에 상륙했지만 얼마 되지 않아 중국으로 돌아가서 고위 관리가 되었다.

쑹쯔원이나 룽윈처럼 대부분의 피난민에게 홍콩은 중간 경유지였으며 그들은 조만간 동남아시아나 미국, 라틴 아메리카 등지로 재이주했다. 하지만 홍콩에 남은 사람들도 100만 명에 육박했다. 개중에는 부유한 사업가들도 있었는데 그들은 공장을 송두리째 옮겨 와서 홍콩과 운명을 같이하기로 했다. 나머지는 기껏해야 옷 보따리 정도를 짊어지고 국경을 넘은 기술자나 소매상인, 소작농이나 극빈자가 대부분이었다. 수십만 명이 홍콩과 카오룽 반도의 구릉에서 진흙과 목재, 대나무, 양철, 타르지나 그 밖의 재료로 지은 집에 살면서 구걸을 하거나 거리를 배회했다. 이외에도 4만 명 정도가 어렵사리 차지한 베란다 밑이나 지하실에서 노숙을 하면서 노지에서 밥을 해먹으며 지냈다. 옥상에 허름한 움막을 짓는 사람들도 있었다. 그나마 형편이 나은 사람들은 공동으로 쪽방을 빌려서 가족당 2~3제곱미터의 좁은 공간에서 생활했다. 피난민 중에는 군인들도 수천 명이 섞여 있었는데 상당수가 절름발이나 장애인이었다. 타이완 정권은 이들을 나라의 안전을 위협하는 위험 인물로 간주하고 입국을 거부했다. 모싱링 산자락의 판자촌에서 몇 개월을 버틴 그들은 사회 복지 사무소의 도움을 받아 레니스 밀이라는 곳에 정착했고 대형 천막과 양철로 지은 오두막에서 지냈다. 머지않아 이 지역은 작은 타이완으로 알려질 터였다.[10]

또 다른 100만 내지 200만 명의 피난민들이 장제스와 국민당을 따라 타이완 해협을 건넜다. 상당수는 정신적으로 큰 충격을 받은 상태였다. 탈출을 서두르던 군인과 정부 관리들이 부녀자와 아이들을 남겨 놓고 떠나는 바람에 많은 가족이 생이별을 겪었다. 일례로 잉메이쥔은 1949년 9월에 기차역에서 그녀의 한 살배기 아들에게 작별을 고해야 했다. 아들이 너무 심하게 울어서 초만원인 기차에 함께 데리고 타기가 겁이 난 그녀는 아들을 할머니의 손에 맡겼다. 그녀는 1987년이 되어서야 다시 첫째 아들과 상봉했다. 아들은 마흔 살이었고 국영 농장에서 오랜 세월 고된 노역으로 몸이 쇠약해져 있었다. 어릴 때 그는 혹시 어머니가 타고 있지 않을까 하는 생각에 집 앞의 철도를 따라 기차를 쫓아다니고는 했다. 수십만 명의 피난민들이 친구나 친척과 연락이 완전히 두절되었고 30년 동안 많은 사람들이 본토에 있는 지인의 생사조차 확인하지 못했다. 그들은 고립감에 더해서 원주민의 적대감과 직면했다. 1947년 2·28 사건으로 알려진 대학살을 통해 국민당은 전후 정권의 비리와 억압에 항의하는 비무장 시위대 수천 명을 학살했다. 계엄령과 공포 정치가 이어지면서 본토 출신과 타이완 원주민 사이에는 향후 수십 년간 깊은 골이 생기게 되었다.[11]

한편 본토에서는 곧 죽의 장막이 쳐졌고 중국 역사상 최대 규모의 인구 이동도 막을 내렸다. 그럼에도 중국인의 절대 다수는 새로운 정부에 대해서 열정적인 지지자도, 완강한 반대자도 아니었다. 대다수는 선택의 여지가 없기 때문에 각자의 자리를 지킬 뿐이었고 안도와 희망, 경계심이 뒤섞인 복잡한 심정으로 해방과 팡파르를 지켜보았다.

———

축하 행사가 끝나자 경찰들이 나섰다. 군인들에 비하면 호의적이지 않았다. 그들은 순찰을 돌면서 무기나 라디오 등 금지된 물건을 수색한다는 명목으로 닥치는 대로 사람들의 집에 들이닥쳤다. 시안에서 캉정궈의 가족을 괴롭히던 한 경찰은 허름한 제복에 산시 성 북부 억양을 심하게 쓰는 사람이었다. 〈우리는 늘 그를 거실로 맞아들여 차를 대접했는데 그는 매끈한 삼나무 의자가 도무지 익숙하지 않은 듯 한동안 그냥 앉아 있다가도 신발도 벗지 않은 채 의자 위에 그대로 쪼그려 앉기 일쑤였다.〉 그는 가족의 진공관 라디오에 흥미를 느꼈다. 경찰 측은 방송을 듣기보다 무선 전보를 보내기 위한 장치가 아닌지 의심했다. 캉 씨 집의 가장이 수차례 경찰서에 호출되었고 심문을 받았다. 화가 난 가장은 결국 라디오를 넘겨주고 말았다.[12]

중국 전역에서 경찰은 이전 정권에 동조하는 것으로 의심되는 사람들의 집을 수색했다. 베이징과 상하이, 우한 같은 대도시에서는 공안 임무를 넘겨받기 위해 훈련된 특별팀이 도착했다. 해방된 지 며칠 만의 일이었다. 그들은 먼저 비밀 공산당원들에게 상황 설명을 들은 다음 파출소와 경찰 본서로 이동해서 모두에게 이전과 다름없이 각자의 자리를 지키라고 지시했다. 이제 상하이의 새로운 시장으로 임명된 천이 장군은 군모 대신 짙은 색 베레모를 쓰고 불을 붙이지 않은 담배를 입에 문 채로 세 시간에 걸친 회의에서 경찰을 훈계했다. 그는 경찰이 〈스스로를 개혁하는 동시에 불필요한 걱정은 하지 말고 맡은 바 임무를 계속 수행해 나가야 한다〉고 설명했다.[13]

공산당으로서는 전직 관리들과 꼭두각시 경찰에게 계속해서 일해 달라고 요구하는 것 말고는 다른 선택의 여지가 없었다. 다만 우체국과 시청, 경찰서 등 이전 정권 밑에서 일했던 각 분야의 최고위급 관료들 몇몇이 사라지고 대신 새로운 인물들이 등장했다. 이들은 공산당 간부였고 인수 작업을 감독하는 책임을 맡았다.

마치 군인처럼 카키색이나 파란색 유니폼을 입고 사무실에 있을 때조차 납작한 형태의 노동자 모자를 즐겨 쓰는 이 정권의 전형적인 관료는 보통의 중국인 관리보다 소련의 정치 위원을 많이 닮아 있다. 그들은 검소하게 생활한다. (……) 그들은 가난하며 당에서 그들의 의식주를 해결해 준다. 담배와 비누도 정식 배급을 통해 제공되며 그들이 버는 한 달 월급으로는 조악한 신발 한 켤레를 사기에도 빠듯하다. 그들은 징발된 유럽식 건물에서 숙면에 오히려 방해가 된다는 이유로 매트리스도 마다한 채 바닥에서 잠을 잔다. 낯선 사람들과는 잘 어울리지도 않는데 〈대외 관계〉를 담당하도록 임명된 소수의 남자들을 제외하고는 그들에게 접근조차 할 수 없다. 자신들에게 이야기할 때는 이제 그 어느 때보다 중국의 공식어가 된 북경어를 사용하되 상하이나 기타 다른 지방의 사투리는 사용하지 말라고 요구한다.[14]

이전 정권 밑에서 일했던 공무원들은 예전의 일상적인 업무를 대체로 그대로 수행했다. 1945년 국민당 정권하에서 중국 경찰은 호적을 등록하고 관할권 내의 도시에서 신분증을 발급하기 시작했다. 호적에는 가족만 포함되는 것이 아니었다. 공장 기숙사나 병원 내의 한 부서 등 어떠한 집단도 포함될 수 있었다. 새 정부는 앞서 공산주의자들에게 〈파시즘〉이라고 비난받았던 호적 제도를 이제 그대로 넘겨받았고 새롭게 손을 보았다. 그에 따라 식량 배급표는 각 호구의 대표 — 가장이나 공장장, 절의 주지 등 — 에게 일임되었고 이제 그들 대표가 해당 호적 집단에서 발생하는 모든 변화를 보고할 책임을 졌다. 배급 제도와 호적 제도에 근거하여 식량을 분배하는 일은 각각의 경찰서에서 한 달에도 몇 번씩 배급표를 발행해야 할 정도로 엄청나게 많은 서류 작업을 동반했다. 하지만 그 덕분에 정부는 각각의 모든 호적 집단을 그 어느 때보다 철저하게 장악할 수 있었다.[15]

호적 등록 서류 상단에는 그 사람의 〈출신〉과 〈직업〉, 〈개인적 지위〉

를 포함하는 계급표가 부여되었다. 계급표는 그 종류가 대략 60여 가지에 달했으며 이들은 다시 보다 광범위한 계급 범주로 분류되었다. 결국에는 혁명에 대한 충성도를 추정하여 산정된 기준에 따라 〈좋음〉, 〈보통〉, 〈나쁨〉으로 서열이 정해졌다.

좋은 계급
혁명 간부
혁명 군인
혁명 열사
산업 노동자
가난하거나 하위층 소작농

보통 계급
소시민
중산층 농민
지식인과 전문직 종사자

나쁜 계급
지주
부유한 농민
자본가

곧 이러한 계급 분류 방식은 상호 대립적인 두 가지로, 요컨대 적색과 흑색 또는 친구와 적으로 단순해졌다. 그리고 정해진 계급에 따라 향후

수십 년 동안 개인의 운명이 결정되고 아이들은 호주의 지위를 이어받을 터였다.[16]

경찰은 처음에 전범이나 비밀 단체의 수장, 그때까지 탈출하지 못한 이전 정권의 유명한 지도자 등 현 정부에게 명백히 위협이 되는 적들을 체포했다. 하지만 공산당이 혁명에 반대하는 숨은 적과 첩보원, 간첩 등을 쫓으면서 〈나쁜 계급〉에 속한 사람들도 이내 용의자가 되었다. 어쨌든 중국은 계속 전쟁 중이었다. 그 모든 승리의 행진에도 불구하고 중국 본토의 마지막 몇몇 지역은 1950년 말까지 해방되지 못했다. 국민당은 중국 영해의 대부분을 장악하고 1949년 여름 이후로 본토의 모든 항구를 봉쇄했다. 그들은 타이완 상륙 작전을 펼치기 위해 남부 해안을 따라 집결한 수천 대의 정크선과 삼판선을 상대로 공군을 이용하여 폭격을 가했으며, 사실상 군사 시설이나 산업 시설을 목표로 삼아야 했음에도 상하이에서 광저우까지 이어지는 해안 도시들을 상대로 무차별 폭격을 가해서 수많은 사상자를 발생시켰다. 광시나 다른 지역에서 활동하는 게릴라 부대를 지원하기 위한 무기와 탄약, 식량을 비롯한 필수 보급품들이 공수되기도 했다. 체포되는 경우도 많았지만 간첩들이 끊임없이 기승을 부리고 타이완의 특수 부대들이 해안을 급습함으로써 장제스의 본토 공격이 임박했다는 소문에 기름을 부었다.

시내에서는 통행 금지가 실시되었다. 상하이의 경우 자동차나 그 밖의 교통 수단은 밤 9시부터 도로 통행이 금지되었고 사람은 밤 11시부터 통행이 금지되었다. 길모퉁이마다 소총과 총검으로 무장한 감시병들이 배치되었다.[17] 선전 포스터가 사람들에게 경각심을 일깨우는 가운데 신문과 라디오를 통해서 두려운 적의 은밀한 활약상이 끊임없이 흘러나오고 있었다. 마치 사방이 적인 듯했다. 톈진에서는 〈중국 전체를 해방

시키고 인민의 적 장제스를 생포하라〉라는 구호를 흔히 볼 수 있었다.[18]

사람들은 경찰서나 신문사에 신고하도록 선동되었다. 그 결과 이웃들과 친구들이 대개는 보상을 바라고 서로를 비방했다. 거의 하룻밤 만에 인구의 절반이 공산주의자가 된 듯했다. 상하이에 체류하던 한 외국인 목격자의 증언에 따르면 사람들은 새로운 정부에 자신의 충성심을 증명하려고 애쓰면서 〈하나같이 자신이 비정규병이며 골수 공산당원이라고 주장했다〉.[19] 〈나쁜 계급〉에 속한 사람들에게는 경찰이 찾아와서 과거사를 심문하거나 외국인과의 관련 여부를 조사하고 때로는 의심스러운 문건이나 숨겨 둔 무기를 찾아 가택 수색을 벌이기도 했다. 조만간 전혀 무해한 라디오를 소유하는 것조차 의심을 사기 시작했다. 그 결과 상하이 한 곳에서만 총과 탄약을 비롯하여 수천 대의 라디오가 몰수되었다.

집단 처형은 아직 없었다. 조금 더 나중에 벌어질 일이었다. 하지만 막후에서 새 정부에게 가장 위험한 적들이 투옥되거나 처형을 당했다. 또는 위험 인물로 등록되어 심문을 받고 지속적으로 감시를 당했다. 상하이에서는 간첩이나 비밀 요원, 범죄 단체의 수괴 등 수백 명이 이른바 〈반(反)혁명주의자〉로 분류되어 1949년 12월 이후로 몇 달에 걸쳐 총살에 처해졌다. 허베이 성에서는 해방 첫해에만 무려 2만 명 이상의 용의자들이 호기심 많은 사람들의 눈을 피해서 처형되었다. 머지않아 처형되는 사람들의 숫자가 전국적으로 급증할 터였다.[20]

하지만 새 정부의 시각에서 볼 때 의심스러운 배경을 가진 사람들도 한동안은 대체로 평온한 삶을 유지했다. 정권을 확립하고 경제를 부양하려는 새 정부에게 교수나 사무원, 은행원, 변호사, 경영자, 의사, 기술자 등 대다수 전문직 종사자들은 너무나 소중한 자원이었기 때문이다.

그럼에도 웃고 노래할 때는 끝났다. 그들은 모두 학교로 보내졌고 새로운 신념을 배워야 했다. 관공서와 공장, 작업장, 학교, 대학교 등 모든 곳에서 〈재교육〉이 이루어졌으며 사람들은 공식적으로 배포된 팸플릿이나 잡지, 신문, 교과서를 탐독하면서 새로운 원칙을 배워 나갔다. 〈모든 사람이 올바른 대답과 올바른 생각, 올바른 구호를 배우고 있었다.〉이 작업은 시나오xinao, 즉 〈세뇌〉라고 불렸다. 베이징에서부터 광저우에 이르기까지 모든 도시들이 거대한 성인 교육 센터로 변했다. 은행과 대형 상점, 기업 사무실에는 이를 위한 자체 도서관도 마련되었다. 사람들은 스스로를 개혁하도록 요구되었고 공산당에서 말하는 〈신인민〉이 되어야 했다.[21]

　의심스러운 과거를 가진 사람들은 자백서를 쓰고 모든 개인적인 잘못과 과거의 실수를 인정해야 했다. 때로는 간단히 잘못을 인정하는 것만으로 충분했지만 당의 통제를 받는 신문을 통해 보다 심각하고 공개적인 입장 철회가 이루어지기도 했다. 특히 몇몇 사람들은 대규모 군중 앞에 호출되어 자신이 저지른 잘못을 열거하고 이후 몇 시간에 걸쳐 공개적으로 잘못을 뉘우치도록 강요받았다. 토론은 또 다른 무기였다. 이른바 완강하게 저항하는 사람들을 끝없는 토론으로 무력화시키는 방식이었다. 그에 따라 어떤 사람들은 사무실에 갇힌 채 그들의 저항을 모두 무력화하고 토론을 승리로 이끌고자 단단히 벼르고 나온 당 간부와 정치 고문들로부터 줄기찬 방문을 받아야 했다. 죄를 시인할 경우 그 사람에 관한 모든 서류에 기록되었고 이 기록은 남은 여생 동안 그 사람을 따라다녔다.

———

정부에 의해 사회 질서를 위협하고 자원을 낭비하는 부류로 인지된 사람들은 한층 더 극심한 공격을 받았다. 마르크스주의자에게는 〈룸펜 프롤레타리아트〉, 즉 〈부랑 노동자〉라고 불리고, 그들을 처리해야 하는 당 간부들에게는 〈기생충〉이나 〈쓰레기〉라고 불리는 사람들이었다. 그리고 여기에는 극빈자나 거지, 소매치기, 매춘부에 더해서 국공 내전 기간 중 피신할 곳을 찾아 도시로 온 수백만 명의 피난민과 실업자가 포함되었다. 수년의 혼란스러웠던 국공 내전이 끝나면서 사회가 질서를 되찾기를 갈망하던 많은 도시민들은 이 같은 방식을 환영했다. 하지만 도시의 공동화(空洞化)를 우려하는 사람들도 있었다.[22]

베이징에서 교도소 인수 임무를 맡은 공산당 군대는 대부분의 교도소들이 텅 비었음을 알게 되었다. 시 당국이 식량과 난방 비용을 절약하기 위해서 불과 몇 개월 전 재소자들의 대대적인 석방을 지시했기 때문이었다. 베이징 시내의 일부 거지들은 자신들이 말 그대로 〈해방〉되었다고 생각했다. 그들은 길거리를 돌아다니면서 개를 죽이거나 유리창을 부수고 상점 주인들을 협박했으며 몇몇은 하루에 양곡 8~10킬로그램에 맞먹는 수입을 올렸다. 한편 인력거꾼들은 〈해방〉을 교통 법규를 무시해도 되는 허가증으로 받아들였고 도로에서 커다란 혼란을 야기했다. 수천 명에 이르는 거지와 인력거꾼이 체포되었고 베이징 외곽의 임시 수용소에 수용되었다. 1949년 말에 이르러서는 대략 4,600여 명의 부랑자들이 재교육 센터와 정부의 교화 시설에서 힘겹게 생활하고 있었다.[23]

다른 모든 사람들과 마찬가지로 그들은 자신의 죄를 반성하고 새로운 신념을 공부해야 했으며 다른 기술을 배워야 했다. 수용 생활에 열심인 사람도 많았지만 〈해방〉을 둘러싼 그 모든 선전에도 불구하고 우울증에 빠진 사람들도 있었다. 한 보고서에 따르면 〈그들은 스스로가 너무 불행하고 비참한 생각이 들어서 미친 체하거나 엉뚱한 행동을 하고 탈출을 시도하기도 한다. 심지어 집에 보내 달라고 애원하면서 한없이 우는 아이들도 있다〉. 소수이기는 하지만 재교육을 거부하는 사람도 있었다. 일례로 부랑자 훈련 과정에 등록된 류궈랴오는 자부심이 강한 남자였는데 그는 완강한 어조로 〈내 머리는 강철과 뼈와 콘크리트로 만들어졌고 따라서 절대로 바뀔 수 없다〉라고 선언했다.[24]

교화 시설의 환경은 대체로 끔찍했다. 학대도 만연했다. 베이징의 서쪽 교외에서는 간수들이 식량과 옷을 훔쳤으며 자신이 교화시켜야 할 사람들을 자주 폭행했다. 세간에 공개된 한 자세한 조사 결과에 따르면 어린 피수용자들이 항문 성교를 당하기도 했다. 간호사들은 부주의했고 때로는 특히 주사기를 사용할 때는 잔인할 정도였다. 매달 사람들이 죽어 나갔고 고령자의 사망률이 특히 높았다.[25]

상하이에서도 수천 명의 도둑과 부랑자, 인력거꾼이 체포되어 노동수용소로 보내졌다. 체포는 끝이 없었다. 1949년 12월에는 단 사흘 만에 5,000명 이상의 거지와 소매치기가 체포되어 감호소로 이송되었다. 재교육 대상자로 분류되어 훈련 기관으로 보내지는 이들도 많았지만 교도소로 보내지는 이들도 상당수에 달했다. 전에는 〈워드 로드 감옥〉이라는 이름으로 불렸던 티란차오 교도소에서는 1951년 5월까지 3,000명이 넘는 불량분자들이 수감 생활을 하거나 교외의 노동 수용소로 보내졌다. 수십 명이 수감 중 처형되거나 죽음을 맞았다.[26]

등짐장수나 행상을 하면서 간신히 생계를 꾸려 나가던 사람들도 거리에서 축출되었다. 국민당이 집권했던 중화민국 시절에는 온갖 종류의 상품들이 보통은 바구니에 담겨서, 또는 장대에 매달리거나 외바퀴

손수레에 실려서, 때로는 당나귀 등에 매단 짐바구니에 실려서 현관 앞까지 배달되었다. 행상들은 자신만의 독특한 노래나 기계적인 장치를 이용해서 상품을 홍보했다. 노점상과 떠돌이 장사꾼 또한 인도의 한쪽 구석을 차지한 채 지방에서 올라온 과일이나 야채, 옷, 도기, 바구니, 석탄, 고기, 장난감, 사탕류, 견과류에서부터 비누나 양말, 손수건, 수건에 이르기까지 가능한 모든 물건을 판매했다.[27]

해방되고 몇 개월도 지나지 않아 체포된 그들은 심문을 받은 다음에 고향으로 보내졌다. 몇몇은 계속 남아도 된다는 허락을 받았지만 길거리에서 물건을 판매하는 것은 금지되었다. 대신 노천 시장이 개설되었고 남은 사람들은 지정된 매대에서 물건을 팔 수 있었다. 톈진에서는 아무것도 없는 황무지에 노천 시장이 들어섰다. 대나무로 기둥을 세운 거대한 천막이 이틀 만에 지어졌고 다음 날에는 시장 전체에 거적으로 된 벽과 지붕이 생겼다. 뒤이어 각각의 자리가 정해졌고 매대와 의자가 등장했다. 손님을 끌기 위한 축제도 열렸는데 마술사와 줄타기 곡예사, 배우, 가수 등을 보러 온 사람들로 시장이 북적거렸다. 어쨌거나 행상이 집집마다 돌아다니면서 물건을 판매하는 모습이나 소리는 대체로 과거의 어떤 것이 되었다.[28]

사창가는 폐쇄되었다. 1949년 11월 21일 2,400명의 베이징 경찰들이 사창가를 급습했다. 일거에 천여 명의 매춘 여성과 수백 명에 달하는 가게 주인, 매춘 알선자, 뚜쟁이 등이 체포되었다. 재교육 수용소가 이미 만원인 까닭에 매춘 여성들은 베이징의 예전 홍등가 중에서도 심장부였던 한자탄의 폐쇄된 사창가에 수용되었다. 그들에게도 마찬가지로 노역이 부과되었으며 직업 훈련과 병행하여 봉건제의 해악을 공부하는 수업이 실시되었다. 과거를 깨끗이 청산하기 위해 그들은 넓은 강당에서 예전 고용주를 공개적으로 고발해야 했으며 그럴 때면 으레 무대 한 쪽에 그들의 예전 고용주들이 족쇄를 찬 채로 서 있었다.[29]

다른 곳에서도 비슷한 상황이 전개되었다. 1949년 10월부터 1950년 1월까지 다른 여러 도시들 중 특히 쑤저우와 벙부, 난징, 항저우, 톈진에서 매춘이 근절되었다. 상하이는 보다 점진적인 방식을 채택했다. 점점 엄중한 규제를 가함으로써 사창가의 손님이 서서히 메마르게 만든 것이다. 먼저 연회와 도박, 호객 행위와 소란을 피우는 행위가 금지되었고 다음으로 매춘 여성과 고용주 사이의 계약이 모두 무효로 선언되었다. 경찰은 이전 정권이 기존에 파악된 매춘 업소들의 주소와 등록 번호로 만들어 둔 목록을 이용해서 집요하게 압박을 가했다. 930여 곳에 달하는 매춘 업소들 중 한 곳이 문을 닫을 때마다 해당 업소의 주소도 목록에서 지워졌다. 다른 업주들에게 경고의 의미로 몇몇 매춘 업소 주인들이 처형되기도 했다. 그들의 처형 소식은 신문을 통해 대서특필되었다. 많은 업주들이 대개는 손님이 없어서 자발적으로 가게를 내놓았다. 어떤 이들은 고향으로 돌아갔지만 어떤 이들은 양복점을 하거나 담배 가게를 하기도 하고 화물 운송 업자가 되기도 했다.

매춘 여성들 중 상당수는 재교육 수용소로 보내졌다. 전국의 다른 수용소와 마찬가지로 이곳에서 그들은 엄격한 징벌적 일정을 따라야 했으며 이전 정권 아래서 당한 학대를 고발하는 수업에 참가하면서 대부분의 시간을 보냈다. 그럼에도 선전에서 보여지는 이미지처럼 매춘에 종사했던 과거를 뉘우치는 여성은 거의 없었다. 상당수의 여성들이 반항적이고 호전적이었을 뿐 아니라 재교육을 담당한 간부에게 욕을 하거나 물리적인 공격을 가하는 여성들도 있었다. 그들은 강요된 육체 노동을 새로운 형태의 착취라고 비난했으며 인민 해방군 병사들의 국방색 셔츠를 꿰매면서 갇혀 지내는 것에 명백한 불만을 토로했다. 수용소의 전체 운영을 맡았던 당 간부 중 한 명인 차오만즈는 나중에 하급 사창가 출신들조차 수용소 생활을 싫어했으며 매춘부로 살던 예전 생활을 그리워했다고 시인했다. 하지만 저항해 봐야 아무런 효과가 없다는 사실을 깨달은 다음에는 대부분이 상황을 받아들였다. 그리고 그들 대부분은 다시 내륙 지방으로 보내졌다. 간신히 명맥을 유지하고 있던 매춘업계는 1951년 11월 25일에 최후의 일격을 당했다. 이 시점에도 일부 매춘 여성들은 체포를 담당한 관리들을 공격했다.[30]

얼마 지나지 않아 매춘은 구시대의 해악으로 선포되었다. 하지만 곧 베이징 한 곳에서만 바로 얼마 전 재교육 수용소에서 나온 여성들을 포함해 350명의 여성들이 매춘을 재개하고자 열을 올리고 있었다. 비록 소수였지만 그들로서는 달리 먹고살 방법이 없었기 때문이다. 어떤 여성은 정체를 숨기기 위해 학생이나 주부를 가장한 채 어린아이나 시어머니를 동반했다. 다른 몇 명은 공산당 유니폼을 입고 배지를 달기도 했다. 그들은 출입구에 서서 노골적으로 호객 행위를 했다. 〈들어와서 차 한잔 하고 가세요!〉라는 식이었다. 다른 도시에서도 매춘이 지하로 숨어들었다. 해방 이후로 수십만 명의 절박한 난민들이 농촌을 탈출한 가운데 여성들은 도시에서 계속 성을 팔았다.. 상하이에서는 1952년에 이러한 여성들 수백 명이 체포되었는데 새롭게 체포 작업이 진행될 때마다 매춘 여성들은 은밀하게 장사하는 데 조금씩 더 능숙해졌다. 이듬해부터는 정부가 매춘을 근절시키기 위해 훨씬 더 엄격한 조치를 내놓게 될 터였다.[31]

부랑자와 매춘 여성을 해결하는 것이 일종의 도전이었다면 수백만에 달하는 도시의 피난민과 해산된 군인들, 실업자를 해결하는 문제는 더욱 커다란 도전이었다. 그들 또한 차례로 농촌으로 보내졌는데 이제 농촌은 온갖 불량분자들을 버리는 거대한 쓰레기 하치장이 되어 있었다. 한편 사람들은 도시에서 생활이 아무리 불안정하더라도 이미 새롭게 구축한 삶의 터전을 떠나고 싶어 하지 않았다. 상하이에서는 열 명 중 오직 한 사람만 고향으로 돌려보내지는 데 동의했다.[32]

난징의 경우에는 협조적인 사람들이 더욱 적었다. 다른 곳에 다시 정착하길 완강히 거부하면서 정부가 분산 정책 강행을 위해 군인의 힘을 빌리는 것에 반대했다. 하지만 그 모든 반대에도 불구하고 난징 전체 인구의 4분의 1에 해당하는 33만여 명이 이전 정권의 수도 밖으로 강제 배치되었다. 그들 중 대다수가 산둥 성이나 안후이 성, 장쑤 성 북쪽으로 보내졌지만 일부는 개간 사업에 투입되었다. 또한 거지가 대부분인 1만 4,000여 명의 불량분자들은 〈생산 훈련 수용소〉 행이 되었다.[33]

공산당의 방침대로라면 사람들은 고향을 지켜야 했지만 실제로는 많은 사람이 수십 년간 고향을 떠나 있었고 고향에 남은 친척이나 친구도 전혀 없었다. 공산당은 이주민에게 땅을 경작시키면 된다고 생각했지만 너무나 많은 경우에 이주민은 외지인이라는 이유로 차별을 당했고 그 지역의 어느 농부도 원하지 않는 척박한 땅을 소량 분양받을 뿐이었다. 토지 개혁이 완료된 이후에 배치되어 동네 사람들에게 따돌림을 당하는 경우도 있었다. 많은 사람이 도시로 되돌아가고자 은밀한 노력을 벌였다.

수십만 명의 제대 군인, 좀도둑, 거지, 부랑자, 매춘부 등이 자원이 풍부하고 인도와 몽골, 소련과 국경을 맞대고 있어서 전략적으로도 중요한 서북 지역으로 보내졌다. 해당 지역의 개발에 일조하고 정착하기 위해서였다. 1949년 말에는 베이징 한 곳에서만 1만 6,000명에 가까운 사람들이 신장과 간쑤 성으로 보내졌다. 거부하는 사람도 많았다. 한 거지는 공작대에 합류하길 거부하면서 〈베이징은 나의 고향이다. 내가 어떻게 서북 지역에 가서 황무지를 개척할 수 있겠는가?〉라고 주장했다. 일단의 제대 군인들이 국경 지대로 이송되기 직전에 반란을 일으킨 경우도 있었다. 그들은 갇혀 있던 재교육 수용소를 장악하고 여러 무리를 지어 탈출했다. 재배치와 관련된 결정이 너무 즉흥적으로 이루어진 탓에 어떤 경우에는 전부 노약자로 분류된 87명이 황무지 개척을 위해 닝샤로 보내지기도 했다.[34]

서북 지역에 도착한 많은 사람들 중 상당수는 땅속 동굴에서 생활해야 했으며 모래 언덕을 평평하게 고르거나, 나무를 심거나, 용수로를 파는 등 하루 종일 고된 노동을 강요당했다. 한 여성은 집집마다 따뜻한 물이 나오고 전기가 들어온다는 말에 속아서 그곳에 이끌렸다고 회상했다. 일단 그곳에 도착한 그녀와 다른 이주자들은 다음과 같은 말을 들어야 했다. 〈동지들, 여러분은 신장에 뼈를 묻을 각오를 해야 합니다.〉[35]

서류상으로 공산당의 계획은 간단했다. 요컨대 도시에서 불량분자들을 없애고 기생충들을 개조해서 고용을 창출하는 것이었다. 하지만 이는 그 자체로 막대한 임무였을 뿐 아니라 전반적으로 도시에 대한 깊은 이념적 불신 때문에 더욱 쉽지 않았다(1949년에 한 신문은 〈상하이는 비생산적인 도시이며 기생충 같은 도시다〉라고 비난했다).[36] 문제는 정부가 매번 새로운 사람들을 재배치할 때마다 한쪽에서는 기존에 재배치된 사람들이 암암리에 도시로 되돌아오는 것이었다. 1950년 10월 안후이 성에서 홍수로 대혼란이 일어나면서 200만 명에 가까운 난민들이 피난길에 나섰다. 난징에서만 하루에 340명꼴로 농촌 출신들이 유입되고 있었다. 노소를 막론하고 많은 사람들이 생존을 위해 구걸을 하거나 도둑질을 해야 했다. 상하이에서는 1949년부터 정부가 건설한 모든 이용 가능한 수용소나 감옥, 교정 시설이 이미 초만원이었기 때문에 난민들은 길거리에서 잠을 자거나 음식을 하거나 휴식을 취했다.[37]

───────

〈나라를 책임질 준비가 된 전문가〉를 자처하면서 해방 당시에 노동자들에게 내세웠던 의기양양한 공약들에도 불구하고 정권 교체 후 처음 2년간 실업률이 꾸준히 증가하면서 상황은 더욱 복잡해졌다.[38] 한편 신민주주의라는 이름으로, 즉 정부에 반대하는 가장 완고한 적들을 제외한 모두와 협력하겠다는 새 정부의 번드르르한 화술에 기만당하기는 기업가들과 제조업자들도 마찬가지였다. 이러한 눈속임의 일환으로 민주 동맹 같은 소수의 비공산당 당파들에도 전국 인민 대표 대회와 같은 시기에 소집되는 자문 기구인 정치 협상 회의에 참석할 수 있는 자격이 주어졌다.

시작은 그런대로 모든 것이 순조로웠다. 수년에 걸친 파괴와 인플레이션, 부패 등으로 경제가 심각하게 붕괴된 상황이었다. 교통망이 엄청난 피해를 당한 상태였고 철도 역시 엉망이었다. 발전소가 폭파되거나 석탄 재고가 부족한 지역들의 전력난도 심각했다. 따라서 도시에서는 새로운 것을 건설하기보다 기존의 것을 복구하는 일이 무엇보다 시급한 과제였다. 베이징과 톈진, 우한, 상하이에서는 국민당이 후퇴하면서 설치한 바리케이드들이 도로에서 철거되었다. 폭탄이 떨어졌던 자리들이 청소되었고 불에 탄 건물들이 헐렸으며 콘크리트 요새와 진지들이 제거되었다. 폭탄이 터져서 움푹 파인 곳들도 건물 잔해로 메워졌다. 포위 공격을 받았던 창춘과 그 밖의 도시에서는 수만 구에 달하는 시체를 다수의 커다란 구덩이에 나누어 묻었다. 도로 방역 작업도 실시되었다. 곳곳에서 전화 선로도 가설되었는데 때때로 군 통신망이 복구된 민간 시설과 나란히 설치되기도 했다. 강과 항구를 막고 있던 침몰된 배들도 제거되었다. 발전기가 고장 난 지역에서는 기술자들과 군인들이 힘을 합쳐서 기계를 수리하고 전선을 복구했다. 철도의 복선 작업도 이루어 졌으며 교량들이 복구되었다.[39]

비록 완전히 잡히지는 않았지만 인플레이션도 마침내 통제할 수 있는 수준에 도달했다. 인민 공화국은 화폐 개혁을 통해 〈런민비〉, 즉 인민폐를 발행하고 새로운 화폐만 유통할 수 있도록 했다. 미국 지폐와 1달러 짜리 은화나 금화 등의 경쟁 화폐는 이삼 개월 동안 유통이 용인되었지만 이후로는 환전상들이 강제 폐쇄되었다. 상하이에서는 50만 명에 달하는 시민들이 금 거래상과 그 밖의 매매업자들을 투기꾼이라며 규탄하는 대규모 집회를 가졌다. 수천 명의 학생들까지 동원되어 은화를 비축하는 행위에 반대하며 사람들에게 열변을 토했다. 그들은 계속해서 시장을 감시하고 과거에 외국 동전이 유통되던 지역을 순찰했다.[40]

곧 정부의 손길이 다른 경제 활동을 제한하기 시작했다. 거대 국영 기업이 원자재 시장을 장악하면서 민영 기업의 활동 영역이 심각한 제약을 받게 되었다. 지역 단위로 조직된 국영 기업들은 구상 무역 협정을 맺고 서북 지역의 잉여 재화를 결핍 지역으로 옮겼다. 일례로 화베이 무역 회사는 옷감과 실, 등유, 휘발유, 가성 소다, 유리 등의 제품을 화중 무역 회사의 면, 땅콩 기름, 담배 등과 교환했다. 이들 기업 중 상당수는 식료품, 옷감, 농기구, 가재도구, 철물, 비누, 성냥, 설탕에서부터 필기 용구에 이르기까지 모든 상품에 대한 투기적인 물가 상승을 감시하기

위해 국영 상점과 협동 조합도 운영했다.[41]

여러모로 공산 정권은 해방 전 그들이 장악한 지역에서 취했던 경제 정책을 나머지 다른 곳에 대해서도 그대로 확장했을 뿐인데 이러한 경향은 장제스가 본토의 항구 도시를 상대로 지극히 효과적인 봉쇄 작전을 펼치면서 더욱 심화되었다. 톈진이나 상하이, 광저우 같은 도시는 해상 무역에 의존했다. 하지만 공장에서 사용할 석탄이나 면화, 강철, 석유는 물론이고 기계를 수리하는 데 필요한 예비 부품조차 더 이상 확보할 수 없게 되었다. 게다가 수입이 막히면서 수출도 막히게 되었다. 상하이의 모든 무역 거래가 해외 시장 위주에서 내수 시장으로 바뀌어야 했다.[42]

봉쇄가 아니더라도 경제는 마비되었을 터였다. 중국 정부는 소련과 그 위성 국가들을 제외한 나머지 모든 외국 정부에게 노골적으로 적대감을 드러냈다. 해외 무역은 이제 정부 기관의 소관이었고 런민비의 환율은 인위적으로 높게 책정되었다. 중국의 수출품이 국제 시장에서 매력적이지 않게 되었다는 뜻이다. 봉쇄당하지 않은 항구 도시에서조차 해안을 따라 늘어선 복잡하고 복합적인 산업체들은 자금난에 허덕였다. 한때 국가 총생산물의 절반을 담당하던 상하이의 제조업체들은 일부만 가동되었다. 한 외국인 목격자의 말에 따르면 〈방적 공장들은 일주일에 3일만 가동하며, 내륙에서 정크선을 통해 들여오는 중국산 면화로 미국산을 대체하려는 열띤 노력에도 불구하고 보유한 재고가 6개월치밖에 없는 실정이다. 신뢰할 만한 한 소식통에 의하면 1945년에 러시아의 징발로 큰 타격을 입은 만주의 산업체들은 일제하에서 생산하던 양의 30퍼센트를 생산하고 있다〉. 그럼에도 공산주의자들은 제국주의의 착취를 상징하는 외국 자본에 의지하는 것에 단호하게 반대했으며 충분한 자금이 확보되지 않은 상태에서 곧 모든 것이 서서히 멈추기 시작했다. 그리고 어쩔 수 없이 소련에게 거액의 대출을 요청하기에 이르렀다.[43]

노동자들은 공산당이 약속했던 물질적 보상을 받기는커녕 생산성을 더 높이라는 독촉을 받았다. 아울러 전체 인구를 놓고 보았을 때 얄궂게도 가장 껄끄러운 집단이기도 했다. 그들은 혁명의 선두에 서길 바라면서 임금 인상과 보다 나은 근로 환경을 요구했다. 그들의 목소리가 너무 커지자 공산당은 파업을 불법으로 규정하는 새로운 노동법을 도입했다. 한편 노동자의 고용주들은 신민주주의라는 이름 아래 자신들이 보호를 약속받았다고 주장했으며 사유제를 바탕으로 사업을 계속 영위해 나갈 수 있을 것으로 확신했다. 하지만 머지않아 인금 인상을 받아들이도록 강요되었고 그에 따라 대차 대조표에서 인건비가 급증했다.[44]

뒤이어 새 정부가 현금을 확보하는 데 필사적이 되면서 모든 사람에게 예측 불허의 과중하고 다양한 세금이 부과되었다. 수수로 세금이 계산된 베이징에서는 1946년에 3만 1,400톤의 세금이 걷혔고 1947년에는 2만 1,000톤, 이듬해에는 겨우 1만 톤의 세금이 걷혔다. 해방된 지 1년도 지나지 않아 베이징 시민에게는 수수 5만 3,000톤에 상당하는 세금이 부과되었다. 작은 가게를 운영하다가 폐업한 가게 주인부터 가족을 부양할 수 없는 일반 노동자에 이르기까지 모든 사람들이 불만을 토로했다. 마오쩌둥의 고향인 후난 성의 성도이자 한때 번성했던 창사에서는 42만 명의 시민들에게 한 사람당 한 해 평균 250킬로그램의 양곡이 세금으로 부과되었다. 정부가 비슷한 규모의 도시에 상한선으로 정한 80킬로그램보다 훨씬 많은 양이었다. 개인 기업의 경우에는 일부 세금들이 그동안의 수입을 도외시한 채 소급 적용되기도 했다. 곧 재정부장인 보이보조차 당 간부들이 무질서하고 임의적으로 징수하는 가혹한 세금이 상업에 피해를 끼쳤다고 인정했다. 담배 업계는 120퍼센트에 달하는 세금 때문에 붕괴되고 말았다.[45]

당 간부들 자체도 문제의 일부였다. 그들은 아시아의 상업 중심지인 상하이에서 일상적으로 반복되는 국제 금융이나 재정 업무보다 혹독한 게릴라전에 더 익숙했다. 상하이는 모스크바보다 1.5배나 컸으며 뉴욕을 제외하면 전 세계 어느 도시보다 외국인 인구가 많은 대도시였다. 해방 전까지 외국인의 투자가 런던이나 파리보다 훨씬 활발하게 이루어졌던 곳이었다. 당초 당 간부들은 이 도시가 가능한 한 계속해서 독립적으로 기능하도록 용인했지만 머지않아 그들이 자초한 바로 그러한 거리감 때문에 문제가 되었다. 혹시라도 실수할까 봐 두려웠던 그들은 모든 조언을 거부했으며 그 와중에도 그들의 관심을 끈 문제들을 검토하면서 전문적인 금융 지식의 한계를 드러냈다.

그들은 과묵하고 속내를 잘 터놓지 않았으며 냉담했다. 아울러 불합리할 정도로 조심스럽고 의심이 많았으며 사람들과 잘 섞이지 않았다. 사교적이지 않았으며 개방적이거나 흉금을 터놓지도 않았다. 공적인 일 처리에 있어서는 한기가 느껴질 만큼 옳았지만 그들이 직면한 문제들에 대해서는 알고 싶어 하지 않았을뿐더러 이야기를 꺼내는 것조차 싫어했다. (……) 그들은 간섭을 용납하지 않았고 제안을 들으려고 하지 않았다. 조언은 참견으로 간주되었고 도움을 제안하는 행위는 주제넘은 짓으로 여겨졌다. 그들에게는 모든 사람이 의심의 대상이었고 심지어 범죄자였다.

마리아노 에즈펠레타의 말처럼 그들은 사람들에게 서로를 〈동지〉라고 부르라고 역설했지만 정작 그들 자신의 행동에는 동료다운 면이 전혀 없었다.[46]

제국주의자들의 비호를 받으며 첩자 노릇을 하는 것으로 여겨진 외국인들과 기업가들뿐 아니라 다른 분야의 사람들에 대해서도 거리가 유지되었다. 1949년 중반까지 약 3만 8,000여 명의 북부 출신 당 간부들이 양쯔 강 바로 이남 지역에 배치되었다. 그리고 그들 중 상당수는 끝까지 그 지역의 음식과 기후, 사투리에 익숙해지지 못했다. 오직 일부만 그럭저럭 정착했을 뿐이었다. 저장 성의 상업 중심지인 항저우와 닝보, 원저우에서는 당 간부들이 자문 회의에서 무역 및 산업 대표들에게 증오심을 표출했으며 자문 회의는 사람들에게 조롱과 모욕, 심지어 구타까지 행해지는 〈비판 투쟁 대회〉로 변질되었다. 얼마 지나지 않아 감히 나서서 발언을 하려는 사람이 아무도 없게 되었다. 다양한 정원과 운하가 발달했으며 쌀로 빚은 술로 유명한 아름다운 도시 사오싱의 하루하루는 마치 공산당이 여전히 게릴라전 중인 것 같았다.[47]

번잡했던 상하이가 불과 몇 개월 사이에 죽어 가고 있었다. 톈진도 서서히 몰락의 길을 걸었다. 광저우는 완전히 파산했다. 공장들이 멈추었고 무역도 중단되었다. 크고 작은 많은 기업들이 적자에 허덕였다. 고급 사치품 시장이 가장 먼저 타격을 받았다. 금붙이와 정교하게 세공된 옥 공예품이 손님의 관심을 끌려고 서로 경쟁하던, 한때는 잘나갔던 상하이 난징로(路)의 보석 가게 주인들은 이제 비누나 살충제의 일종인 디디티, 약, 수건, 속옷 등을 판매하기 시작했다. 한때는 136개의 공장들이 화장품을 생산하던 지역에서는 겨우 30개의 공장들만 여전히 가동 중이었고 그마저도 대부분 치약을 생산했다. 미술품이나 공예품, 골동품을 판매하는 상하이 위위안의 노천 시장에서는 의기소침한 상인들이 지루한 표정으로 또는 신문을 통독하면서 좌판 옆에 앉아 있었다.[48]

다른 분야의 산업들이 뒤를 따랐다. 종이나 성냥, 고무, 면직물 등을 생산하는 수백 개의 공장들이 문을 닫았다. 당시 홍콩의 목격자들은 상하이에서만 2,000개의 영리 회사와 1,000개의 공장을 포함해서 대략 4,000개의 회사들이 파산한 것으로 추정했다. 상하이의 총 500개에 달하는 은행 중 여전히 문을 열고 있는 은행이 채 100곳이 되지 않았으며 그중 절반은 정부에 이미 폐업 신청을 해놓은 상태였다. 한편 외국인이 소유한 이 도시의 운송 회사와 전력 회사 중 상당수는 인민 은행으로부터 거액을 대출받아 운영 적자를 충당하도록 강요되었고 궁극적으로는 회사를 정부에게 넘길 수밖에 없는 상황이 되었다.

대다수 대도시의 쇼핑몰은 이제 활기를 잃고 황량해 보이기까지 했다. 한 상하이 상인은 다음과 같이 말했다. 〈와이탄에서 파크 호텔까지 이어지는 모든 상점들 — 윙온이나 씬시어, 썬썬, 더 썬 같은 콧대 높은 대형 백화점들을 포함하여 — 의 창문이 《눈물의 가격 인하》, 《폐업 정리》, 《원가 이하 세일》 같은 포스터로 도배되어 있다.〉 한때 동양의 시카고라고 불렸던 내륙항 우한에서는 500개 이상의 상점들이 파산했으며 수백 개의 공장들이 문을 닫았다. 기적 소리와 전기 경적, 사이렌 소리가 경쟁하듯 주의를 끌던 상하이 북쪽의 산업 도시 우시에서는 수많은 상점들이 문을 닫으면서 정적이 감돌았다. 쑹장에서는 이 도시를 유명하게 만든 18개의 방적 공장 중 겨우 한 곳만 계속 사업을 이어갔다.[49]

실업률도 치솟았다. 1949년 12월 기준으로 총인구 200만의 베이징에는 5만 4,000명이 실직자였다. 그리고 4년 뒤 전체 인구가 50퍼센트 증가했지만 무직자의 숫자는 부랑자와 극빈자, 퇴역 군인, 난민, 행상을 비롯한 그 밖의 〈불량 분자들〉이 거리에서 성공적으로 퇴출되었음에도 세 배로 증가했다. 상하이도 실업률이 증가하기는 마찬가지였다. 1950년 여름 공산당에 의해 작성된 한 보고서는 15만에 이르는 무직자들의 〈계속된〉 자살 사건과 아동 매매 행위를 개탄했다.[50]

화남 지역에서도 많은 무직자들이 자녀를 팔거나 스스로 목숨을 끊었다. 굶어 죽는 사람도 있었다. 타이완을 정면으로 마주한 푸젠 성의 성도 푸저우에서는 50만도 되지 않는 전체 도시민 가운데 10만 명 이상이 무직이었다. 지도층에만 제공된 한 뉴스에 따르면 유일한 도움은 국민당으로부터 나왔다. 국민당은 곤궁에 처한 이 지역으로 비행기를 띄워서 낙하산으로 쌀 주머니를 투하했다. 대중의 불만이 극에 달하면서 창사에서는 여섯 차례에 걸쳐 실직자들이 노동조합을 포위하고 공산당에 반대하며 시위를 벌였다. 군중에게서 유혈 투쟁을 촉구하는 소리가 흘러나왔다. 1950년 여름을 기준으로 노동자 3명 중 한 명이 실직 상태이던 광둥 성의 성도 광저우에서도 비슷한 시위가 도시를 뒤흔들었다. 중국 철도 교통의 요지 중 한 곳인 정저우에서는 수백 명의 짐꾼들이 도시의 화물 취급소를 공격했는데 그들은 자신들이 받는 낮은 임금에 항의하면서 직원들을 폭행하고 문과 창문, 가구 등을 박살냈다. 산업 근로자들이 해방 전보다 적은 혜택과 낮은 임금을 받으면서 어쩔 수 없이 일해야 했던 난징에서는 불평이 〈끊이질 않았으며〉 사무실과 공장 등 〈사방〉의 벽에 〈반동적인〉 구호들이 낙서되었다. 천이 시장이 주석에게 직접 보고한 내용에 따르면 상하이에서는 환멸감이 극으로 치달자 당원들이 떼지어 당을 탈당했으며 일반 시민들은 정부에 탄원서를 제출하고 마오쩌둥의 포스터를 찢어 버렸다.[51]

사람들은 근검절약하라는 말을 들었다. 생산은 찬양되고 소비는 지탄을 받았다. 이념적 순수성은 경제적 쇠락과 밀접한 관계를 형성하며 한때는 번잡했던 대도시들을 생기 없는 직직한 지역으로 탈바꿈시컸다. 혁명 후 불과 몇 개월 만에 쾌락을 쫓는 행위는 부르주아적 경박함의 상징이 되어 눈쌀을 찌푸리게 만드는 어떤 것이 되었다. 다른 모든 곳과 마찬가지로 상하이에서도 카페와 무도장이 폐쇄되었다. 경찰이 군이 개입하지 않아도 비밀 도박장들이 문을 닫았다. 캐세이 호텔(후에 피스 호텔로 개명됨), 팔레스 호텔, 파크 호텔 등 한때 이 도시에 세계적인 명성을 부여했던 호텔들도 손님이 줄면서 한 달 숙박료로 25~50달러를 제안하기도 했다. 소문에 의하면 세계에서 가장 긴 카운터를 자랑하는 상하이 클럽도 손님들의 발길이 뜸해졌다. 심지어 찻집들도 문을 닫았다. 난징로에 있던 경마장은 군인들 막사로 전용되었다. 상점들이 저녁 6시에 문을 닫고 두세 시간 뒤에는 클럽들도 닫으면서 밤 문화가 사라지다시피 했다. 위험을 무릅쓰고 밤에 돌아다닐 경우 젊은 공산당원들이 다가와서 거주 증명서와 그 밖의 서류를 보여 달라고 요구했다. 인력거와 버스, 삼륜 택시 등도 차츰 거리에서 자취를 감추었다. 휘발유 가격이 터무니없이 오르면서 자동차는 관용 차량이 대부분이었다. 매달 수천 대의 자동차들이 거리에서 사라졌다. 1950년 6월에는 구입한 지 1년도 되지 않는 미사용 뷰익 자동차가 500달러에 중고 매물로 나왔지만 사려는 사람이 아무도 없었다.[52]

영어는 더 이상 국제 비즈니스 언어가 아니었고 제국주의의 착취를 상징할 뿐이었다. 영어로 이야기하는 행위는 어떠한 경우에도 용납되지 않았으며 머지않아 공무로 중국을 방문하는 외국인들은 하나같이 외무부를 통해야 했을 뿐 아니라 각자 통역사를 대동해야 했다. 「상하이 이브닝 포스트 앤 머큐리」에서 근무했던 랜들 굴드의 증언에 따르면

〈대화는 형식적이었고, 교묘하게 정보를 누락했으며, 속기사에 의해 기록되었다〉. 얼마 뒤부터는 만족스러울 정도로 중국어 해석이 병기된 경우를 제외하고 외국어로 전보나 전신을 보내는 것도 금지되었다. 〈영어로 된 네온사인과 그 밖의 대중 광고들이 철거되거나 중국어로 바뀌었다. 공원이나 정원에 있던 영어와 프랑스어 명판도 해체되었다.〉 영화관과 음식점에도 이러한 압박이 확산되었고 그 결과 외국식 이름이 금기가 되었다. 상하이의 프랑스 조계지에서는 한때 프랑스 성직자와 고위 관리, 영사, 작가 이름을 따서 지어졌던 거리와 대로의 이름들이 지역 도시나 성(省)의 이름으로 대부분 바뀌었다. 사방이 온통 망치와 원형 낫, 붉은 별이었다. 시가 전차나 건물, 현수막, 깃발 등에도 있었고 공무원들이 차고 다니는 배지에도 예외없이 이러한 문양들이 새겨져 있었다. 공공 장소나 서점, 기차역, 공장, 학교, 사무실, 자금성으로 들어가는 입구 등에는 중국 지도자와 소련 지도자의 사진이 눈에 잘 띄는 곳에 걸려 있었다. 또한 공산당은 이전의 어떤 정권보다 그들 자신을 보호하는 데 처음부터 적극적이었으며 그 결과 당 사무실마다 심지어 이전 정권에서는 아예 보초를 세우지도 않았던 곳에 보초들을 배치해서 삼엄한 경비를 유지했다.[53]

언론도 거의 즉각적으로 정리되었다. 1949년 2월에 이르자 베이징에서는 당의 공식 신문을 제외한 총 20여 개의 일간지 중 오직 하나만 여전히 명맥을 유지했다. 상하이에는 총 네 개의 영자 신문사가 있었는데 며칠 만에 두 곳이 문을 닫았다. 문을 닫은 두 신문사의 소유주는 모두 중국인이었다. 이외에도 수백 가지에 달했던 간행물들이 불과 몇 개월 사이에 두세 개만 살아남았고 하나같이 똑같은 뉴스들을 찍어 냈다. 해외 소식의 유일한 출처는 이름하여 소련 통신사Soviet TASS Agency 하나밖에 없었다. 이곳 역시 위에서 즉 정부의 검열을 받기보다 주로 자체 검열을 실시했다. 기자와 편집자가 일단 재교육을 받은 다음에는 자체 검열이 놀라울 정도로 효과를 발휘했다. 한 기자는 공산당원이 언론인들을 올바른 방향으로 이끌어 간다고 언급했다. 〈아주 사소한 실수에도 비난이 쏟아지고 모든 신문사 편집실에서는 충실한 공산당원이 원고를 일일이 검사한다.〉 결과는 절대적인 순종이었다. 이 당시 한 선전 활동 연구가가 언급한 바에 따르면 〈공산당의 신문을 활용한 선전 기술은 《거대한 망치 같은 유형》이라고 묘사될 수 있다. 애매함이 끼어들 자리는 없다. 흑백 논리에 의해 좋고 나쁜 것이, 친구와 적이 규정된다. 모든 것이 단순한 구호나 판에 박힌 문구로 정리되며 신문은 물론이고 라디오까지 모든 미디어가 일제히 그러한 구호나 문구들을 외치느라 정신이 없다〉.[54]

사람들이 옷을 입는 방식도 하루아침에 바뀐 듯했다. 장신구가 부르주아적인 것으로 간주되었고 다른 사치품도 마찬가지였다. 립스틱과 화장품이 사라졌다. 젊은 여성들은 곱슬하게 말았던 머리를 잘랐다. 남녀를 불문하고 반지도 뺐다. 고가의 시곗줄이 일단의 가죽이나 끈으로 대체되었다. 당시에 막 공산당에 가입한 한 여성은 〈거의 누더기에 가까울 정도의 소박한 패션이 유행이었다〉고 말했다. 17년 만에 오스트레일리아에서 돌아온 리즈쑤이는 대다수 베이징 시민들이 너무 자주 빨아서 거의 완전히 색이 바랜 파란색과 회색 면직물 옷을 입은 따분한 모습에 충격을 받기도 했다. 검정색 천으로 된 똑같은 신발을 신은 채 남자들은 짧은 스포츠 머리를, 여자들은 단발머리를 하고 있었다. 〈서양식 정장과 넥타이, 가죽 구두, 갑자기 너무 길어 보이는 헤어스타일을 한 내가 외국인처럼 느껴졌다.〉 화려한 드레스와 하이힐을 신고 최근에

멋스럽게 파마한 그의 아내는 완전히 별종처럼 보였다. 부부는 서둘러 보다 밋밋한 옷을 빌렸다. 그럼에도 그들은 본토에서 진행 중인 변화에 가슴이 벅차올랐다. 〈나는 공산당에게서 내가 생각했던 것과 다른 모습을 발견할 때마다 모든 규칙에는 예외가 있기 마련이라는 생각으로 무시해 버렸다.〉[55]

4장
폭풍우

　젊은 시절의 마오쩌둥은 처음에는 학자, 그다음에는 출판인, 마지막에는 노동 운동가로서 오랫동안 자신의 길을 찾고자 노력했다. 그리고 1921년 공산당에 가입한 이래 5년이 지난 뒤 농촌에서 마침내 자신의 사명을 발견했다. 서른세 살의 여전히 젊은 나이에 키가 크고 호리호리했으며 호남형이었던 그는 국민당이 그들의 본거지인 광저우에서 군벌로부터 권력을 흡수하고 중국을 통일하기 위해 군사 행동에 돌입한 이후로 농촌에서 폭발한 소작농들의 폭력성에 매료되었다. 이 단계에서는 아직 장제스와 스탈린이 긴밀한 협력 관계였기 때문에 소련의 고문관들이 국민당 군대와 동행했다. 마오쩌둥의 고향인 후난 성에서 국민당 정권은 소련의 지침에 따라 농민 단체에 자금을 지원하고 소련식 혁명을 선동했다. 그 결과 기존의 사회 질서가 붕괴되었다. 후난 성의 성도 창사에서는 희생양들이 긴 원추형 모자를 쓰고 조롱거리가 되어 끌려다녔다. 길거리로 뛰어나온 아이들은 〈제국주의 권력을 타도하고 군벌을 제거하라〉는 노래를 불렀다. 죽창으로 무장한 노동자들이 외국 기업의 사무실 앞에서 팻말을 들고 시위를 벌였다. 공공 시설에 대한 파

괴 행위도 이어졌다.[1]

농촌에서는 주민들 가운데 가장 가난한 사람들이 농민 단체를 장악하고 세상을 뒤집었다. 이제는 그들이 주인이었다. 그들은 임의로 공격할 대상을 선정하고 부자와 권력가를 공격했으며 공포 시대를 열었다. 희생자들은 칼에 찔려 죽거나 참수를 당했다. 〈제국주의의 앞잡이〉로 간주된 중국인 목사들이 양손을 등 뒤로 묶이고 목에 올가미를 쓴 채 대중 앞에 세워졌다. 교회는 약탈의 대상이 되었다. 마오쩌둥은 반도들의 대담성과 폭력성에 감탄했다. 그들이 내건 구호 또한 매력적이었다. 〈누구를 막론하고 땅을 소유한 자는 폭군이며 귀족은 무조건 나쁘다.〉 그는 폭동을 조사하러 농촌으로 향했다. 그리고 농민 운동에 관한 그의 보고서에 〈그들은 귀족을 철저하게 무너뜨린다〉라고 썼다. 〈농민 단체에 반대하는 지역 폭군과 사악한 귀족의 집으로 몰려가서 돼지를 도살하고 양곡을 먹어 치운다. 지역 폭군과 사악한 귀족 가문의 딸들이 사용하던 상아를 새겨 넣은 침대에서 1~2분 동안 축 늘어져 있기도 한다. 아주 사소한 도발에도 사람들을 끌고 가서 종이로 만든 긴 모자를 씌우고 마을을 행진하도록 시킨다.〉 마오쩌둥은 그 같은 폭력성에 깊이 사로잡혔고 〈생전 처음 맛보는 흥분〉을 느꼈다.[2]

마오쩌둥은 허리케인이 기존의 질서를 파괴할 거라고 예견했다.

가까운 장래에 화중과 화남, 화북 지역에서 수억 명의 소작농들이 폭풍우가 몰아치듯 봉기할 것이다. 또한 그 세력이 너무나 빠르고 거센 탓에 아무리 대단한 힘을 가졌든 누구도 그들을 막을 수 없을 것이다. 그들은 그들을 구속하는 모든 장애물을 박살 내고 해방의 길로 돌진할 것이다. 모든 제국주의자들과 군벌들, 부패한 관료들, 지역의 폭군들과 사악

한 귀족들을 휩쓸어 버릴 것이다.[3]

농촌의 폭력 사태는 국민당원들에게 불쾌감을 주었다. 국민당의 장교들 중 상당수가 번창한 집안 출신이었기 때문이다. 곧 국민당원들은 소련의 방식에 등을 돌렸다. 1년 뒤인 1927년 4월, 장제스는 자신의 군대가 상하이에 입성하자 피의 숙청을 단행했고 이를 통해 300명의 공산주의자들이 길거리로 끌려 나와서 처형을 당했다. 체포된 사람만 수천 명에 달했다. 중국 공산당은 지하로 숨어들었다. 마오쩌둥은 잡다하게 뒤섞인 1,300명의 군인들을 이끌고 산속으로 들어갔고 그에게 힘을 보태 줄 농부들을 찾아 나섰다.

20년 뒤 저우리보가 이제는 농촌을 중심으로 방대한 지역을 장악한 주석에 대한 존경의 의미로 토지 개혁을 다룬 소설 『폭풍취우(暴風驟雨)』를 발간했다. 옌안에서 「해방일보」의 문예 특집판 편집자로 근무했던 이 저자는 1946년에 만주로 이주해서 농촌을 선동할 임무를 맡은 공작대에 합류했다. 그들은 국민당과 공산당 간의 평화 협상이 결렬될 조짐을 보이기 시작하자 1946년 5월에 내려진 마오쩌둥의 지령을 따른 최초의 공작대들 중 하나였다. 그동안 공산당은 일본이라는 공동의 적을 맞아 국민당과 인민 전선으로 묶여 있었기 때문에 소작료 인하와 같은 온건 정책을 따르고 있었다. 하지만 5월에 내려진 지령은 이제 농촌에 전면적인 계급 투쟁을 촉구했다. 마오쩌둥은 역적과 압제자, 비적, 지주 등의 토지를 모두 몰수한 다음 가난한 농부들에게 분배하라고 지

시했다. 머지않아 농촌의 혁명적 잠재력이 폭발해서 기존 질서를 갈아 엎고 국민당을 몰아낼 터였다.

저우리보와 대원들은 하얼빈에서 동쪽으로 대략 130킬로미터 떨어진 쑹화 강 기슭에 위치한 위안바오라는 마을로 보내졌다. 『폭풍취우』는 그다음부터 일어난 일을 묘사한 것으로 알려졌다. 소설 속 위안바오 농민들은 중국 공산당의 영도 아래 지역 폭군들로부터 권력을 쟁취하고 수천 년에 걸쳐 내려온 봉건 지주제를 폐지했다. 부패한 지주에게 죄를 인정하도록 요구하는 공개 재판에서는 몽둥이를 든 성난 대중들이 악당을 때려 죽였다. 혁명적 열정으로 가득 찬 농민들은 곧 다른 마을로 이동해서 마치 폭풍우처럼 봉건주의의 잔재를 일소했다. 출간 즉시 성공을 거둔 저우리보의 소설은 토지 개혁을 담당한 다른 공작대들 사이에서 교재로 이용되었고 1951년에 많은 부러움을 받으며 스탈린 문학상을 수상했다.[4]

하지만 실제로 위안바오에서 일어난 일은 사뭇 달랐다. 제2차 세계 대전 말 일본이 패망한 뒤 대다수 만주 사람들은 보수적인 태도를 보였고 국민당을 합법적 정부로 여겼다. 공산주의 자체에 대해 아는 사람이 거의 전무했다. 당시 스물두 살의 당 간부였던 한후이는 〈우리가 그곳에 도착했을 당시 주민들은 우리 공산주의자들이 어떤 사람인지 또는 팔로군이 무엇인지 알지 못했다. 전혀 아는 바가 없었다〉고 회상했다. 위안바오에서는 몇몇 불한당이나 부랑자만이 공산주의자들에게 관심을 보였고 바로 그들이 공산당의 행동 대원이 되었다.

저우리보가 속한 공작대의 첫 번째 임무 중 하나는 소련에서 행해진 방식 거의 그대로 마을 주민들을 다섯 계급으로, 즉 〈지주〉와 〈부유한 농민〉, 〈중산층 농민〉, 〈가난한 소작농〉, 〈육체 노동자〉로 분류하는 일이었다.[5] 이를 위해 대원들은 새로 모집된 행동 대원들을 통해 수집된 정보들을 가지고 주민들 개개인의 인생사를 면밀히 조사해야 했으며 밤마다 끊임없는 회의가 열렸다. 문제는 대다수 농민들이 대체로 비슷한 여건하에서 생활하는 경우가 많기 때문에 이런 인위적인 계급 구분이 마을 사회의 상황과 맞지 않는다는 점이었다. 예컨대 위안바오에는 지주가 없었다. 저우리보의 소설에서 나중에 전형적인 악당이 되는 한라오류는 마을 주민들에 의해 지역 농민 단체의 대표로 선출되었다. 그의 아내는 음악 교사였고 저녁이면 학생들의 옷을 기워 주었다. 한라오류는 땅을 소유하지 않았지만 현청 소재지 또는 행정 중심지에 거주하는 지주를 대신해서 소작료를 거두었다. 그는 다른 사람들과 마찬가지로 거친 밥을 먹었고 겨울에 따뜻하게 입을 변변한 옷도 없었다. 초가지붕을 얹은 흙벽에 나 있는 두 개의 작은 유리 창문이 그가 누리는 가장 큰 호사였다. 한 마을 주민은 〈실제로 한라오류에게는 돈이 될 만한 물건이 전혀 없었다〉라고 회상했다. 〈그 책에 묘사된 것과는 매우 달랐다.〉

그다음 임무는 〈가난한 소작농〉과 〈육체 노동자〉로 분류된 사람들의 고달픈 삶에서 증오심을 이끌어 내는 일이었다. 이 작업 역시 여러 주에 걸친 인내와 설득이 필요했다. 공작대는 〈가난한〉 사람들에게 그들이 겪는 모든 불행의 이면에 아주 먼 옛날부터 그들의 노동력을 착취해 온 〈부자들〉이 있다고 설득해야 했다. 이른바 〈성토 대회〉의 참가자들은 각자의 불만을 털어놓도록 독려되었다. 몇몇은 진심으로 오랫동안 담아 두었던 불만을 표출하기도 했으며 어떤 사람들은 어쩔 수 없어서 부유한 이웃에 대한 불만을 급조하기도 했다. 대원들이 가진 자들의 과거 악행을 돈으로 환산하고 가난한 주민들에게 보상을 요구하도록 종용하면서 탐욕이 계급 간 갈등을 부채질하는 강력한 도구가 되었다.

여러 주에 걸친 세뇌 작업은 공작대가 더 이상 선동할 필요가 없는 진정한 신봉자들을 낳기도 했다. 혁명을 위해서라면 가족이나 우정을 저버릴 준비가 된 광신자들이 탄생한 것이다. 해방을 약속하는 이데올로기에 매료된 그들은 착취당하는 사람들을 위해 기꺼이 투사가 되고자 했으며 희망과 빛으로 가득한 보다 나은 세상을 만들고자 했다. 그들은 더 이상 그들 자신을 계절의 변화에 따라 허망한 마을에서 지친 몸을 이끌고 느릿느릿 살아가는 단순한 농부로 여기지 않았다. 자신들이 그들의 삶에 의미를 부여하는 새로운 어떤 것의 일부라고 믿었다. 토지 개혁 열풍에 휘말렸던 한 선교사의 증언에 따르면 〈그들은 자신들의 역할을 잘 알았고 적절한 시점에 적절하게 힘을 주어 적절한 당의 문구를 분명하게 말했다〉.[6]

인내심을 가지고 수개월을 노력한 끝에 공산주의자들은 가난한 사람들이 마을 지도자들로부터 등을 돌리게 만들었다. 그 결과 한때는 끈끈한 연대로 묶여 있던 마을이 극단적으로 양분화되었다. 공산당은 가난한 사람들을 때로는 총으로, 많은 경우에 창과 몽둥이, 괭이로 무장시켰다. 희생자들은 〈지주〉나 〈폭군〉, 〈반역자〉로 몰려 비난을 당했고 체포되어 외양간에 갇혔다. 무장한 민병대가 마을을 봉쇄하면서 누구도 마을을 벗어날 수 없었다. 사람들은 각자의 출신 계급을 표시하는 길고 가느다란 천을 부착해야 했다. 지주는 흰색, 부유한 농민은 분홍색, 중산층 농민은 노란색 천을 부착했다. 가난한 소작농들은 붉은색 천을 부착한 채 의기양양했다.

계급의 적들이 한 명씩 무대 위로 끌려 나왔고 그들 앞에는 피를 갈망하며 증오심이 가득한 분위기 속에서 과거의 빚을 청산할 것을 요구하는 수백 명의 군중이 모여 있었다. 〈비판 투쟁 대회〉의 희생양들은 무자비한 비난과 조롱, 모욕, 폭행을 당했으며 죽임을 당했다. 곧 광란에 가까운 폭력이 마을 전체를 집어삼켰고, 사람들은 탈출에 성공한 예전 마을 지도자들이 사병(私兵)을 이끌고 와서 보복할지 모른다는 두려움 속에서 살아야 했다.

많은 희생자들이 맞아 죽거나 일부는 총살을 당했는데 대부분의 경우에 먼저 고문을 당했다. 그들이 실제로 보유했거나 보유했을 것으로 짐작되는 재산을 숨긴 곳을 알아내기 위해서였다. 이를 위한 지원자는 절대로 부족한 법이 없었다. 류푸더는 당시를 이렇게 회상했다. 〈어떤 사람을 때리라는 말만 들으면 기꺼이 행동에 나서는 사람들이 있었다. 딩 부인도 그런 사람이었다.〉 저우리보를 위해 일했던 딩 부인은 말했다. 〈나는 무조건 그가 시키는 대로 따랐다. 저우리보는 내게 이렇게 말한다. 《저 쑨량바는 비난받아 마땅하다.》 그는 실제로 그렇게 이야기했고 그럼 나는 그가 지목한 사람을 때리고는 했다.〉 한 여성이 너무 맞아서 기절했고 그녀를 관에 넣어 마을 밖에 매장하려던 순간에 어떤 사람이 그녀가 여전히 살아 있음을 발견했다. 그러자 우두머리 격인 사람이 그녀를 관에서 꺼내 처형하도록 지시했다. 〈부유한 농민〉이란 딱지가 붙은 사람들 가운데 몇몇이 몸을 숨기고자 산속으로 들어갔지만 얼어 죽었다. 대략 700명 정도가 살던 한 마을에서 73명이 죽임을 당했다.

당과 가난한 사람들 사이에는 피의 계약이 맺어졌고 그에 따라 희생자의 토지와 재산이 대중에게 분배되었다. 걸음 단위로 거리와 넓이가 측정된 토지가 가난한 사람들에게 배분되었고 수혜자의 이름을 새긴 목판으로 새로 분배된 토지의 경계가 표시되었다. 양곡은 바구니에 나뉘어 담겼고 가구는 다른 곳으로 옮겨졌으며 돼지도 다른 곳으로 끌려갔다. 심지어 항아리와 작은 단지 들도 마치 이삿날처럼 등나무 바구니에 나뉘어 담겼다. 〈그래서 내가 얻은 게 뭐냐고요?〉 햇빛에 탄 가죽 같은 피부와 숱이 듬성듬성하고 잿빛으로 센 머리를 가진 류융칭이 50여 년 전의 약탈에 대해 떠올렸다. 〈작은 항아리를 얻었다. 물 항아리였다.〉 숱이 많은 흰머리를 짧게 자른 정직한 얼굴의 뤼커성이 얻은 것은 더욱 보잘것없었다. 〈나는 말을 얻었다. 말 한 마리가 아닌 다리 하나였다. 우리는 말을 도살해서 네 집이 나누어 가졌다.〉 당시 젊은 당 간부였던 장상링도 다리 한 쪽을 얻었다. 〈나의 할아버지와 할머니, 증조할아버지를 비롯한 몇 세대는 한 번도 말 다리를 가져 본 적이 없었다. 하지만 이제 우리는 그 하나를 갖게 되었다! 정말 믿기지 않는 일이었다!〉 마을 사람들은 심지어 넝마도 나누어 가졌는데 언제나 계급 구분에 따랐고 〈가난한 소작농〉과 〈노동자〉에게 가장 먼저 선택권이 돌아갔다.

마지막 남은 한 줌의 양곡까지 마을의 모든 것이 정리되면 가난한 사람들은 한밤중에 우마차에 올라 다른 마을로 투쟁할 새로운 표적을 찾아 나섰다. 그야말로 〈찾는 사람이 임자〉였다. 곧 저마다 깃발과 쇠스랑, 빨간색 술이 달린 창으로 무장한 농부들을 가득 태운 수백 대의 우마차들이 현청 소재지로 몰려들었다. 〈도시에는 쥐도 시골의 돼지보다 통통하다.〉 도시 사람들에게는 돈이 있었다. 현의 전체 인구 11만 8,000명 가운데 2만 1,000명이 표적이었다. 구정권을 지지하는 사람들이 다시 돌아오지 못하도록 확실히 하기 위해서 많은 젊은 남성들이 군에 입대했다. 그리고 그들의 가족은 여분의 토지와 특별 보호를 받았다. 머지않아서 군인들이 창춘을 포위하기 시작했다.[7]

중국에는 은닉 자산이 존재했다. 전국 각지의 친족 중심으로 이루어진 작은 마을에서 이방인의 관심 어린 눈을 피해 철저하게 보호되는 재산, 바로 토지였다. 이러한 토지가 얼마나 있는지 아무도 정확히 알지 못했으며 역대 정부는 그 규모를 측정하고 평가해서 세금을 부과하는 데 번번이 실패했다. 대개의 경우에 토지세는 수십 년 또는 수백 년째 이어진 관행에 따라 대략적인 추정에 근거하여 부과되었다. 외부인은 자주 의심의 눈초리를 받았으며 마을 주민은 하나같이 나라의 눈을 피해서 약간의 토지를 감추려는 경향이 있었다. 예를 들어 묘지나 사질 토양, 삼림 지역, 산속 고지대 같은 미개간지에 대해서는 일반적으로 세금이 전혀 부과되지 않았다. 인구가 늘고 이전까지 미개간지였던 땅에 적합한 새로운 농작물(예컨대 18세기 이후의 감자와 땅콩 같은)이 등장하면서 세금이 부과되지 않는 땅에서 세금 징수원의 눈을 피해 점점 더 많은 경작이 이루어졌다. 이외에 아예 등록 자체가 되지 않은 땅도 많았다. 이른바 〈검은 땅〉이라고 불리는 것의 규모가 얼마나 되는지 아는 사람이 아무도 없었고 이를 밝혀내기 위해서는 전국적으로 방대한 조사 인력을 투입해야 할 터였다.[8]

토지 개혁이 마을 주민들 간에 갈등을 유발하고 포악한 대회를 통해 서로를 비난하게 되면서 마침내 농촌의 실질적인 재산이 세간에 공개되었다. 부자들로부터 몰수된 땅은 작게 분할되어 가난한 사람들에게 분배되었다. 소작료도 사라졌다. 하지만 이제 공산당은 정확히 얼마나 많은 땅이 존재하는지 알게 되었다. 그에 따라 각각의 좁고 기다란 형태의 땅에서 생산될 수 있는 양이 결정되었고 각 가정에 지정된 양의 곡식을 납부하도록 하였다. 만주의 한 목격자는 다음과 같이 말했다. 〈300만~400만의 장정들로 구성된 공산당 군대를 유지하기 위해 막대한 군량이 필요해지면서 많은 지역에서 농촌의 잉여 곡식이 바닥을 드러냈을 뿐 아니라 농민들의 호구를 위한 곡식까지 감소했다.〉 세금 외에도 콩이나 옥수수, 쌀, 식물성 기름 같은 먹거리들이 소련의 산업 장비나 자동차, 석유, 공산품과 교환되면서 전반적인 식량 부족 현상을 가중시켰다. 만주에서만 수십만 명이 굶주림 때문에 목숨을 잃었다.[9]

———————

　공산당이 중국을 장악하기 직전의 농촌 생활은 무척 다양한 모습을 보였다. 햇빛에 건조시킨 흙벽돌로 집을 짓고 이러한 집들이 오밀조밀하게 모여 이루어진 마을이 건조하고 메마른 평원에 여기저기 흩어져 있는 화북 지역에서는 밀이 주식이었다. 대부분의 농부들은 각자 땅을 소유했다. 황토 고원의 민둥산과 가파른 계곡 사이에 난 옛 비단길을 따라 내륙으로 들어가면 수천만 명의 사람들이 쉽게 부스러지는 땅에 동굴을 파고 그 안에서 생활했다. 메마른 땅에 사는 이 사람들은 가파른 경사면을 파서 작은 계단식 밭을 만들고 감자와 옥수수, 기장을 재배했다. 남쪽으로는 기름진 양쯔 강 유역을 따라 침적토가 잘 발달한 덕분에 쌀 생산량이 풍부했다. 짙은 색 기와 지붕을 얹고 벽을 하얗게 칠한 집들이 논과 높이 쌓은 제방, 논두렁, 둑 사이에서 옹기종기 군락을 이루고 있었다.
　바닷가의 어촌부터 깊은 산속에 위치한 원주민 부락까지 남쪽 마을은 더욱 다양했다. 귀국한 이민자들이 해안을 따라 곳곳에 지은 화려한 저택들로 구성된 마을들이 산재했다. 이러한 저택들은 외국의 건축 양식으로부터 직접적인 영향을 받았으며 다만 그 지역 풍수에 따라, 그리고 도둑을 피하기 위해서 창문이 좁고 지붕에 가깝게 높이 설치되는 경향을 보였다. 이들 저택과 소유주의 개성은 광둥 성의 하카족이 건설한 요새화된 도시들과 대조를 이루었다. 하카족은 그들만의 언어를 사용했으며 탑 형태의 거대한 원형 건물을 지었는데 내부에는 수백 개의 강당과 창고, 침실이 구비되어 수십 가구가 살기에 충분했다. 마을 사람들이 같은 성(姓)을 사용하고 지원과 보호를 목적으로 함께 사는 경우도 많았다. 남부 아열대의 모든 지역에서는 유력한 혈통을 가진 집안이 토지를 관리했으며 대대로 강당과 학교, 곡식 창고와 사당을 갖춘 큰 촌락을 이루었다. 이런 마을에서 가장 근본적인 사회적 차별은 (전 세계의 다른 모든 마을과 마찬가지로) 그 사람이 지역 주민인가 아니면 외부인인가 하는 것이었다.

이처럼 풍부한 사회적 다양성에도 불구하고 〈지주(디주)〉라고 불린 사람은 어디에서도 찾아볼 수 없었다. 이 용어는 19세기 말 일본에서 도입되었고 근대에 와서는 마오쩌둥에 의해 공식적으로 사용되었다. 자신보다 부유한 일부 이웃들을 차이주, 즉 부를 의미하지만 경멸적인 암시는 없는 명칭으로 부르던 농촌의 대다수 사람들에게는 아무런 의미가 없는 단어였다. 물론 〈큰 뱃집(다두쯔)〉이라는 말처럼 조롱이 가득 섞인 명칭으로 불리는 경우도 존재했다. 하지만 코넬 대학에서 농학 박사 학위를 취득한,『중국의 농부 Chinese Farmer』 발행인 둥스진이 이 당시에 한 말처럼 〈중국에는《지주 계급》이 존재하지 않았다〉. 농촌에서 각종 위법 행위들이 성행하는 와중에 생각 없는 땅 주인들이 권력을 남용했을 거라는 사실은 의심의 여지가 없었다. 그럼에도 중국에는 융커*나 대지주 같은 지배적인 계급이 없었으며 농노제에 상응하는 어떠한 것도 존재하지 않았다.[10]

공산주의자들이 거론하는 〈봉건 제도〉와 흐릿하게나마 유사한 그 어떤 것도 농촌에는 존재하지 않았다. 수백 년 동안 토지는 치안 법정이 인정하는 복잡한 계약을 통해서 매매되어 온 터였다. 경우에 따라서는 토지의 표층과 심층이 구분되어 계약되기도 했다. 어디에서나 토지는 자유롭게 양도될 수 있었다. 비록 몇몇 땅 주인이 방대한 규모의 땅을 소유하기는 했지만 소작권 역시 계약을 통해서 규정되었다. 사당이나 학교, 특히 남쪽의 동일한 성을 쓰고 동일한 조상을 가진 문중처럼 특정 공동체가 토지를 소유하기 위해 위탁 사업체를 설립하는 경우도 있었다.

1929년부터 1933년까지 존 L. 벅이 이끄는 난징 대학팀에 의해 농부들에 대한 가장 체계적이고 신뢰할 만하며 대대적인 표본 조사가 실시되었다. 그들은 스물두 개의 성(省)에 흩어져 있는 168개 마을의 전체 인구에 대해 면밀한 조사를 진행하면서 1만 6,000여 농가의 생활상에 대한 막대한 양의 세부적인 정보를 수집했다. 많은 지역적 차이와 농촌의 다양한 고용 형태를 성실하게 기술한 「중국의 토지 활용 실태」에 따르면 전반적으로 방대한 불평등은 존재하는 않는 듯했다. 조사된 농부들은 절반 이상이 토지를 소유했고 공동으로 토지를 소유한 경우도 많았으며 소작농은 6퍼센트에도 미치지 않았다. 대다수 농가에서 소유한 땅은 비교적 규모가 작았으며 평균치보다 두 배 이상 소유한 농가도 매우 드물었다. 또한 비옥한 토지만 소작을 줄 수 있었기 때문에 보통은 소작농이라고 해서 지주보다 그다지 가난하지도 않았다. 일례로 화남 지역에서는 관개지(灌漑地)에 벼농사를 짓는 소작농들이 화북의 지주

---

* 근대 독일, 특히 동프로이센의 권위적, 군국주의적인 지주 귀족층을 이르는 말.

들보다 풍족한 생활을 누렸는데 특히 화남 지역에서는 이모작이 가능한 경우가 많았기 때문에 더욱 그랬다. 대다수 농민들이 수공예품을 만들거나 농사가 아닌 다른 형태의 노동을 제공해서 부가 수입을 올렸으며 이렇게 벌어들인 돈이 총수입에서 대략 6분의 1을 차지했다. 조사된 전체 농부들 중 3분의 1이 농사를 지으면서 어떠한 불이익도 느끼지 않았다. 비싼 융자나 악질적인 상인, 소작 제도를 불평하는 사람이 아무도 없었다.[11]

하지만 그것도 전쟁 전의 일이었다. 10년에 걸친 국민당과 공산당, 일본의 전쟁으로 토지 소유권에 어떠한 근본적인 변화가 일어나지는 않았지만 확실히 농촌에서 폭력이 증가했다. 베이징에서 남쪽으로 몇백 킬로미터 떨어진 화북의 건조하고 메마른 농촌 쉬수이 현에서는 자주색 이삭이 핀 2미터 남짓 자란 수수들이 들판을 뒤덮은 가운데 일본군과 공산당 군대가 치열한 전투를 벌였다. 인터뷰 당시 여든아홉 살의 나이에도 건강하고 수다스러웠던 쑨나이나이가 양쪽 진영의 전투에 휘말린 마을 주민들의 상황을 설명해 주었다. 일본군이 그녀의 시아버지를 공산당의 유격대원이라며 체포해서 두 가지 선택권을 제시했다. 그마을 경찰을 위해서 일하든지 생매장을 당하라는 것이었다. 그녀의 시아버지는 후자를 선택했다. 자신이 일본군에 협조할 경우 공산당이 보복으로 자신의 가족 전체를 생매장할 거라는 사실을 알고 있었기 때문이었다. 결국 가족은 거액의 몸값을 지불함으로써 그를 빼낼 수 있었다. 평상시라면 마을 생활은 가정 불화나 개개인의 잘못된 행동들이 만연했겠지만 전란에 싸인 지역의 농민들은 저항할 것인지, 협조할 것인지, 살아남을 것인지를 놓고서 한층 더 힘든 선택을 해야만 했다.[12]

많은 사람이 반역자로 몰렸다. 공산당에 호의적인 언론인 잭 벨덴은 무라는 이름의 한 농촌 지도자가 일본군과 협력해서 수십 명의 유격대원을 죽였다고 설명했다. 전쟁이 끝난 직후에 무는 이 마을 저 마을로 끌려다녔으며 가는 곳마다 부엌칼을 든 사람들이 그의 살점을 도려내기 위해 기다렸다. 그는 단상으로 끌려 올라가서 자신을 비난하는 사람들 앞에 섰고 하나같이 당장이라도 자신에게 달려들려는 군중과 마주했다.

그 상황을 탐탁치 않게 여긴 당 간부들이 무를 벌판으로 데려가서 총살시켰다. 그들이 유족에게 시체를 넘겨주었고 유족은 지푸라기를 엮어 만든 덮개로 시체를 가렸다. 시체가 어디 있는지 알아낸 군중이 유족에게서 시체를 빼앗아 덮개를 찢고 나무 곤봉으로 연신 매질을 가했다. 창을 든 한 소년이 열여덟 차례나 연속해서 시체를 찔렀다. 소년은 〈당신이 내 아버지를 열여덟 번 찔렀으니 나도 똑같이 해주겠어〉라며 울부짖었다. 종국에는 사람들이 무의 머리를 몸통에서 잘라 냈다.[13]

토지 개혁은 공산당의 통제 아래 농촌 마을을 피로 물들였다. 공작대들은 곳곳에서 묵은 원한을 들추어냈고 분노를 부채질했으며 지역의 불만을 계급 간의 증오심으로 바꾸었다. 또한 시샘을 폭발시키도록 선동된 폭도들은 곳곳에서 전통적인 마을 지도자들의 재산을 제 것처럼 도용했다. 위안바오의 경우에는 초기에 땅과 피를 맞바꾼 마을 중 하나였지만 1947년과 1948년 사이에 모든 마을이 비슷한 의례를 거쳤다. 즉 마을 주민들이 계급으로 나뉘었고, 가난한 사람들이 증오심으로 극도의 흥분 상태가 되었으며, 희생자들은 모욕과 폭행을 당하는 것도 모자라 때로는 죽임을 당했으며 가해자들은 전리품을 나누어 가졌다.

가장 폭력적인 지역 중 하나는 캉성이 공포 정치를 주도하던 산시 성이었다. 험악한 인상만큼이나 어두운 과거를 지닌 남자 캉성은 1934년 스탈린에 의해 시작된 대숙청 기간 동안 소련의 비밀경찰과 긴밀한 공조를 통해 모스크바에서 수백 명의 중국인을 제거했다. 학생들이 한밤중에 사라졌으며 그들은 두 번 다시 나타나지 않았다. 그는 1936년에 반(反)혁명주의자 제거 부서를 설립했으며 1년 뒤 스탈린이 제공한 특별기를 타고 옌안으로 돌아왔다. 이후에는 곧바로 마오쩌둥의 편에 섰고 소련에서 비밀경찰에게 배운 방식대로 보안과 정보를 감독했다. 하지만 방식이 너무나 잔인했기 때문에 1945년 자리에서 해임되었다.[14]

1947년에 토지 개혁을 감독하도록 산시 성으로 보내진 그는 농촌의 모든 마을 주민에게 태도를 분명히 취하도록 강요함으로써 전면적인 계급 투쟁을 선동했다. 하오자포라는 한 촌락에서는 농부들이 지주들을 깨진 벽돌 위에 무릎을 꿇리는 모습을 만족스러운 표정으로 지켜보았다. 희생자들은 이어 매질을 당하고 침을 맞고 배설물을 뒤집어썼다. 캉성은 〈민중〉에게 자신들이 좋아하지 않는 사람을 결정하고 그 사람에게 거의 무차별적인 울분을 발산할 수 있는 권리를 주었다. 산시 성일부 지역에서는 적을 색출하는 과정에서 〈중산층 농민〉으로 분류된 농부들까지 대상에 포함되어 해당 농부들이 체포되었고 폭행과 고문을 당했으며 재산을 빼앗겼다. 몇몇 지역에서는 다섯 명 중 한 명꼴로 〈지주〉라는 낙인이 찍히기도 했다. 쉬 현에서는 어떤 사람이 〈부자〉라고 비난을 당하는 경우 누구도 감히 반박할 엄두를 내지 못했다. 혹시라도 자신의 의견을 피력했다가 자칫 〈지주를 옹호한다〉는 치명적인 비난을 받을 수 있었기 때문이다. 가난한 사람들 중 한 명이 어떤 농부 한 명을 지목해서 그를 〈지주〉라고 부르면 그것으로 충분했다. 그대로 그 사람의 운명이 결정되었다. 산시 성에 속한 싱 현 한 곳에서만 2,000명 이상이 목숨을 잃었는데 그중 250명이 노인이었고 스물다섯 명이 〈어린 지주〉라고 불린 아이들이었다.

뉴유란이라고 불리는 남자도 이런 희생자들 가운데 한 명이었다. 〈황소〉를 의미하는 성(姓)을 가진 그는 많은 양곡과 옷감, 은을 기증하며 공산당의 유격대원들을 도왔다. 하지만 이러한 협력이 그를 보호해 주지는 못했다. 1947년 9월, 예순한 살의 이 남자는 5,000명의 마을 주민들이 지켜보는 가운데 단상 위로 끌려 올라갔다. 콧구멍에 철사줄을 꿴 채였다. 사람들은 그의 아들에게 얼굴에서 피가 줄줄 흘러내리는 아버지를 마치 소처럼 끌도록 시켰다. 뉴유란에게는 뜨겁게 달군 쇠로 낙인이 찍혔고 동굴에 갇힌 채 8일 뒤 사망했다. 시중쉰이 1948년 1월 19일에 마오쩌둥에게 보고한 바에 따르면 〈사람들을 소금물이 담긴 통 속에 넣어 익사시켰다. 머리에 끓는 기름을 부어서 튀겨 죽이는 경우도 있다〉.[15]

캉성은 산시 성 이외의 지역에서도 토지 개혁을 지휘했다. 곧 중국의 곳곳에서 그의 방식을 따라했다. 허베이 성에서 류사오치가 보고한 내용에 따르면 〈싸울 때의 민중은 폭행과 고문, 살인을 서슴지 않는다. 그들은 이제 완전히 통제 불능이다〉. 사람들이 산 채로 매장되거나 육시를 당하거나 총살되거나 교살되었다. 희생자의 시체가 나무에 매달린 채 토막 나기도 했다.[16] 허베이 성 동부 지역에서 토지 개혁을 지휘한 장밍위안은 한 마을에서 30분도 되지 않는 시간에 마흔여덟 명이 맞아 죽는 광경을 목격했다. 그럼에도 많은 경우에 폭력은 세심하게 계획되었다. 가난한 사람들이 죽어야 할 사람을 마을 회관에서 투표로 결정하는 식이었다. 후보자의 이름이 거명되면 사람들은 손을 들거나 콩을 던짐으로써 의사를 표시했다.[17]

폭력이 확산된 원인 중 하나는 마을 주민들이 말 그대로 자기들 하고 싶은 대로 할 수 있었기 때문이었다. 〈비판 투쟁 대회〉가 끝날 때마다 민중은 희생자의 재산을 나누어 가졌다. 탐욕과 권력욕은 당의 행동 대원들로 하여금 갈수록 모호한 기준을 적용해서 표적을 선정하도록 부추겼다. 보복에 대한 두려움 또한 폭력을 부채질했다. 덩샤오핑은 토지 개혁과 관련하여 안후이 성에서의 경험을 다음과 같이 기술했다.

안후이 성 서쪽의 한 곳에서 민중이 몇몇 지주들을 증오했고 그들을 죽여 달라고 요구했기 때문에 우리는 그들의 요구에 따라 지주들을 죽였다. 지주들이 죽자 민중은 희생자의 친척들이 복수할까 봐 두려워했고 그래서 앞서보다 더 많은 사람들의 명단을 가져와서 그들까지 죽일 수 있다면 모든 게 다 잘될 거라고 말했다. 우리는 다시 민중의 바람에 따랐고 그 사람들마저 죽였다. 그들이 죽고 나자 민중은 보다 많은 사람들이 복수를 할 거라고 생각해서 또 다른 명단을 가져왔다. 그리고 우리는 다시 그들의 바람대로 사람들을 죽였다. 우리는 계속 사람들을 죽였고 갈수록 불안을 느낀 민중은 겁을 집어먹고 도망쳤다. 결국 우리는 200명에 달하는 사람들을 죽였으며 우리가 12개의 마을에서 한 일은 모두 엉망이 되고 말았다.[18]

1948년 초에 이르러 이러한 압력이 잦아들었고 약 1억 6000만 명에 달하는 사람들이 공산당의 지배를 받았다. 서류상으로 공산당은 전체 인구 가운데 최소 10퍼센트가 〈지주〉이거나 〈부유한 농민〉이라고 판단했지만 현장에서는 마을 주민의 20퍼센트에서 때로는 30퍼센트까지가 박해를 받았다. 통계 증거라는 것이 한심할 정도로 부적절하기는 하지만 대략 50만 내지 100만 명의 사람들이 죽임을 당하거나 스스로 목숨을 끊도록 내몰렸다.

———

1951년 3월 「인민일보」에 한 통의 편지가 실렸다. 후난 성의 몇몇 농부들이 토지 개혁에 대해 묻는 편지였다. 〈왜 마오쩌둥 주석은 그냥 지폐를 더 찍어서 지주들로부터 땅을 매입한 다음 우리에게 나누어 주지 않는가?〉[19]

날카로운 질문이었다. 어쨌거나 그것이 철저한 악당 장제스의 섬 요새에서 일어나고 있던 일이었기 때문이다. 1949부터 1953년까지 타이완의 대지주들은 소농에게 그들의 땅을 나누어 주는 대신 토지 채권과 국영 기업 주식을 받았다. 그 결과 부유했던 일부 농민들이 가난해지기도 했지만 대다수는 그들이 받은 보상금을 이용해 상공업 분야로 진출했다. 피는 한 방울도 흘리지 않은 채였다. 이 같은 방식은 1945년부터 1950년 사이에 더글러스 맥아더 장군이 지켜보는 가운데 성공적으로 토지 개혁이 이루어진 한국과 일본에 근거한 것이었다. 이들 나라에서도 피는 한 방울도 흘리지 않은 터였다.[20]

화북 지역의 토지 개혁은 국공 내전 중에 이루어졌다. 한편 1950년 1월부터 1952년 10월까지 토지 개혁이 진행된 화남 지역에서는 국민당이 타이완 섬으로 물러난 다음이었기 때문에 개혁이 보다 평화적인 방식으로 이루어질 수도 있었다. 스탈린도 마오쩌둥에게 농촌에 대해 덜 파괴적인 방법을 취하도록 조언했다. 1930년대에 집산화가 한창일 때 소련에서 쿨라크, 즉 부농(富農)을 상대로 무자비한 전쟁을 주도했던 그였기에 조언할 자격은 충분했다. 그는 1928년에 무자비한 탈쿨라크 운동을 시작해서 결과적으로 수천 명을 처형하고 200만 명에 가까운 사람들을 시베리아나 중앙아시아의 노동 수용소로 보낸 터였다. 하지만 이제는 지주들만을 상대로 한 싸움을 자제할 필요가 있으며 오랜 전쟁 이후에 중국의 재건을 앞당기기 위해서는 부유한 농민들을 주축으로 하는 경제 구조를 온전하게 보존할 필요가 있다고 강조했다. 1950년 2월, 그의 견해가 베이징에 전달되었다. 그리고 불과 몇 개월 뒤 덜 대립적인 정책을 약속하는 토지 개혁법이 발표되었다.[21]

실제로 그렇게 되지는 않았다. 서류상의 약속은 현실에서 벌어지는 폭력과는 다른 이야기였다. 마오쩌둥은 농촌의 전통적인 지도자들을 끌어내려서 당과 인민 사이에 아무것도 없길 바랐다. 중국 속담에 〈가난한 사람은 부자에게 의지하고 부자는 하늘에 의지한다〉고 했다. 이제는 부자든 가난한 사람이든 모두가 당에 의지하게 될 터였다. 마오쩌둥은 또한 공안이 부농을 숙청했던 소련과 달리 농민들이 직접 그 역할을 해주길 바랐다. 다수 집단을 소수 집단과 대립하게 함으로써 오랫동안 농촌 생활을 규제해 온 도덕적 가치관과 사회적 상호 유대가 파괴될 참이었다. 사람들은 살인에 동참할 때 비로소 당과 영원한 결속을 다지게 될 터였다. 누구도 방관자가 될 수 없었다. 군중 대회와 비판 대회에 참여함으로써 모두가 손에 피를 묻혀야 했다. 심지어 토지 개혁법의 발표를 앞두고 있던 1950년 6월 6일에도 마오쩌둥은 지도부가 모인 자리에서 사투를 준비하라고 경고했다. 〈인구가 3억이 넘는 나라에서 토지 개혁은 그 자체로 지독한 전쟁이다. 우리 군대가 2억 6000만 소작농 군인들이라는 점에서 양쯔 강을 건너는 것보다 훨씬 힘겹고 복잡하며 골치 아픈 전쟁이다. 이 전쟁은 토지 개혁을 위한 전쟁이며 소작농과 지주 간

에 벌어질 무시무시한 계급 전쟁이다. 목숨을 건 사투다.〉[22]

화남 지역에서 농촌 전래의 유대를 끊는 것은 특히 중요한 문제였다. 이 지역에서 직접적으로 공산당에 반기를 든 일련의 민란이 일어났기 때문이다. 이 지역 농민들이 새로운 지도자를 거부하는 이유야 많았지만 주된 이유는 양곡 징발과 관련이 있었다. 양곡 징발은 군인들에 의해 행해졌는데 무자비하게 이루어지는 경우가 빈번했다. 광둥 성의 일부 지역에서는 양곡의 22~30퍼센트가 징발되었고 때로는 이 수치가 60퍼센트까지 치솟으면서 사람들은 가축에서부터 이듬해에 사용할 종자 볍씨까지 그들이 가진 모든 것을 팔아야 했다. 덩샤오핑의 영향력 아래에 있던 서남 지역 곳곳에서 무자비한 가택 수색을 통해 가정에 3일치의 식량만 남겨졌다. 쓰촨 성에서는 농부들이 곡식을 넘겨주길 거부할 경우 폭행을 당하거나 형구에 매달렸고, 눈에 연기를 불어넣거나 억지로 코에 알코올을 들이붓는 식의 고문을 당했다. 고위 간부들에게만 공개되는 한 정기 보고서에 따르면 임신부들이 너무 가혹한 폭행을 당한 나머지 아기를 유산하는 경우도 〈빈번〉했다. 세금 징수원으로부터 벗어나기 위해서 온 가족이 독약을 먹고 자살을 시도하기도 했다. 룽셴 현에서 있었던 한 기이한 사건에서는 보다 많은 양곡을 납부하도록 자극을 주기 위해 네 명의 여성과 한 명의 남성이 알몸으로 사타구니에 등유 램프를 매단 채 달리도록 강요되었다. 결과적으로 1950년에 서남 지역에서는 세금으로 290만 톤의 양곡이 걷혔다. 하지만 정부는 430만 톤의 양곡을 소비했으며 대부분이 170만에 달하는 군대의 군량미로 사용되었다. 전통적으로 이 지역은 곡식 생산량이 수요보다 많은 곳이었다. 하지만 이제는 파산했다.[23]

화남 지역 곳곳에서 폭동이 일어났다. 후난 성에서는 마을 주민들이 새로운 정권에 반대하며 가두 시위를 벌였다. 둥팅 호와 인접한 벼농사 지역 난센 현에서는 단 한 번의 시위에서 2,000명 이상의 농부들이 군인들과 충돌했다. 그 과정에서 총이 발사되었고 열세 명이 죽거나 부상을 당했다. 이튿날 1만여 명의 성난 농부들로 이루어진 군중이 현청 소재지로 향했다. 그들의 요구는 다음과 같았다. 〈조달 중단, 양곡 반출 반대.〉 후난 성에서만 10여 곳에서 비슷한 사건들이 발생했다. 한 비밀 보고서는 후베이 성에서 곡물 창고를 둘러싼 습격이 〈끊임없이〉 자행되고 있다고 설명했다. 예컨대 샤오간에서는 2,000명의 군중이 정부의 곡물 창고에서 7.5톤의 양곡을 털어 갔다. 오랜 혁명의 역사를 보유한 시수이 현에서는 일단의 군중이 화물선에서 강제로 식량을 하역하기도 했다. 언스에서는 조달에 반대하는 대중 시위가 네 명의 죽음으로 이어졌다. 우창과 바로 이웃한 우리에서는 주민들이 그동안 견뎌야 했던 그 지역 당 간부들의 육체적 학대뿐 아니라 농민 단체 회원들의 〈마구잡이식 폭행과 살인〉에 항의하여 폭동을 일으켰다. 1950년 3월까지 공산당의 경직된 표현을 빌리자면 〈비교적 대규모의 대중에 의한 폭동〉이 수십 차례에 걸쳐 후베이 성을 뒤흔들었다. 구이저우 성에서는 연루된 폭도들의 숫자만 10만 명이 넘는 경우도 수차례 있었는데 하나같이 공산당과 결사 항쟁을 벌일 준비가 된 사람들이었다.[24]

불만과 폭동은 토지 개혁이 아직 완료되지 않은 화북 지역 일대에서도 작지만 강렬하게 타올랐다. 건조하고 메마른 땅이 여름 가뭄 때문에 쩍쩍 갈라져 가던 산시 성의 도처에서는 괭이로 무장한 농부들이 정부의 징발을 걱정해서 밀을 숨기기 시작했다.[25] 옛 비단길을 따라 내륙으로 보다 깊숙히 들어가는 간쑤 성의 융덩 현에서는 주민들이 하나로 뭉쳐 정부의 징발에 저항했다. 200여 명의 농부들이 세금 징수원들을 포위해서 폭행한 마을도 있었다. 민러 현에서는 세금 징수원들이 결박을 당했다.[26] 중국 동부에서는 1950년에만 첫 세 달 동안 대략 40건에 달하는 폭동이 발생해서 농촌을 뒤흔들었다. 폭동은 주로 가난한 지역에서 발생했으며 표적은 항상 같았다. 즉 굶주린 농민들은 당에게서 등을 돌렸고 곡물 창고를 습격했다. 폭동으로 3,000톤에 달하는 양곡이 유실되었고 120명이 넘는 군인들과 당 간부들이 목숨을 잃었다. 한 보고서는 지방 공무원들이 〈대중의 고통에 철저히 무관심하고 심지어 일처리 과정에서 마구잡이로 사람들을 때리고, 체포하고, 죽임으로써 대중에게 적의를 유발한다〉라고 기술했다.[27]

공산당은 폭동을 부추긴다며 간첩과 방해 공작원에 더해 〈지주〉를 비난했다. 그들은 수많은 지주들의 재산을 몰수해서 재분배함으로써 농민들이 그들을 지지하도록 설득되길 바랐다.[28]

하지만 토지 개혁의 제2막이 시작되자 새로운 문제가 등장했다. 남쪽으로 내려가면 갈수록 땅이 부족했던 것이다. 인구 밀도가 낮은 만주의 대평원과 양쯔 강 이남의 조밀한 마을들 사이에는 엄청난 차이가 존재했다. 분배할 땅이 충분하지 않자 〈부유한 농민들〉을 건드리지 않겠다던 약속은 금방 휴지 조각이 되었다. 쓰촨 성의 농부들은 실질적인 수익만 있으면 무조건 〈지주〉로 분류되었다. 그 결과 백설탕 항아리가 있거나 밭에서 쟁기질을 시킬 수 있는 물소가 있는 집들이 비난을 받았고 그들이 보유한 변변치 않은 재산이 몰수되었다. 이미 1947년과 1948년 사이에 곳곳에서 지독한 토지 분배 과정을 겪은 양쯔 강 이북 지역의 농민들도 공포의 제2막을 맞았다. 산둥 성의 수많은 평범한 농민들이 〈지주〉 조건을 충족시키든 그렇지 않든 상관없이 무작위로 체포되었고 폭행을 당했다. 체포된 사람 중 지주는 4분의 1에 불과했던 산둥 성의 펑이 현에서는 한 지방 간부가 〈이제부터 우리는 매번 대회를 열 때마다 누군가를 죽여야 한다〉라고 선언했다. 마을 집회에서 자행되는 무차별적인 폭행은 〈흔한 일〉이 되었다. 〈당 간부 중 누군가가 구타를 부추기는 암시를 주면 다른 사람들은 구타가 진행되는 동안 일절 간섭하지 않는다.〉 텅 현에서 당 비서 한 명이 보고한 바에 따르면 사람들은 지진아 모자*를 쓴 채 강제로 무릎을 꿇고 매질을 당하거나 발가벗겨진 채 겨울 추위에 내동댕이쳐졌다. 어떤 사람들은 머리카락이 뽑혀 나갔고 몇몇은 귀를 물려서 귀가 떨어져 나가기도 했다. 시강산 마을에서는 주민들이 희생자에게 오줌을 누기도 했다.[29]

〈지주〉나 〈부유한 농민〉으로 분류된 수많은 평범한 농부들이 보복하기 시작하면서 농촌 곳곳이 폭력의 소용돌이 속으로 서서히 빠져들었다. 구이저우의 한 마을에서는 일흔 살의 장바오산이 지주로 잘못 분류되었다. 당 행동 대원들이 그를 집회장으로 끌고 갔고 그는 그곳에서 폭행과 고문을 당하고 얼음처럼 차가운 물을 흠뻑 뒤집어썼다. 격분한 그의 아들 중 두 명이 마을을 휘젓고 돌아다니다가 가해자 몇 명을 난도질해서 죽이기에 이르렀다. 집으로 돌아올 수 없었던 그들은 깊은 산속에 몸을 숨겼지만 이내 수색조에게 발각되어 폭행을 당했다. 광란에 빠진 군중이 형제의 혀와 생식기를 잘라 버렸다. 시체는 화장해서 강물에 뿌려 버렸다. 모두 합쳐 스무 명이 넘는 장바오산의 남은 가족들은 폭행을 당한 뒤 감옥으로 보내졌다. 나중에 조사된 바에 따르면 가난한 사람들에게 마구잡이로 〈지주〉라는 딱지를 붙임으로써 이 마을에서만 여덟 명이 목숨을 잃었다.[30]

* 수업 시간에 학습 진도가 느린 아동에게 씌우던 원뿔꼴 모자.

때로는 마을 전체가 공산당에게서 등을 돌리는 경우도 있었다. 1950년 4월, 허난 성의 란펑 현에서는 농부들이 평균적으로 3일에 한 명꼴로 죽임을 당했다. 희생자들 중 일부는 장에 나가던 평범한 농부들이었다. 그들은 당 간부들에게 공격을 당해 소총 개머리판으로 얻어맞았다. 비명을 지르는 아이들과 겁에 질린 주민들이 지켜보는 가운데 한 여성이 배에 총을 맞고 죽자 마침내 군중이 들고일어나서 가해자들을 제압하고 그들의 무기를 탈취했다.[31]

보다 미묘한 형태의 저항이 전국 각지에서 나타났다. 토지 개혁 임무를 맡은 공작대의 숱한 노력 ── 그 지역 권력 구조에 관한 정보를 수집하는 데 공을 들이고, 〈성토 대회〉로 이어질 수 있도록 집회를 주도면밀하게 연출하고, 끊임없이 선전 활동을 펼치고, 지역 민병대의 힘을 동원해서 궐기 대회를 지원하는 등 ── 에도 불구하고 일반인들은 한때 이웃이었던 사람들을 박해하고 그들의 재산을 약탈하는 것에 가책을 느꼈다. 많은 사람들이 감정을 마음속 깊이 가두어 두었다가 적절한 경우에만 표출되도록 다스리는 법을 알고 있었다. 또한 살아남기 위한 처세술도 배웠다. 1949년에 인민 해방군에 가입한 에스터 처오는 마을 집회에 참석한 사람들이 어떻게 그들의 감정을 켜고 끄는지 알게 되었다. 〈나는 한 여성이 지주에게 고함을 지르며 질타하는 광경을 목격했다. 그녀는 자신의 역할이 끝나자 곧장 군중 속으로 돌아가 그때까지 평화롭게 다른 여성의 젖을 빨고 있던 자신의 아이를 넘겨받아 계속해서 젖을 먹이며 평온한 모습으로 비판 투쟁 대회의 다음 참가자를 지켜보았다.〉 집회에서 다른 누구보다 큰소리를 냈던 사람이 예컨대 자신에게 분배된 전리품을 몰래 돌려줌으로써 희생자를 돕는 경우도 있었다. 쉬수이 현에서는 쑨이라는 이름을 가진 당의 한 젊은 행동 대원이 자신을 늘 가족처럼 대해 주었던 전 고용주에게 옥수수 한 양동이를 돌려주었다. 결국 그는 당원 자격을 박탈당했다.[32]

토지 개혁 임무를 맡고 양쯔 강 이남 지역으로 파견된 공작대들은 계급 투쟁으로 포장된 말이 암시하는 것보다 훨씬 다양하고 통합적인 강력한 혈연 집단과 조우했다. 그런 집단들은 으레 마을 전체가 동일한 성(姓)을 사용했다. 후베이 성에서는 규탄 대회에 끌려 나온 마을 지도자들이 그 자리에 모인 군중들로 하여금 오히려 당 간부들에게서 등을 돌리도록 설득하기도 했다. 또한 팡 현의 농부들은 지주로 지목된 사람들의 재산을 일절 몰수하지 않기로 만장일치로 합의했다. 후난 성의 일부 부유한 농민들은 토지 개혁이 시작되기 전에 가축을 도살하고 땅을 처분했으며 농기구를 다른 것과 맞바꾸었다. 샹탄의 한 남성은 자신의 집을 허물어서 벽돌을 팔기도 했다. 두 개의 현에서는 사유지에서 재배되던 약 2만 7,000그루의 전나무가 재분배 전에 벌목되었다. 저장 성에서는 마을 지도자들이 주민들에게 토지 개혁에 반대하도록 열변을 토했다. 그들은 〈해가 지날수록 세금이 늘어날 것이다〉라고 경고했으며 몇몇은 〈장차 기근을 면하기 어려울 것〉이라고 예고하기도 했다.[33]

쓰촨 성에서는 몇몇 땅 소유주들이 토지 개혁법을 면밀히 연구하고, 주민들을 규합하고, 가짜 〈비판 투쟁 대회〉를 개최하면서 공작대가 도착하기도 전에 상황을 주도해 나갔다. 그들은 단지 소수의 몇몇 사람에게만 〈지주〉라는 꼬리표를 붙였고 자신들의 계급을 스스로 규정했다. 어떤 사람들은 자신의 토지 중 일부를 자발적으로 나누어 주었다. 어떤 사람들은 마을 주민들에게 재산을 맡기거나 물물 교환을 하거나 증여를 함으로써 그들을 확실하게 자신의 편으로 만들었다. 경우에 따라서는 마을 주민 전체가 〈지주〉라고 비난받는 사람을 단호하게 지지하기도 했다. 온갖 수단을 동원하고도 실패한 경우에 폭도들에게 바치느니 차라리 자신의 집에 불을 지르는 사람도 있었다. 쓰촨 성 전역에서 이러한 일들이 일어나고 있었다.[34]

공산당은 대중의 저항을 봉건주의의 암흑 세력이 여전히 농촌 곳곳을 지배하고 있다는 명백한 증거로 받아들였다. 그리고 주민들의 지지가 약할수록 더욱 강도 높은 폭력성을 보였다. 당 관리들의 주장에 의하면 외국의 지원과 조종을 받는 지주들과 반동들은 종교를 이용해서 사람들의 마음을 어지럽혔고 심복들을 앞세워 농민 단체에 침투했으며 뇌물과 여자를 제공해서 당 관리들을 타락시켰다. 공포 정치 말고는 그 무엇으로도 반동 세력을 이길 수 없을 터였고 결국 그 어느 때보다 많은 살인 명령이 내려졌다. 1951년 4월 21일, 쓰촨 성의 성장 리징취안은 토지 개혁에 보다 박차를 가하기 위해 쓰촨 성 서부에서 감옥에 있는 수천 명을 포함해 총 6,000여 명의 지주들에 대해 가두 행진을 시킨 뒤 처형하라고 명령했다. 〈토지 개혁을 위해 우리는 몰래 숨어 있거나, 해외 세력과 내통하거나 반혁명적인 범죄를 저지른 자들을 체포해야 한다. 그리고 그들 중 절반에 해당하는 4,000여 명과 현재 감옥에 투옥된 자들 가운데 여전히 처형될 필요가 있는 1,000명에서 2,000여 명을 죽여야 한다. 이 계획대로 움직일 경우 우리는 5,000에서 6,000명을 처형하는 셈이며 토지 개혁 과정에서 소수의 죽음은 피할 수 없다는 원칙과 대체로 맞아떨어진다.〉 그의 보고서는 충칭에 있는 그의 상관이자 서남 지역 총 책임자인 덩샤오핑으로부터 지지를 받았다.[35]

비록 정확한 수치를 산출하기는 어렵지만 다른 지역에서도 일처리가 거칠기는 마찬가지였다. 밤나무 숲으로 뒤덮인 후베이 성의 뤄텐 현에서는 마을 주민 330명당 한 명에 달하는 많은 사람이 총살되었다. 1951년

5월에는 불과 20일 만에 170여 명이 〈지주〉라는 이유로 처형되었다. 일부 희생자들은 처음에 500킬로그램의 양곡을 내놓으라는 요구를 받았다. 얼마 뒤 요구는 1톤이 되었다. 결국에는 총살을 당했다. 표적이 된 사람들 중에는 전혀 부유하지 않은 사람도 많았지만 비판 대회에 모인 〈군중은 감히 반론을 제기할 수가 없었다〉.[36]

마오쩌둥 본인도 그 같은 풍조가 자리를 잡는 데 일조했다. 중국에서 가장 부유하고 가장 상업화된 지역 중 하나인 광둥 성의 주장 강 삼각주에서는 많은 땅 주인들이 홍콩 기업가들과 폭넓은 교류를 유지하고 있었다. 또한 상당량의 토지가 은퇴 후 고국으로 돌아올 계획을 가진 화교들에게 매각된 터였다. 해안을 따라서는 부유한 화교들이 주축을 이룬 마을들과 그들이 보유한 현대적인 건물들이 들어서 있었고 보다 전통적인 내륙의 일부 촌락들과 확연히 대조되는 외국풍이 존재했다. 광둥 성 전체로는 화교의 부양 가족들이 최소 600만 명에 달했다. 요컨대 수많은 여성들과 아이들, 노인들이 외국에서 송금되는 돈에 의지해서 살아 갔다. 광둥 성 전체 면적의 5분의 1에 해당하는 땅이 화교의 소유였다. 광둥 성의 당수 팡팡은 이들 이민자들의 경제적 중요성을 충분히 인지하고 있었고 그들의 땅이 몰수되지 않도록 보호하려고 노력했다. 1952년 마오쩌둥이 팡팡을 대신할 인물로 타오주를 보내왔다. 타오주는 광시 성에서 〈지주〉나 〈반동분자〉로 고발된 사람들 수만 명을 죽임으로써 모든 반대 세력을 무자비하게 진압한 것으로 유명한 사람이었다. 일각에서는 그를 진행 방향의 적들을 모조리 깔아뭉개는 탱크에 비유했다.

마오쩌둥에 의해 팡팡은 베이징에서 열린 청문회에 곧바로 호출되었고 〈지방주의〉라는 비난을 들었으며 축출된 채 두 번 다시 얼굴을 나타내지 않았다. 광둥 성에서는 1952년 5월에만 6,000명 이상의 당 간부들이 〈당의 부적절한 방침〉을 따랐다는 이유로 강등되거나 핍박을 당했다. 광둥 성 전역에서 지주와 부유한 농민을 대상으로 한 무자비한 폭행과 마구잡이식 살인이 일상처럼 되었다. 〈모든 마을이 피를 흘리고 모든 세대가 투쟁한다〉라는 것이 그들의 구호였다. 사람들이 포박되었고 들보에 목매달려 죽거나 목 높이까지 땅에 묻히거나 불에 타 죽었다. 홍콩과 국경을 바로 맞대고 있는 후이양 현에서는 200명에 가까운 사람들이 살해되었다. 그보다 북쪽에 위치한 차오저우에서는 700명 이상이 자살을 선택했다. 불과 석 달 만에 맞아 죽거나 끊임없는 핍박으로 자살을 선택하도록 내몰림으로써 4,000명이 넘는 사람들이 목숨을 잃었다.[37]

———

빈곤은 일상이 되었다. 몇몇 집안이 수대에 걸쳐 힘들게 노력해서 이룩한 상대적인 부가 하룻밤 사이에 증발했다. 자주성과 근면함, 인내심 덕분에 자수성가한 사람들이 버림을 받았다. 마을이 보유한 전문적인 지식과 경험은 조롱거리가 되었고 성공은 착취의 상징이 되었다. 대신 가난한 소작농들과 노동자들이 찬양되었다. 그들은 혁명가로 태어난 사람들이었다. 공산당의 주장에 따르면 〈가난하게 태어나는 것은 영광스러운 일〉이었다. 마을 주민들로서는 가난을 자랑스럽게 여기는 동시에 부유해지는 것을 두려워하게 되었다. 산둥 성에서는 많은 사람들이 엄격하게 정해진 최소한도 그 이상은 아무것도 하려고 하지 않았다. 〈당이 가난한 자들을 좋아하기 때문에 가난하면 가난할수록 더 좋다.〉

심지어 1949년부터 산둥 성에서 토지 개혁을 맡아 온 캉성조차 그의 보고서에서 주민들이 〈가난은 영광스러운 것〉이라고 믿는 까닭에 토지 재분배가 이루어진 지역에서 생산성이 급락하고 있다고 썼다. 중국의 화북 지역 전역에서 농업 생산량이 3분의 1이나 감소했다. 국공 내전이 엄청난 파괴와 인구 이동을 초래했다면 일부 당 간부들이 스스로 인정했듯이 〈토지 개혁은 생산 자체를 파괴했다〉.[38]

일단의 서로 다른 저해 요소들이 상호 작용을 일으켜 더욱 강화되면서 빈곤의 악순환을 낳았다. 토지에 대한 권리가 모호해졌고 주민들은 지주들로부터 압수된 재산을 소유했음에도 완전한 내 것이 되었다고 확신할 수 없었다. 다른 무엇보다 두려움과 탐욕, 시샘 때문에 가열된 포악한 싸움에서 정작 남들보다 더 많이 생산하려는 사람이 없었다. 분배된 땅은 손바닥만 했고 그마저도 시골 여기저기에 흩어져 있는 경우가 비일비재했다. 땅을 경작하는 데 필요한 지식과 도구, 종자, 비료 등이 부족한 수혜자들도 많았다. 농촌과 시장의 연결 고리도 끊어졌다. 지주가 운영하던 상점과 기업은 구석구석까지 약탈을 당하거나 파산했다. 마을 주민들 사이에서 한때 인기를 끈 부업은 〈자본주의적인〉 활동으로 간주되었다. 중국에서 가장 부유한 성(省) 가운데 하나인 쓰촨 성에서는 가난한 사람들에게 분배된 토지 중 대략 3분의 2에서 이전보다 생산량이 감소했다.[39]

———

또 다른 형태의 빈곤도 등장했다. 토지 개혁 과정에서 표적이 된 사람들이 이웃보다 딱히 형편이 나을 게 없는 경우도 많았지만 전국적으로는 엄청난 물질적 부를 축적한 집안도 있었다. 학자든, 상인이든 또는 정치가든 상관없이 많은 사람들이 열성적인 예술품 수집가였다. 그들은 소량의 작은 골동품을 수집하거나 벼루, 연적, 책상을 장식하고 서재의 격을 높이기 위해 작은 조각상들을 수집했고 때로는 희귀한 필사본이나 동전, 목재 가구, 수묵화 등 보다 폭넓은 물품을 수집하기도 했다. 사실 이러한 행위는 지난 수백 년 동안 사대부의 지배를 받아 온 나라의 고상한 문화에 대한 존경의 표시였다. 따라서 능력이 있음에도 이러한 존경의 표시를 하나쯤 갖추어 놓지 않고 사는 집이 거의 없었다.

토지 개혁 과정에서 이러한 수집품들은 대중에게 일부가 분배되기도 했지만 1951년 6월에 문화부에서 토지 개혁 중 압수된 모든 골동품과 희귀한 책들을 수집해서 목록을 작성하라는 지시가 하달되기 전까지 상당수가 파괴되었다. 문화부의 지시는 많은 경우에 너무 늦은 감이 있었다. 일례로 산둥 성에서는 대다수 골동품들이 착취적인 과거의 유물로 간주되어 이미 불에 타거나 폐품으로 처분되어 재활용된 터였다. 당에서 실시한 한 조사에 따르면 〈도처에서 오랜된 책들이 봉건주의적 사고를 담고 있는 것으로 간주되어 폐기되거나 폐종이로 활용되었다〉. 보다 거대한 봉건주의의 잔재들도 공격을 받았다. 지닝 시에서는 당나라 때의 유명한 시인 이백이 살았던 것으로 알려진 타이바이 탑이 허물렸다(1952년에 모조품이 다시 세워졌다). 랴오청에서는 18세기 시인이자 화가인 고봉한의 묘가 파헤쳐졌다. 지모에서는 일단의 노동자들이 한나라 때까지 시대가 거슬러 올라가는 여섯 개의 묘를 도굴했다. 쯔보에서는 다수의 불상과 사원이 미신의 상징물로 간주되어 파괴되었다. 칭다오와 인접한 연안의 산둥네이면서 도교의 탄생지로 여겨지는 라오산에서는 화옌 사원에 수집되어 있던 명나라와 청나라 시대의 경전 백여 점이 폐품으로 이용되었다. 불교계의 고전들이 담배를 마는 종이로 사용되기도 했다. 이외에도 수없이 많은 사례들이 있었고 한 보고서에 따르면 많은 당 간부들이 역사적인 유물을 〈쓰레기〉나 〈미신〉으로 취급한 탓에 〈너무 많아서 일일이 열거할 수 없을 정도〉였다.[40]

———————

모든 기록을 종합해 보면 1951년 말까지 약 1000만 명 이상의 지주들이 재산을 몰수당했으며 40퍼센트가 넘는 토지의 주인이 바뀌었다. 토지 개혁 과정에서 목숨을 잃은 희생자의 숫자가 정확히 공개될 리는 없겠지만 1947년과 1952년 사이에만 최소 150만에서 200만 명을 상회할 것으로 추정된다. 또한 이러한 희생자들 외에도 착취자나 계급의 적으로 낙인이 찍힌 수백만 명에 달하는 사람들의 삶이 파괴되었다.[41]

5장
대공포 시대

1950년 여름이 되자 공산당에게는 친구가 거의 남아 있지 않았다. 마오쩌둥은 동료들에게 당이 〈사방팔방으로 맹공격을 펼치면서〉 적만 만들고 있다고 지적했다. 자본가들은 공산당을 싫어했고 실업 문제가 극성을 부렸으며 대다수 노동자들이 경기 침체 때문에 불만에 휩싸여 있었다. 농촌에서는 농민들에게 최대치에 육박하는 세금이 부과되고 있었고 도시의 지식인들은 혹시라도 직장을 잃게 될까 봐 전전긍긍했다. 예술 분야에 종사하는 사람들은 정치적 개입에 분노를 드러냈다. 종교계에도 새로운 정권에 반대하는 분위기가 만연했다. 마오쩌둥은 〈나라 전체에 긴장이 감돌고 있으며 우리는 고립되어 있다〉고 강조했다. 공산당은 우군을 만들고 적을 하나씩 하나씩 고립시켜야 했다. 그는 소수 민족들에 대한 압박을 완화해야 한다고 주장했다. 민간 상인들을 달래고, 민주주의자들과 공동 전선을 형성하고, 지식인들의 교화 문제를 장기적인 안목으로 바라보아야 한다고 주장했다. 〈천천히 나아가라.〉[1]

누가 진짜 적이고 누구와 맞붙어야 하는가? 마오쩌둥이 계속해서 말했다. 〈우리의 대략적인 정책은 국민당의 잔당 세력과 비밀 요원들, 비적들을 제거하고, 지주 계급을 전복시키고, 타이완과 티베트를 해방시키고, 제국주의와 끝까지 싸우는 것이다.〉[2]

마오 주석의 연설이 있은 지 3주도 지나지 않아 북한의 인민군이 38선을 넘어서 남한을 침공했다. 1950년 6월 25일 유엔 안전 보장 이사회가 만장일치로 북한의 침공을 비난했으며 며칠 뒤에는 트루먼 대통령이 동맹국인 남한을 돕기 위해 참전을 결정했다. 더글러스 맥아더 장군이 이끄는 유엔군의 반격으로 북한군은 중화 인민 공화국 창립 1주년 기념일인 1950년 10월 1일에 38선 이북으로 퇴각했다. 10월 18일, 20만 명의 중국 군대가 비밀리에 북한으로 들어왔다. 그리고 일주일 뒤 중국과 북한의 국경 근처에서 유엔군을 공격했다.

한국 전쟁은 공산 정권에 대한 대중의 지지를 규합하고 불과 몇 개월 전 마오쩌둥이 묘사했던 적들을 거세게 밀어붙일 단초를 제공했다. 국민당 시절 전통적으로 국경일로 기념되던 10월 10일에 마오쩌둥으로부터 혁명을 방해하는 〈국민당 잔존 세력들〉과 〈비밀 요원들〉, 〈비적들〉, 그 밖의 〈반동분자들〉을 소탕하라는 지시가 떨어졌다. 앞으로 만 1년 동안 중국의 근간을 뒤흔들고 사회 각계각층의 사람들로 하여금 편을 가르도록 강요하는 대(大)공포 정치가 토지 개혁과 병행하여 전개될 참이었다.

———————

1950년 10월 당시에는 얼마나 많은 〈비적들〉과 〈비밀 요원들〉이 공산 정권을 전복시키려고 위협을 가하고 있었을까? 비밀 간첩들과 제5열 분자들의 사보타주와 전복 기도와 관련한 암울한 경고를 사정없이 쏟아 내던 선전 기관에 따르면 상당수에 달했다. 망상증은 자신의 그림자에도 놀랄 정도로 극도의 불안감 속에서 살아가던 공산 정권의 독특한 특징이었다. 공산당은 문제가 생길 때마다 실제나 가상의 적을 탓하는 버릇이 오랜 세월 몸에 배어 있었다. 우물이 독에 오염되거나 곡물 저장고가 화염으로 사라지는 등의 사건 뒤에는 언제나 스파이나 지주가 숨어 있었다. 평범한 농민들의 저항 — 실제로 많이 발생했다 — 은 반혁명의 증거로 간주되었다. 그들은 또한 의도적으로 불안을 조장해서 사람들을 불안하게 만들고 그로써 그 어느 때보다 강압적인 치안 유지 활동을 정당화했다.

반면 화남 지역 일대에서는 새로운 정부를 위협하는 실질적인 사건들이 발생했다. 앞서 언급했듯이 후베이 성과 쓰촨 성, 구이저우 성 같은 지역에서 발생한 수십 건의 무장 반란과 대중 폭동이 정부를 위협한 것이다. 베트남과 국경을 맞댄 아열대 지역이면서 카르스트 지형의 산과 울창한 숲으로 뒤덮인 광시 성에서는 1950년 여름까지 반동분자들의 기습으로 최소 1,400명의 당 간부와 700명의 군인이 목숨을 잃었다. 해방 후 처음 몇 개월 동안 공산당은 광시 성에서 17만 명에 달하는 국민당 군대를 쓸어버렸지만 주민들이 반동 세력에 가담하면서 이내 다시 폭력이 난무하기 시작했다. 위린 현의 경우에는 200개가 넘는 마을이 무장 반란군에 가담했다. 이닝 현에서는 한 마을에서만 전체 남성 중 3분의 1이 산속으로 들어가 반란군과 합류했다. 공산당은 앞서 수십 년 동안 국민당 정부를 상대로 산발적인 급습과 매복을 통해 취약한 표적을 친 다음 재빨리 변두리 지역으로 빠지는 고도의 기동전을 펼쳐 온 터였다. 〈적이 진격하면 우리는 후퇴한다. 적이 야영하면 그들을 괴롭힌다. 적이 지치면 우리는 공격한다. 적이 후퇴하면 우리는 추격한다.〉마오쩌둥이 1930년에 썼던 내용이었다. 하지만 이제는 마오쩌둥의 공산당이 화남 지역에서 게릴라전의 위협에 맞닥뜨리게 되었다.[3]

마오쩌둥이 광시를 콕 집어서 비난하고 나섰다. 그는 폭도들에게 〈경악할 정도의 자비〉를 베푼다며 광시 성의 지도부를 질책했다. 즉시 행동에 나선 광시는 1950년 10월 10일, 명령이 떨어진 지 2개월여 만에 3,000명의 게릴라를 사살했다. 그리고 바로 그즈음 마오쩌둥이 대중에게 〈탱크〉 같은 인물로 잘 알려진 타오주를 파견했으며 타오주는 1951년 3월까지 1만 5,000명을 죽임으로써 저항을 진압했다. 그 과정에서 10만 명 이상이 투옥되었고 그들 중 상당수가 굶주림이나 병으로 감옥에서 세상을 등졌다. 위린 현의 일부 지역에서는 전체 주민 가운데 5분의 1에 달하는 사람들이 감옥에 갇혔다. 감옥에 가지 않은 사람들에게는 지주라는 꼬리표가 붙었고 그들이 없는 사이 아내와 아이들이 박해를 받기도 했다. 1951년 여름, 타오주가 마오쩌둥에게 전보를 보냈다. 〈광시 성. 45만 명의 비적들 진압됨. 4만 명 사망. 3분의 1은 당연히 죽어야 했거나 그렇지 않음.〉[4]

이 일련의 진압 작전이 끝날 무렵인 1951년 10월에 이르자 사망자는 총 4만 6,200명으로, 이 지역 인구 1,000명당 2.56명에 달했다. 달리 말하자면 400명 중 한 명 이상이 처형되었다는 뜻이었다.[5]

하지만 다른 모든 곳에서 공포 정치는 똑같이 무자비하게 행해졌다. 그리고 마오쩌둥은 뤄루이칭이라는 인물에게 감독 임무를 맡겼다. 뤄루이칭은 산으로 둘러싸인 쓰촨 성에서도 쌀과 오렌지, 누에의 생산량이 풍부한 난충의 지주 집안에서 태어났다. 그는 국민당 군대와 싸우던 중 얼굴에 부상을 당한 뒤로 절대 웃는 법이 없었다. 입이 일그러진 상태로 영원히 굳어 버린 탓이었다. 린뱌오와 마찬가지로 뤄루이칭은 장제스가 교장으로 있던 유명한 황푸 군관 학교에서 훈련을 받았지만 1928년에 공산당에 가입했다. 초기에 소련으로 보아진 인물 가운데 한 명이었으며 그곳에서 비밀경찰과 일했다. 옌안으로 돌아와서는 경쟁 상대인 제4방면군 중에서 반(反)마오쩌둥 파벌을 소탕하는 임무를 부여받았다. 그리고 한 고위급 망명자의 증언에 따르면 그 과정에서 마오 주석이 고마움을 표시할 정도로 확실하게 〈거칠고 야만적이며 잔인한〉 일처리를 보여 주었다. 일단 베이징 보안 기관의 수장이 된 다음에는 자신의 사무실에 거대한 펠릭스 제르진스키의 초상화를 걸어 두었다. 소련의 악명 높은 국가 보안 기관 체카의 설립자가 바로 그의 모델이자 멘토였다.[6]

뤄루이칭은 주석의 명령을 각 성(省)의 지도부에 직접적으로 전달함으로써 억압적인 조직에 꼭 필요한 톱니 같은 존재였다. 1951년 1월에 후베이 성의 성장 리셴녠이 그를 만나기 위해 베이징을 찾았을 때까지만 하더라도 후베이 성에서 숙청된 반혁명주의자들은 220명에 불과했다. 하지만 그 뒤로 사망자가 급증했다. 2월까지 8,000명에 달하는 용의자들이 숙청되었고 그해 봄에만 7,000명이 추가로 처형되었다. 농촌 곳곳에서 당 간부들이 무력으로 다스리는 공포 정치가 시작되면서 머지않아 3만 7,000명이 제거되기에 이르렀다. 공포 정치가 관행으로 완전히 자리를 잡으면서 비록 자신이 시작했지만 이제는 리셴녠도 더 이상 어찌할 수 없는 상황이 되고 말았다. 일부 지역 공무원들은 살인을 멈추길 거부한 채 공포를 일상적인 통제 수단으로 사용했다. 그들은 처형을 자제하도록 종용하는 상관에게 협박도 서슴치 않았다. 〈사람을 죽일 수 있게 허락하지 않으면 나는 생산량을 늘리려고 애쓰지도 않을 것이며 대중을 선동하지도 않을 것이다. 당신이 허락할 때까지 마냥 기다렸다가 허락이 떨어지면 그때 다시 사람들을 움직이겠다.〉 결국 후베이 성에서는 4만 5,000명 이상의 사망자가 발생했고 이는 인구 1,000명당 1.63명에 달하는 수치였다.[7]

강철이나 곡물 생산량과 마찬가지로 사람을 죽이는 일에도 위에서 정한 할당량이 배정되었다. 뤄루이칭은 공포 정치의 표적이 된 수백만 명에 대한 체포나 재판, 처분 과정을 아마도 일일이 감독할 수 없었을 터였고 그러자 마오쩌둥은 살인 할당량을 하달해서 대략적인 행동 지침으로 삼았다. 그의 생각에 기준은 1,000명당 한 명이었고 각 지역의 특수한 상황에 따라 기꺼이 비율을 조정하고자 했다. 마오쩌둥의 부하들은 마치 회계 직원처럼 때로는 보다 높은 할당량을 채우도록 요구하면서 지방의 살인율을 지속적으로 관리했다. 예컨대 광시 성은 1951년 5월에 이미 인구 1,000명당 1.63명의 비율을 달성했음에도 더 많이 죽이라는 말을 들었다. 구이저우 성은 대중의 잦은 봉기로 정국이 불안정해지자 할당량을 1,000명당 세 명으로 늘려 달라고 요청했으며 류저우에서는 1,000명당 다섯 명을 요구하기도 했다. 〈구이저우 성의 공산당 위원회가 1,000명당 세 명의 목표를 요구하는데 내 생각에는 그 또한 너무 많다. 내 생각은 이렇다. 우리가 1,000명당 한 명 기준을 넘길 수는 있지만 너무 많아도 좋지 않다.〉 살인율이 1,000명당 두 명에 도달하자 마오 주석은 사람들에게 종신형을 선고하고 노동 수용소로 보내서 일을 시켜야 한다는 의견을 피력했다.[8]

마오쩌둥은 숫자를 결정함에 있어서 중도적인 태도를 보였다. 자신의 목표를 따라오지 못하는 〈보수주의자들〉을 맹렬히 비난하는 한편 열정이 너무 지나친 〈급진주의자들〉을 제지했다. 최고위층에 전달되는 지시에 치하의 말이 곁들여지기도 했다. 1951년 3월에 마오 주석은 이미 1만 2,000명의 반동분자를 죽이고 그해 봄에 추가로 2만 명을 더 숙청해서 총 3만 2,000명을 제거하기로 독하게 작심한 허난 성을 치하했다. 〈인구가 3000만 명인 성에서 그 정도면 훌륭한 숫자다.〉여기에 더해서 그는 숫자란 하나의 지표에 불과할 뿐 보다 많은 사람이 제거되어야 할 수도 있다고 경고했다. 공포 정치란 〈안정적[穩]〉이며 〈정밀[准]〉하고 〈무자비[狠]〉해야 한다고 강조했다. 즉 외과 수술에 준하는 정밀함으로 절대 마구잡이식 도살이 되지 않도록 경계하면서 실행되어야 했으며 그렇지 않을 경우 당의 위치가 위태로워질 수 있었다. 〈그러나 다른 무엇보다 우선하여《무자비함》이란 단어가 강조되어야 한다.〉뤄루이칭의 보고서를 정독한 그는 중국을 더욱 거세게 밀어붙였다. 〈사망자가 거의 발생하지 않은 성에서는 보다 많은 사람이 죽어야 할 것이다. 너무 조기에 숙청을 중단하는 행위는 절대로 용납될 수 없다.〉[9]

마오쩌둥은 일부러 모호한 태도를 취함으로써 부하들로 하여금 공포 정치를 수행하는 데 따른 지침과 관련하여 자신의 수많은 발언과 연설, 지시 내용을 하나하나 꼼꼼하게 확인하도록 유도했다. 아울러 부하들이 서로 경쟁적으로 새로운 아이디어와 정책을 내놓도록 부추겼다. 부하들이 내놓은 제안 가운데 하나를 무심한 듯 골라서 채택하기도 했다. 이런 형태의 정부는 야심 찬 부류들로 하여금 그들이 생각하기에 마오 주석의 진정한 의도라고 생각되는 것을 보다 극단적으로 밀어붙이도록 만들었다. 물론 나중에 가서 그들의 창의성이 역화를 일으킬 경우 공개적으로 비난을 당하기도 했다. 이는 최고위층 지도자들이 누구를 가릴 것 없이 모두 공포 정치에 연루되었음을 의미했다. 단순히 명령에 따르기만 한 사람은 아무도 없었다. 지도층 관료들은 직접 별도의 지침을 만들고 자신에게 요구되는 것이 무엇인지 알아내려고 노력했다. 화남 지역 총책임자이던 덩샤오핑과 덩쯔후이는 1951년 2월에 전체 반동 분자의 2분의 1에서 3분의 2를 처형하자고 제안했다. 마오쩌둥은 〈어떤 혼란이나 실수 없이 비밀리에〉 처형을 진행해야 한다는 조건을 내세워 제안을 수락했다.[10]

중국의 동부를 관리하던 인물 라오수스로부터 또 다른 제안이 나왔다. 1951년 3월 29일에 라오수스는 숙청 작업을 〈외부〉에서 〈내부〉로 옮길 것을 제안했다. 즉 당 내의 배신자와 스파이를 상대로 한 싸움을 진행해야 한다는 뜻이었다. 마오쩌둥은 당이 〈너무나 많은 사람을 숙청하고 있다〉는 우려의 목소리를 일축한 채 제안을 받아들였다. 1951년 5월 21일, 중앙당에서 내부의 적을 숙청하라는 지시가 떨어졌다.[11]

1951년 4월까지 다섯 개 성(省) 가운데 세 개꼴로 1,000명당 한 명의 목표를 달성하거나 초과했다. 구이저우 성의 경우에는 주석의 경고성 발언에도 불구하고 1,000명당 세 명이 숙청되었다.[12] 수감자가 100만 명을 넘어서자 뤄루이칭은 감방을 비울 때까지 몇 달 동안 체포를 전면 중단하라고 지시했다. 하지만 여름이 되어 뤄루이칭이 정부의 적에게 친절을 베푸는 행태에 대해 유감을 표시하고 〈우리는 반혁명 세력의 잔당들을 숙청하고 철저하게 제거해야 한다〉고 선언하면서 소강상태가 끝나고 학살이 재개되었다.[13]

———

마오쩌둥은 상황에 따라 그때그때 살인율을 결정하면서 자금성 근처에 자리 잡은 본부에서 상황을 감독했다. 일부 지역에서는 표적을 선정하는 데 무척 신중한 당 간부들 때문에 숙청 작업이 흐지부지되어 공포 정치라는 말이 무색한 경우도 있었다. 그럼에도 마오쩌둥의 부하들은 대다수가 주저하지 않는 사형 집행자였다. 점점 더 분열되는 사회 속에서 보복을 원하거나 오랜 울분을 풀거나 개인적인 잘못을 혁명이라는 이름으로 바로잡으려는 사람들에 의해 사회의 말단에서부터 공포 정치가 추진되기도 했다.

공산당의 기록 보관소는 반혁명 움직임을 근절하겠다는 의지를 보여주려는 열성적인 당 간부들에 의해 자행된 노골적인 학대 사례들로 가득하다. 소금 평원이 곳곳에 펼쳐진 윈난 성의 부유한 지역 옌싱 현에서는 1951년 4월에 익명의 비난 글이 그 지역 당사로 배달된 뒤에 100여 명의 중학생들이 체포되어 고문을 받았다. 열 살이던 우레닝은 들보에 묶여 매달린 채 매질을 당했다. 여덟 살의 마쓰례는 무릎을 꿇은 자세로 십자가에 묶였다. 그런 다음 양쪽 허벅지 위로 나무 막대기가 놓였고 두 명의 고문자가 막대기를 내리눌러서 그의 다리와 무릎을 콘크리트 바닥에 짓이겼다. 심지어 여섯 살이던 류원디는 첩보 조직의 우두머리라는 죄목으로 체포되었다. 체포된 아이들 중 두 명이 고문을 받고 사망했다. 이런 일이 이례적인 사건은 아니었다. 쓰촨 성에서도 일단의 민병대가 학생들을 상대로 반동분자를 색출하려 한 시도가 있었다. 그 과정에서 일부 학생들이 양손과 양발을 묶인 채 거꾸로 매달리기도 했고 일부는 모의 처형을 경험하기도 했다. 세 명의 학생이 고문을 받다가 사망했으며 추가로 다섯 명이 스스로 목숨을 끊었다. 약 50명의 희생자들이 학대를 견디고 살아남았지만 상당수가 영구적인 장애를 겪거나 불구가 되었다.[14]

광둥 성에서 발생한 전체 희생자들 가운데 3분의 1은 공산당의 기준에서 보더라도 억울하게 고발된 사람들이었다. 뤄딩 현에서는 학생 한 명이 절도 용의자로 지목된 한 사건으로 열세 살부터 스물다섯 살까지 340명에 달하는 젊은이들이 체포되어 심문을 받았다. 사찰단에 수백 통의 항의 편지가 전달된 뒤에야 한 명의 선임 공무원이 1년 만에 사건 조사를 위해 파견되었다.[15]

반동분자들과 싸우는 과정에서 실수로 촌락 전체가 폐허가 되기도 했다. 장시 성 비구에서 발생한 악명 높은 사건은 적들이 숨어 있을 것으로 의심되는 작은 촌락에서 한 분대장이 연기를 발견한 것이 발단이 되었다. 그는 불문곡직하고 사격을 개시했다. 곧 모든 가옥들이 불태워졌다. 스물한 명이 현장에서 사살되었고 추가로 스물여섯 명의 희생자가 후에 부상으로 숨졌다. 목숨을 잃은 사람들은 한 명을 제외하고는 모두 여성들과 어린 아이들이었다.[16]

당 간부들이 그들의 숙청 할당량을 달성하기 위해 안달하면서 불법적인 체포가 빈번하게 발생했다. 구이저우 성의 경우에는 이 비율이 50퍼센트를 상회했다. 충장 현에서는 어떤 식으로든 구체적인 증거에 기초하여 체포된 사람이 전체의 3분의 1에도 못 미쳤다. 창안 마을의 셰차오샹은 단지 지주의 집 대문을 노크했다는 이유만으로 의심을 받았다. 철창에 갇힌 채 폭행을 당하던 그는 마흔여덟 명의 다른 농부들을 고발한 다음에야 풀려날 수 있었다. 고발된 사람들 대부분이 가난한 농부들이었다. 그들 가운데 여덟 명이 체포되어 의식을 잃을 때까지 폭행과 물고문을 당했으며 의식이 돌아오면 또다시 폭행을 당했다. 결국 여섯 명이 자살을 선택했다. 또 다른 사건에서는 한 남자가 1929년에, 즉 그가 한 살 때 여덟 명을 죽였다는 고발을 당한 뒤로 스스로 목숨을 끊었다.[17]

단지 의심스러워 보인다는 이유만으로 그 사람의 운명이 결정되기도 했다. 윈난 성 취징 현에는 〈비적 염탐꾼들〉 150명이 아무런 증거도 없이 감옥에 갇혀 있었다. 관련 당 간부는 〈그들이 비적처럼 보이고 염탐꾼처럼 보일 경우 우리는 그들을 비적 염탐꾼이라고 부른다〉고 설명했다. 이전 정권과 아무리 가느다란 연줄이라도 단순히 닿아만 있으면 죽음에 이를 수 있었다. 쓰촨 성의 푸순 현에서는 4,000명의 공무원들이 그동안 일하면서 어느 시점에서든 국민당과 접촉했다는 이유로 체포되었다. 당 수뇌부가 그들의 주석이 정말로 원하는 것이 무엇인지 헤아리고자 노력한 것과 마찬가지로 많은 경우에 지역 관리들은 그들의 상관이 자신에게 무엇을 기대하는지 추측해야 했다. 윈난 성과 쓰촨 성은 모두 덩샤오핑이 단단히 장악하고 있었는데 그는 마오쩌둥에게 쓴 편지에서 지방 정부에 반동분자들이 들끓고 있으며 윈난 성의 몇몇 마을은 지역 관리 중 90퍼센트가 첩자이거나 지주, 그 밖의 불량분자라고 단언했다.[18]

토지 개혁과 관련해서 모든 지도자들이 다른 사람들과 실적을 비교하며 뒤쳐지는 것을 두려워했다. 마을은 마을끼리, 현은 현끼리, 성은 성끼리 서로 경쟁하면서 너무 적게 죽이기보다는, 그래서 〈우파〉로 몰려 숙청되기보다는 차라리 너무 많이 죽이는 편을 택했다. 윈난 성의 일부 관리들은 마구잡이로 숙청을 실시했다. 〈어떤 지역들은 다른 지역에서 얼마나 많은 사람이 체포되고 얼마나 많은 사람이 숙청되었는지만 보고 며칠 안에 서둘러서 체포와 숙청을 진행했다.〉 일부 당원들은 자신이 무력해 보일까 봐 두려워서 마음을 독하게 먹어야 했다. 어떤 당 간부는 다음과 같이 지시했다. 〈여러분은 증오심이 느껴지지 않더라도 증오해야 한다. 죽이고 싶지 않더라도 죽여야 한다.〉 할당량을 채우거나 초과하기 위해서 수천 명이 소리 없이 처형되었다.[19]

감옥들 — 공식적인 감옥부터 군대에 의해 징발된 학교와 사원, 마을 회관까지 — 이 죄수로 넘쳐나자 때때로 당국은 그 모든 형식적인 수사 절차를 거치는 대신 차라리 수감자들을 처형하는 편이 더 수월할 것으로 판단했다. 후야오방의 보고서에 따르면 쓰촨 성의 서부에서는 〈5년이나 그 이상의 징역형이 선고되는 경우가 지극히 드문데 이는 일부 동지들이 죄수에게 장기형을 선고해야 할 경우에 시간을 절약하기 위해서 죽이는 편이 낫다고 생각하기 때문이다〉.[20]

때로는 당원들이 공포 정치를 틈타 동네 사람에게 개인적인 복수를 하고 상관이 알지 못하도록 덮어 버리기도 했다. 쓰촨 성 곳곳에서 지역의 당 간부들은 비밀리에 살인을 저지르면서 중앙당이 의무화한 공개 집회도 열지 않은 채 자신들의 적을 없애 버렸다. 1935년 6월 대장정 기간 중 험준한 대설산을 넘은 뒤 마오쩌둥의 지휘 아래 공산주의자들이 재결집했던 마을 마오궁에서는 4개월에 걸친 공포 정치 기간 중 오직 열 명의 희생자만 대중에게 공개되었다. 170명에 달하는 희생자들이 더 있었지만 그들은 은밀히 암살되었다. 20명은 총검에 찔려 죽었고 몇 명은 참수되어 마을 입구에 수급이 전시되었다. 처형된 사람 중 일부는 공산당에 반대하는 저항 운동에 한 번도 가담한 적 없는 농부들이었다. 마오궁은 여러 소수 인종들이 거주하는 마을이었고 그 지역 당 간부의 판단에 따르면 오직 냉혹한 폭력만이 그들을 굴복시킬 수 있었다.[21]

1951년 5월까지 덩쯔후이와 덩샤오핑이 관할하던 남부 지역에서 통제 불능의 상황이 이어졌다. 급기야 주석이 개입했고 숙청 권한을 한 단계 높여 현(縣) 단위에서의 결정권을 박탈하도록 지시했다.[22] 그러자 당 관리들이 임박한 마감 시한 전에 가능한 빨리 그들의 표적을 제거하고자 서두르면서 광적인 살인이 뒤따랐다. 양쯔 강을 따라 계단식 농지가 발달한 약 10여 개의 현으로 이루어진 쓰촨 성의 푸링 전구에서는 2,676명의 용의자들이 단 10일 만에 제거되었다. 마감 시한이 끝나고 이틀 동안 추가로 500명이 처형되어 2개월 남짓한 기간 동안 총 8,500명이 숙청되었다. 이 당시 자행된 일들이 절대로 완전히 알려지지는 않겠지만 푸링이 예외적인 경우는 아니었다. 원장 현에서는 부하 직원들이 당 비서에게 127명의 죄수들 가운데 몇 명을 더 처형할지 묻자 그는 간단히 〈그냥 봐서 몇 명 더 고르시오〉라고 대답했다. 그리고 권한 중지가 발효되고 사흘 만에 57명이 총살되었다. 쓰촨 성 서부에서는 숙청 권한이 박탈되기 전까지 소름끼치는 일주일 동안 1,000명의 희생자들이 매일 조직적으로 학살되었다.[23]

———

전국에서 사람들이 고문이나 폭행을 당해 목숨을 잃었다. 총검에 찔려 죽거나 참수된 사람도 있었다. 대부분의 경우에는 총살을 당했다. 총살은 겉으로 보이듯이 항상 쉽지만은 않았다. 곳곳에 사원과 탑이 산재한 고도(古都) 카이펑의 사형 집행자들은 처음에 사형수의 머리를 겨냥하려고 노력했지만 그다지 깔끔한 방식이 아닌 것으로 드러나자 얼마 뒤부터는 대신 심장을 노렸다. 그 방법도 어렵기는 마찬가지였다. 총알이 심장을 빗겨가는 경우 희생자가 바닥을 뒹굴며 고통으로 몸부림쳤고 집행자들이 다시 총을 쏴야 했기 때문이다. 살인에는 오직 연습을 통해서만 얻어지는 기술이 요구되었다.[24]

어떤 경우에는 희생자가 무릎을 꿇고 고개를 숙인 가운데 중남미에서 벌목용으로 사용되는 마체테 같은 긴 칼이 크게 호선을 그리며 희생자의 머리를 몸통에서 분리하기도 했다. 광시 성에서는 때때로 이렇게 잘린 머리를 축구 골대처럼 생긴 나무틀에 밧줄로 매달아 시장 입구에 효시하기도 했다. 나무틀 옆에는 희생자들의 죄가 게시되었다.[25]

사형을 집행하는 날카로운 총성이 농촌 곳곳에서 울려 퍼졌다. 임시로 마련된 사형대 위에서 강제로 무릎을 꿇은 진짜 혹은 가짜 적들이 운집한 주민들 앞에서 등에 총을 맞고 처형되었다. 대개는 표적 중에서 몇 명만 총에 맞았다. 다음은 매질을 당한 뒤 나무판자에 실려 무대 위로 옮겨진 장잉룽이 당시를 회상한 내용이다.

> 비판대 위에는 나 말고도 열 명이 더 있었고 하나같이 밧줄로 결박된 채였다. 내 옆에는 우리 큰형도 있었는데 두 명의 민병대원이 뒤에서 양 팔을 붙잡은 가운데 몸이 90도로 꺾여 있었다. 나는 나무판자 위에 누워 하늘을 바라보았다. 비가 그쳐 있었다. 시끌벅적한 고함 틈으로 근처의 강물 소리가 들렸다. 구름이 물러간 하늘은 투명한 파란색이었다. 나는 생각했다. 사람들은 오랫동안 같은 마을에서 같은 하늘을 머리에 이고 사이좋게 살아왔다. 그런데 왜 지금 이 같은 행동을 보일까? 왜 서로를 그토록 미워하고 괴롭히는 것일까? 공산주의 혁명이란 바로 그런 것일까? 〈계급의 적들〉은 하나같이 폭행을 당했다. 얼굴이 붓고 머리가 찢어졌다. 공산주의자들은 폭력만으로는 갈증을 해소할 수 없는 모양이다. 그들은 사람들을 죽이기 시작했다. 그 비판 대회 이후로 우리 형을 포함해 구(舊)정권 밑에서 일했던 전직 공무원들이 모두 처형되었다. 그들의 자녀는 10년 또는 20년의 징역형을 선고받았고 일부는 감옥 안에서 정신 이상자가 되거나 목숨을 잃었다.[26]

공개 처형이 끝나면 일반적으로 유족들이 시신을 수거해 갈 수 있었다. 농촌에서 땅거미가 질 무렵이면 할 말을 잃은 사람들이 시신을 덮을 지푸라기와 시신을 집으로 운반하기 위해 급조한 들것을 가지고 은밀하게 시신을 향해 다가갔다. 때로는 살인자들이 다이너마이트로 희생자의 몸을 산산조각 내는 경우도 있었다. 그 같은 행위가 빈번해지면서 일부 지방에서는 해당 행위가 공식적으로 금지되기도 했다.

대중의 눈을 피해서 숲속이나 인근 계곡, 강기슭에서 한 번에 한 명 또는 여러 명의 희생자들이 처형되기도 했다. 시체는 구덩이나 얕게 판 공동 묘지에 던져졌는데 몇몇은 그대로 방치된 채 부패되었다. 유족들은 사랑한 가족의 시신을 찾아 몇 주 동안 헤매기 일쑤였다. 운 좋게 유해의 일부라도 찾은 사람들은 남몰래 장례를 치렀다. 윈난 성에 사는 장마오언은 길가에서 총에 맞은 뒤 계곡에 버려진 형의 유해를 수거해 가도 좋다는 허락을 받기까지 열 달을 기다려야 했다. 〈부패한 형의 시신은 개울가에 걸린 썩은 나무 같았다. 둘째 형과 어머니가 물속으로 들어가서 꺼내려 하자 시신이 힘없이 분해되었다. 우리는 뼈를 수거해서 물에 잘 씻은 다음 가져갔던 상자에 담았다.〉[27]

때로는 야생 동물에 의해 시신이 훼손되기도 했다. 허베이 성의 일부 공동 묘지 같은 경우에는 애초에 시신이 너무 얕게 매장되어 들개들이 유해를 파내서 먹어 치우기도 했다. 쓰촨 성에서는 총을 숨긴 것으로 의심받던 한 여성이 끌려가서 너무 심하게 고문을 당하자 스스로 나무에 목을 맸다. 그녀의 시신은 숲에 버려졌고 야생 멧돼지들의 먹이가 되었다.[28]

공포 정치는 처음에 도시에서 상대적으로 적은 사람의 피를 요구했다. 당 지도부에서 너무나 많은 사람을 숙청할 경우 발생할 수 있는 부정적인 평판을 우려한 까닭이었다. 그들은 중국 경제가 여전히 의존하고 있는 전문직 종사자, 경제인, 사업가, 경영주 등과도 타협해야 했다. 하지만 이런 타협적인 태도는 곧 변화를 맞았다.

1951년 3월 13일, 약 200명에 달하는 군 수뇌부가 산둥 성의 성도인 지난에 모였다. 그들에게 경의를 표하기 위해 마련된 연주회에 참석하기 위해서였다. 한 차례의 민속 경연이 끝나고 박수가 터져 나올 즈음이었다. 한쪽 탁자에서 일어난 젊은 남성이 최고위급 군 지도자인 황쭈옌에게 걸어가 총을 발사했다. 총알이 그의 목으로 들어가서 턱뼈를 뚫고 나왔다. 황쭈옌은 의자에서 그대로 고꾸라져 바닥에 쓰러졌고 그 주변이 피로 물들었다. 손님들이 허둥대며 탁자 밑으로 피신하는 사이에 공격자는 한 발을 더 쏜 뒤 자살했다. 황쭈옌은 나중에 병원으로 후송 중 사망했다. 암살범인 왕쥐민은 서른네 살이었고 1943년에 공산당에 가입한 인물이었다. 토지 개혁 과정에서 자신의 가족이 공격을 당한 뒤로 당에게서 등을 돌린 터였다.

마오쩌둥은 당에 초경계 태세를 발동했다. 황쭈옌 사건은 적이 얼마나 기만적일 수 있는지 보여 주는 사례였다. 요컨대 당에 침투해서 오랫동안 바짝 엎드려 있다가 갑자기 최고위 지도자를 공격하는 식이다. 〈우리는 절대로 망설이지 말아야 한다. 적을 묵인하는 행위는 곧 적을 부추기는 짓이다. 이것은 정말 중대한 문제다.〉[29]

암살 사건이 발생한 지 며칠 만에 마오쩌둥은 도시를 상대로 한 〈몇 건의 대규모 숙청 작업〉을 지시했다. 톈진에 있는 당 서기 황징에게 보낸 편지에서 그는 보다 적극적인 숙청을 정당화하기 위해 사람들의 의지를 들먹이며 다음과 같이 말했다. 〈사람들은 단비가 내리는 것보다 반동분자를 죽이는 것이 더 좋다고 말한다.〉[30]

전국에서 경찰의 급습이 이루어졌다. 불과 몇 주 전 암살이 발생했던 산둥 성에서는 경찰이 4월 1일 하룻밤 동안 4,000여 명의 용의자를 체포했다. 그중 1,200명이 체포된 지난에서는 누가 끌려가는지 확인하기 위해 두려운 눈으로 창밖을 응시하면서 사람들이 밤을 지새웠다. 불과 며칠 만에 수십 명이 공개적으로 처형되었고 주석의 칭찬이 뒤따랐다. 그는 숙청 작업을 단호하게 실행하지 못하는 〈심약한 동지들〉이 산둥 성을 본받아야 한다고 표명했다.[31]

3주 뒤인 4월 28일, 1만 6,855명의 표적을 대상으로 한 경찰의 동시다발적이고 조직적인 급습이 단번에 상하이와 난징, 그 밖의 14개 도시를 휩쓸었다. 그날은 토요일이었고 외국에서 귀국해 2년 전부터 상하이 대학에서 일하던 연구원 로버트 루는 학생들의 숙제를 검사하면서 저녁 시간을 보내고 있었다. 〈날카로운 사이렌 소리와 으르렁거리는 대형 트럭 소리가 몇 시간 동안 이어졌다. 나는 모종의 중대한 일이 벌어지고 있다는 불안한 생각이 들었지만 두려운 마음은 없었다. 하지만 다음 날 아침이 되자 직원들이 경악한 표정으로 수천 명이 체포되었음을 알려 왔다. 그들은 이전 정권 밑에서 국민당에 속해 일했던 사람들이 공안에게 모두 잡혀갔다고 말했다.〉[32]

체포된 사람들의 집은 대문이 〈×〉 표시가 된 커다란 붉은색 딱지로 봉인되었다. 경찰 조사가 완료될 때까지 집주인의 재산을 건드리면 안 된다는 의미였다. 붉은색 딱지가 붙은 대문이 너무 많아지면서 상하이 경찰은 여러 개의 공공 건물을 인수해서 감옥으로 사용했다. 해당 급습 작전은 사전에 철저한 준비를 거친 터였다. 그날 밤 체포가 이루어지기

전까지 여러 주에 걸쳐서 공안 당국은 국민당을 위해 일한 적 있는 모든 사람들에게 등록할 것을 요구했다. 표면상 목적은 〈정치적인 실수〉를 저지른 사람들에게 〈삶을 새롭게 시작할〉 기회를 주기 위함이었다. 이를 위해서는 일대기가 제출되어야 했으며 가족과 친구, 동료 등 모든 지인들에 관한 세부 사항이 제공되어야 했다. 완전한 자백 뒤에는 매번 관대한 처우가 약속되었다.

그 뒤에 이어진 것은 공개 처형이었다. 〈처형장 중 하나가 대학교 근처에 있었다. 우리는 매일 트럭에 실려 오는 죄수들을 보았다. 수업 도중에 끔찍한 총소리가 들리기도 했다. 시체를 운반해 가는 대형 트럭들이 대학 건물을 지나면서 도로에 피가 떨어졌다.〉 전국의 여느 사람들과 마찬가지로 로버트 루 역시 의무적으로 총살 현장에 한 번 이상 참석해야 했다. 사람들을 교육한다는 취지였지만 그로서는 계몽되었다기보다 한층 더 극심한 공포와 혐오를 느꼈을 뿐이었다.

직원들 돈을 갈취하고 자신 밑에서 일하던 여성 근로자들을 유혹했다는 어떤 공장 간부에 대한 재판이 특히 기억에 남는다. 유죄로 판명되자 그 간부는 단상에서 떠밀렸다. 양손이 묶인 탓에 흉측하게 바닥을 딩굴었다. 그가 바닥에서 움직임을 멈춘 사이 경관 한 명이 그의 머리에 총을 발사했다. 나하고는 열 걸음 남짓 떨어진 거리였다. 나는 희생자의 뇌가 튀고 몸이 경련하는 불쾌한 장면을 지켜보았다.[33]

처형과 더불어 자살이 잇따랐다. 절망에 빠진 사람들이 해안을 따라 늘어선 고층 건물에서 연달아 몸을 던졌다. 경찰은 곧바로 2층 창문에서 밖으로 돌출되는 그물을 설치했다. 그러자 죽으려고 작심한 사람들이 이제는 창문에서 뛰어내리는 대신 지붕에서 도움닫기를 한 다음 멀리뛰기를 했다. 어떤 남자는 인력거에 떨어져서 자신은 물론이고 인력거꾼과 손님까지 죽였다. 경찰과 군인이 나서서 모든 고층 건물을 지키기 시작한 뒤로는 하루가 멀다 하고 상하이의 강 곳곳에서 시체들이 발견되었다.[34]

모든 도시에서 집단 처형이 열렸다. 베이징에서는 시장이 집단 처형을 주도했다. 펑전은 베이징에서 열린 대중 집회에서 이렇게 외쳤다. 「하나같이 극악무도한 죄를 저지른 이들 잔인한 압제자와 비적, 배신자, 첩자 무리를 우리는 어떻게 처리해야 할 것인가?」

추종자들로 구성된 군중이 대답했다. 「총살형 집행대를 이용해 처형하라!」

펑전이 다시 외쳤다. 「우리가 이미 수많은 반동분자를 처리했음에도 감옥에는 여전히 일부가 남아 있다. 여기에 더해서 베이징에는 숨은 첩자들과 특수 요원들이 여전히 건재하다. 그들을 어떻게 해야 할 것인가?」

군중이 대답했다. 「반동분자들을 단호하게 진압하라!」

펑전이 또다시 물었다. 「오늘 피고들 중에는 시장에서 생선 장수와 부동산 중개인, 물장수, 똥거름장수 사이에서 폭군 짓을 일삼던 자들이 있다. 이들 봉건제의 잔당들을 우리는 어떻게 처리할 것인가?」

추종자 무리가 대답했다. 「총살형 집행대를 이용해 처형하라!」[35]

상하이와 톈진, 베이징의 육상 경기장에서 열리는 대규모 집회들은 미리 원고가 작성된 연설부터 무대 위 희생자들에 대한 의례화된 비난에 이르기까지 세심하게 계획되었다. 본격적인 대회에 앞서 먼저 소수의 희생자들이 당의 행동 대원들 앞에서 처형되었다. 대의를 향한 행동 대원들의 의지와 결의, 충성심을 시험하기 위해서였다. 당 간부로 진급할 준비를 하고 있던 에스터 처오는 베이징에서 열린 집단 처형에 참석해야 했다. 〈우리는 대형 트럭을 타고 천단공원이라는 유명한 관광지 근처에 마련된 처형장으로 이동했다. 희생자들이 싸구려 관 옆에 무릎을 꿇고 있었다. 양손은 등 뒤에서 철사로 묶인 채였다. 대략 여섯 명의 공안 경찰이 태연하게 걸어와서 그들의 뒤통수에 총을 발사했다. 그들이 쓰러지는 찰나 일부는 두개골이 깨져서 벌어졌고 일부는 깔끔하게 작은 구멍만 생긴 채 쓰러졌다. 어떤 사람들은 먼지투성이인 온 바닥과 옆에 있는 희생자의 옷에 뇌수가 튀기도 했다.〉 그녀가 혐오감에 고개를 돌리자 당 간부 한 명이 그녀의 어깨를 움켜잡았다. 그가 큰 소리로 〈잘 봐! 혁명이란 바로 이런 것이다!〉라며 고함쳤다. 에스터 처오는 비명을 질렀다. 얼굴을 가리고 싶었지만 당 간부가 그녀를 단단히 붙잡고 억지로 고개를 돌려 보도록 만들었다. 그녀의 눈에 동료들이 환호하며 시체로 달려드는 광경이 들어왔다.[36]

이의를 제기하는 희생자는 거의 없었다. 처형을 담당한 간부들은 토지 개혁 기간에 대중 집회를 통해 기술을 연마한 터였고 최후의 순간에 자신의 결백을 주장하거나 공산당에 반대하는 구호를 외치려고 하는 피고의 마지막 시도를 어떻게 차단할지 알고 있었다. 예컨대 가족에 대한 보복 위협은 매우 효과적이었다. 다른 방법도 동원되었다. 조직책 중 한 명이 다음과 같이 설명했다. 〈우리는 철사 줄로 올가미를 만들어서 고발된 사람들의 목에 씌워 놓았다. 만약 누군가가 몸부림치거나 저항할 경우 군인들은 그 사람의 기도가 조여지도록 철사 줄을 잡아당겨서 숨통을 막기만 하면 되었다.〉 때때로 지방 당국은 철사 줄 대신 밧줄을 사용하라고 지시하기도 했다.[37]

도시에서는 목표치에 미달하는 경우도 드물었지만 1,000명당 한 명 이상이 처형되는 경우도 드물었다. 마오쩌둥은 실적이 기준치보다 낮은 경우에도 대중의 반감을 사지 않기 위해서 대체로 수용하고자 했다. 1951년 4월에 그는 다음과 같은 계산법을 선보였다. 〈인구가 대략 200만 명인 베이징에서 1만여 명이 이미 체포되었고 그들 중 700명이 처형되었으며 또 다른 700명이 조만간 처형될 예정이다. 대략 1,400명이 처형된다면 그것으로 충분할 것이다.〉[38]

　1951년 말에 이르러 공포 정치는 끝났지만 살인은 사실상 중단되지 않았다. 새로운 파도가 몰아칠 때마다 전에 없이 많은 사람들이 처형되었다. 해안을 따라 계곡과 평야가 발달했고 내륙 안쪽은 대부분 산악 지대로 덮여 있으며 가장 좁은 면적을 가졌음에도 가장 높은 인구 밀도를 보이는 성(省) 가운데 하나인 저장 성에서는 숙청 작업이 한창일 때 25만에 달하는 민병대원들이 모든 주요 도로마다 경계를 섰다. 공산 정권에 반대하는 적들 대부분은 이 촘촘한 경계망을 빠져나가는 데 실패했고 상당수가 산속에서 굶주림과 추위로 목숨을 잃었다.[39]

　저장 성은 들쭉날쭉한 해안을 따라 정부의 손길이 거의 미치지 않는 섬이 수천 개에 달했다. 화남 지역은 전체가 거대한 물의 나라였고 수로와 수심이 얕고 둑이 없는 구불구불한 강, 하천의 침식 작용으로 생긴 하안 단구, 자연 및 인공 호수 등과 혈관처럼 연결되어 있었다. 대다수 도시들이 현대식 운송 수단을 위해 아스팔트나 콘크리트, 쇄석을 이용해서 도로를 건설하는 와중에도 화남 지역에서 수상 교통의 인기는 시들 줄 몰랐다. 중국의 번잡한 해안 전역에서 화물선과 유조선, 페리 등이 저인망 어선과 전통적인 정크선 사이를 바쁘게 오갔다. 선박의 운항이 가능한 강에서도 중국식 돛을 단 쾌속 범선부터 현대식 동력선에 이르기까지 많은 통행량을 보였다.

이 물의 나라 주민들은 어업과 양식업에 종사했다. 일부는 전통적으로 부랑자처럼 취급받고 바닷가에 살거나 육지 사람과 결혼하는 것이 오랫동안 금지되어 온 바다 유목민이었다. 화남 지역의 주장강 삼각주에 사는 탄카족은 물을 안전한 요소로, 땅을 위험이 내포된 요소로 보았다. 그들은 그들만의 독특한 사투리를 사용했으며 항해용 정크선들과 새우잡이 배들을 나란히 연결해서 그들만의 수상 사원과 종교 활동을 위한 배까지 갖춘 거대한 선단을 형성했다. 해방된 뒤로는 상당수가 중국을 탈출해서 배와 가족을 이끌고 홍콩으로 갔으며 애버딘과 야우마테이 근처에 상주 인구가 6만에 육박하는 거대한 수상 도시에 합류했다.

다른 집단도 물 위에서 번창했다. 7세기에 남쪽 지방에서 제국의 수도가 있는 북쪽으로 공납용 곡물을 운반할 목적으로 완성된 대운하를 따라 대형 화물 운반선을 타는 뱃사람들에게는 배가 일터인 동시에 삶터였다. 으레 다채로운 색깔로 장식되는 화선(花船)들은 해안선을 따라 움직이며 여러 성(省)에서 전답의 거름으로 사용될 분뇨를 운반했다. 석탄 바지선과 곡물 운반선이 황허 강과 대운하가 만나는 산둥 성의 복잡한 수로를 항해했다. 사스의 양쯔 강 기슭에는 나란히 닻을 내린 정크선들이 빼곡했다. 상류 쪽으로 더 올라가면 양쯔 강의 모래톱과 협곡 구간에서 배를 견인하는 일을 하는 일단의 유동 인구가 일거리를 기다리고 있었다.

이 물의 나라에는 언제나 밀수업자들과 떠돌이들, 부랑자들이 꼬였다. 공산당은 이곳을 반동분자들의 마지막 피난처로 여겼다. 정부 당국은 광둥 성 해안의 항구 도시에 거주하는 인구 중 절반 가까운 숫자가 수입 금지된 물품을 밀수하거나 간첩을 숨겨 준다고 믿었다. 또한 더 북쪽으로 올라가서 푸젠 성과 저장 성에 속한 섬들에는 타이완에 있는 국민당 세력과 내통하는 자들이 있다고 생각했다. 교통부 부부장 왕서우다오는 물 위에서 살아가는 사람들을 가리켜 봉건주의 관습에 푹 빠져 있고 해안의 항구 도시들을 지배하는 깡패들로 가득한 인구 400만의 골칫거리에 불과한 그늘진 세계라고 묘사했다. 그는 50명 중 한 명 꼴로 반동분자일 것으로 어림했다.[40]

뤄루이칭의 생각도 다르지 않았다. 1952년 12월, 그는 물 위에서 살아가는 사람들에 대한 숙청 할당량을 1,000명당 한 명으로 정했다. 노동 수용소로 보내질 숫자는 그보다 아홉 배나 많았다. 그리고 이듬해에 수천 명이 처형되었다. 많은 사람이 그들의 배에서 끌려 나와 고된 노동을 하도록 보내졌다. 마침내 혁명이 땅에서 물로 확장되는 순간이었다.[41]

————

공포 정치가 절정에 이르렀을 때 과연 얼마나 많은 사람이 죽었는지는 누구도 알 수 없을 것이다. 지역마다 통계를 산출하는 방식에 많은 차이가 있었기 때문이며 보다 중요하게는 좀처럼 보고될 리 만무한 비밀 처형이 거의 모든 곳에서 자행되었기 때문이다. 그럼에도 1950년 10월부터 1951년 11월까지 덩쯔후이가 수장으로 있던 지역들이 현실적으로 가장 신뢰할 만한 수치들을 보여 준다. 총희생자는 해당 지역

인구를 기준으로 1,000명당 1.7명꼴인 30여만 명에 달했다(표 1 참조). 그리고 이 지역에 관한 보고서에서 뤄루이칭은 수개월 내에 주로 광둥 성에서 추가로 5만 1,800명의 처형이 진행될 예정이라고 주의를 주었다.[42]

덩샤오핑 밑에 있던 구이저우 성, 쓰촨 성, 윈난 성 같은 성들은 숙청률이 인구 1,000명당 두 명 이하일 가능성이 거의 없다. 10개의 현으로 이루어진 푸링 전구 전체의 숙청률은 1,000명당 3.1명이었다. 쓰촨 성의 다른 지역들은 1,000명당 네 명에 달했다. 앞서 보았듯이 구이저우 성 전체의 숙청률은 1,000명당 세 명이었다. 1951년 11월에 덩샤오핑이 받은 구두 보고에 따르면 이들 세 성에서는 총 15만 명이 처형된 것으로 언급되었다.[43]

중국 동부로 가서 푸젠 성과 저장 성의 숙청률은 일찌기 1951년 4월에 이미 1,000명당 두 명에 도달한 것으로 보고되었다. 산둥 성의 경우에 그보다는 낮았지만 그해 여름이 시작되기도 전에 이미 이들 지역의 전체 처형자 수는 10만 9,000명을 상회했다.[44]

북쪽으로 가면 공포 정치가 시작된 1950년 10월 이전에 이미 많은 사람이 죽은 터라서 상황이 더욱 복잡했다. 예컨대 허베이 성에서는 1951년에 1만 2,700명의 희생자가 처형되었지만 1950년 10월 이전까지 이미 최소 2만 명 이상이 죽임을 당한 터였다.[45] 간쑤 성부터 신장과 티베트까지를 아우르는 서북 지역의 경우에는 신뢰할 만한 기록이 없는 까닭에 가늠이 불가능하다. 한편 국공 내전 기간에 이미 많은 인명이 희생된 만주에서는 1951년 5월을 기준으로 숙청률이 1,000명당 0.5명에 못 미쳤다.[46]

오늘날 기록으로 확인되는 유일한 총계는 1954년에 당 지도부 회의

표 1: 1950년 10월부터 1951년 11월까지 6개의 성에서 보고된 전체 처형자 수

성	전체 처형자 수	처형률(1,000명 기준)
허난 성	56,700	1.67
후베이 성	45,500	1.75
후난 성	61,400	1.92
장시 성	24,500	1.35
광시 성	46,200	2.56
광둥 성	39,900	1.24
합계	301,800	1.69

출처: 1952년 8월 23일, 산시 성, 뤄루이칭의 보고서 123-25-2, 357쪽

에서 류사오치가 제기한 71만 명이라는 숫자이며 마오쩌둥은 2년 뒤
이 수치를 인용했다.[47] 당시의 총인구가 대략 5억 5000만 명이었다는
점을 고려할 때 전국적으로 1,000명당 평균 1.2명에 해당하는 이 수치
는 가능한 한 최소한으로 산출된 숫자에 불과할 수 있다. 더욱이 류사
오치는 당시 제출된 보고서들에 포함된 증거를 대폭 축소해서 기꺼이
정치적으로 수용 가능한 숫자만을 당에 제출하고자 했을 것이 분명하
다. 보다 그럴듯한 추산을 내놓은 사람도 있었다. 1952년 가을에 보이
보는 희생자가 200만 명을 상회할 거라고 언급했다. 이 같은 숫자를 증
명할 도리는 없지만 1950년부터 1952년까지 반동분자들에 관한 보고
내용과 그들을 상대로 자행된 비밀 숙청을 포함해서 모든 것을 감안한
다면 가장 그럴듯한 수치다.[48]

수백만 명에 달하는 사람들이 노동 수용소로 보내지거나 지역 민병
대의 감시를 받았다. 그리고 그보다 훨씬 많은 사람들이 소외되었다.
지역 공동체 삶이라는 사회 구조가 증오의 정치 때문에 파괴되면서 수

천만 명의 사람들에게 〈지주〉나 〈부유한 농민〉, 〈반동분자〉, 〈범죄자〉
라는 영원한 낙인이 찍혔다. 이들은 검은 계급으로 불렸다. 혁명의 선봉
이면서 붉은 계급으로 불리던 사람들과 정반대에 위치한 사람들이었
다. 하물며 그들의 계급은 대대로 계승되었다. 즉 소외된 사람의 자식도
당으로부터 인가된 온갖 박해와 차별에 계속 종속되었다는 뜻이다. 검
은 계급의 자식들은 교사에 의해 지목되었고 학교에서 따돌림을 받았
으며 하굣길에 종종 청년단 단원들에게 공격을 당했다. 어른들은 뒤이
은 정치 운동의 표적이 되었고 일부는 문화 대혁명이 시작된 1966년 이
전에 벌써 최소 300회 이상 비판 대회에 나가 대중 앞에서 질책과 침 세
례를 받아야 했다. 그들은 혁명의 희생양이었다. 공산당을 제쳐 놓고
잘못된 편을 선택한 사람들이 어떤 운명들을 맞게 되는지 상기시키는
본보기로 평생을 계급 투쟁의 전장 속에서 살아야 했다.[49]

하지만 공포 시대에서 명예를 온전히 지켜 낸 채 살아남은 사람들조
차 이제는 두려움 속에서 살았다. 당은 무고한 사람을 처형하면서 일말
의 가책도 느끼지 않았고, 따라서 무고한 사람이라고 꼭 살아남을 수
있다는 보장이 없었다. 누구도 자신은 비난받을 이유가 없다는 생각으
로 안심할 수 없다는 점에서 예측 불가능한 본질이야말로 공포 정치의
가장 근본적인 특징이었다. 원래는 친밀했던 공동체의 구성원들 사이가
멀어지면서 사람들은 고립되었고 서로를 두려워하게 되었다. 공포 정치
가 막을 내릴 즈음에는 보편적인 인간 관계의 붕괴가 두드러졌다. 다음
은 로버트 루의 증언이다. 〈박해가 지속되는 동안 사람들은 친구를 배
신하도록 강요받았다. 같은 가족끼리 서로를 비난해야 했다. 그 결과
중국인 특유의 따뜻하게 환대하는 풍습도 모습을 감추었다. 우리는 친
구가 많으면 많을수록 우리의 위치가 불안해진다는 것을 배웠다. 원래

부터 속해 있던 집단에서 고립된 채 국가 권력 앞에 혼자 무력하게 서 있는다는 것이 얼마나 무서운 일인지 알기 시작했다.〉[50]

사회가 한층 더 엄격하게 관리되었고 이는 공산당원의 입장에서도 마찬가지였다. 황쭈옌이 암살된 뒤로 몇 개월에 걸쳐 주요 관공서마다 위병들이 등장하기 시작했다. 몸수색도 일상적인 현상이 되었다. 1951년 1월 공산당에 가입한 리창위는 다음과 같이 회상했다. 〈그 당시에는 고위 간부의 사무실 출입구에 특별 경비대원이 편성되어 있었고 대규모 회의가 개최될 때면 해당 출입구마다 경비대원이 한 명씩 배치되어야 했다. 회의실로 들어가는 사람은 누구나 몸수색을 받았으며 혹시라도 무기가 발견되는 경우 사방에서 삼엄한 경계가 펼쳐졌다.〉[51]

해방 첫해만 하더라도 사람들은 마음대로 다양한 정부 기관을 돌아다니거나 그 안에 근무하는 친구를 방문할 수 있었다. 하지만 머지않아 곳곳에서 보다 엄격한 보안 규정이 등장했다. 에스터 처오가 말했다.

거의 하룻밤 사이에 모든 정부 기관이 자치권을 행사하는 듯했다. 우리는 출입구에서 서류에 서명해야 했으며 무슨 일로 방문했는지 질문을 받았다. 비밀주의를 지향하는 이런 고집은 점점 더 터무니가 없어졌다. 우리 모두는 마치 사방에 간첩이 존재하는 것 같은 인상을 받았다. 우리에게 각종 신분증과 증표, 사진이 첨부된 또 다른 신분증이 발급되었다. 나는 지금도 그것들을 가지고 있는데 약간 바래기는 했지만 내 이름과 태어난 장소, 서열을 확인할 수 있을 정도로 여전히 선명하다. 우리는 낯선 사람을 비롯해 서로를 의심하게 되었고 그래서 더 이상 편안한 마음으로 서로를 만날 수 없게 되었다. 누군가를 만난다는 것 자체가 무슨 이야기를 왜 나누었는지에 관한 장황한 사후 보고서를 의미했기 때문이다.

사람들은 섬처럼 고립되었고 자신의 일터에만 머물렀으며 동료들하고만 지냈고 똑같은 기숙사를 공유하고 똑같은 식당에서 밥을 먹었다.

한때는 우정이라 불리던 것이 사라졌다. 더 이상 손님도 찾아오지 않았다. 사람들은 내향적으로 변했으며 점점 더 단조로운 삶을 살았다. 외국인들의 대대적인 탈출로 중국의 고립은 더욱 심화되었다.[52]

6장
죽의 장막

음력으로 7월 15일에는 망자를 위한 축제가 열린다. 아직 저승에 가지 못하고 떠도는 혼령들을 위해 개최되는 전통 의식이다. 1951년에는 양력으로 8월 17일이 이날에 해당되었는데 베이징에서는 연등과 노래, 연극 등으로 이날을 기리는 대신 여러 무리로 나뉜 사람들이 거리를 어슬렁거리며 조만간 일어날 어떤 일을 기다리고 있었다. 무엇을 기대하는지는 그들 자신도 잘 몰랐다. 분명한 것은 또 다른 처형이 준비되고 있다는 사실이었다. 평소 대부분의 처형이 진행되던 다리 톈차오를 향해 자동차들이 떼 지어 이동했다. 마침내 공식 행렬이 도착하자 구경꾼들은 눈앞의 광경에 허를 찔린 느낌이었다. 무장한 군인들을 가득 태운 첫 번째 트럭 뒤로 뒷좌석에 한 외국인이 서 있는 지프가 등장했다. 큰 키와 꼿꼿한 허리, 길고 하얀 턱수염, 머리를 뒤로 빗어서 넘긴 그는 양손을 묶인 채 먼 곳을 응시하고 있었다. 뒤따라온 지프에도 마찬가지로 결박당한 채 강제로 일으켜 세운 일본인 남성이 타고 있었다. 뒤이어 경찰을 가득 태운 자동차 몇 대가 더 도착했는데 그들은 희색이 만면했으며 분명 즐거운 듯 보였다. 라디오 베이징에 따르면 이날의 거리는 〈제국주의를 타도하라! 반혁명분자들을 진압하라! 마오 주석 만세!〉라고 외치는 사람들로 넘쳐났다. 그렇지만 사형수들 중 한 명의 처제이자 영국 대사관 직원이던 사람의 증언에 따르면 군중은 어색할 정도로 침묵했다.[1]

안토니오 리바와 류이치 야마구치는 공산당이 집권한 중국에서 처음으로 사형 선고를 받은 외국인들이었다. 1920년대에 국민당 군대를 훈련시키기 위해 베이징에 배치된 이탈리아인 조종사 리바와 일본인 서적 판매상 야마구치는 주석 암살을 공모한 죄로 재판이 시작된 지 한 시간 만에 유죄 판결을 받았다. 국영 언론은 이들 공모자들이 국경일 경축 행사에서 톈안먼 밖에 마련된 사열대를 향해 박격포를 쏘려 했다고 떠들었다. 해당 음모에 가담한 혐의로 다른 몇몇 외국인들에게도 장기 징역형이 선고되었다. 예순네 살의 이탈리아인 주교이자 허베이 성에서 가톨릭 이셴 교구장으로 있던 타르치시오 마르티나는 종신형을 선고받았다(그는 1955년에 추방되었고 그로부터 몇 년 뒤 사망했다).

리바의 집에서 박격포가 발견되었고 야마구치의 공책에서 도면이 나온 것이 유일한 증거였다. 하지만 발견된 스토크스 박격포는 1930년대에 생산되어 더 이상 작동하지 않는 골동품이었고 리바가 교황청 공사관 밖 쓰레기 더미에서 주워 보관하고 있던 것이었다. 한편 도면은 야마구치가 소방 장비를 납품하던 베이징 소방서의 의뢰로 제작된 톈안먼 광장 지도였다. 이들 제국주의자들의 음모를 주동한 사람은 데이비드 배럿이라는 미국 군인이었다. 그는 단지 그들 두 사람과 한동네에 살던 이웃에 불과했으며 1년 전 동네를 떠난 사람이었다. 그리고 두 사람이 재판을 받을 당시 타이완에 머물면서 〈나는 평생에 한 번도, 누군가에 대한 암살을 시도하거나 꾀한 적이 없다〉고 주장했다. 20년 뒤, 1949년 이래로 공산당 총리직을 맡아 오던 저우언라이가 그에게 사과하고 그를 중국으로 초청했다. 그 모든 사건이 외국인 사회를 위협하고 지역민에게 겁을 주어서 외부인을 멀리하도록 하기 위해 계획된 조작극이었던 것이다.[2]

수도에서 처형된 후에 리바와 야마구치는 수박이나 호박을 심은 넓은 밭 중간중간에 듬성듬성 눈에 띄는 나무 표지나 몇몇 묘비를 제외하면 다른 곳들과 전혀 다를 게 없는 도시 외곽의 한 농장에 조용히 매장되었다. 무덤 대부분이 초목으로 뒤덮여 있었지만 여전히 비교적 최근에 만들어진 표지들을 여기저기에서 발견할 수 있었다. 텐차오에서 처형된 반혁명주의자들이 묻히는 곳 중 하나였다. 남편을 가톨릭 묘지에 묻어야 한다는 생각이 강했던 리바의 아내는 공안국으로부터 남편의 시신을 되찾아 오기 위해 안간힘을 썼고 결국 성공했다. 얇은 판자로 조악하게 만든 남편의 관이 발굴되었고 적당한 다른 관에 시신이 안치되었다. 하늘이 티 없이 맑고 푸르던 어느 날, 관이 들판에서 노새가 끄는 마차로 옮겨졌고 흰색 십자가가 들어간 검은색 천이 그 위를 덮었다. 마차는 울퉁불퉁한 비포장 길을 다섯 시간 동안 이동해서 사이프러스와 소나무, 백양나무 등의 녹음이 우거진 자란 공동묘지에 도착했다. 자란 공동묘지는 1610년에 명나라 만력제가 마테오 리치의 시신을 안장하도록 예수회에게 제공한 곳이었다. 바로 그곳에서 안토니오 리바는 마침내 영면에 들었다. 하지만 향후 몇 년 안으로 예수회는 비난과 추방 대상이 될 터였다. 1954년에는 해당 공동묘지에 베이징 공산당 학교가 들어섰다. 여기에 더해서 문화 대혁명 기간 중 대다수의 무덤들이 파괴되었다. 오늘날에는 사람들의 시선이 미치지 않는 곳에 몇 개의 무덤만이 남아 있을 뿐이다.[3]

마테오 리치는 이탈리아 예수회 소속으로 1583년에 중국에 왔으며 가톨릭을 전파하기 위해 중국의 언어와 문화를 배웠다. 1601년에 외국인으로서는 처음으로 제국의 수도에 머물러도 좋다는 허락을 받은 그는 학생들을 가르치고, 책을 번역하고, 뛰어난 학자들과 교류하면서 베이징에서 여생을 보냈다. 곧 다른 선교사들이 그의 뒤를 따랐지만 제국에 머물러도 좋다는 허락을 받은 사람이 거의 전무했다. 1757년 이후로 포르투갈과 스페인, 네덜란드, 영국 등지에서 온 외국인 무역상들은 광저우의 성벽 밖에 마련된 좁은 지역에만 머물러야 했다. 1839~1842년과 1858~1860년 아편 전쟁이 끝난 다음에야 보다 많은 외국인들이 상하이와 톈진 같은 조약항 내의 외국인 자치구, 즉 조계지(租界地)에 거주하면서 제국에서 거점을 확보하게 되었다. 외국인 거주자들은 치외법권에 따라 본국의 재판 관할권에 종속되었다. 조약항 내에서는 토지와 집을 살 수 있었고 업무차 내륙 안쪽으로 여행을 할 수도 있었다. 1895년에 시모노세키 조약이 체결된 뒤로 공장을 짓거나 작업장을 운영할 수도 있었다.

이러한 항구 도시들 중 몇몇은 근대화의 횃불로 탈바꿈했다. 1842년까지만 하더라도 주민들이 베를 짜거나 물고기를 잡으며 살던 조용한 마을 상하이에 하수도 시설과 항만 시설, 통신망, 복지 시설부터 병원과 은행, 학교에 이르기까지 세계적인 수준의 대대적인 도시 기반 시설이 등장했다. 러시아인들이 시작해서 나중에는 일본인들의 손을 거치며 발전한 다롄은 작은 어촌에서 만주의 주요 심해항으로 성장했다.

이들 지역의 대표적인 기업들도 상당수가 조계지에 설립되었고 신체와 재산상의 안전을 확보하기 위해 대개의 경우 외국인들과 제휴했다. 역사가 하오옌핑은 매판(買辦)*과 외국인 기업가들이 자유 무역에 따른 새로운 기회를 잡기 위해 힘을 합치면서 19세기 말 등장한 〈상업 혁명〉을 연구했다. 그는 환어음의 등장으로 신용 거래가 수월해졌고, 멕시코 달러와 중국 지폐 때문에 통화 공급량이 증가했으며, 국제 시장에서 무역 규모가 확대되었고, 글로벌 통신망이 획기적으로 바뀌었다고 설명했다. 대체로 중국인 상인들은 모든 해외 선적 건에 대해 70퍼센트까지 자금을 지원함으로써 시너지 효과를 주도했다.[4]

진정한 붐은 1911년에 청나라가 멸망한 뒤부터 시작되었다. 중화민국에 거주하는 외국인의 숫자가 채 10년도 안 되는 사이에 세 배로 늘어나서 35만 명을 상회했다. 조계지가 중국에 반환된 ── 일부는 1918년에, 나머지 몇몇은 1943년에 ── 뒤에도 외국인의 유입은 계속되었다. 그들 중 많은 사람이 외국인 사회를 중심으로 현지인과 분리된 삶을 살았다. 그럼에도 수많은 사람들이 중국에 정착해서 뿌리를 내렸다. 영국인이든, 프랑스인이든 또는 미국인이든, 일본인이든 온 가족이 대대로 중국에 정착해서 살기도 했다. 지역민과 교류가 활발하든 아니든 상관없이 많은 경우에 조약항이 고향이 되었다. 많은 이주민 가정의 자녀들이 모두 모국의 기숙 학교에 보내진 것은 아니었는데 중국에 설립된 영국과 미국, 프랑스, 독일, 일본 학교들이 자국의 교과 과정을 그대로 유지했기 때문이다. 선교사나 사업가 부모 밑에서 태어난 많은 아이들이 중국에서 자라면서 일부는 2개 국어를 완벽하게 구사하게 되었을 뿐 아니라 제2의 모국에 깊은 애착을 느꼈다. 역사가 존 K. 페어뱅

---

* 중국에서 외국 상사 따위에 고용되어 외국과의 상거래 따위를 한 중국인.

크가 말했듯이 〈조약항 내의 공동묘지에는 중국에서 살다가 그곳에서 생을 마감했을 정도로 중국을 잘 아는 외국인들의 묘지가 가득하다〉.[5]

정부는 문화 전달자로서 그리고 기술 전수자로서 외국인들의 역할을 충분히 인지하고 있었다. 위안스카이와 장제스 같은 지도자들은 이를테면 국제 연맹 기술자, 일본인 법률 고문, 독일인 장교, 영국인 건축가, 프랑스인 체신 전문가, 미국인 교통 전문가 등 일련의 전문가들을 등용했다. 중화민국이 건국되고 처음 이삼 년만 보더라도 유명한 국제 판사 아리가 나가오가 가장 걸출한 법률 고문 중 한 명으로 있었고 이외에도 행정 전문가 조지 파두, 철도 사업의 표준화를 맡은 헨리 카터 애덤스, 치외 법권에 의한 재판 관할권 전문가 앙리 드 콧, 유명한 정치학자 윌리엄 프랭클린 윌로비, 법률 고문 프랭크 J. 굿나우, 군사 전문가 반자이 리하시로 등이 있었다. 이들 밑으로도 기술자나 서기, 회계사, 변호사부터 교사와 통역사에 이르기까지 수많은 외국인들이 정부에 기용되어 중국의 근대화에 기여했다.[6]

중화민국 시절에는 또한 종교와 의료, 교육 분야에서 활동하는 선교사들이 수천 명에 달했다. 기독교는 중국에서 신도 수가 400만에 육박하는 세 번째로 중요한 종교였다. 전도단은 수백 개의 중학교와 13개의 전문 학교, 항저우 기독교 대학, 링난 대학, 난징 대학, 세인트 존스 대학, 상하이 대학, 산둥 기독교 대학, 수저우 대학, 옌징 대학 같은 대학교를 후원했다. 20세기 초 선교 활동이 극적으로 증가한 이유 중 하나는 교육 개혁이나 공중 보건 분야에서 중국 내 개혁 세력과 긴밀한 유대가 구축되었기 때문이다. 역사가 앨버트 포이에르베르커는 도시의 개혁가든, 선구적인 언론인이든 또는 전문적인 사회학자든 〈1910년대와 1920년대의 《젊은 중국》은 기독교계 학교의 산물인 경우가 많았다〉라고 주장한다. 일찍이 1919년에도 중국과 만주를 통틀어 총 1,704개의 현 가운데 100여 곳을 제외한 모든 곳에 선교사들이 있었고 그들 중 상당수는 지역 방언을 사용했으며 지역민과 밀착해서 살았다.

결과적으로 중국까지 오게 된 유럽 난민도 10만 명이 넘었다. 1917년 이후로 8만 명이 넘는 백러시아인들이 들어오기 시작해서 1930년대에는 독일과 오스트리아, 체코슬로바키아, 폴란드, 리투아니아, 에스토니아, 라트비아에서 약 2만 명의 유대인들이 들어왔다. 그리고 그들과 함께 들어온 지식과 경험, 전문성은 중화민국의 사회 구조를 더욱 풍부하게 만들었다. 그들은 미용실부터 제과점과 유대인 음식점까지 온갖 종류의 사업을 했다. 개중에는 중국 시민권을 획득한 사람도 있었다.

잇따른 대규모 이민에 따른 누적 효과는 북쪽으로 베이징에서부터 남쪽으로 광저우까지 중국 해안의 일부 도시들이 유럽이나 미국의 다른 비슷한 도시들처럼 국제화되는 결과로 나타났다. 상하이의 경우에는 외국인 숫자가 뉴욕을 제외한 다른 어떤 도시들보다 많았다.

새로운 정권하에서 모든 외국인이 환영받지는 않을 거라는 첫 번째 징후가 선양에서 나타났다. 선양이 인민 해방군에게 함락되던 1948년 10월이었다. 엘든 에릭슨은 미국 영사관 지붕에서 군인들이 도로를 따라 행진하는 모습을 지켜보고 있었다. 〈그들이 어떤 노부인에게 다짜고짜 총을 쏜 다음 그대로 나아가던 것이 기억난다. 그들은 건물 꼭대기에서 내려다보는 우리를 발견하고 총을 쏘아 대기 시작했다.〉 스탈린의 조언을 받아들인 공산당은 몇 주 뒤 영사관 건물 주위로 비상 경계선을 쳤다. 미국 영사 앵거스 워드와 직원들은 영사관을 간첩 활동을 위한 본거지로 이용한 혐의로 1년 동안 가택 연금을 당했다. 외부와의 연락은 모두 차단되었다. 워드는 〈행인들이 손을 흔들며 인사만 해도 체포되었다〉라고 회상했다. 수도와 조명, 난방, 의약품도 제공되지 않았다. 기온이 영하 40도까지 떨어지는 가운데 양동이로 물을 날라야 했다. 건물 주위에서는 반미 시위대가 구호를 외치고 플래카드를 흔들면서 매일같이 행진을 벌였다. 1949년 11월, 워드와 네 명의 다른 직원들은 결국 체포되었고 〈폭동을 선동한 혐의〉로 재판을 받았다. 미국이 러시아를 포함해 30여 나라에 억울함을 호소한 지 하루 만에 판결은 즉각적인 국외 추방으로 바뀌었다. 1949년 12월 말 그들은 창문이 활짝 열린 채 고정되어 얼어 죽을 만큼 추운 기차를 타고 40시간을 이동해서 톈진에 도착했으며 그곳에서 미국 외교관에게 인도되었다.[7]

이 사건이 이례적인 경우는 아니었다. 공산당은 1948년부터 1949년 사이에 중국을 휩쓰는 과정에서 외국인을, 특히 미국인을 자주 공격했다. 1949년 4월, 미국 대사 존 레이턴 스튜어트의 관저에 난입한 군인들이 병상에 있던 그의 2층 침실로 들이닥쳤다. 「누구시오?」 대사가 물었다. 스튜어트는 난징에 남아서 공산당과 합의를 이끌어 내고자 한 소수의 외국인 중 한 명이었다. 1876년에 항저우에서 장로교 선교사들인 부모 밑에서 태어난 그는 영어보다 중국어를 더 유창하게 구사했다. 평생을 중국에서 살았으며 1919년에는 옌징 대학교 초대 학장이 되기도 했다. 사건 발생 몇 개월 뒤 마오쩌둥은 〈잘 가시오, 존 레이턴 스튜어트〉라는 비아냥 섞인 성명을 발표하면서 그를 〈중국에서 미국의 문화적 침략을 지휘한 충성스러운 앞잡이〉라고 비난했다.[8]

대다수 외국인들의 경우에 해방 이전부터 탈출이 시작되었다. 많은 사람들이 징후를 감지했고 늦지 않게 짐을 쌌다. 이스라엘은 이미 1948년에 여러 척의 배를 동원해서 유대인 난민들을 상하이에서 대피시켰다. 그럼에도 불구하고 대부분의 정부들은 인민 해방군이 베이징과 톈진 외곽에 집결해 있던 시점에서도 특별히 할 일이 없는 사람들에게만 교통편이 아직 충분할 때 떠나라고 조언했다. 상하이에 거주했던 한 영국인은 〈출근을 하든 퇴근을 하든 아니면 파티에 가든 화제는 계속 하나였다. 떠날 것인가, 떠나지 말 것인가 하는 문제였다〉라고 당시를 회상했다. 자국민 모두에게 전면적인 대피 명령을 내린 첫 번째 나라는 미국이었다. 공산당이 난징에 입성하기 6개월 전인 1948년 11월 13일에 레이턴 스튜어트 대사는 미국 국무장관에게 〈중국에 거주하는 사실상 모든 사람들에 대한 비상 대피 절차〉를 피할 수 없게 되었다고 조언했다. 미국의 서태평양 함대가 수천 명의 미국인과 그 밖의 다른 외국인들 수송을 지원했다.[9]

이 같은 결정은 국제 사회에 커다란 파장을 불러일으켰다. 다른 나라들이 미국의 뒤를 따르기 시작했다. 일례로 필리핀은 개조한 전차 양륙함을 보내서 순회 음악가와 그 가족들로 잡다하게 구성된 무리를 대피시켰다. 필리핀 정부는 6,000명의 백러시아인들도 관대하게 받아 주었다. 그들은 소련을 탈출해서 중국으로 온 터였고 공산주의의 본질에 대해 아무런 환상이 없는 사람들이었다. 반면 영국인들은 사회가 혼란에 빠질 수 있는 위험성을 계속 과소평가하면서 〈당분간은 꿋꿋이 버티는〉 쪽을 옹호했다. 그들은 1949년 4월에 애미시스트호가 포격을 당해 10주 동안 꼼짝 못하는 상황이 되자 충격에 휩싸였다. 유엔 직원이던 엘리너 베크는 영국 해군 소속의 프리깃함이 좌초된 채로 일주일을 넘기자 〈사람들이 하나둘씩 떠나기로 마음을 굳히고 있다〉라고 썼다.[10]

한편으로는 집과 직장, 개인 재산을 포기하기 싫어서 두고 보자는 쪽을 선택한 사람도 많았다. 그들이 주저하는 시간이 길어질수록 시장은 빠르게 붕괴되었고 상황은 더욱 나빠졌다. 신문에는 집과 자동차, 냉장

고, 그 밖의 가재도구를 판매한다는 광고가 가득했다.[11]

처음에는 모든 것이 괜찮아 보였다. 별다른 피해 없이 해방을 맞이한 많은 외국인들이 안도의 한숨을 내쉬었다. 공산주의자들은 외국인과 그들의 재산을 보호해 주겠다고 거듭 약속했으며 중국을 접수하는 동안은 약속이 지켜지는 듯 보였다. 혼란이나 약탈도 없었다. 몇몇 외국인들은 지극히 예의 바른 군인들이 가끔 가재도구를 빌려 갔다가 금방 돌려준다면서 국민당 군대의 폭력배 같은 행동과 완전히 대조된다며 열광하기도 했다.[12]

하지만 공식적인 경로를 통해 드러나는 적의에는 전혀 오해의 소지가 없었다. 독설로 가득 찬 언론의 선전은 세상에 드러난 과거의 모욕적이거나 불법적인 행위 하나하나에 대해서 끊임없이 통렬한 공격을 가했다. 제국주의를 연상시키는 모든 것이, 이를테면 실재하는 것이든 또는 상상에 의한 것이든 상관없이 마음을 괴롭히는 듯했으며, 그 결과 경제, 종교, 교육, 문화 등의 영역에서 외국인이 개입한 모든 흔적들이 새로운 중국의 목표와 어울리지 않는 것으로 여겨졌다. 기독교계 학교, 민주적인 제도, 국제 은행, 외화부터 영어로 된 법률 용어와 도로 표지판까지 많은 것이 해당되었다. 얼마 뒤에는 내내 영어를 사용해 오던 상하이의 전기 요금 고지서가 〈식민 시대의 잔재를 거부하려는 강렬한 도덕적 관념〉을 배반했다며 집요한 비난을 받았다. 한 외국인이 전신국을 찾아와 전보를 보내는 방법에 대해 물었을 때는 직원이 외국인의 면전에 〈중국어로 이야기할 것〉이라고 적인 종이 판지를 들이밀기도 했다. 그 직원의 동료들은 큰 소리로 웃었고 의기양양하게 가슴을 펴 보였다.[13]

역사가 베벌리 후퍼는 〈오랫동안 모욕을 받아 온 사람들이 이제 모욕을 되돌려 주기 위해 가능한 모든 기회를 이용했다〉고 설명한다. 아주 사소한 잘못까지 언론에 의해서 제국주의 침략을 상기시키는 영원한 상징으로 부풀려지면서 외국인은 손쉬운 공격 대상이 되었다. 가장 악명 높은 사건으로 부영사 윌리엄 올리브의 사건이 있었다. 그는 호리호리하고 겸손한 젊은 남성이었는데 1949년 7월 6일에 개선 행진을 위해 폐쇄된 도로에서 운전했다는 이유로 상하이에서 빵과 물만 주어진 채 사흘 동안 구금되었다. 무자비한 폭행을 당한 그는 아무런 치료도 받지 못했으며 강제로 여러 장의 진술서에 서명해야 했다. 지역 언론은 공산주의자들을 제국주의의 억압에서 상하이를 구한 해방자로 묘사하는 데 해당 사건을 광범위하게 이용했다. 1949년 7월 12일에 발행된 한 석간신문은 짧은 시구(詩句)를 통해 〈제국주의는 결코 용납될 수 없다〉라고 떠들썩하게 보도했다.

> 상황이 바뀌었고
> 우리 중국인은 더 이상 당신들 같은 무뢰한이 필요없다.
> 제국주의자들이여 명심하라
> 당신들은 더 이상 용납되지 않을 것이다.[14]

외국인이 연루된 사건은 셀 수 없을 만큼 많았다. 사소하거나 대수롭지 않은 사건도 있었고 국제적인 비난을 촉발시킨 사건도 있었다. 외국 영사관들은 공식적으로 무시당했으며 자질구레한 치욕과 시달림을 당했다. 외국인 기자들도 활동이 금지되거나 검열을 당했다. 외국인의 활동에 갖가지 규제가 부과되었다. 머지않아 모든 외국인은 지역 공안국에 등록하라는 요구를 받았다. 1949년 7월에 베이징의 한 외국인 학생은 다음과 같이 전했다. 〈절차는 오래 걸리고 번거롭다. 등록을 위해 방문해야 할 곳이 많을뿐더러 네 번에 걸쳐서 무척 상세한 질문서에 중국어로 답변을 적어야 하며(답변이 미흡하거나 잘못되면 반려된다), 사진도 여섯 장이나 제출해야 한다. 압권은 개인 면담이다. 면담 시간은 15분에서 한 시간이며 답변은 전부 기록된다.〉 면접관 중에는 국민당 정부 시절 공무원이었던 사람들도 있었지만 면접실 한쪽 구석에 면담 과정에는 일절 관여하지 않는 당 간부가 한 명씩 앉아 있었다. 면접 다음에는 공안 요원의 가정 방문이 기다렸다. 영국의 아시아 무역을 담당했던 회사 자딘 매시선의 직원 한 명은 〈거실에 앉아 있는 당 관계자와 맞닥뜨리는 것이 이례적인 일이 아니었다〉라고 회상했다. 〈그들은 당신의 인생사를 속속들이 알길 원했다.〉[15]

해방된 지 두 달도 지나지 않아서 많은 외국인들이 더 이상은 버틸 수 없다는 결론에 도달했다. 1949년 9월에 구호 선박 한 척이 상하이에 입항 허가를 받았고 34개의 서로 다른 국적을 가진 승객들 1,220명을 대피시켰다. 지원자들은 개별적으로 출국 비자를 신청해야 했으며 며칠씩 걸리는 번거로운 절차였다. 제너럴 고든호가 황푸 강을 따라 내려가는 동안 엘리너 베크는 그녀의 일기장에 〈이 배를 타고 있다는 사실에 평생의 다른 어떤 일보다 감사한 마음이 들었다. 누가 뭐라고 해도 절대로 공산주의에 현혹되지 말자〉라고 썼다. 한 신문은 〈고든호의 승객들이여, 잘 가시길〉이라고 의기양양하게 작별을 고했다.[16]

여전히 일부 외국인들은 이를 악물고 계속 버티기로 결심했다. 1950년에 접어들자 터무니없이 높은 세금이 외국인 사회에서 운영되던 문화 단체와 자선 단체를 파산시켰다. 세금을 감당하지 못한 병원과 학교, 교회가 사라졌고 한때는 번창했던 사교 클럽들이 도산했다. 외국 기업들은 한계까지 짓눌렸다. 확신에 찬 종업원들, 즉 노동조합이 불어넣은 그들의 계급적 증오심이 대대적인 임금 인상과 근무 시간 단축을 요구함으로써 상황은 더욱 악화되었다. 외국인 소유주가 비용을 더 이상 감당하지 못하는 경우 해당 기업은 정부의 소유가 되었다. 굳이 몰수를 하거나 그에 따른 보상을 해줄 필요도 없었다. 제너럴 고든호가 재차 수백 명의 의기소침한 외국인들을 태우러 갔다. 이번에는 톈진이었다.[17]

1950년 10월에 중국이 한국 전쟁에 개입한 뒤로 몇 달 동안 박해가 절정에 달했다. 이삼 개월이 지난 1950년 12월 16일에는 미 국무부가 미국에 있는 중국인 거주자들의 유·무형 자산에 대해 동결을 지시했다. 인민 공화국은 군사 통제 위원회가 인수한 모든 미국인 자산을 동결함으로써 보복했다. 향후 몇 개월 동안 수많은 외국인들, 특히 미국인들이 제국주의 진영을 위해 정보를 수집하는 스파이나 비밀 요원으로 고발당했다. 그들이 학생이든, 선교사이든, 기업가이든, 외교관이든 상관없었다. 1951년 3월에 이르러 수십 명의 미국인들이 근거 없는 혐의로 감옥에 갇히거나 독방에 감금되어 있었고, 때로는 혐의 자체가 제기되지 않기도 했다. 남은 교회와 학교, 병원, 자선 단체 등이 적립한 기금은 동결되었다. 머지않아 중국 전역의 모든 미국 기업들이 정부의 통제를 받게 되었다. 그리고 중국 언론에 따르면 노동자들은 〈폭죽을 터뜨리고 깃발과 장식용 천을 내걸어서〉 이를 기념했다.[18]

다른 국적을 가진 외국인들도 박해를 당하기는 마찬가지였다. 모든 재산을 자발적으로 양도할 때까지 몇 개월이고 한없이 출국 비자가 보류되기도 했다. 쓰촨 성 청두에서 대학 강사였던 빌 슈얼의 설명이다.

중국을 떠날 생각인 경우에도 반드시 해당 사실을 지역 신문에 광고해야 했다. 그러고 나면 예전에 고용했던 사람들과 그 밖의 다른 사람들로부터 지불 요구가 끊임없이 제기되었고 이러한 요구를 조사하고 해결해야 했기 때문에 일정이 더욱 지연되었다. 핵심 당원들은 혹시라도 대학 자산이 개인 소지품에 섞여 있지 않도록 확실히 해야 했으며 따라서 모든 짐은 목록을 작성해야 했고 모든 물건은 확인에 확인을 거쳐야 했다. 혹자는 그들의 잔혹함이 많은 관료에 의해 세심하게 길러진 거라고 생각했다. 현금을 확보하기 어렵다는 사실도 많은 외국인을 더욱 힘들게 만들었다. 애초의 걱정은 이제 분노가 보태져서 그리고 다시 암울함이 더해져서 출발 신호만 무력하게 기다리는 사람들을 괴롭혔다.[19]

떠나도 좋다는 허락이 떨어진 다음에는 엄격한 규정이 국외로 반출할 수 있는 개인 소지품의 양을 제한했다. 자동차, 자전거, 청동이나 은, 금으로 만들어진 것은 반출이 불가했으며 양탄자, 족자, 양산을 비롯한 그 밖의 물건들은 극히 제한된 수량만 반출 가능했다. 보석이나 시계는 한 사람당 하나씩만 허락되었다. 개인 문서는 의심을 샀고 그래서 굳이 기밀 서류라는 의심이 들지 않더라도 압수되기 일쑤였다. 많은 사람이 평생 수집한 이런저런 것들을 뒤에 남기고 달랑 옷가방 하나만 들고 떠났다. 유대계 러시아인 부모가 볼셰비키 혁명을 피해 중국으로 온 까닭에 상하이에서 태어난 릴리안 빌렌스는 검사를 위해 그녀의 사진과 우표첩을 제출해야 했다. 검사관은 아직 어린 시절의 그녀와 그녀의 여동생이 흰색 재킷과 검정색 바지 차림의 유모 양옆에 앉아 있는 사진 한 장까지 꼼꼼하게 압수했다. 외관상 유모의 옷차림이 제국주의 수탈을 상징했고 따라서 용납될 수 없었기 때문이다.[20]

어떤 사람들은 출국 허가 단계에서 막히기도 했다. 1951년 6월 자딘 매시선의 보험 부서에서 일하던 고드프리 모이얼이 톈진 국경에 모습을 나타냈을 때였다. 관리 한 명이 그의 여권을 받아서 천천히 읽은 다음 다시 그를 쳐다보더니 다짜고짜 출국 서류를 갈가리 찢어 버렸다. 그러고는 딱 한마디를 외쳤다. 〈취소!〉 모이얼은 기가 막혀서 말이 나오지 않았다. 〈나는 한마디도 할 수 없었다. 말문이 막혔다.〉 그는 자신의 출국 허가가 왜 취소되었는지 아무런 설명도 듣지 못했고 새로운 출국 서류를 발급받기까지 2년을 더 기다려야 했다.[21]

하지만 많은 사업주들의 경우에 출국하는 일이 훨씬 더 오래 걸릴 수 있었다. 공산주의자들은 유한 책임의 원칙을 거부했고 주주나 사무 관리자, 회계원, 때로는 건물 관리인까지 회사 부채에 대해 개인적으로 상환 책임이 있는 듯 보이는 사람이면 누구든 붙잡아 두었다. 세금 징수원과 노동조합의 터무니없는 요구를 더 이상 만족시킬 수 없는 중견 기업가와 실업가는 적절한 액수의 돈이 확보되거나 해외에서 송금될 때까지 으레 감옥으로 보내졌다. 해안 봉쇄와 선박 부족으로 1950년에 파산한 상하이와 홍커우 부두 회사의 경영자 H. H. 레녹스는 직원들에게 연례 보너스를 지급하지 못했다는 이유로 철창신세를 졌다. 〈거기에는 그 말고도 대략 40명 남짓한 중국인들이 일시적인 구금 상태에 있었다. 그가 가진 약간의 샌드위치와 유치장을 둘러싼 좁은 벤치를 제외하고 그곳에는 어떠한 편의 시설도 없었다.〉[22]

세금 정책은 소급 적용이 가능하도록 만들어졌다. 다시 말해서 현재 자산과 해외 사업으로 발생한 이윤뿐 아니라 과거의 활동에 대해서도 세금이 적용된다는 뜻이었다. 회계 장부를 면밀히 검사하고 우격다짐으로 획득한 증언을 동원하여 지방 간부들은 언제나 그들 생각에 정부에게 자격이 있다고 생각되는 것을 회수할 어떤 이유를 찾아냈다. 그러한 작업의 상당 부분은 모든 은행을 엄격하게 통제함으로써 달성되었다. 중국 은행은 국유화된 뒤로 수석 검사관처럼 행동하기 시작했으며 해외 무역에 대해서 유일하게 여신을 제공할 수 있는 권리를 가졌다. 한 때는 유명한 금융가였던 상하이 와이탄의 은행들은 기능이 최소한으로 축소되었다.

법은 제국주의 수탈의 도구로 간주되어 거센 압력을 받았고 따라서 거의 아무런 의지가 되지 못했다. 변호사들은 법정에 발을 들여놓는 것 조차 금지되었고 재판 절차는 당에 충성하는 수석 판사에 의해 결정되었다. 외국 기업의 법률 고문으로 활약하던 상하이 변호사 협회의 유명한 많은 회원들이 스러졌다. 민·형사를 막론하고 기존의 모든 법규가 집행 정지되었다.[23]

외국인들은 또한 그들의 집을 포기하도록 유도되었다. 방법은 언제나 똑같았다. 살인적인 토지세와 주택 보유세를 비롯해 제때 납부하지 못할 경우 엄청나게 누적되는 벌금이 더 이상 합리적인 조건으로 재산을 처분할 수 없는 현실과 겹치면서 대다수 사람들은 암묵적으로 소유권이 소멸되도록 내버려 두는 쪽을 선택했다. 게다가 출국 비자가 영원히 미루어질 위험에 한 번이라도 직면했던 외국인들은 대체로 기꺼이 인민 정부에 재산을 헌납하고자 했다.[24]

일례로 바위 곶과 모래 해변으로 이루어진 고급 휴양지 베이다이허에는 대사관이나 선교단 같은 수많은 외국 단체들이 보하이 만을 내려다보는 위치에 아름답게 설계된 건물들을 보유하고 있었다. 19세기에 영국 철도 기술자들이 어촌에 불과하던 이 마을을 톈진, 베이징과 연결한 뒤로 베이다이허는 여름 무더위를 피할 장소를 물색하던 부유한 엘리트들과 외국 외교관들에게 인기 있는 목적지로 급성장했다. 하지만 제2차 세계 대전과 국공 내전을 겪는 과정에서 많은 사람들이 재산을 처분하지 못한 채 강제로 중국을 떠나야 했다. 1952년 9월에 이르러 유일하게 남은 외국인은 볼드윈 씨라는 어떤 사람이었다. 농어 낚시를 하고 과일나무를 재배하면서 〈우울해 보일 정도로 조용한 삶〉을 살아가는 사람이었다. 그의 재산은 당 관계자들을 위한 휴가와 휴양 센터에 이미 대부분이 귀속된 터였다. 1954년에 마오쩌둥이 베이다이허에 관한 시를 쓴 뒤로 그곳은 당 수뇌부가 가장 선호하는 휴양지가 되었다.[25]

1951년 7월 25일, 모든 외국인을 상대로 전면적인 청소가 실시되었다. 안토니오 리바와 류이치 야마구치의 공개 처형을 앞두고 진행된 일종의 사전 준비 작업이었다. 베이징 경찰은 다양한 국적의 사제와 수녀, 학생과 교수, 상인, 의사 수십 명에게 수갑을 채워 차에 실었다. 그리고 그들 중 상당수가 흔적도 없이 사라졌다. 이즈음 외국인들은 바깥 세상과 단절된 채 고립된 삶을 살고 있었다. 장로교 교인인 부모의 딸로 태어나 풀브라이트 재단의 지원을 받아 수필가이자 작가인 루쉰을 연구하던 해리엇 밀스는 군에서 사용되던 무선 전신기를 소유하고 야마구치와 접촉했다는 이유로 거의 2년 동안 감옥에서 갇혀 지냈다. 마찬가지로 풀브라이트 재단의 회원이던 앨린과 아델 리킷 부부도 해리엇 밀스와 저녁 식사를 하던 중 같은 날 저녁에 체포되었다. 그들 역시 수년간 감옥에 투옥되었고 수없이 반복된 세뇌의 결과로 종국에는 스스로를 스파이라고 믿게 되었다.[26]

1951년 8월 2일에는 체포된 이들을 제외한 모든 외국인을 추방하도록 지시하는 새로운 결의안이 비밀리에 통과되었다. 그해 여름이 끝나갈 무렵 외국인 사회에는 아무런 환상도 남아 있지 않았다. 아직까지 상당수의 외국인을 만날 수 있는 유일한 장소는 톈진이었다. 한때 번창했던 이 화북의 항구 도시는 중국을 떠나려는 외국인의 유일한 공식적인 출구가 된 터였다. 심지어 상하이에 거주하는 외국인들도 이제는 먼저 기차를 타고 톈진으로 와서 배를 타야 했다. 도시는 배를 기다리는 사람들로 붐볐다. 한때는 화려했던 호텔들이 불안에 떠는 몇몇 외국인만 객실을 채운 쇠락한 영광의 쓸쓸한 잔존물로서 자리를 지키고 있었다. 이런 호텔 중 한 곳에서는 붉은색과 황금색으로 장식된 채 이제는 전혀 사용되지 않는 무도회장을 지나야 식탁의 꽃들이 시들어 가는 보다 작은 식당으로 들어갈 수 있었다. 국공 내전 중 공습에 대비 해서 창문에 붙여 둔 가늘고 긴 종이 조각들도 여전히 그대로였다.[27]

1951년 말에 이르자 상하이에는 남아 있는 외국인이 없었다. 베이징에서도 한때 번창했던 외국인 사회가 붕괴되었다. 크리스마스 만찬을 위해 영국 대사관에 서른여섯 명이 모였는데 대사관 전 직원을 포함해 그 지역의 모든 영국인들이 모인 숫자였다.[28]

2년 뒤 이번에는 다른 외국인들 차례가 되었다. 먼저 종전된 이래로 잡혀 있던 약 2만 5,000명의 일본인 포로들이 송환되었다. 그다음은 1만 2,000명의 백러시아인들 차례였다. 많은 사람이 극도로 궁핍해졌고 〈매서운 추위와 굶주림, 질병 때문에 목숨을 잃었다〉. 그해 말 그들에 대한 집단적인 추방이 시작되었다.[29]

─────────

1926년 후난 성 외곽에서 소요 사태가 발생한 가운데 기독교계에 심상치 않은 기운이 드리워졌다. 혁명의 폭력성에 잔뜩 매료된 채 젊은 마오쩌둥은 그 지역 목사들이 길거리로 끌려나오고, 교회들이 약탈을 당하고, 외국인 선교사들이 침묵을 당한 과정을 보고했다. 소요 사태는 금방 진정되었지만 외국인 선교사들은 1930년대와 1940년대 초 공산당이 장악한 지역에서 계속해서 표적이 되었다. 국공 내전 기간 중에는 진군하던 공산군이 교회의 재산을 징발하거나, 선교 단체에서 운영하는 학교를 폐쇄하거나, 수십 명의 지역 주민과 외국인 신도들을 박해하거나 죽이기도 했다.

1947년 7월에는 공산군 유격대원들이 베이징 북쪽에 위치한 외진 계곡 양자핑에 있는 트라피스트회 수도원을 점유하고 회랑을 불태웠으며 거주하던 수도사들을 심문하고, 고문하고, 격리시켰다. 1948년 1월 한겨울에 여섯 명의 수도사들이 수갑을 차고 쇠사슬에 묶여 임시로 만든 무대로 끌려 나왔다. 그들이 입은 흰색 사제복은 이가 들끓었고 피로 얼룩져 있었다. 희생자들이 난폭하게 떠밀려 무릎을 꿇자 살기등등한 군중이 앞으로 밀려들었다. 지방 간부가 평결을 낭독했다. 즉각적인 처형이었다. 총성이 크게 울릴 때마다 그들은 한 명씩 나란히 쓰러졌다. 〈죽은 시신은 근처의 하수구로 질질 끌어 옮겨 버려졌으며 겹겹이 쌓인 시신이 한 무더기를 이루었다.〉 두세 달이 지나자 학대를 견디지 못한 스물일곱 명의 수도사들이 추가로 목숨을 잃었다. 그들 중 대다수는 지역민이었지만 전부는 아니었다. 1946년과 1948년 사이에 얼마나 많은 개신교와 천주교 선교사들이 목숨을 잃었는지는 아무도 알 수 없지만 대략 100명에 이르는 것으로 추정된다.[30]

4,000명이 넘는 개신교 선교사들 중 절반이 해방 이전에 파견지에서 탈출했다. 일부는 일본의 강제 수용소에서 오랫동안 갇혀 지낸 사람들이었고 공산주의자들에게 경계심을 가진 사람들이었다. 건강이 좋지 않거나 나이가 많아서 떠난 사람들도 있었다. 반면 3,000명이 훨씬 넘는 천주교 선교사들에게는 자신의 자리를 지키라는 지시가 내려졌다.

물질적인 소유를 거부하고 불필요한 말을 삼가는 금욕적이고 고독한 트라피스트회 수사들부터 도시의 복지 문제에 관여하며 보다 진보적인 성향인 YMCA 회원들까지 선교사들은 지극히 다양한 견해를 가진 사람들이었다. 공산주의자들과 협력해서 일할 수 있을 거라는 희망에 고무된 선교사들이 있었는가 하면, 어떤 선교사들은 그 같은 협업 자체를 〈악마와의 타협〉으로 간주하기도 했다.[31]

약 1년 동안은 중국에 그대로 남기로 한 결정이 타당한 듯 보였다. 외국인이 등록되고, 학교에 경찰이 투입되고, 기독교도가 심문을 당하는 와중에도 많은 선교사들이 사태를 낙관했다. 그럼에도 조짐이 좋지 않았다. 어떤 특정한 압박이 있던 것은 아니었다. 존 오셰이 주교는 공산주의자들이 장시 성 남부에 있는 자신의 교구에 들어온 지 반 년이 지났을 무렵 〈하루하루 스프링이 당겨지는 느낌이다〉라고 말했다. 다른 외국인과 마찬가지로 선교사도 온갖 제한을 받았다. 몇몇은 선교단 시설에서 밖으로 나가는 것이 금지된 채 사실상 가택 연금을 당하기도 했다. 아울러 공산군은 군인들 숙소로 사용하거나 양곡을 저장하거나 공청회를 개최하면서 선교단 시설에 대한 징발을 차츰 확대해 나갔고 단계적으로 선교사들을 그들의 사업 시설에서 몰아냈다.[32]

임대료와 세금, 벌금 형태로 경제적 압박도 가해졌는데 이는 선교사를 포함한 모든 외국인에게 공통된 문제였다. 교황청은 1950년 중반의 선교 사업에 대해 중국 정부가 〈그들에게 파괴적인 수준의 세금을 부과하고 있었다〉라고 기록했다. 선교 사업이 하나둘씩 문을 닫아야 했다.[33]

그 무렵 한국 전쟁이 발발했다. 중국이 1950년 10월 한국 전쟁에 가담한 지 한 달 뒤부터 외국인 선교사들이 체포되기 시작했다. 인민 재판과 광란에 가까운 집단적 의사 표시 과정을 통해서 그들에게 간첩 활동과 체제 전복 활동을 했다는 혐의가 제기되었다. 개신교 선교사들이 대거 중국을 떠났다. 1951년 말에 이르자 중국에 남아 있는 선교사는 채 100명이 되지 않았다.[34]

한편 교황청 지시를 받는 천주교 선교사들은 교황 사절인 안토니오 리베리로부터 무조건 버티라는 명령을 받았다. 재판과 굴욕적인 가두 행진, 비난에도 불구하고 2,000명 이상의 선교사들이 정부의 어떠한 압박에도 대열을 흐트러뜨리지 않았다. 이탈리아인 주교 타르치시오 마르티나가 1950년 9월 마오쩌둥 암살 음모에 연루된 혐의로 체포되자 이는 천주교를 중국에서 몰아내는 구실로 이용되었다. 마르티나 주교가 종신형에 처해지기 이전부터 리베리는 가택에 연금된 채 수개월에 걸쳐 밤마다 경찰의 방문과 잦은 심문을 받았다. 그리고 1951년 9월에 〈간첩 활동〉 혐의로 추방되었다. 공산군이 난징에서 홍콩 국경까지 그를 호송했다. 여정 내내 그들이 지나는 길모퉁이와 철도역, 호텔, 식당 등에서는 확성기를 동원한 떠들썩한 선전 활동 — 하나같이 교황 사절을 두고 〈외국 제국주의의 앞잡이〉라고 떠드는 — 이 이루어졌다.[35]

마오쩌둥 본인은 교황청에, 특히 국경을 초월하여 충성심을 이끌어 내는 그들의 능력에 흥미를 느꼈다. 천주교도의 집요함이 그를 동요하게 만들었다. 그럼에도 중국에서는 〈마리아의 군대〉라고 알려진 가톨릭 교회의 평신도 단체 레지오 마리애는 더욱 의심을 자아냈고 공산주의자들에게 해당 단체가 군사 조직일지 모른다는 두려움을 유발했다. 감옥에 보내겠다는 위협에도 불구하고 이 단체의 많은 회원들이 소위 〈반혁명적인〉 행위를 비난하는 자술서에 서명하길 꿋꿋하게 거부했다. 1951년 8월 14일에 공안국은 레지오 마리애를 〈1년 안에〉 해체하라고 지시했다.[36]

홍콩으로 향하던 리베리가 상하이에서 모욕적인 가두 행진을 한 이틀 뒤 기관총으로 무장한 열한 명의 경찰 특수 수사대가 레지오 마리애의 사절 애단 맥그라스를 체포했다. 투옥되기 전 시계와 묵주, 성패(聖牌)가 압수되었다. 신발 끈과 바지의 단추도 제거되었다. 그는 발가벗은 채 몇 시간 동안 계속 서 있어야 했다. 몇 개월 후에는 워드 로드 감옥으로 이송되었다. 1901년 영국인에 의해 건설된 견고한 감옥이었고 그의 방에는 침대도, 의자도, 창문도 없었으며 달랑 양동이 하나밖에 없었다. 음식은 불결한 사각형 주석 용기에 지저분하게 담겨 하루에 두 번씩 철창 사이로 배급되었다. 맥그라스는 무수히 많은 심문을 견뎌야 했는데 그때마다 수면 박탈이나 나체로 겨울의 매서운 추위에 노출되는 등 고문이 병행되었다. 32개월 만에 마침내 재판대에 선 그는 그제야 자신의 죄목을 들을 수 있었다. 그는 이틀 뒤 석방되어 기차역까지 호송되었고 그대로 추방되었다.[37]

그는 운이 좋은 편이었다. 1951년 12월, 예순 살의 메리놀회 미국인 주교 프랜시스 엑세비어 포드가 〈간첩 활동〉과 〈무기 소지〉 혐의로 체포되었다. 재판대에는 서 보지도 못한 채였다. 그는 1918년 이래로 자신이 선교 활동을 해오던 마을들 몇 곳에서 밧줄에 목을 묶인 채 가두 행진을 해야 했다. 축축했던 밧줄이 마르면서 수축했고 그는 거의 질식할 지경이었다. 흥분한 군중이 그가 바닥에 쓰러질 때까지 몽둥이와 돌로 폭행을 가했다. 그는 감옥에서 숨을 거두었고 광저우 외곽에 묻혔다.[38]

세심하게 계획된 급습을 통해 선교단 전체가 체포되는 경우도 많다. 산둥 성 칭다오에서는 27명의 신언회(神言會) 형제들이 1951년 8월 3일에 체포되어 투옥되었고 2년 뒤 추방되었다. 선교사들이 조사를 받는 동안 경찰은 그들의 성배와 예복, 그 밖의 성물을 챙겼다. 공동묘지도 훼손되었다. 숨겨진 무기와 무선 송신기를 찾는 과정에서 무덤이 파헤쳐졌고 제단이 제거되었으며 곳곳에 구덩이가 파였고 기둥이 파괴되었다. 아무것도 발견되지 않는 경우에 그들은 철사 조각부터 낡은 묵주까지 폐품 조각들을 수집해서 무선 장비의 증거로 제출했다. 의약품은 독약으로 간주되었다. 피해망상증은 전염성이 있었고 수개월에 걸친 고된 감옥 생활과 끊임없는 심문, 기이한 혐의 제기 때문에 방향을 잃는 선교사들이 생기기 시작했다. 란저우의 폴 밀러 신부는 음식에 독이 들었다고 생각해서 식사를 거부하고 간수들이 자신에게 살인 광선을 쏜다고 주장했다. 그는 감염 후 치료를 받지 못해 감옥에서 세상을 떠났다.[39]

자발적으로 떠나는 사람들도 괴롭힘을 당했다. 1906년부터 중국에서 빈첸시오회 선교사로 일해 온 프랑스인 사제 아돌프 부흐는 1952년 10월에 짐을 싸서 떠나기로 결정하면서 자신이 수년 동안 여가 시간을 이용해 수집한 나비들도 함께 챙겼다. 세관원들이 그의 소장품을 압수했다. 〈그들은 내가 수집품을 미국으로 보내 세균에 감염시킨 다음 다시 중국으로 보내려 한다는 혐의를 제기했다.〉 이 여든일곱 살의 노인은 로우교(橋)를 건너 홍콩에 들어갈 때 보청기도 가져갈 수 없었다. 기계 장비를 국외로 반출하는 것이 불법이라는 이유였다.[40]

훨씬 심각한 이야기들도 많았다. 중국 정부가 선교 단체에서 운영하는 수백 개의 병원들을 폐쇄하면서 병원 책임자였던 몇몇 외국인들이 학대를 했다는 이유로 고발되었고 날조된 혐의로 체포되었다. 죽어 가는 한 여인이 뤄양 가톨릭 병원에 실려왔는데 그녀의 남편은 성공할 가능성이 거의 없다는 거듭된 경고에도 의사에게 수술을 해달라고 애걸했다. 몇 주 뒤 지방 간부들은 그 남자를 압박해서 병원 책임자인 초티 신부를 고발하도록 했고 초티 신부에게 징역 1년형과 별도의 가택 연금

1년형이 선고되었다. 비슷한 사례들이 줄을 이었다.[41]

선교 단체에서 운영하는 250여 개의 고아원들은 고의로 아이들을 살해했다는 터무니없는 혐의를 뒤집어쓰기도 했다. 해방 후 친척이나 이방인의 손에 이끌려 심각한 질병이 있는 아이들이 이들 고아원에 맡겨진 터였다. 수녀들이 그런 아이들을 모두 살려내는 것은 애초에 불가능한 일이었다. 1951년 12월, 다섯 명의 수녀가 광저우 길거리로 끌려나와 야유하는 군중 사이를 행진했다. 그들의 보호하에 있던 2,116명의 아이들을 살해했다는 혐의였다. 붉은 벽으로 둘러싸인 쑨원 기념관, 일명 국부(國父) 기념관에서 열린 재판은 다섯 가지 언어로 몇 시간에 걸친 전 과정이 중계되었다. 날카로운 목소리의 검사가 비인간적인 처우와 불법 아동 매매 혐의 등이 포함된 기소장을 낭독했다. 선동적인 발언이 이루어지는 중간중간에 증인들이 호출되었다. 증인으로 나온 아이들은 마이크에 대고 흐느껴 울었고 그들의 말은 청중의 눈물과 외침 속에 묻혀 버렸다. 이 여론 조작용 재판이 절정에 도달할 즈음 두 명의 수녀에게 징역형이 선고되었고 나머지 수녀에게는 즉각적인 국외 추방이 선고되었다.[42]

일주일 뒤 두 명의 프랑스인 수녀와 한 명의 사제가 사람들의 주장에 따르면 그들이 또 다른 고아원에서 살해한 것으로 알려진 아기들의 부패한 시신을 발굴하도록 강요받는 과정에서 몽둥이로 매질을 당했다. 무장한 감시인들이 한시도 쉬지 못하도록 지켜보는 가운데 시신 발굴 작업은 하루에 12시간씩 12일 동안 진행되었다. 보다 북쪽으로 가서 난징의 성심 어린이집은 일찍부터 〈작은 부헨발트*〉라는 꼬리표가 붙

---

* 나치스의 강제 수용소가 있던 곳.

었고 그곳의 수녀들 또한 아이들을 의도적으로 방치하고, 굶기고, 고문하고, 노예로 매매한 혐의로 기소되었다. 하나같이 세심하게 조작된 비슷한 사건들이 베이징과 톈진, 푸저우에서 발생했다.[43]

1952년 말에 이르러 수십 명의 외국인 선교사들 상당수가 쇠사슬로 손과 발이 묶인 채 감옥에서 비참한 생활을 하고 있었다. 그해에만 400명 가까운 사람들이 공식적으로 추방을 당했고 다양한 형태의 압박으로 1,000명 이상이 추가로 중국을 이탈했다. 1953년 여름에 잔존 교회 세력에 대한 추가적인 정화 작업이 시행되었다. 1년 뒤 중국에는 단한 명의 개신교 선교사만 남았다. 별도로 열다섯 명이 구금되어 있었는데 그들은 곧 추방될 참이었다. 반면 천주교 선교사들은 여전히 300여명이 남아 있었다. 그들 중 17명이 감옥에 있었고 60명이 조사를 받고 있었으며 34명이 중국을 벗어나는 중이었다. 나머지도 곧 그들 뒤를 따를 터였다.[44]

———————

인민 공화국이 공식적으로 설립되기 이전에도 소비에트 연방은 어디에나 존재했다. 1949년 9월 도크 바넷은 〈베이징의 공공장소에 가면 소련 지도자들 사진이 중국 공산당 지도자들의 사진만큼이나 눈에 띈다〉라고 전했다. 주요 건물에는 러시아와 중국 국기가 나란히 게양되었다. 모든 주요 도시에서 커다란 팡파르 소리와 함께 중소 우호 협회들이 문을 열었다. 소비에트 연방에서 이름을 따온 거리도 생겼다. 하얼빈의 중앙 도로는 적군(赤軍) 거리로 불렸으며 창춘의 중심가에서는 사람들이 스탈린 가(街)를 걸어 다녔다. 선양을 찾는 방문객들이 맨 처음 만나는 것은 일본의 제국주의로부터 만주를 해방시킨 러시아인을 기리기 위해서 화강암 위에 전시해 놓은 거대한 적군 탱크였다. 서점과 기차역, 학교, 공장에는 중국어로 번역된 러시아 문학 작품들이 등장했다. 일부는 중국 공산당의 교재로 사용되기도 했다. 신문과 라디오는 소비에트 연방에 충성을 맹세하는 데 많은 노력을 들였고, 외교 정책과 관련하여 모스크바의 방침을 따랐으며, 사회주의 진영의 지도자로서 스탈린을 찬양했다. 베이징에서는 〈소련식 위대한 사회주의 건설을 체계적으로 도입하기 위해〉 거대한 소비에트 전시회가 개최되었다.[45]

소련의 영향력은 1949년 6월 30일에 마오쩌둥이 중국 공산당 창립 기념일을 맞아 중국이 〈한편을 선택해야 한다〉라는 성명을 발표한 이후로 극적으로 확대되었다. 그는 〈공산당으로서 지난 28년 동안의 경험을 통해 우리는 한편을 선택해야 한다는 사실을 배웠으며 승리를 쟁취하고 굳건히 하기 위해서는 우리가 어느 한쪽 편에 기대야 한다고 확신한다〉라고 선언했다. 제국주의 편과 사회주의 편 중간에 제3의 길은 없었다. 중립이란 속임수에 불과했다. 마오쩌둥은 중국이 외채를 끌어들이기 위해서라도 워싱턴과 런던을 가까이 해야 한다고 믿는 사람들에게 할 말도 준비했다. 그가 준비한 말은 〈순진하다〉라는 것이었다. 〈소련 공산당은 우리에게 가장 훌륭한 교사이며 우리는 그들에게 배워야 한다.〉 몇 주 뒤 『타임』은 〈전 세계가 중국 공산당의 과거와 현재, 미래의 태도와 관련해 알아야 할 모든 것이 이 성명 하나에 들어 있다〉라고 논평했다. 같은 달 마오쩌둥의 완고한 부주석 류사오치가 소비에트 연방에 파견되어 수석 각료들을 만나고 다양한 정부 기관을 방문했다. 스탈린과도 여섯 차례나 만났다. 2개월 후에 그는 수백 명의 고문과 함께, 일부는 그와 같은 기차를 타고 중국으로 돌아왔다.[46]

지난 28년 동안 중국 공산당은 모스크바의 재정 지원과 이념적 지침에 의존했다. 상하이에서 열린 중국 공산당 창당 대회에 참가할 여비로 코민테른 요원으로부터 처음 200위안의 돈을 받은 스물일곱 살 때부터 러시아의 자금은 마오쩌둥의 삶을 바꾸어 놓았다. 그는 돈을 받는 데 전혀 거리낌이 없었고 모스크바의 지원을 이용해서 조악한 유격대를 정예군으로 육성했다. 물론 모스크바와의 관계가 항상 좋았던 것은 아니었다. 그는 모스크바로부터 끊임없이 비난을 받기도 했고 직위를 박탈당하기도 했으며 당 정책을 놓고 소련의 고문관들과 싸우기도 했다. 스탈린은 마오쩌둥에게 숙적 장제스와 연합하도록 계속 압박했다. 1927년에 국민당이 상하이에서 공산주의자들을 상대로 대대적인 학살을 감행한 이후에도 모스크바는 공공연히 난징 정부, 즉 국민당을 지지했다. 거의 10여 년 동안 장제스 군대가 궁지에 몰린 마오쩌둥을 무자비하게 밀어붙이면서 공산주의자들은 산속으로 피신해야 했으며 나중에는 후에 대장정으로 알려진 대로 북쪽으로 1만 2,500킬로미터를 후퇴해야 했다. 하지만 대장정의 와중에도 모스크바의 재정 지원은 계속되었다. 코민테른이 멕시코 은화 수백만 달러를 기증한 것이다. 이러한 재정 지원이 없었다면 공산주의자들은 그다지 멀리 가지 못했을 것이다.[47]

　제2차 세계 대전이 끝날 무렵 언제나 철저한 실용주의자였던 스탈린이 국민당과 우호 조약을 체결했다. 동시에 은밀하게 마오쩌둥을 도왔으며 1946년에는 공산주의자들에게 만주를 넘겨주었다. 국공 내전 동안 스탈린은 방관적인 태도를 견지하면서 마오쩌둥에게 장제스를 지지하는 미국을 조심하라고 경고했다. 일본과의 전쟁에서 장제스는 이제 세계적인 지도자로 인식되고 있었다.

　1949년에 이르러 승리가 확실시되는 순간에도 스탈린은 마오쩌둥에 대한 확신이 없었다. 도처의 적들을 귀신같이 알아보던 스탈린은 마오 쩌둥이 모스크바에 저항했다가 공산주의 진영에서 퇴출된 유고슬라비아 지도자 티토와 같은 길을 가는 것은 아닐지 의심했다. 스탈린은 아무도 믿지 않았다. 특히 상대가 십중팔구 많은 불만을 숨기고 있을 잠재적인 라이벌이라면 더욱 그랬다. 정치적 스승에게 인정받을 필요가 있음을 인식한 마오쩌둥은 큰소리로 티토를 비난하는 데 노력을 아끼지 않았다. 마오쩌둥은 후에 〈스탈린은 우리가 달성한 것이 티토와 비슷한 유형의 승리가 아닐지 의심했으며 1949년과 1950년에 우리는 실로 엄청난 압박을 받았다〉라고 술회했다. 보여 주기식 아첨을 통해 그는 자신과 중국 공산당이 진정한 공산주의자들이고 소비에트 연방에게 배우려는 성실한 학생들이며 도움을 받을 자격이 있다는 사실을 부각시키고자 노력했다.[48]

비록 스탈린에게 충성하기는 했지만 마오쩌둥은 과거 자신에 대한 모스크바의 처우에 분개했다. 그럼에도 달리 기댈 곳은 없었다. 1949년의 마오쩌둥 정권은 국제 사회의 인정뿐 아니라 전쟁으로 폐허가 된 중국을 재건하기 위한 경제적 지원이 절실했다. 마오쩌둥은 먼저 〈한편을 선택한다〉는 정책을 발표한 다음 스탈린에게 접견을 요구했다. 요구는 수차례에 걸쳐 거절당했다. 그러던 1949년 12월, 마침내 마오쩌둥에게 모스크바를 방문해 달라는 요청이 도착했다.

적의 공격을 우려한 마오쩌둥은 철도를 따라 매 수백 미터마다 보초를 배치한 채 장갑을 두른 기차를 타고 여행했다. 하지만 중국 국경을 넘기도 전에 만주를 맡고 있던 가오강 때문에 짜증을 경험했다. 소문에 따르면 만주에는 주석인 자신보다 스탈린의 초상화가 더 많다고 했다. 가오강은 이미 몇 개월 전 모스크바를 방문하고 스탈린과 무역 협정을 체결한 터였다. 자신이 탄 모스크바행 기차에 스탈린에게 보내는 가오 강의 선물을 실은 화물차가 연결되어 있음을 안 마오쩌둥은 화물차를 분리하고 공물을 돌려보내도록 했다.[49]

해외 여행이 처음이던 그는 긴장한 기색이 역력했고 장시간의 기차 여행 중 스베르들롭스크 역에서 땀을 뻘뻘 흘리며 승강장을 걷기도 했다. 모스크바에 도착해서는 그야말로 찬밥 신세를 면하지 못했다. 마오 쩌둥은 전체 인류의 4분의 1을 공산주의 반열로 이끈 위대한 혁명 지도 자로서 환영받길 기대했지만 정작 소련 진영에서는 몇 개월째 중국 공 산당의 승리에 대해 일언반구도 없는 상황이었다. 스탈린의 두 심복인 뱌체슬라프 몰로토프와 니콜라이 불가닌이 야로슬랍스키 역에서 마오 쩌둥을 맞이했지만 그를 숙소까지 수행하지는 않았다. 마오 주석은 종 착역에서 가진 연설을 통해 제정 러시아와 중국의 불평등 조약이 1917년 10월 볼셰비키 혁명 이후로 폐지되었음을 상기시키는 한편 5년 전 얄타 회담에 기초하여 국민당과 소비에트 연방이 체결한 조약을 꼬 집는 노골적인 암시를 내비쳤다. 스탈린은 이날 마오쩌둥에게 허락한 짧은 면담에서 그의 비위를 맞추고 아시아에서 거둔 성공을 칭찬하면 서도 그가 방문한 진짜 이유를 모른 체함으로써 애를 태웠다. 5일 뒤 마 오쩌둥은 스탈린의 일흔 번째 생일을 축하하기 위해 모스크바를 방문 한 다른 많은 사절 가운데 주빈으로 대접을 받았다.[50]

하지만 이후 모스크바 외곽의 시골 별장으로 쫓겨나다시피 했으며 그곳에서 몇 주에 걸쳐 공식적인 접견 기회를 기다려야 했다. 회담은 자 꾸 취소되었고 전화를 걸어도 회신이 없었다. 마오쩌둥은 인내심이 바 닥났고 자신이 단지 〈먹고 싸기 위해서〉 모스크바에 온 것이 아니라며 대놓고 불만을 토로했다. 스탈린은 중국에서 찾아온 손님을 지치게 만들면서 만주의 동청 철도뿐 아니라 뤼순과 다롄 항구에 대한 소비에트 연방의 권리를 포함해 얄타 회담의 유효성을 주장하고 있었다.

저우언라이가 돕기 위해 왔지만 그의 외교 능력으로도 일단의 합의에 이르기까지 또다시 6주가 소모되었다. 러시아는 국민당이 제2차 세계 대전 말에 어쩔 수 없이 인정해야 했던 모든 이권을 그대로 유지하겠다고 주장했다. 아나스타스 미코얀과 안드레이 비신스키는 무자비한 협상가들이었고 직설적인 방식으로 조건을 제시했다. 그들은 1952년 말까지 항구와 철도를 반환하기로 합의하는 대신 소비에트 연방에서 만주와 신장까지 그들의 군대와 장비가 자유롭게 이동할 수 있도록 해달라고 요구했다. 마오쩌둥은 중화 인민 공화국이 되찾아야 할 청나라의 또 다른 일부라고 생각했던 몽골에 대해서도 서둘러 생각을 바꾸어야 했다. 1945년에 스탈린이 주도하고 장제스가 인정한 몽골의 독립은 재론의 여지가 없었다. 저우언라이 또한 신장과 만주에서 소련의 경제 활동에 대해 배타적인 권리를 인정할 수밖에 없었다. 향후 14년 동안 신장의 광상(鑛床)에 대한 권리가 인정되었다. 미코얀은 어느 때보다 많은, 모두 합치면 1년에 수백 톤에 달하는 양의 주석과 납, 텅스텐, 안티몬*을 자국으로 가져가겠다며 저우언라이를 거듭 난처하게 만들었다. 저우언라이가 중국에는 그처럼 많은 특수 광물을 추출할 시설이 없다고 무기력하게 반발하자 미코얀이 도움을 자청하면서 그의 말을 잘랐다. 「언제 무엇이 필요한지만 이야기하시오.」[51]

2월 14일에 마침내 중소 우호 동맹 상호 원조 조약이 체결되었지만 마오쩌둥이 얻은 것이라고는 5년에 걸친 3억 달러 상당의 군사 원조가

* 합금을 만드는 데 흔히 사용되는 금속 원소.

전부였다. 그리고 이 수수한 금액을 받는 대가로 드넓은 영토에 대한 특권을 거저 주다시피 해야 했다. 이 같은 내용은 19세기에 해외 열강들과 체결했던 불평등 조약을 연상시키기에 충분했고 따라서 비밀 문서에 별도로 포함되었다. 중국은 수천 명의 소련 고문관들과 기술자들에게 황금이나 달러화 또는 파운드화로 고액의 급여를 지불하는 조건에도 합의했다. 역사가 폴 윈그로브의 말처럼 〈마오쩌둥의 의기양양하고 독립적인 혁명 국가는 동유럽의 위성 국가들과 똑같은 대우를 받고 있었다. 소비에트 연방은 이들 위성 국가들을 상대로도 《전문가들》의 용역을 대가로 표준 요금을 받고 있었다〉. 그리고 1943년 장제스 정권 하에서 폐지된 치외 법권의 재등장으로 러시아인은 중국 법에 적용을 받지 않았다. 마오쩌둥은 손이 묶인 처지였다. 쇠약한 중국은 냉전이 시작되고 국제 정세가 경직되면서 강력한 보호자가 필요했다. 중소 조약은 일본이나 그 동맹국들, 특히 미국이 침략할 경우에 대비하여 소비에트 연방의 보호를 확대함으로써 바로 그것을 제공했다. 그러나 조약을 둘러싼 그 모든 팡파르에도 불구하고 마오쩌둥과 저우언라이는 그들이 받은 처우에 분한 마음을 안고 모스크바를 떠났을 게 분명했다.[52]

————

1950년에 새로운 외국인들이 도착하기 시작했다. 수백 명이 일부는 가족을 동반하고, 일부는 혼자의 몸으로 베이징과 상하이를 비롯한 여러 도시로 몰려들었다. 러시아 고문관들과 기술자들이었다. 처음에 그들은 예전 조계지에서 새로운 공동체를 형성했는데 이내 외국인 사회를 장악했다. 상하이에서는 그 도시에서 가장 호화로운 교외 지역이자 시내에서 서쪽으로 몇 킬로미터 떨어진 특별 저택 지구에 집중적으로 거주했다. 곧 홍차오의 전원 지역이 군인들에게 징발되었다. 외국인들이 오리 사냥을 하거나, 골프를 치거나, 개울을 따라 산책을 즐기던 공원과 호화로운 대저택을 갖춘 아름답고 훼손되지 않은 지역이었다. 원래 거주하던 외국인들이 쫓겨났고 러시아인들이 들어왔다. 거주민들은 24시간 뒤에 자산을 징발한다는 통보와 함께 집을 비우라는 명령을 들었다. 〈이의를 제기하는 사람들은 강제로 퇴거를 당했으며 그들이 쓰던 가구가 밖으로 옮겨져서 트럭에 실렸다.〉 1907년에 해당 지역에 건설된 공항에서 근무하는 기술자와 조종사, 정비공, 그 밖의 사람들이 빈 집을 차지했다. 위병들이 저택 지구에서 밤낮으로 보초를 섰다. 대나무로 된 높고 튼튼한 담장도 세워졌다. 머지않아 주민들은 이 지역을 러시아 조계지로 불렀다.[53]

모든 주요 도시에서 러시아 고문관들은 지역 주민과 담을 쌓은 채 경비가 삼엄한 저택 지구에 거주했다. 광저우에서는 외국 기업들과 영사관들이 해변을 따라 석재를 이용해서 대저택을 지어 놓은 사몐 섬이 공식적인 생활 중심지가 되었다. 사유 정원과 테니스장, 축구장 등을 갖추고 한때는 영국인 회원을 위한 전용 공간으로 이용되던 칸톤 클럽이 러시아 고문관들에게 임시 숙소로 제공되었다. 톈진에서는 기관총으로 무장한 경비들이 입구를 순찰하는 런던로(路)의 주빌리 빌라를 숙소로 삼거나, 그렇지 않은 경우에는 꼭대기에 전기 가시 철조망이 설치된 3미터 높이의 벽돌 담장을 갖추고 내부의 편의 시설을 최신식으로 개조한 구(舊) 소비에트 영사관에 머물렀다.[54]

러시아인들은 쇼핑할 때를 제외하고 좀처럼 사람들 눈에 띄지 않았다. 쇼핑을 할 때도 긴 가죽 코트와 나팔바지, 가죽 부츠, 테가 넓은 중

절모 차림에 시무룩한 표정이었다. 〈그들이 가게에 들어오면 다른 손님들은 모두 나가 달라는 부탁을 받았다.〉 무척 높은 급여를 받지만 현금을 해외로 반출하는 것에는 제한을 받던 그들은 보통 사람들에게는 너무 비싼 사치품을 구매하는 경향이 있었다. 로버트 루는 〈상하이의 쇼핑가 여기저기에서 소련에서 온 전문가들을 볼 수 있었다. 그들은 미국과 유럽산 시계와 만년필, 카메라를 비롯해 그 밖의 비싼 수입품들을 닥치는 대로 사들였다. 매장에 나와는 있지만 중국인들은 너무 비싸서 엄두를 내지 못하는 물건들이었다〉라고 말했다. 얼마 후부터는 골동품 가구와 동양풍의 카펫, 리모주 도자기, 기타 예술품을 대형 나무 상자에 포장된 채로 아예 공항에서 낚아채서 자국으로 보내는 모습이 발견되기도 했다.[55]

1950년 10월 중국이 한국 전쟁에 개입하려고 할 즈음에는 군인과 민간인을 합쳐 15만 명에 달하는 러시아인이 중국에 머물러 있었다. 스탈린이 해군 기지를 설치하고 특권을 행사한 뤼순 항구에는 6만 명에 달하는 러시아 군대가 주둔하고 있었다. 뤼순 항구를 블라디보스토크와 연결하는 철도를 따라 별도로 5만 명의 군대가 더 있었고 그들 대부분은 철도를 보호하는 임무를 맡았다. 만주 북쪽에는 공군 부대들도 배치되었다. 중국 곳곳에서 일단의 제복 차림 남자들이 군인과 공군 교관 자격으로 속속 도착하고 있었다.

소련의 손길은 단지 군사적인 영역에만 한정되지 않았다. 중국 전역에서 수천 명의 민간인 기술자들이 도로와 다리, 공장 및 산업 시설의 건설을 도왔다. 그들 중 수백 명은 베이징의 주요 부처에서 중국인 관리들과 함께 일하면서 소련 방식대로 그들을 가르쳤다. 가장 대규모 집단으로는 127명의 전문가로 구성된 고등 교육부가 있었다.[56]

이러한 흐름은 중국 사절이 연이어 소비에트 연방을 방문하면서 양 방향으로 진행되었다. 무역 사절단도 소수가 있었지만 대다수는 일당 (一黨) 국가 체제를 운영하는 기술을 배우기 위해 간 사람들이었다. 일 례로 왕야오산과 장슈산은 정치 조직을 연구하기 위해서 베이징의 도 시 관료들부터 중앙 위원회 위원들에 이르기까지 대규모 사절단을 이 끌고 넉 달 동안 소비에트 연방을 시찰했다. 저우양 문화부 부부장은 50명의 방문단을 인솔해서 선전 활동에 관련된 모든 측면을 조사했다. 그들은 3개월의 체류 기간 동안 소련 공산당의 중앙 기관지「프라우다」 를 여섯 차례나 방문했고 1,300개가 넘는 공식 질의서를 제출했다. 국 가의 치안과 도시의 기간 시설, 당 간부들에 대한 교육, 경제 건설, 이념 작업에서부터 중공업에 이르기까지 모든 영역에서 중국은 소비에트 연 방을 모방하고 있었다.[57]

소비에트 연방과의 교역은 급성장했고 특히 한국 전쟁 중 서방의 봉 쇄 조치로 더욱 탄력을 받으면서 일종의 유행처럼 되었다. 중국의 외화 와 금 보유고가 한정된 탓에 수출이 외채 상환의 수단이 되기도 했다. 기본적인 무역 형태는 채권과 자본재, 원자재를 특수 금속과 완제품, 식 료품과 교환하는 방식이었다. 돼지고기는 전선과, 콩은 알루미늄과, 양 곡은 강철 롤과 교환되었다. 안티몬과 주석, 텅스텐 같은 금속의 공급 이 제한을 받으면서 중국의 대 소비에트 연방 수출은 섬유와 담배, 양 곡, 콩, 생과일, 식용유부터 통조림 육류까지 농산물이 주를 이루었다. 머지않아 중국 수출품 가운데 절대적인 물량이 모스크바를 최종 목적 지로 삼았다.[58]

〈소비에트 연방에게서 배운다〉라는 말이 표어처럼 되면서 당 간부들 과 지식인들은 스탈린의『모든 연방 공산당의 역사: 단기 과정 The History *of the All-Union Communist Party: A Short Course*』을 공부했다. 그들은 마치 성서처럼 그 책을 읽었다. 중국인 남편과 살면서 샤먼 대학에 근무하던 한 영국인 여성은 이렇게 말했다. 〈훈련소와 훈련 센터가 설립되었고 다양한 수준의 모든 학교에서 러시아어가 제1외국어(사실상 유일한 외국어)가 되었다. 교육 현장에서는 모든 세세한 부분들까지 러시아의 방식을 무조건 모방했다. 심지어 오전에 연속 6교시를 하기 위해서 점심 시간을 오후 3시로 늦추는 것까지 똑같았다.〉[59]

12만 개의 분과를 갖춘 중소 우호 협회에서 메시지 전달을 위해 책과 잡지, 영화, 환등 슬라이드, 희곡뿐 아니라 발전기, 라디오, 마이크, 축음기 등을 배포했다. 〈소비에트 여성들〉과 〈소비에트 아이들〉부터 〈소비에트 연방의 건설〉에 이르기까지 다양한 주제로 수십 건의 전시회도 열렸다. 심지어, 이를테면 소비에트 연방의 공식 통신사인 타스TASS처럼 소비에트 연방의 중국어판 뉴스가 빠르게 주된 정보의 원천이 되었다. 모든 사람이 반복해서 〈소비에트 연방의 오늘이 우리의 내일이다〉라는 말을 들었다.[60]

7장
또 다른 전쟁

평화에 대한 기대와 함께 해방이 찾아왔다. 1949년에 대부분의 사람들은 안도감 반 경계심 반으로 인민 해방군을 맞이하면서 10년 남짓한 전쟁을 끝으로 이제 그들의 삶과 가족, 사업을 재건하는 데 전념할 수 있길 기대했다. 하지만 마오쩌둥은 1950년 10월 한국 전쟁에 개입함으로써 국민들을 또 다른 전장으로 내몰았다.

───────

1945년 2월에 열린 얄타 회담에서 스탈린은 루스벨트에게서 만주에 대한 비밀 특권을 얻어 내기 위해 논쟁을 벌였을 뿐 아니라 1910년에 일본의 식민지가 된 한반도를 분할 점령하는 문제에 대해서도 타협을 벌였다. 한반도는 만주의 남쪽으로 약 1,000킬로미터에 걸쳐 뻗어 있는 데 둘 사이는 대부분이 압록강에 의해 형성된 자연적인 국경으로 분리되어 있었다. 소비에트 연방과는 블라디보스토크 근처의 북동쪽 끝에서 채 20킬로미터가 되지 않는 국경을 접하고 있었다. 1945년 8월에 적군(赤軍)은 거의 아무런 저항도 받지 않은 채 한반도의 북쪽 절반 지역으로 행군해 들어갔으며 남쪽에서 올라온 미군을 만나 38선에서 멈추었다. 러시아 정부는 그들 임시 정부의 수장으로 김일성을 앉혔다.

1912년에 태어난 김일성은 한국말을 거의 할 줄 몰랐다. 그가 아직 어린 소년일 때 가족이 만주에 정착했기 때문이었다. 그는 1931년에 중국 공산당에 가입했고 옌안 북쪽에서 일본군을 상대로 유격전을 펼쳤다. 1940년 국경을 넘어 소비에트 연방으로 망명해야 했으며 그곳에서 적군에게 재훈련을 받았고 제2차 세계 대전이 끝날 무렵 소령으로 진급했다.

1945년 8월 22일 평양에 도착했을 당시 김일성은 26년째 망명 생활을 해오던 참이었다. 그는 즉시 마오쩌둥을 지지하고 나섰고 만주에서 장제스와 싸우는 공산주의자들을 돕기 위해 국경 너머로 북한군 자원병 수만 명과 군수 물자가 실린 마차를 보냈다. 김일성 역시 소련 고문관들을 이용해서 북한 인민군을 육성했다. 스탈린은 탱크와 대형 트럭, 대포와 소형 화기로 김일성 군대를 무장시켰다. 정작 김일성은 자신의 보호자 때문에 아무것도 마음대로 할 수 없는 상태였다. 소비에트 연방의 허락이 없는 한 자신의 군대를 남하시켜 미군의 지원을 받는 이승만 정권을 공격할 수 없었다. 김일성은 한반도가 계속 분단된 상황에서 마오쩌둥이 중국을 장악하고 전 인류의 4분의 1을 사회주의 진영으로 이끄는 과정을 불만스럽게 지켜보아야만 했다.[1]

김일성이 반복해서 남침을 주장했지만 스탈린으로서는 미국과의 노골적인 갈등을 굳이 서두를 이유가 없었다. 1949년 말에 이르자 스탈린이 흔들리기 시작했다. 미국은 중국의 국공 내전에 개입하지 않았고 타이완에 있는 장제스를 저버리다시피 했다. 1949년 말 모스크바를 방문한 마오쩌둥과의 회담에서 스탈린은 인민 해방군 내 일부 한국인 병사들을 압록강 너머로 되돌려 보내는 방안을 제시했다. 마오쩌둥은 제안을 받아들여 5만여 명의 노련한 병사들을 북한으로 돌려보냈다. 그로부터 얼마 뒤인 1950년 1월, 미국 측에서 남한이 더 이상 미국의 태평양 방어선에 포함되지 않는다는 암시를 내비쳤다. 김일성은 수차례에 걸쳐 모스크바를 은밀히 방문해서 스탈린을 졸랐다. 이제는 스탈린도 남한을 공격한다는 의견에 찬성했지만 자칫 값비싼 희생을 요구하는 모험에 휘말릴 수 있었기 때문에 신중한 태도를 보였다. 그는 소련 군대의 파병을 전면 거부했다. 〈당신이 얼굴을 쥐어 터지더라도 나는 손가락 하나 꿈쩍하지 않을 것이다. 마오쩌둥에게 가서 도와 달라고 하라.〉 그해 4월 김일성이 마오쩌둥을 만나러 갔다.[2]

한편 마오쩌둥은 스탈린의 도움이 필요했다. 타이완을 공격하기 위해서는 해군과 공군의 힘이 꼭 필요했는데 모스크바가 그 열쇠를 쥐고 있었다. 게다가 중국의 대부분 지역이 단일 깃발 아래 선 마당에 이제 자국을 통일시킬 기회를 얻은 북한을 좀처럼 외면할 수도 없었다. 마오쩌둥은 김일성에게 미국이 전쟁에 개입할 경우 군대를 지원하기로 약속했다.[3]

탱크와 비행기를 포함해 소비에트 연방에서 북한으로 운반되는 군수 물자가 극적으로 증가했다. 러시아 장성들이 침공 계획을 담당했으며 1950년 6월 25일로 날짜도 정해졌다. 남북 경계선에서 발생한 소규모 충돌을 빌미로 대규모 병력을 앞세운 북한군의 공중과 지상을 통한 전면적인 침공이 시작되었다. 남한은 거의 대비가 되어 있지 않았고 군인들 숫자가 10만에도 못 미쳤다. 북진을 통한 공산 정권 타도를 외치는 주장에 놀라서 미국은 의도적으로 이승만 정부에게 기갑 부대나 대전

차 무기, 105밀리미터 이상의 중포를 제공하지 않고 있었다. 이승만의 군대는 불과 몇 주 만에 초토화되었다.[4]

재빨리 행동에 나선 트루먼 대통령은 유화 정책으로 대응할 경우 또 다른 실수가 될 거라고 경고하면서 북한군을 격퇴해야 한다고 주장했다. 남침 당일 유엔에서 남한을 돕기 위한 파병 결의안이 통과되었다. 그해 1월부터 타이완에 관련된 일련의 안건에서 거부권을 행사해 오던 소비에트 연방의 유엔 대사는 재차 유엔 안전 보장 이사회로 돌아가 결의안에 반대해야 했지만 스탈린으로부터 참석하지 말라는 지시가 떨어졌다. 이틀 뒤 소비에트 연방으로부터 암묵적인 합의가 도착했다. 미국이 참전하더라도 또 다른 확전으로 발전하지는 않을 거라는 내용이었다. 스탈린은 서방의 한국 전쟁 참전을 막기 위해서 어떠한 조치도 취하지 않았다. 아울러 마오쩌둥이 한국 전쟁에 파병을 약속했다는 사실을 혼자서만 알고 있었다. 아마도 이 전쟁에서 중국이 미국에게 대대적인 피해를 주길 바랐을 터였다.[5]

트루먼은 일본에 주둔 중이던 미군에게 남한을 도우라고 지시했다. 지구촌의 공산화에 맞서 싸우기로 단단히 결심한 그는 미 의회로부터 군사비로 120억 달러를 받아 냈다. 곧 영국과 프랑스를 포함해 15개의 유엔 회원국이 미군에 가세했다. 8월에 들어 탱크와 대포, 공군력에서 전략적으로 우위에 있는 유엔 연합군이 반격에 나서면서 전세가 뒤바뀌었다. 1950년 10월, 더글러스 맥아더 장군이 38선을 수복했다. 거기에서 멈출 수도 있었지만 마오쩌둥이 감히 전쟁에 개입하지 못할 것으로 확신한 그는 인민 공화국의 가장 기본적인 안보 문제를 무시한 채 압록강까지 그대로 밀고 올라가기로 결정했다.

10월 1일, 스탈린은 마오쩌둥에게 전보를 보내서 대여섯 개의 사단

병력으로 북한을 지원하라고 주문했다. 공식적으로는 중국이 전쟁에 개입하지 않은 것처럼 꾸미기 위해 해당 병력을 〈자원병〉으로 지칭할 것도 제안했다. 마오쩌둥은 진작에 일부 병력을 국경으로 이동해 둔 상태였고, 다음 날 〈언제든 한반도로 진군할 수 있도록 대기하라〉라는 명령을 내렸다.[6]

마오 주석은 이후 며칠을 수뇌부의 다른 동료들에게 자신을 지지해 달라고 설득하며 보냈다. 유일하게 저우언라이가 조심스럽게 지원을 약속했다. 국공 내전 당시 만주에서 승리를 이끈 린뱌오는 병을 핑계로 군대를 맡길 고사했다. 류사오치를 비롯한 다른 지도자들은 미국이 중국의 여러 도시들을 폭격하거나, 만주의 산업 기지를 파괴하거나, 중국에 원자 폭탄을 떨어뜨릴지도 모른다고 우려하면서 참전을 강력히 반대했다. 육군 원수 녜룽전은 주석의 결정에 반대한 사람들이 다년간 전쟁을 겪고 난 뒤였기 때문에 〈반드시 필요하지 않은 이상 이 전쟁은 하지 않는 편이 나을 것 같다〉라고 생각했다고 회상했다. 펑더화이가 공격을 지휘하기로 마지못해 동의했다. 푹신한 침대가 오히려 너무 불편해서 베이징의 한 호텔 방 바닥에서 밤새도록 뒤척인 다음 내린 결정이었다. 그는 〈호랑이는 항상 사람을 잡아먹는데 언제 잡아먹을지는 호랑이의 식욕에 달렸다. 호랑이에게 무언가를 양보한다는 것은 불가능한 일이다〉라고 설명했다.[7]

마오쩌둥은 엄청난 도박을 감수했다. 그는 소련을 자극할까 봐 우려하는 미국이 전쟁을 중국으로 확대하지 않을 것으로 예상했다. 아울러 미국인들이 장기전으로 갈 배짱이 없을뿐더러 자신이 한국 전쟁에 투입하려고 준비 중인 수백만 명의 병력을 감당할 수 없을 거라고 확신했다. 그는 어느 순간에 이르면 미국과의 싸움을 피할 수 없다고 생각했다. 한반도에서 전쟁이 발발하자마자 트루먼이 제7함대를 보내 타이완을 지키게 한 것만 보더라도 의심의 여지가 없었다. 그렇다면 제국주의자들을 상대로 한반도에서 싸우는 편이 요새나 다름없는 타이완을 상대로 상륙 강습전을 펼치는 것보다 훨씬 수월할 터였다. 다른 무엇보다 만주와 국경을 마주할 적대적인 한국은 나중에라도 인민 공화국의 안보에 심각한 위협이 될 수 있었다.

스탈린을 향한 은밀한 경쟁 의식도 있었다. 한반도는 러시아와 중국이 아시아의 패권을 놓고 경쟁하는 각축장이었다. 그리고 중국 공산당을 북한에서 배제하기 위해 많은 노력을 기울여 온 스탈린이 아직은 경쟁에서 앞서 있었다. 하지만 일단 러시아의 위성 국가들이 붕괴하기 시작한 뒤로 마오쩌둥은 만주에서부터 행군해 들어가 그동안의 참패를 만회하고 아시아에서 공산주의 진영의 패권을 넘겨받을 준비가 되어 있었다.

한편 마오쩌둥은 크렘린 궁으로부터도 대가를 받아 내고자 했으며 1950년 10월 10일에 저우언라이와 린뱌오를 보내 흑해의 스탈린 별장에서 그와 협상을 벌이도록 했다. 스탈린은 탄약과 대포, 탱크는 약속하면서도 당초 항공 지원을 제공하기로 했던 약속은 비행기가 2개월 안에 준비될 수 없다는 이유로 철회했다. 그는 마오쩌둥에게 전보를 보내 중국이 꼭 참전할 필요는 없다는 견해를 전달했다. 마오쩌둥은 단호했다. 그는 〈소비에트 연방의 항공 지원이 있든 없든 우리는 들어간다〉라고 회신했다. 저우언라이는 회신을 읽고서 손으로 머리를 감싸 쥐었다. 10월 19일, 수십만 규모의 중공군이 비밀리에 북한으로 들어가기 시작했다.[8]

중공군은 국제 연합군에게 완벽한 기습을 가했다. 미국은 중국 내에서 무슨 일이 벌어지고 있는지 정보가 거의 없었고 중국의 비밀 주둔군이 1949년 9월을 기점으로 대부분 해체된 것으로 알고 있었다. 하지만 중국 항운 사장을 지낸 천터우링으로부터 입수한 정보에 근거해 10월 19일에 홍콩에 주재하던 육군 무관이 워싱턴에 타전한 보고서는 40만 명의 군대가 국경에 집결해서 한반도로 진군하려고 대기 중이라고 경고했다. 네덜란드 외무부에서도 베이징 대사관을 통해 수집된 정보를 바탕으로 한반도 침공이 임박했다는 구체적인 정보를 미국에 제공했다. 이러한 정보들은 모두 무시되었다.[9]

　　중국이 전쟁에 절대 개입하지 않을 것으로 철석같이 믿고 있던 맥아더 장군은 인민 해방군이 한반도 국경을 넘을 거라는 보고서들이 나오자 상당한 신변의 위험을 감수하면서 더글러스 C-54 스카이마스터 수송기를 타고 압록강으로 날아갔다. 그는 아무것도 발견하지 못했다. 펑더화이가 이끄는 15만의 군대는 그들의 존재를 노출시킬 수 있는 통상적인 기계화된 활동이나 무선 통신도 하지 않고 야음을 틈타서 진군했기 때문에 발견하기가 쉽지 않았다.

　　10월 25일에 그들은 처음 급습을 가했고 남한군 몇몇 연대를 괴멸시킨 다음 나타날 때와 마찬가지로 신속히 산속으로 후퇴했다. 맥아더 장군은 해당 사건을 무시했다. 이러한 초기 도발을 중공군이 수적으로 얼마 되지 않으며 싸울 마음도 없다는 뜻으로 받아들였다. 음산하고 바람이 세차게 불던 추수감사절에 그는 얼른 전쟁을 끝내서 미군 병사들이 〈집에서 크리스마스를〉 보낼 수 있도록 최후의 공격을 시작했다.

　　미군은 한 사학자가 〈근대 전쟁사에서 가장 큰 규모의 매복〉이라고 언급한 상황에 직면했다.[10] 11월 25일, 맥아더 군대는 엄청난 숫자의 숨은 병력에 아연했다. 중공군은 기본적인 소음에 요란한 나팔 소리, 북소리, 방울 소리, 호각 소리까지 내며 괴성을 지르면서 한밤중에 나타나 총을 쏘고 수류탄을 던졌다. 그들은 연합군에게 완전한 공포심을 불어넣었다. 포악한 공격 부대들이 연이은 파도처럼 기관총 진지와 참호선, 참호선의 뒤쪽으로 달려들었다. 중공군의 맹습은 거의 순간적으로 전세를 뒤집었고 미군을 정신없이 남쪽으로 후퇴하게 만들었다. 12월 7일, 공산군은 김일성 정부의 수도인 평양을 수복했다.

공중 지원이 없고 병참선은 위험할 정도로 확대되고 식량과 탄약의 수급도 원활하지 않았기 때문에 펑더화이는 38선에서 진군을 멈추자고 설득했지만 계속 밀고 내려가려는 마오쩌둥의 결심은 단호했다. 1951년 1월 중국의 설 기간 중 남한의 수도 서울이 함락되었다. 여기까지 미국은 크게 한 방을 맞은 셈이었다. 트루먼은 국가 비상 사태를 선포하면서 자국 국민들에게 그들의 가정과 나라가 〈커다란 위험〉에 처했다고 말했다.

마오쩌둥의 위신은 크게 높아졌지만 병사들의 희생이 엄청났다. 기온이 영하 30도까지 곤두박질하는 극한의 날씨에서 전투가 치러졌는데 얼어 붙는 듯한 바람과 깊은 눈 때문에 상황은 더욱 나빴다. 대부분의 병사들에게는 두툼한 신발이 없었다. 어떤 병사들은 얇은 면 신발을 신었고 심지어 맨발인 병사들도 가끔씩 있었는데 그들은 전투에 나서기 전 먼저 헝겊 조각으로 발을 감쌌다. 담요와 외투는 네이팜 탄에 의해 불타 버렸다. 손이나 발이 동상에 걸린 병사들도 많았으며 부대원 전원이 동사하는 경우도 발생했다. 전체 군인의 3분의 2가 참호족에 시달렸고 나중에는 괴저로 발전하기도 했다. 병참선이 절망감이 들 정도로 확대되고 그마저도 먹이감을 찾아 떠도는 적 항공기에게 끊임없이 공격

받으면서 굶주림 또한 만연했다. 어떤 중대에서는 영양 결핍 때문에 병사들이 여섯 명 중 한 명꼴로 야맹증을 앓기도 했다. 여러 질병 중에서 이질이 가장 흔했으며 아편이 처방되었다. 들떴던 처음 몇 주가 지나자 병사들은 그들이 수행해야 하는 임무에 육체적으로 한계를 느꼈으며 사기가 떨어졌다. 일부 병사들은 너무 지쳐서 자살을 택하기도 했다.[11]

머지않아 공산군의 기력이 다했다. 그들은 1951년 초반 몇 개월까지 후퇴하는 적에게서 포획한 무기와 보급품으로 근근이 버틸 수 있었다. 병사들은 미군 휴대 식량을 먹는 법을 터득했다. 선전 장교 리슈는 병사들이 미국 비스킷에 금방 익숙해졌다고 회상했다. 〈미군에게서 빼앗은 침낭과 두꺼운 외투가 없었다면 과연 우리가 전쟁을 계속 수행해 나갈 수 있었을지 의심스럽다.〉[12]

곧 조류가 바뀌었다. 1950년 12월 26일에 매슈 리지웨이 장군이 맥아더 장군의 부관 자격으로 미군을 지휘하기 위해 한국에 도착했다. 1951년 첫 몇 주 동안 국제 연합군 재편성을 마친 그는 보다 강력한 공격을 개시하기에 앞서 먼저 적의 투지를 조심스럽게 정탐하고 중공군에게 결정타가 될 병력과 화기를 신중하게 배치해서 판을 짠 다음 반격을 시작했다. 그는 자신의 전략을 파괴적인 대포와 탱크로 서서히 압박해 들어가서 적을 연거푸 산산조각 낸다는 의미로 〈고기 분쇄기〉라고 지칭했다. 마오쩌둥은 후퇴하길 거부한 채 자신의 군대에게 반격하라는 명령을 타전했다. 리지웨이는 2월 첫 2주에만 공산군에게 약 8만 명에 달하는 사상자를 안겨 주었다.[13]

2월에 급히 베이징으로 돌아간 펑더화이는 무모한 전쟁이 빚은 대대적인 인명 손실 문제를 가지고 위취안산에 위치한 마오쩌둥의 벙커 안에서 그와 대면했다. 마오 주석은 그의 이야기를 경청하면서도 자본주의 진영을 상대로 한 승리의 환상에 마음이 온통 빼앗겨 있었다. 펑더화이에게 전선을 유지하고 장기전에 대비하라는 지시가 떨어졌다. 3월 1일, 마오쩌둥은 스탈린에게 보낸 전보에서 장기전으로 적을 무력화하기로 했다는 결정을 통보했다. 〈우리는 앞선 네 번의 공격에서 전투 요원과 비전투 요원을 합쳐 10만 명의 인민 의용군 사상자가 발생했으며 추가로 12만 명의 병력을 보충할 계획이다. 향후 2년 동안 추가로 30만 명의 사상자가 발생할 것을 각오하고 있으며 그럴 경우에 재차 30만 명의 병력을 투입할 것이다.〉[14]

미국 쪽에서는 맥아더 장군이 핵무기를 사용하는 방안을 고려하고 있었다. 중국 본토를 공격하는 방안도 잠깐 고려했던 그는 1951년 4월 트루먼 대통령에 의해 해임되었다. 맥아더의 뒤를 이어 이제 한반도에서 모든 연합군에 대해 일체의 사령권을 쥐게 된 리지웨이는 38선 너머로 나아가길 거부했다.

1951년 여름으로 접어들자 교착 상태가 지속되었다. 7월 중순부터 휴전 협상이 시작되었지만 공산주의자들에 의해 결렬되었다. 스탈린은 평화를 통해 얻을 것이 거의 없었기 때문에 종전 협상을 지연시켰다. 그는 한국 전쟁에서 보다 많은 미국 군대가 파괴되는 것을 보고 싶어 하는 마음이 강했으며 어쩌면 잠재적인 경쟁 상대가 소모전에 매여 있는 것도 전혀 불편하지 않았을 터였다. 강화 제의를 잇따라 거부하기는 마오쩌둥도 마찬가지였다. 교착 상태에 돌입하기 이전에 벌써 스탈린에게 밝혔듯이 그는 장기전을 치를 준비가 되어 있었다. 전쟁이 길어질수록 소비에트 연방에 보다 많은 탄약과 탱크, 항공기도 요구할 수 있을 터였다. 마오 주석은 한국 전쟁을 계기로 군대를 확충하고 일류 군수 산업을 육성하고자 했으며 그 모든 것을 소련에게 지원을 받아서 해결하

고자 했다.[15]

협상을 질질 끌면서 이를 정당화하기 위해 마오쩌둥이 내놓은 구실은 미국이 약 2만 1,000명의 중국인을 전쟁 포로로 잡고 있다는 사실이 있었는데 정작 중국인 포로들은 대다수가 중국으로 돌아가길 거부하고 있었다. 남한의 수용소에 갇혀 있던 그들은 본국으로 강제 송환되지 않기 위해 몸에 공산주의에 반대하는 구호를 새겨 넣었다. 어떤 이들은 혈서를 쓰기도 했다. 한 적십자 사절은 〈전쟁 포로들이 자신의 손가락 끝에 피를 내서 만년필처럼 쓴다〉라고 전했다. 〈나는 문제의 그런 편지들을 여러 번 보았고 경외심을 느꼈다.〉 마오쩌둥은 중국인 전쟁 포로를 마지막 한 명까지 모두 돌려보내라고 요구했으며 스탈린이 그의 강경한 태도를 두둔하고 나섰다.[16]

전쟁은 그렇게 2년간 더 계속되었다. 전선에는 거의 변화가 없었지만 사상자 수는 엄청났다. 참호전 양상을 띠면서 많은 군인들이 개인 참호와 굴, 은신처에서 몇 주를 지냈으며 밤에만 밖으로 나올 수 있었다. 사방이 시체와 폭탄, 쓰레기로 넘쳐났는데 식량과 물만 없었다. 때때로 군인들은 바위에서 한두 방울씩 떨어지는 물로 수분을 보충하기도 했다. 정옌만 대위가 1952년 10월에 있던 전투를 회상했다. 〈굴 안에는 약 100명의 군인들이 있었다. 각기 다른 여섯 중대에서 살아남은 열여섯 살에서 스물두 살까지의 생존자들이었다. 그들 중 50여 명이 부상을 당한 상태였는데 아무런 약이나 치료도 받지 못하고 있었다. 그들은 그냥 누워 있었고 일부는 죽어 가고 있었으며 아무도 그런 그들을 상관하지 않는 것 같았다. 어떤 참호에는 20구가 넘는 시체가 쌓여 있기도 했다.〉 탈영병은 즉석에서 처형되었다.[17]

많은 병사들이 국공 내전 중에 투항한 국민당 군대 출신이었다. 마오쩌둥은 그들을 한반도의 사지로 몰면서 어떠한 가책도 느끼지 않았다. 그들 중에는 3년 전 쉬저우에서 공산군과 싸울 때 공산군이 인간 방패로 이용한 비무장 민간인에게 어쩔 수 없이 총을 쏜 사람들도 있었다. 이제는 그들이 현대식 무기를 상대로 피와 살점을 뿌리면서 차례로 적의 총알을 소진하는 데 이용되고 있었다. 대규모 중국인 보병에 의한 저돌적인 야습과 조우했던 한 미군 기관총 사수는 당시의 상황을 이렇게 설명했다. 〈그들이 마치 볼링 핀처럼 쓰러지는 것이 보였다. 조명탄만 쏘아 올리면 표적은 어렵지 않게 발견할 수 있었다.〉[18]

1953년 3월에 스탈린이 사망하면서 곧바로 휴전이 성립되었지만 교착 상태에서 입은 피해는 막대했다. 1951년 7월부터 1953년 7월 27일 휴전에 이르기까지 수백만 명의 군인과 민간인이 목숨을 잃었다. 중국은 약 300만에 달하는 병력을 전선에 투입했고 그들 중 대략 40만 명이 사망했다. 끔찍한 인적 피해에도 불구하고 한국 전쟁은 마오쩌둥 개인의 승리였다. 당초 그는 동료들의 반대를 무릅쓰고 전쟁을 강행했었다. 도박은 멋지게 성공했다. 중국이 지구상에서 가장 강력한 나라를 멈추게 만든 것이다. 마침내 중국이 우뚝 섰다.[19]

———————

한국 전쟁은 중국의 국내 상황에 지속적인 영향을 끼쳤다. 1950년 6월, 전쟁이 발발한 원인을 둘러싼 중국의 공식적인 입장은 미 제국주의자들에게 부추김을 받은 남한이 노골적인 공격성을 드러내며 평화로운 북한을 공격했다는 것이었다. 중국의 각계각층에 있던 사람들은 이러한 설명에 불신과 불가해, 공포와 명백한 당혹감 등이 뒤섞인 반응을 나타냈다. 남측의 도발로 시작된 전쟁에서 어떻게 그처럼 효율적인 군사 전략과 파병이 이루어질 수 있었는지 많은 사람이 의아해할 수밖에 없었다. 상하이의 학생과 교수 들은 북한이 남한에서 벌이고 있는 일에 대해 노골적으로 의혹을 제기했다. 미국과의 관계에 대변동이 임박했다는 두려움도 확산되었다. 이런저런 소문들이 들불처럼 퍼져 나갔다. 북한 국경과 인접한 선양에서는 제3차 세계 대전이 시작될 거라는 소문이 나돌았다. 〈미국이 전쟁에 개입했으며 제3차 세계 대전은 이미 시작되었다!〉 난징에서는 너무 걱정된 나머지 「인민일보」에 전화를 걸어 새로운 세계 대전이 정말 시작되었는지 묻는 사람들도 있었다. 전쟁에 대한 두려움은 예전의 중국으로 돌아갈 수 있을지 모른다는 희망을 낳았다. 만주에서는 사람들이 〈소비에트 연방은 이미 무조건적인 항복을 선언했으며 전범(戰犯)인 마오쩌둥도 곧 체포될 것이다〉라고 수군거렸고 공산 정권의 붕괴가 임박했다고 주장하는 사람들도 있었다. 〈미군과 장제스가 이미 하이난 섬을 탈환했고 그 과정에서 린뱌오가 목숨을 잃었다!〉[20]

핵 재앙의 위협으로 근심이 깊어지면서 제국주의가 곧 붕괴할 거라는 정부의 선전은 좀처럼 설득력을 얻지 못했다. 1950년 10월에 미군이 압록강 근처까지 올라오자 미 제국주의가 종이호랑이에 불과하다던 마오쩌둥의 거만한 주장은 상하이에서 암중에 비웃음을 샀다. 어떤 사람들은 만약 미국이 종이호랑이라면 중국은 고양이도 못 된다는 견해를 드러냈다.[21]

임박한 침공에 대한 두려움이 절정으로 치달았다. 사람들은 도시에 폭탄이 떨어지고 적이 만주로 쳐들어올까 봐 공포에 휩싸였다. 선양에서는 수천 명이 공황 상태로 피난길에 올랐다. 5·1 공장에는 일자리를 팽개친 근로자들이 1,200명을 상회했고 시립 공구 공장에서는 직원들이 다섯 명 중 한 명꼴로 종적을 감추었다. 교사들과 의사들, 학생들, 심지어 공산당원들까지 곧 모든 게 끝장이라고 확신해서 남쪽으로 탈출하는 기차에 기어올랐다. 뒤에 남은 사람들은 식량과 옷가지, 물을 비축했다. 당에 반대하는 글들이 학교와 공장, 사무실, 병원, 기숙사에 나붙었고 벽에 낙서되었으며 가구에도 새겨졌다. 심지어는 구내식당의 솥에도 적혀 있었다. 〈소련을 물리치자〉처럼 간결한 글도 있었고 공산주의를 통렬하게 비판하는 장문의 글도 있었다.[22]

중국 공산당은 공포 정치로 대응했다. 1950년 11월부터 〈미국에 저항하고, 북한을 도와주고, 우리 집을 보호하고, 우리나라를 지키자〉라는 운동을 통해 설득하려는 노력도 병행되었다. 모든 학교와 공장에서 대중 집회가 열렸으며 신문과 잡지, 라디오에서 적에게 분노하도록 대중을 선동하려는 선전이 흘러나왔다. 「인민일보」나 다른 국영 신문사들은 미국을 맹비난하는 선동적인 기사를 하루도 거르지 않고 내보냈다. 「사우스 차이나 데일리」는 미국에 대한 지극한 경멸을 담아 다음과 같은 글을 게재했다.

이 나라는 완전히 반동적이고, 완전히 사악하고, 완전히 부패하고, 완전히 잔인한 나라다. 소수의 백만장자들에게는 에덴 동산이며 무수히 많은 가난한 자들에게는 지옥이나 다름없다. 깡패, 악당, 특수 요원, 파시스트 종자들, 투기꾼, 난봉꾼 등 모든 인간 말종의 천국이다. 반동과 사악함, 잔인함, 타락, 부패, 방탕함, 인간에 의한 인간에 대한 억압, 식인 풍습 같은 온갖 범죄를 세상에 퍼뜨리는 온상이다. 인간이 저지를 수 있는 모든 범죄의 전시장이다. 가장 잔혹한 작가들이 그려 낼 수 있는 그

어떤 지옥보다 열 배, 백 배, 천 배는 더 지독한 생지옥이다.[23]

저우언라이가 직접 나서서 분위기를 이끌었다. 그는 혐미 운동의 유창한 대변인이 되었으며 세계를 노예화하려는 제국주의자들의 음모를 지칠 줄 모르고 비난했다. 문화부장이면서 저명한 소설가였던 마오둔은 〈미국인은 진정한 악마이며 식인종이다〉라고 단언했다. 미국 유학에서 돌아온 학생들은 미국의 야만성과 타락을 비난하는 내용도 포함해서 공개적으로 그들의 신념을 철회한다는 발표를 해야 했다. 트루먼 대통령과 맥아더 장군을 연쇄 강간범이나 피에 굶주린 살인자, 흉폭한 짐승으로 묘사하는 만화와 포스터도 등장했다. 확성기를 통해 한결같은 구호와 연설이 시도 때도 없이 시끄럽게 흘러나왔다. 베이징의 한 거주자는 〈집 안에서 창문을 모두 닫고 있어도 계속해서 똑같은 음악과 연설이 들렸으며 창문을 열면 너무 시끄러워서 귀가 멀 것 같았다〉라고 말했다. 이러한 장황한 비난 연설에서 어떤 부분이 면밀하게 계산된 비난이고 어떤 부분이 진짜 분노인지는 구분이 불가능했지만 전달하고자 하는 내용만큼은 지극히 분명했다. 제국주의자들을 증오하고, 저주하고, 경멸해야 한다는 것이었다.[24]

모든 것은 위에서 세심하게 조율되었다. 일례로 1950년 12월 19일자 중앙 명령은 미국에 대한 찬양과 존경의 감정을 〈미국에 대한 증오와 경멸과 멸시〉로 바꾸도록 구체적으로 지시하고 있었다.[25]

이 목표는 끊임없는 선전뿐 아니라 새로워진 학습 모임과 인민 대회를 통해 달성되어야 했다. 많은 곳에서 혼란이 일었다. 1950년 추운 겨울 어느 날 상하이의 한 대학에서는 교직원과 전교생이 10분 만에 정장을 갖추어 입고 교내 광장에 집합했다. 그들의 손에는 예컨대 〈미 제국주의자들의 음모 가득한 사탕발림에 반대한다〉라거나 〈오스틴의 파렴치한 거짓말에 항의한다〉 같은 문구를 인쇄한 깃발이 쥐여졌다. 〈사람들이 모두 무슨 일인지 물었지만 아무도 아는 사람이 없는 것 같았다〉라고 로버트 루가 설명했다. 〈우리는 깃발에 인쇄된 구호를 연호하라는 지시를 받았다. 그러고는 곧 상하이 구석구석을 누비며 꼬박 다섯 시간 동안 행진을 했다.〉 다시 학교로 돌아온 그들은 당비서의 불을 뿜을 듯한 연설을 들었다. 그리고 그제서야 자신들이 유엔 안전 보장 이사회 미국 대표 워런 오스틴의 담화문에 반대하는 자발적인 시위에 막 참가하고 왔음을 깨달았다. 그 이후로 그들은 제국주의의 거짓말에 항의하기 위해 정기적으로 동원되었다. 〈우리는 신문에서 우리의 《자발적인 시위》에 관한 기사를 보기 전까지 무슨 사안인지 좀처럼 알지 못했다.〉[26]

이들은 그래도 대학생이었지만 〈반동분자〉와 〈폭군〉, 〈사악한 귀족〉, 〈지주〉 등에 맞선 격렬한 전장의 한복판에서 자신의 삶을 꾸려 나가기 위해 애쓰던 일반인들에게 혐미 운동은 한층 더 혼란스러웠다. 간쑤 성의 성도 란저우에서는 1951년 초봄에 전쟁을 지지하는 대회가 거의 매주마다 열렸지만 미국에 항의하는 행진에 참가했음에도 여전히 그 시위가 무엇에 관한 것인지 모르는 사람들이 있었다. 그들에게는 무수히 많은 전단과 연설, 선전 영화도 아무런 소용이 없었다. 시위에 동참하지 않는 사람들은 벌금을 물거나 비밀 결사의 대원이라는 딱지가 붙었다. 이런 불이익에도 불구하고 시위에 참가하는 여성들이 군인에게 밥을 해주기 위해 한국으로 보내진다는 소문이 나돌면서 사람들을 불안하게 만들었다. 50만 명이 애국 행진을 벌인 광저우에서도 무지가 판을 쳤다. 그 지역 선전부에서 한 발전소 근로자 100명을 상대로 그들이 얼마나 알고 있는지 실험해 본 결과 여섯 명 중 한 명이 어디가 그들의 동맹국인지 몰랐으며 4분의 1은 김일성이라는 이름조차 들어 본 적이 없었다. 선전이 시골 구석구석까지 스며들지도 못하는 것 같았다. 스싱 현의 한 농촌에서 글을 배우기 위해 수업을 듣던 60명의 여성들은 〈한국〉이라는 것이 어떤 장소를 의미하는 이름인지 아니면 사람의 이름인지도 알지 못했다.[27]

자발적인 시위 뒤에는 자발적인 기부가 이어졌다. 1951년 여름에 한국 전쟁이 일단 교착 상태로 접어들자 전쟁 물자를 구매할 돈이 부족했다. 스탈린이 마침내 오래전부터 약속했던 비행기를 공급하기 시작했지만 그는 소비에트 연방이 북한으로 보내는 모든 군사 장비에 대해 중국이 대금을 지불하라고 요구했다. 중국 정부는 국민들에게 더 많은 군복과 더 많은 의약품, 더 많은 총, 더 많은 탱크와 더 많은 비행기가 필요하다고 설명했다. 표로 정리된 세부적인 지침을 바탕으로 각자가 내야 할 기부금의 규모가 정해졌다. 〈부유한 사람들〉은 황금이나 보석, 달러나 그 밖의 외화를 기부하라는 요구를 받았다. 로버트 루는 자신이 얼마를 내야 하는지 곧 알게 되었다. 〈처음 연락을 받았을 때 나는 자발적으로 한 달 치 월급의 반을 기부하기로 했다. 하지만 이내 그 정도로는 충분하지 않다는 사실을 알아차렸다. 수금원이 계속해서 나를 찾아왔고 결국에 나는 석 달 치 월급을 기부하기로 약속했다. 알고 보니 다른 교수들도 나와 똑같은 액수를 기부하기로 약속한 터였다. 그런데도 수금원들은 우리의 기부가 자발적이라는 허울 좋은 소리를 단 한 번도 빼먹는 법이 없었다.〉[28]

노동자들은 생산량을 늘리거나 아무런 보상 없이 연장 근무를 하라는 압력을 받았다. 그럼에도 기부의 주역은 농부들이었다. 여기에서도 각계각층의 지도자들이 분위기를 조성했다. 그들은 어느 때보다 많은 액수를 모금해서 자신의 결의가 얼마나 대단한지 증명하고자 서로 열띤 경쟁을 벌였다. 먼저 중국의 동북 지역에서 1951년 10월까지 930만 위안을 모았다는 자랑 섞인 발표가 나왔다. 그러자 남서 지역 전체를 담당하고 뒤처질 마음이 전혀 없던 덩샤오핑은 1951년 11월에 한국 전쟁을 위한 기부는 이념적으로 매우 중요한 혁명 과업이며 따라서 〈어떠한 태만〉도 용인될 수 없다고 공표했다. 승리를 위해서는 대포와 탱크, 비행기 선물이 반드시 필요했으며 모든 남녀는 양곡 2.5~4킬로그램 가치에 해당하는 기부금을 내야 했다.[29]

이미 무거운 세금을 납부하는 국민들을 상대로 막대한 금액을 모금하려 가해진 압박에 저항하기란 불가능했다. 쓰촨 성 일부 지역의 관리들은 전쟁이 끝날 때까지 강제로 매달 월급의 3분의 1을 기부하기로 약속했다. 다른 지역에서는 석 달 치 월급이 기준처럼 되었고 반년 치 월급에 해당하는 액수를 부담하기도 했다. 그것으로 끝이 아니었다. 많은 지역에서 학생들이 기부 운동에 동원되었고 그들은 부모를 상대로 좀도둑질을 해야 했다. 제값의 극히 일부만 받고 신발과 옷을 파는 학생도 있었고 집 안을 샅샅이 뒤져서 가위나 칼, 항아리, 프라이팬 등을 들고나오는 학생도 있었다. 이러한 것들은 전부 고철 값에 거래되었다.[30]

이러한 압박을 가장 견디기 힘든 사람들은 농민이었다. 토지 개혁이 실시된 이후로 당에 전적으로 의지하던 지역은 특히 더했다. 도시 거주자들이 급여의 3분의 1을 기부했듯이 때때로 농민들은 곡식의 3분의 1을 내놓으라는 압력을 받았다. 화룽 현의 한 마을에서는 추수가 끝난 수수의 3분의 1은 전쟁 보급품으로, 또 다른 3분의 1은 세금으로 징발되었다. 가난한 사람들 중에는 기부할 여건이 되지 않는 사람들도 많았다. 쓰촨 성의 한 마을에서만 주어진 기부금 목표 달성을 위해 소집된 회의에서 십여 명의 농부들이 옷을 홀딱 벗었다. 너무 가난해서 내줄 수 있는 거라고는 입고 있던 옷가지가 전부였던 까닭이다. 쓰촨 성의 다른 지역에서는 여성들에게 머리를 깎아서 당에 선물하도록 강요되었다.[31]

젊은 나이에 죽음으로 내몰리는 사람들도 생겼다. 후난 성 왕청 현의 다이펑지라는 한 가난한 농부는 수수 14킬로그램을 기부해야 했다. 〈나는 우리 집에서 유일하게 일을 하는 사람이고 여덟 명의 식구가 내게 의지해서 살고 있다. 아내는 병상에 있으며 약이 필요하다. 우리 아이들은 아무도 돌봐 주는 사람이 없다. 내가 어떻게 그렇게 많은 기부금을 낼 수 있겠는가?〉 농민 단체 대표의 대답은 간단했다. 〈죽으나 사나 당신은 기부를 할 수밖에 없을 것이다.〉 농부는 연못에 뛰어들어 목숨을 끊었다. 얼마나 많은 사람이 시달림을 견디지 못해 죽음을 선택했는지는 아무도 모를 일이지만 후베이 성 쑤이 현에서는 압박을 견디다 못해 스스로 목숨을 끊은 사람이 다섯 명이나 있었다.[32]

단순한 암시만으로도 자칫 〈반동분자〉라는 치명적인 꼬리표가 붙을 수 있는 공포 시대에 실시된 모금 운동을 둘러싼 과잉 반응에도 불구하고 기부를 거부하는 사람들도 있었다. 정부 관리의 수차례 방문에도 그들이 계속 고집을 부리는 경우 때때로 벌금이 부과되기도 했으며 그 금액은 당초 그들에게 기대되었던 기부금과 비슷했다. 보다 덜 관대한 형태의 압박도 존재했다. 신장 곳곳에서는 사람들이 이글거리는 태양 아래서 옷을 벗고 몇 시간 동안 한없이 서 있어야 했다. 일부 행동 대원들은 난징 시내를 돌면서 사람들 집 대문에 기부할 액수가 적힌 통지서를 걸어 놓았다. 부족한 성의를 보인 한 남성이 연단 위로 끌려가서 아침 8시부터 한밤중까지 강도 높은 비난을 받았다. 그는 6개월 동안 10위안을 기부하기로 했다가 이튿날 다시 괴롭힘을 당했고 기부금을 총

300위안으로 늘린 다음에야 괴롭힘에서 해방될 수 있었다.[33]

기부만으로 전쟁에서 승리할 수는 없었다. 군대에는 병사가 필요했다. 그리고 집회가 열릴 때마다 입대 신청서에 서명하는 열정적인 지원자들이 몰려들었다. 대부분은 이상주의적 성향이 짙은 도시의 학생들이었다. 광저우에서만 1만 3,000명이 전장에 나가서 적과 싸우길 원했는데 상당수가 아직 고등학생이었다. 일체의 선전 내용을 의심하는 로버트 루 같은 사람들도 있었지만 리즈쑤이 같은 사람들은 전황 소식에 온통 관심이 집중되었다. 국가 지도부 전담 병원에서 근무하던 리즈쑤이는 중국이 미국을 상대로 선전하고 있다는 사실이 짜릿했다. 〈한국 전쟁이 아무런 결론 없이 지지부진한 상황이었음에도 나는 중국인이라는 사실이 자랑스러웠다.〉 어찌 되었든 〈중국이 외국 열강과 싸워서 체면을 잃지 않은 것은 백여 년 만에 처음 있는 일이었다〉라고 이 의사는 말했으며 이는 애국적 선전에 반응하던 다른 많은 지식인들도 공감하는 생각이었다. 리즈쑤이는 군에 합류하고자 했지만 상관들이 그를 말렸다.[34]

농촌 사람들의 반응은 상대적으로 덜 뜨거웠다. 특히 수년에 걸친 강제 징용 때문에 전쟁이라면 진저리를 치던 지역에서는 더욱 그랬다. 한반도 바로 옆에 위치한 만주에서는 무수히 많은 젊은이들이 징병을 피하려고 발버둥쳤다. 더후이 현에서만 수천 명이 도시로 몰래 숨어들었고 그들은 혹시라도 붙잡혀서 전쟁터로 보내질 것이 두려워 고향으로 돌아가 가족이 추수하는 것을 돕는 것조차 거부했다. 산둥 성의 원딩 현에서는 사람들이 징병에 관한 이야기를 듣고는 〈마치 호랑이라도 본 것처럼 표정이 돌변했다〉. 젊은 남자들은 징집을 피해 산속으로 숨었고 손가락을 자르는 사람도 있었다. 산시 성의 다이셴 마을 같은 경우에는

젊은 남자들 중 3분의 1이 도주 중이었다.[35]

다른 모든 사람처럼 모병관에게도 채워야 할 할당량이 있었다. 같은 산시 성의 가오핑 현에서 모병관들이 마을 회의를 가장해 징집 대상자들을 덮쳤다. 붙잡힌 징집 대상자들은 밤사이 감금되어 있었지만 그럼에도 100여 명이 탈출했다. 결국 현의 지도부가 진정한 지원자들만 모집하기로 결정했을 때도 500명의 징집병 가운데 10여 명을 제외하고는 모두 도주했다. 남성의 입대를 유도하기 위해 때로는 그 가족들이 몸값을 받거나 감금되기도 했다. 후난 성 웨양 현에서는 징병 과정이 자발적이어야 한다고 주장하던 한 여성이 다른 사람들에게 보내는 경고의 의미로 운집한 마을 사람들 앞에서 결박된 채 교수되었다.[36]

허난 성과 허베이 성, 산둥 성 일대 10개의 현에서는 젊은 남자들이 징집을 피해 우물에 몸을 던진 사례가 다수 보고되었다. 스스로 목을 맨 사람들도 있었고 두 사람은 달리는 열차에 뛰어들기도 했다. 이러한 자포자기식 행동들은 동시대에 실시되던 공포 정치를 고려했을 때 극단적이라기보다 그럴 만했던 것처럼 보인다. 후난 성 출신의 농부 저우 창우의 말에 따르면 〈국민당 시절에는 징집 기간에 산으로 숨을 수 있었지만 이제는 산에 들어가 숨으면 간첩이라는 비난을 받게 된다. 빠져나갈 방법이 정말 전혀 없다〉.[37]

───────

전쟁에 따른 경제적 비용도 어마어마했다. 1951년에는 군사비가 정부 총지출의 55퍼센트를 차지했다. 한국 전쟁 때문에 이 해의 1년 예산은 1950년보다 75퍼센트나 증가했다.[38]

정부 예산안에서 주요 수입원은 농민들에게 식량으로 거두어들이는 현물세, 즉 공량(公粮)이었다. 남만주 철도와 소련 통제하의 동청 철도를 따라 수십만 명의 병력이 이동하면서 만주가 한국 전쟁의 후방 기지인 동시에 대기 지역이 되었다. 만주는 중국의 다른 지역들이 전부 기근에 시달릴 때도 잉여 농산물이 생산되는 중국의 곡창 지대였다. 산업 중심지는 선양과 안산, 푸순으로 이루어진 작은 삼각 지대였으며 전체 석탄의 대략 절반 정도와 중국에서 생산되는 선철과 강철 제품, 전력의 대부분이 해당 지역에서 나왔다. 한반도에 파병된 군대의 무기고와 보급창도 만주에 위치했다. 머지않아 만주는 스탈린이 제공한 비행기 수백 대의 안식처가 되었고 비행기들은 이곳에서 압록강을 건너 교착 상태의 전장을 맴돌았다.

만주의 시골 농민들은 전쟁 보급품으로 양곡과 면, 고기 등을 기부하라는 끊임없는 압박에 시달렸다. 인민 대표 대회는 1950년 말에 이 지역 곳곳에서 군의 탐욕스러운 요구가 민간인을 굶주림으로부터 보호하기 위해 마련된 조달 규정을 무시했다고 언급했다. 그해 말에 이르자 해당 지역의 3분의 1이 빈곤에 허덕였고 주민들은 가축과 식량, 사료, 농기구 등이 턱없이 부족해졌다. 심지어 이듬해에 파종할 종자가 부족한 경우도 많았다.[39]

일선에서 강압이 보편화되면서 이러한 압박은 향후 2년간 전혀 완화되지 않았다. 당 간부들은 농민들이 보다 많은 양곡을 내놓기로 합의하기 전까지 온갖 대회를 열어서 그들을 옭아맸다. 또한 공장을 봉쇄하거나 가정집에 난입해서 숨겨진 양곡을 찾아 가구를 옮기고, 찬장을 뒤지고, 마룻바닥을 들추었다. 민병대가 마을 전체를 봉쇄하고 할당량이 채워질 때까지 식량의 반입과 반출을 전면 금지하기도 했다. 마을 주민

세 명 중 한 명이 굶주렸다. 화이더 현 사람들은 일반적으로 가금류와 가축의 먹이로 사용되는 들풀과 콩깻묵으로 연명했다. 말들이 굶주리다 못해 쓰러지면 사람들이 그 고기를 먹었으며 이 모든 상황이 국공내전 이후로 발생한 적 없는 극단적인 빈곤의 전조가 되었다. 창춘 인근 농부들은 옷가지를 비롯해 그들이 가진 모든 것을 내다 팔아서 납세 의무를 완수했다. 어떤 집들은 자식을 팔기도 했다. 지린 성의 당 위원회는 성 내에 만연하고 있는 굶주림이 자연 재해와는 전혀 무관한 것으로 판단했다. 요컨대 양곡 지원을 늘리라는 지시와 그에 따른 강압에 의해 직접적으로 초래된 결과였다.[40]

보다 남쪽으로 쓰촨 성은 중국 벼농사의 중심지로 알려진 곳이었다. 모든 남녀가 4킬로그램 이상의 양곡을 전쟁 기부금으로 내놓아야 한다고 덩샤오핑이 당당히 공표하면서 야안 현 한 곳에서만 수만 명이 풀뿌리를 캐서 연명하는 처지로 전락했다. 마찬가지로 덩샤오핑의 관할이던 윈난 성에서는 100만 명 이상이 굶주림에 허덕였다. 굶주린 많은 사람들이 나무껍질을 벗겨 먹거나 또는 빈속을 채우기 위해 진흙을 먹었는데 진흙 때문에 결장이 말라붙으면서 종종 지극히 고통스러운 죽음을 맞기도 했다. 하지만 압박은 전혀 누그러들지 않았다. 1951년 11월 덩샤오핑은 기존의 무자비한 징벌에 더해 중국 남서 지역의 농민들에게 통상적인 징발 수준을 훌쩍 뛰어넘는 40만 톤의 양곡을 추가로 기부해야 한다고 발표했다. 그로부터 6개월 뒤 이 지역에서는 200만 명이 기아에 허덕였으며 식인 행위와 관련한 보고서들이 더 높은 단계의 지도부에 전달되기도 했다.[41]

전쟁은 도시 경제에도 전혀 도움이 되지 않았다. 한때 분주히 돌아가던 상하이와 우한, 광저우 같은 무역과 산업 중심지들이 1950년 봄에 경기 침체로 얼마나 심각한 타격을 입었는지는 3장에 잘 나와 있다. 북쪽의 상업 중심지 톈진은 그런대로 명맥을 유지했다. 상하이가 국민당 세력에 봉쇄되면서 대부분의 수출 무역이 타이완의 손길이 미치지 않는 톈진을 경유했기 때문이다. 하지만 한국 전쟁이 무역 규제를 불러왔고 미국은 1,100가지 상품에 규제를 가함으로써 개인 수출입 업자들에게 막대한 타격을 주었다. 1950년 10월에 전면적인 금수 조치가 뒤따르면서 1951년 상반기에만 해외 무역이 30퍼센트나 감소했다. 톈진 항구는 정부와의 계약에 따라 전쟁 물자에 할당되었고 일부 새로운 국영 무역 회사들이 전쟁을 등에 업고 번창하기도 했지만 민영 기업 부문은 이내 더 이상 손을 쓸 수 없을 정도로 사양길에 접어들었다.[42]

1952년 4월 중국 정부는 미국이 1월 말 이후로 비밀리에 세균전을 펼쳐 왔다고 주장하면서 전국에 적색 경보를 발령했다. 주장에 따르면 적은 북한과 만주 곳곳에 감염된 파리, 모기, 거미, 개미, 빈대, 이, 벼룩, 잠자리, 지네 등을 살포해서 온갖 전염병을 퍼뜨렸다고 했다. 감염된 쥐와 개구리, 죽은 여우와 돼지, 물고기 등도 의도적으로 풀어 주었다. 중국 정부는 면화도 역병과 콜레라를 옮길 수 있다고 경고했다. 그동안 약 1,000번에 걸친 출격에서 적 비행기들이 이런 생화학 무기들을 운용했으며 대부분은 만주가 표적이었지만 남쪽으로 산둥 성의 항구 도시인 칭다오가 표적이 된 적도 몇 번이 있다고 주장했다.[43]

베이징은 미국이 세균전을 펼치고 있다고 1952년 2월에 처음 주장했고 곧바로 지구촌 곳곳에서 대서특필되었다. 그들의 주장은 생포된 미군 조종사 몇몇이 전염병을 가진 벌레들을 북한과 중국에 투하했다고 자백하면서 설득력을 얻었다. 그리고 한 국제 위원회가 중국 정부의 주장에 더욱 무게를 실어 주었는데 해당 위원회를 이끌던 케임브리지 대학의 생화학자 조지프 니덤은 만주를 방문해서 질병에 걸린 들쥐 한 마리를 발견하고는 중국 정부의 주장을 확인해 주는 장문의 보고서를 발표했다.[44]

중국 정권의 선전 기관이 기름을 붓기 시작하면서 혐미 운동에 새로운 동력을 제공했다. 탄저병 덩어리인 닭이나 타란툴라로 채워진 불안정한 폭탄에 관한 기사들이 죽은 파리 떼를 보여 주는 사진이나 병에 걸린 벌레를 확대한 사진, 세균으로 확인된 박테리아와 얼룩을 현미경으로 찍은 이미지 등과 함께 연일 신문을 장식했다. 베이징에서는 세균이 득실거리는 돼지 관절을 비롯해서 죽은 물고기(이 물고기들 중 마흔일곱 마리가 야산 꼭대기에서 발견되었다)와 옥수숫대, 의약품과 과자류에 관한 보도도 등장했다.[45]

전국의 모든 대도시에서 순회 전시회가 열렸다. 세 개의 커다란 전시실을 채운 베이징 전시회에는 주장에 따르면 세균에 감염된 벌레들을 가득 담은 채 낙하산에 매달려 투하된 원통과, 미군이 804번에 걸쳐 생화학 무기를 투하한 70개의 지점들을 보여 주는 지도가 전시되었다. 한 전시실에 들어가면 구석에 배치된 확성기에서 두 명의 조종사 포로가 자백할 당시에 녹음된 육성이 반복해서 방송되었다. 그들이 문서로 작성한 진술서도 유리 상자에 담겨 전시되었다. 여러 대의 현미경을 통해 박테리아가 배양되는 모습도 볼 수 있었는데 감염된 벌레들에서 채취된 것이라고 했다. 어떤 사진은 적기가 떨어뜨린 파리 때문에 전염병에 걸린 세 명의 희생자 모습을 담고 있기도 했다.[46]

이 같은 노력은 중국에서 커다란 반향을 일으켰다. 특히 중국은 제2차 세계 대전 중 일본군이 세균전 실험을 진행한 나라였다. 일본이 미국의 동맹국이 된 이상 그러한 실험들이 한국 전쟁에서도 행해졌을 거라는 사실은 쉽게 예측할 수 있었다. 중국 정부는 악명 높은 731부대 과학자들이 제2차 세계 대전 후에 그들의 전문 지식을 넘기는 대가로 면죄부를 받았다고 강조했다. 물론 미국은 당시에 이러한 사실을 전면 부인했으며 수십 년이 지난 다음에 그 당시 일본인 과학자들과 공동 연구를 진행했다는 것까지만 공개했다. 맥아더 장군이 원자 폭탄의 사용 가능성을 공공연히 고려한 뒤로 대량 파괴의 위협은 너무나 그럴듯해 보였고 비밀 생화학 무기를 둘러싼 이야기에도 신빙성이 더해졌다. 「타임스 오브 인디아」의 편집자 프랭크 모레이스의 증언에 따르면 미국이 아시아인을 또 다른 대량 살상 무기의 실험 대상으로 이용한다는 사실에 아시아 전체의 여론이 민감하게 반응했다. 당 지도부 전담 병원에서 근무하던 의사 리즈쑤이는 미국이 한반도에서 세균전을 펼치고 있다는 소식에 간담이 서늘해질 만큼 충격을 받은 수많은 지식인들 가운데 한 명에 불과했다.[47]

하지만 일부 관찰자들은 미덥지 못하다는 반응을 보였다. 4월 6일에 「뉴욕 타임스」에서 「인민일보」가 증거로 제시한 사진들이 가짜임을 증명하는 기사가 발표되었다. 증거 사진을 면밀히 조사한 한 과학자는 감염된 이와 벼룩이 영하로 떨어지는 북한의 겨울 날씨에서 생존할 수 없다고 지적했다. 이미 몇 주 전 톈진에서 사람들이 비슷한 의혹을 제기한 터였다. 그들 중 한 사람은 〈북한은 날씨가 무척 추운 곳인데 파리가 어떻게 얼어 죽지 않았을까〉라며 의아해했다. 다른 사람들은 세균이 가짜일 것으로 의심하면서 세균의 위험성을 둘러싼 주장에 노골적으로 불신을 나타냈다. 공산 정권이 국민당을 위해 일한 〈반혁명주의자〉로 규정한 리산탕은 대담하게도 〈이 모든 것은 미국이 전 세계인에게 미움을 받도록 만들려는 공산당의 선전에 불과하다. 그런 쓰레기 같은 이야기는 듣지도 말라〉고 선언했다. 만주의 농부들은 벌레들이 항상 겨울 끝물에 나타난다며 석연치 않다는 반응을 보였다.[48]

그 밖의 사람들은 극심한 공포에 사로잡혔다. 당초 한국 전쟁의 발발은 제3차 세계 대전이 일어날지도 모른다는 두려움을 폭발시켰다. 그리고 2년이 지난 이제 사람들은 일견 거의 모든 형태의 유기물에 숨어 있는 듯한 보이지 않는 적에 대한 공포 속에서 하루하루를 살았다. 선양에서 벌레에 물린 몇몇 사람들이 황급히 병원으로 쫓아가 치료를 부탁했다. 병원 안은 발작이나 통증, 부분적인 마비 증세를 호소하는 사람들로 이미 만원이었다. 하나같이 벌레만 보고도 겁에 질려서 병원을 찾은 사람들이었다. 비록 소수지만 대재앙에 대비해 먹을 것을 비축하는 사람들도 등장했다. 종말이 임박했다고 믿는 사람들은 그동안 모아 둔 돈을 탈탈 털어 술과 고기를 사서 최후의 만찬을 벌이기도 했다. 충칭처럼 멀리 떨어진 지역의 아이들도 감염이 무서워 집 안에서 갇혀 지냈다. 허난 성에서는 비밀 간첩이 우물에 독을 탔다는 소문이 나돌면서 여러 마을이 통째로 폐쇄되었다. 정부로서는 자연 재해를 정권 교체의 전조로 받아들이는 대중의 반응이 더욱 큰 걱정이었다. 공산 정권이 붕괴되고 국민당이 돌아올 거라는 소문이 난무했다. 다롄의 어떤 이는 〈하늘이여, 옛 정권이 돌아오고 있습니다〉라며 찬양했다. 허난 성 린잉의 농부들은 눈 부위를 불로 태우거나 포스터 자체를 갈갈이 찢어 버리거나 심지어 고기 써는 칼로 공격해서 마오쩌둥의 초상을 욕보였다.[49]

도처의 가난한 농민들은 예컨대 주술적인 힘이 생긴다고 생각해서 성수를 마시는 등 기적의 치유법에 의존하는 듯 보였다. 허난 성의 북쪽 평원에 담배 농장으로 둘러싸인 쉬창에서는 세균전에서 몸을 지켜 준다는 말을 들은 수천 명의 농부들이 성수를 마시기 위해 이런저런 성지에 모습을 나타냈다. 만주의 한쪽에 위치하고 무자비한 징세로 기근을 겪던 더후이의 한 마을에서는 날마다 1,000명에 가까운 이런 신봉자들이 오래된 우물 주위로 몰려들었다. 개중에는 한국 전쟁에 참전했던 제대 군인들도 있었는데 그들은 이웃한 성(省)에서 버스를 타고 왔다. 중앙 정부는 이런 행위를 미신으로 매도했지만 지방의 당 간부들도 불안하기는 일반 시민들과 마찬가지였다. 우양 현에서는 지도부 전체가 병에 걸리지 않으려고 정부의 보건소 건물에 틀어박힌 채 전통적으로 연단술*에 사용되던 계관석을 마셨다. 그들은 온몸에 기적의 연고를 바르기도 했다.[50]

세균전 주장을 둘러싼 개개인의 반응과는 별개로 전국에서 세균전 공격을 찾아내는 데 사람들이 동원되었다. 만주에서는 의심되는 대상은 무조건 DDT 용액 속에 먼저 넣고 보았다. 국경과 인접한 안둥에서는 거즈 마스크와 면 자루, 장갑으로 무장한 5,000명이 한 조를 이루어 수색에 나섰고 의심스러운 벌레를 찾아 밤낮으로 주변의 산들을 샅샅이 뒤졌다. 선양에서는 걸레로 바닥을 닦고, 주변의 길거리를 청소하고, 쓰레기를 치우고, 도시의 마지막 포석(鋪石) 하나까지 소독하는 작업에 2만 명이 투입되었다. 다음은 톈진에서 생물학적 감염에 어떻게 맞서 싸웠는지 보여 준다.

사례 4: 1952년 6월. 낮 12시에 부두 근처의 탕구 노동조합 회관에서

* 옛날 중국에서 불로 장생약을 만들고자 한 비술.

최초로 벌레들이 발견되었다. 낮 12시 40분에는 신(新)항구 사업부에서, 1시 30분에는 베이탕 마을에서 벌레들이 발견되었다. 신항구의 200만 2,400제곱미터에 달하는 지역과 베이탕의 해변을 따라 20리[대략 10킬로미터]에 걸쳐 벌레들이 퍼졌다. 톈진 시립 소독대의 지휘 아래 벌레 소탕 작업이 진행되었다. 벌레 잡는 것을 거들기 위해 주민 1,586명과 군인 300명, 노동자 3,150명을 포함해 사람들이 동원되었다. 각각의 벌레들을 잡은 다음에는 불에 태우거나 물에 끓이거나 땅에 묻었다. 벌레는 자벌레, 솔나방, 말벌, 진딧물, 나비, 거대 모기 같은 종(種)들이었다. 벌레들 견본이 베이징 중앙 실험실로 보내졌고 그곳에서 장티푸스균이나 이질균, 파라티푸스에 감염된 것으로 밝혀졌다.[51]

중국을 청결하게 만들려는 운동은 마치 군사 작전처럼 진행되면서 곧 대다수 지역에서 국민을 불쾌하게 만들었다. 베이징 시민들은 본인의 의사와 상관없이 전염병과 발진티푸스, 장티푸스를 비롯해 백신이 존재하는 모든 질병에 대해 빠짐없이 예방 주사를 맞아야 했다. 농촌에서는 완전히 다른 차원의 강제가 이루어졌다. 산둥 성의 일부 지역에서는 민병대가 도착해서 시장의 양쪽 출입구를 차단하고 예방 접종이 끝날 때까지 주민들을 안에 감금했다. 치허의 한 마을에서는 군인들이 집을 모두 걸어 잠그고 모인 마을 사람들에게 직접 예방 주사를 놓았다. 혹시라도 징집될까 봐 미리 겁을 먹은 젊은 남자들이 탈출하려고 벽을 기어올랐다. 아이를 임신한 여성들은 도랑에 몸을 숨겼으며 너무 무서워서 집으로 돌아가지 못했다. 어디에나 위협이 만연했으며 예방 접종을 거부한 사람들 중 몇몇은 제국주의자들에게 고용된 간첩으로 몰리기도 했다. 해당 운동은 산시 성에서도 평범한 마을 주민들을 굴복시켜야 할 다수의 잠재적인 적으로 취급했다. 산시 성 일부 지역의 당 간부들은 〈파리를 죽이지 않으면 그자가 곧 세균전의 범인이다〉라는 지령을 내렸다. 이러한 지령에 부응하지 못한 집에는 대문에 검은색 깃발이 내걸렸다. 세균전을 구실로 여성들에게 혼인 증명서를 발급받기 전 치욕스러운 신체검사가 강요되기도 했다.[52]

이 같은 공포증의 나름 긍정적이라고 할 만한 한 가지 결과는 중국에서 가장 중요한 도시들 중 일부가 깨끗해졌다는 점이다. 베이징에서는 보도가 깨끗이 청소되었고, 도로에 난 구멍들이 메워졌으며, 각 가정의 담장에 1미터 높이로 하얀색 소독약을 칠하라는 지시가 내려졌다. 벌레가 기어다니지 못하도록 나무에도 살균제 띠가 둘러졌다. 모기가 번식하기 쉬운 예컨대 톈진처럼 습한 도시에서는 지역 주민들이 조를 이루어 지급받은 곡괭이와 삽, 장대를 가지고 한 번에 한 양동이씩 흙을 날라 수백 개의 오수 구덩이를 메웠다.[53]

도시 정화 운동은 자연환경에 부정적인 결과도 초래했다. 은신처에 있는 해충을 소탕하는 과정에서 관목과 덤불, 초목 등이 제거되었다. 파리와 모기를 태워 죽이기 위해 관목림에 대규모 방화가 시작되었다. 건물과 나무, 덤불, 심지어 초지까지 사방에 석회가 칠해지면서 식물이 말라 죽고 마을과 도시는 회색 줄무늬와 여기저기에 빨간 점들이 찍힌 거대한 잿빛 덩어리로 변했다. DDT와 여러 유해한 살충제는 자연 훼손을 상징하는 영원한 특징이 되었으며 도시를 녹색이라고는 찾아볼 수 없는 황량한 콘크리트 풍경으로 바꾸는 데 일조했다.[54]

또 다른 가시적인 결과도 있었다. 교통경찰과 요식업자부터 거리의 청소부까지 많은 시민들이 면 마스크를 착용하기 시작한 것이다. 외국인 방문객들은 그러한 모습에 깜짝 놀라기 일쑤였다. 마스크를 착용하는 중국인의 습관은 향후 수십 년 동안 지속될 터였다. 윌리엄 킨먼드의 말에 따르면 마스크 때문에 〈심지어 어린 소년 소녀들도 수술실에서 막 도망친 사람처럼 보였다〉.[55]

또한 북쪽에서 남쪽까지 온 국민이 의무적으로 〈5대 해충〉 즉 파리, 모기, 벼룩, 빈대, 쥐를 잡아야 했다. 베이징에서는 누구를 막론하고 일주일에 하나씩 쥐꼬리를 제출해야 했다. 할당량을 훨씬 초과한 사람은 집 대문에 붉은 깃발을 내걸 수 있었고 할당량을 채우지 못한 사람은 검은색 깃발을 걸어야 했다. 쥐꼬리를 거래하는 암시장이 덩달아 급성장했다. 광둥 성에서도 설치류 박멸 운동이 엄격한 할당량과 함께 시행되었다. 1952년 7월에 지구별로 최소 5만 마리 이상의 쥐를 잡은 다음 꼬리를 절단하고 에탄올에 보존해서 당국에 제출하라는 지시가 떨어졌다. 베이징과 마찬가지로 할당량을 채우려는 많은 사람들이 암시장을 찾아야 했을 정도로 압박이 심했다. 어떤 도시에서는 쥐꼬리 하나를 사는 데 0.2위안으로도 모자랐다. 상하이에서는 쥐꼬리보다 톤 단위로 채취되어야 하는 벌레 유충이 더 문제였다. 제출한 양동이 숫자가 너무 적을 경우에는 일체의 물질적인 혜택이 박탈되는 처벌이 뒤따랐다. 그 결과 사람들은 심지어 기차를 타고 교외로 나가서 벌레 유충을 잡아 왔으며 그 모든 과정을 뇌물로 해결하려는 사람들이 등장했다.[56]

해당 운동은 몇몇 질병의 원인에 대한 인식을 제고하는 데 많은 기여를 했지만 기본적인 의료 서비스를 개선하는 문제와 관련해서는 거의 아무런 도움이 되지 않았다. 1953년 1월, 한 전국 대회에서 그 이전 해에 소화기 질환의 발병률이 사실상 증가했다는 위생학계의 보고가 나왔다. 산시 성에서는 수백 톤의 설탕 제품에 파리와 벌이 포함되어 있었다. 상하이에서는 월병(月餠)에서 죽은 쥐가 발견되었고 진안에서는 팥소를 넣은 빵에서 구더기가 꿈틀거리며 나왔다. 전 국민이 결핵부터 감염에 이르는 질병의 무시무시한 발병률에 시달렸다. 일부 지역에서는 생산량을 늘리도록 혹독하게 밀어붙이느라 가장 기본적인 편의 시설을 소홀히 한 탓에 전체 광부 중 절반이 병에 걸렸다. 9개월 뒤 위생부 부장은 마오쩌둥에게 고하는 자아비판에서 1952년 정화 운동의 상당 부분이 주로 강제적인 방식으로 행해졌으며 〈생산 활동이 지장을 받고 대중의 불만이 늘어날 정도로〉 비생산적이었다고 인정했다. 보다 자세한 조사를 통해 얼마나 많은 낭비가 초래되었는지 밝혀졌다. 일례로 산시 성에서는 지방 공무원들이 부족한 자원을 이용해서 그들이 대변하는 사람들의 건강을 개선하기보다 해당 운동을 홍보하기 위한 보여 주기식 활동에 치중한 탓에 1년 치 공급량에 해당하는 의약품이 불과 6개월 만에 소진되었다.[57]

개는 한 번도 〈5대 해충〉 명단에 이름을 올리지 않았지만 역시나 제거 대상이었다. 중국 어디서나 상당수는 다리를 절거나 지저분한 개들이 길거리와 쓰레기장을 배회하고 먹이 한 조각에 서로 다투는 모습을 볼 수 있었다. 도시에서는 개가 애완용으로 일부 가정에서 사육되었지만 농촌에서는 집을 지키거나 가축을 모는 용도나 식용으로 인기가 있었다. 국공 내전 중 공산당 점령지에서는 일상적으로 개들이 도살되었다. 다른 모든 것과 마찬가지로 해방 이후에 단계적으로 견공들의 도태가 시작되었다. 베이징에서는 집 없이 떠도는 개들이 한 번에 수천 마리씩 거리에서 제거되었다. 많은 경우에 포획은 대나무 장대에 철사 올가미를 장착해서 무장한 경찰들이 지역 주민의 도움을 받는 식으로 이루어졌다. 얼마 뒤인 1949년 9월부터 개 주인들은 애완견을 등록하고 집 안에서 키워야 했다. 1년 뒤에는 등록된 개들에 대해서도 살처분이 시작되었다. 주인이 자발적으로 개를 내어놓는 경우도 있었지만 더러는 자신의 애완견을 포기할 마음이 없는 사람들도 있었다. 아주 가끔은 경찰과 성난 개 주인이 대치를 벌이기도 했으며 때때로 사람들이 개 주인의 편을 들어 주기도 했다. 경찰은 개 주인이 없는 틈을 이용해 침입하기 시작했다. 집에 돌아온 주인은 그제서야 대문이 부서졌고 개가 사라졌음을 알게 되었다.[58]

개를 도태시키기 위한 이 운동이 진정한 급물살을 타기 시작한 것은 세균전 문제로 한창 시끄러울 때 거리에 등장한 개 추격대가 가가호호 수색을 벌이면서부터였다. 포획된 개의 대부분은 성벽 밖에 위치한 수용 시설로 옮겨졌다. 어느 베이징 시민의 증언에 따르면 〈개들은 쓰레기차 같은 외관에 뒷문을 단단히 걸어 잠근 소형 운반차에 빼곡하게 실려서 끌려갔으며 그런 차 옆을 지날 때면 안에서 몸부림치는 소리가 들렸고 수레 옆쪽으로 핏자국까지 보였다.〉 수용 시설 안에는 수백 마리의 개들이 우리에 갇혀 있었다. 먹이를 주지 않았기 때문에 자기들끼리 서로를 공격했고 강한 녀석이 약한 녀석을 잡아먹었다. 때로는 경찰이 상대적으로 건강한 녀석의 목에 철사 올가미를 씌워서 질식해 죽을 때까지 흔들어 댔다. 죽은 개는 땅바닥에 널브러진 채 가죽이 벗겨졌다. 체열 때문에 여전히 김이 모락모락 피어오르는 가죽이 우리 위에 널려서 건조되었으며 그 밑에는 다른 개들이 잔뜩 겁을 먹고 위축되어 있었다.[59]

룸메이트가 동물을 들이는 것에 반대했음에도 에스터 처오는 기숙사에서 작은 암캐를 길렀다. 강아지일 때 분양받아서 내내 길러 오던 개였다. 그녀는 모든 음식을 자신의 애완견과 나누어 먹었고 개 이름도 그들이 나누어 먹는 수수의 이름을 따서 샤오미라고 지었다. 개를 도태시키려는 운동이 아직 한창일 때였다. 평소 개를 싫어하던 그녀의 동료 중 한 명이 문을 열고 샤오미가 밖으로 나가도록 내버려 두었다. 샤오미는 곧장 개 추적자들에게 잡혀 끌려갔으며 에스터는 어느 고위 관료의 도움으로 개들이 갇혀 있는 수용소 위치를 알아냈다. 〈나는 발부리에 채이는 이미 죽거나 죽어가는 개들을 이리저리 피해 걸으며 샤오미의 이름을 불렀고 수많은 개들이 짖거나 칭얼거리는 소리를 무시하려고 애썼다. 그리고 얼마 안 있어 샤오미를 찾았다. 다른 개들과 우리에 갇혀 있었다. 겁에 질린 와중에도 어쩌면 내가 자신을 데려가려고 왔을 거라는 생각에 신이 나서 펄쩍 뛰어올라 내 얼굴을 핥으려고 했다. 하지만 나로서는 그 자리에 앉아서 샤오미를 쓰다듬어 주는 것 외에 달리 해줄 수 있는 게 없었다.〉 에스터는 정기적으로 개 수용소를 찾았고 샤오미가 가죽 때문에 도살되지 않도록 가위로 털을 잘라 주었다. 그녀가 할 수 있는 것이라고는 학교 식당에서 가져간 돼지고기 몇 조각을 자신의 애완견에게 준 다음 개가 털은 엉망이 된 채로 바들바들 떨면서 사발에 든 고기를 먹는 동안 지켜보는 것이 전부였다. 마침내 보다 못한 한 동정심 많은 당 간부가 에스터에게 권총을 건네주었다. 그녀는 안전 장치를 풀고 애완견의 귀에 총구를 댄 다음 방아쇠를 당겼다.[60]

애완견은 공중 보건을 위협하는 것으로서, 그리고 식량이 부족하던 시절 타락한 중산 계급의 상징으로서 비난을 받았다. 소수의 특권층 외교관이나 고위 관료를 주인으로 둔 경우를 제외하고 머지않아 도시에서는 개를 찾아볼 수 없게 되었다. 반면 일부 농촌에서는 이후로도 수년간 저항이 계속되었다. 1952년에는 광둥 성에서 성난 농민들이 노골적으로 정부에 반기를 듦으로써 개를 도태시키려는 운동이 역풍을 맞았다. 지주를 죽이는 것과 농민에게서 개를 빼앗는 것은 완전히 다른 문제였다. 개는 집과 농작물, 가축을 지켜 주는 존재였기 때문이다. 거의 집집마다 개를 기르던 산둥 성에서도 이 운동은 연거푸 실패를 거듭했다. 그렇지만 결국에는 농민들도 정부의 시책에 순응할 수밖에 없었다.[61]

─────────

1953년 3월 스탈린이 사망했다. 그로부터 몇 개월 뒤 새로운 모스크바의 지도부는 한반도 문제를 미국과 합의하기 위해서 발 빠르게 움직였고 1953년 7월 27일에 마침내 휴전이 선언되었다. 모스크바를 통해 어디부터 어디까지가 거짓말인지 밝혀지면서 세균전 의혹을 제기하던 주장도 돌연 중단되었다. 설명에 따르면 관련 주장은 전장의 지휘관들에게서 처음 제기되었다. 마오쩌둥과 저우언라이는 관련 증거에 대한 실험실 조사를 지시하고 한반도에 방역대를 파견하는 한편 조사가 완료되기도 전에 미국이 세균전을 벌인다고 비난하기 시작했다. 보고 내용이 사실과 다른 것으로 밝혀진 이후에도 마오쩌둥은 자신이 미국에 맞서 성전을 펼치고 있다는 선전 효과를 포기할 생각이 없었다. 소련 정보기관의 수장이던 라브렌티 베리야에게 전달된 한 보고서는 사건의 전말을 이렇게 요약했다. 〈가짜 전염병 지역이 만들어졌고 죽은 사람들의 시체를 매장하고 이들의 명단을 발표한 것 역시 조작되었으며 역병과 콜레라균을 취득(원문의 오류를 그대로 인용함)하기 위한 조치가 취해짐.〉 1953년 5월 2일, 소련 내각의 최고 회의 간부들이 채택한 비밀 결의안에 의해서 모든 주장이 철회되었다. 〈소련 정부와 소비에트 연방 공산당 중앙 위원회가 잘못 알았다. 미국이 한반도에서 세균전 무기를 사용했다는 언론의 보도는 잘못된 정보에 근거한 것이다. 미군을 비난하는 내용은 사실이 아니다.〉 최고위급 밀사가 한 통의 비정한 메시지와 함께 베이징으로 보내졌다. 세균전과 관련한 모든 주장을 즉시 중단하라. 세균전을 둘러싼 주장은 그렇게 시작될 때와 마찬가지로 갑자기 중단되었다.[62]

3부

통제

1952~1956

8장
숙청

1952년 2월의 어느 추운 겨울날 2만 1,000여 명의 군중이 허베이 성 성도인 바오딩의 주경기장을 가득 메웠다. 연단 위에는 대여섯 명의 판사가 앉아 있었다. 두 명의 희생자가 등 뒤로 두 손을 묶이고 시선은 아래를 향한 채 군중을 향해 섰다. 그들 바로 뒤에는 두꺼운 누비 외투를 입은 두 명의 무장 경비가 위치했다. 허리까지 내려오는 긴 어깨띠에 희생자들을 범죄자인 동시에 반역자라고 비난하는 문구가 적혀 있었다. 허베이 성 절약 검사 위원회 서기 장칭춘이 두 사람이 저지른 악랄한 범죄를 조목조목 열거했다. 그의 장황한 연설이 끝나자 차가운 침묵이 이어졌고 마침내 판사가 일어나서 사형을 선고했다. 체념한 듯 고개를 떨군 피고들은 단 한 번도 고개를 들어서 군중이나 고발자를 쳐다보지 않았다. 그들은 곧장 바오딩의 처형장으로 끌려갔다. 그리고 머리 대신 가슴에 총을 맞았는데 나름 자비의 표시였다.[1]

희생자의 신분만 아니었다면 그 재판은 인민의 이름으로 행해진 여느 공개 처형이나 다를 게 없어 보였을 것이다. 하지만 이번은 달랐다. 류칭산과 장쯔산은 그 지역 당 지도부의 핵심 인물들이었다. 한 사람은 톈진 지구당 위원회의 이전 서기였고 다른 한 사람은 톈진 지구 행서전원, 즉 최고 행정 장관이었다. 1951년 11월에 체포된 그들은 권력 남용과 공금 유용, 불법적인 경제 활동 등의 혐의로 기소되었다. 두 사람 모두 자신의 지위를 이용해 작은 제국을 건설해서 막대한 재산을 축적하고 어마어마한 액수의 돈을 횡령하고 그렇게 해서 번 돈의 대부분을 흥청망청 써버렸다고 했다.

이 재판은 모든 당 관리들 사이에서 파문을 일으켰다. 톈진 시장이던 황징이 사면을 요청했지만 마오쩌둥이 직접 사형을 승인하고 나섰다. 〈우리는 그들 두 사람을 처형해야만 스무 명이나 200명, 2,000명, 심지어 2만 명의 다른 부패 공무원들이 이런저런 죄를 저지르지 못하게 할 수 있다.〉 당에 헌신한 그들의 과거 경력도 그들을 총살형으로부터 구하지 못했다. 그들의 죽음은 다른 당원들에게 경종을 울리려는 의도가 다분했다.[2]

3년 전 마오쩌둥이 긴장한 기색으로 베이징에 입성하면서 자신이 마치 과거 시험을 앞두고 있는 것 같다는 농담을 했다. 저우언라이가 그를 안심시키며 말했다. 「그렇다면 우리는 그 시험에 통과해야 합니다. 이제는 물러설 수도 없습니다.」 마오쩌둥이 맞장구쳤다. 「후퇴는 곧 실패다. 어떤 경우에도 우리는 이자성처럼 되어서는 안 된다. 우리 모두가 반드시 그를 넘어설 정도는 되어야 한다.」[3]

이자성은 17세기에 명나라 조정에 대항하기 위해 반란군을 조직한 민중의 영웅이었다. 그는 평화와 번영의 새로운 시대를 약속함으로써 대중에게 지지를 얻었다. 토지 분배와 과도한 곡물세 폐지를 주장하는 이자성의 요구에 부응해서 수십만 명의 농민들이 결집했다. 1644년 승승장구하던 이자성의 반란군이 수도 베이징을 함락했다. 숭정제는 술과 절망감에 취해 자신의 딸과 후궁들을 살해했다. 반란군이 그들을 욕보이지 못하도록 하기 위해서였다. 그러고는 자금성 뒤쪽의 작은 언덕에 위치한 황실 정원으로 힘없이 걸어가서 긴 머리를 풀어헤쳐 얼굴을 가리고는 정자 서까래에 스스로 목을 맸다. 이자성은 자신을 새로운 순나라의 황제로 선포했지만 오래가지 못했다. 몇 개월 뒤 만주족이 산하이관에서 이자성 군대를 격파했고 청나라가 세워졌다.

1944년 명나라의 붕괴 300주년을 기념하는 장문의 수필에서 시인 궈모뤄는 이자성이 수도를 겨우 몇 주밖에 지키지 못한 이유를 두고 그의 탐욕스러운 군대가 시민을 두려움에 떨게 만들고 만연한 부패 앞에 굴복했기 때문이라고 경고했다. 궈모뤄의 수필은 명나라 시대의 무법자들과 공산 반란군 사이의 공통점을 자세히 열거하면서 중국의 지배권을 놓고 벌이는 국공 내전에 이념적으로 엄격한 규율이 필요하다고 역설했다. 궈모뤄의 수필을 좋아한 마오쩌둥이 그에게 편지를 썼다. 〈작은 승리도 자만을 낳지만 큰 승리는 더욱 그렇다. 승리가 반복해서 실패로 이어지는 이유다. 우리는 그러한 실수를 범하지 않기 위해 주의해야 한다.〉 궈모뤄의 수필은 산시 성의 후미지고 고립된 산악 지대인 동시에 제2차 세계 대전 중 공산당이 본부를 설립했던 옌안에서 출간되었다.[4]

적진의 한참 후방에 해당하는 옌안에서 마오쩌둥은 정치력을 발휘해 당 내에서 자신의 입지를 굳히고 자신의 정식 저서들을 통해 확립된 마오쩌둥 사상과 마르크스·레닌주의를 당헌으로 지지하도록 했다. 1942년 들어 그는 자칭 정풍 운동을 통해 라이벌을 한 명씩 제거하면서 대대적인 숙청 작업에 돌입했다. 숙청 관련 역사의 선구자 가오화의 말에 따르면 숙청의 목적은 〈폭력과 공포로 당 전체를 겁먹게 만들고, 개인의 독립적인 사고를 뿌리 뽑고, 당 전체를 마오쩌둥이라는 최후 권력자 한 명에게 복종시키는 것〉이었다. 마오쩌둥은 지극히 세부적인 부분에 이르기까지 모든 것을 감독하며 이 운동의 전 과정을 직접 조율했지만 전면에는 자신의 심복인 캉성을 내세웠다. 다른 가까운 조력자들로 당원 모두에 관한 일체의 자료를 조사하기 위해 설치된 중앙 총학습 위원회의 펑전, 리푸춘, 가오강 그리고 나중에 합류하는 류사오치가 있었다. 이 학습 위원회는 당헌에 제약을 받지 않으면서 모든 것을 관리했고 사실상 공산당을 마오쩌둥의 개인 독재 체제로 바꾸어 놓았다. 저우언라이와 펑더화이, 천이, 류보청 같은 지도급 인사들은 강제로 자아비판을 하고, 진술서를 쓰고, 지난 잘못을 사과해야 했다. 간첩으로 고발되는 경우가 통제 불능 수준으로 급증하면서 어느 누구나 할 것 없이 가혹한 시련을 겪었다. 서열을 막론한 모든 당원들은 자신이 누명을 쓰지 않기 위해서라도 어쩔 수 없이 다른 사람을 비난해야 했다. 마녀 사냥이 끝없이 계속되었고 수천 명의 용의자들이 체포되어 심문과 고문을 당했고 제거되거나 때로는 처형되었다. 밤이 되면 동굴에 갇힌 이런 사람들이 울부짖는 소리가 마치 환청처럼 들리기도 했다. 심문을 받는 도중에 이성을 잃은 사람들이 내는 소리였다.

1944년까지 1만 5,000명이 넘는 사람들이 공작원이나 스파이로 몰렸고 정체가 탄로났다. 마오쩌둥은 공포가 날뛰도록 내버려 두면서 자신은 전면에 나서지 않고 거리를 두는, 그럼에도 인정 많은 지도자 역할을 맡았다. 얼마 뒤 폭력성을 제한하기 위해 그가 개입했고 캉성에게 그동안의 책임을 돌렸다. 공포 정치에서 살아남은 사람들에게 마오쩌둥은 구원자 같은 존재였다. 정풍 운동은 향후 펼쳐질 수많은 운동의 표본이 되었다.[5]

명나라의 몰락을 다룬 궈모뤄의 수필은 옌안의 테러 정치가 한창일 때 발간되었다. 마오쩌둥은 책을 증쇄해서 널리 배포하도록 하고 적의 총알을 피해 살아남았지만 의지가 약한 간부들이 결국에는 부패를 상징하는 자본가의 〈설탕 발린 총알〉을 맞고 쓰러지게 될 거라고 경고했다. 중국을 접수한 지 거의 3년 뒤인 1951년 말에 이르자 자본주의의 부정한 방식이 정말로 당을 무너뜨리고 있는 듯 보였다. 갑자기 권력이 확대되고 새로운 당원들이 유입되면서 이념적인 순수성과 적통성이 약해졌다. 안락한 생활을 추구하는 분위기가 위로는 고위층 지도자부터 아래로는 지방의 당 간부들에 이르기까지 확산되었다. 그들은 치열한 혁명 전쟁이 끝났으니 이제는 뒤로 물러앉아 물질적인 특전을 누려야 하며 그동안의 투쟁으로 충분히 그럴 자격을 갖추었다고 생각했다. 서열이 낮은 당 간부들 사이에서 〈사치, 낭비, 화려한 잔치〉가 봇물을 이루었고 더불어 당의 이미지도 흐려졌다.

관료주의가 경제의 발목을 잡는 상황은 중국이 한반도에서 전쟁을 이끌어 가는 데 위협으로 작용했다. 예산도 지나치게 부풀려졌다. 더욱 심각한 문제는 부패한 많은 관리들이 전쟁 자금으로 바쳐져야 할 거액의 돈을 착복하고 있다는 사실이었다. 장쯔산과 류칭산이 막 체포되었을 때였다. 마오 주석은 수많은 탐욕스러운 자들이 국고에 손을 대고 있는 마당에 그들의 사례는 빙산의 일각에 불과하다고 생각했다. 그가 동료들에게 경고했다. 〈[우리는] 우리 간부들이 자본주의에 물들어서 이미 부패했으며 심각한 횡령죄를 짓고 있다는 사실에 특히 주의해야 한다. [우리는] 그들을 주목하고 찾아내서 죄를 밝히고 처벌해야 한다. 그들을 처리하기 위해서라면 대규모 전쟁도 불사할 필요가 있다.〉[6]

이제는 당을 정화할 때였다. 재정부장 보이보가 이 운동의 책임을 맡았지만 마오쩌둥이 다른 고위 지도자들에게 수십 건의 지시를 내리는 등 모든 시행 과정을 관장했다. 그는 다른 고위급 동료들에게 좀처럼 자문을 구하는 법이 없었다. 모든 사람이 그에게 직접 보고해야 했다. 저우언라이는 주인이 명령만 하면 언제든 달려가는 비서처럼 대해졌다. 12월 말이 되자 마오 주석은 현 단위에서 그 위로 제출되는 월례 보고서를 베이징으로 직접 보내서 공무원들이 어떻게 하고 있는지 감독할 수 있게 하라고 지시했다.[7]

마오쩌둥은 중앙 기구를 완전히 장악함으로써 기강을 확립하고 압박감을 조성했다. 그가 내리는 지시는 평소에도 모호한 경우가 많았기 때문에 밑에 사람들은 주석의 진정한 의도가 무엇인지 헤아려야 했다. 겉으로 보기에는 유력한 각료들부터 지방의 말단 공무원들까지 모든 사람이 표적이었다. 정확히 무엇이 〈부패〉인지에 관한 법률적인 정의도 없을 때였고 〈낭비〉는 더더욱 말할 필요가 없었다. 국가 자산을 의도적으로 거덜 내는 행위부터 사소한 태만 행위까지 사실상 모든 것이 포함되는 너무나 포괄적인 범주였다. 하지만 마오쩌둥은 단호했다. 〈낭비와 부패가 본질적으로 다를지라도 낭비 때문에 초래되는 손실은 부패에 의한 것보다 훨씬 심각하며 횡령이나 도둑질, 사기나 뇌물 수수와 다를 게 없다. 따라서 우리는 부패도 엄벌해야 하지만 낭비도 엄단해야 한다.〉 유일한 지침은 단지 〈파리〉로 묘사된 사소한 용의자들과 〈호랑이〉로 언급된 보다 큰 사건들을 구분한 것이었다. 큰 호랑이는 1만 위안 이상을 횡령한 자들이었고, 작은 호랑이는 1,000위안 이상의 사기죄를 저지른 자들이었다.[8]

호랑이 사냥대들이 사냥감을 놓고 서로 경쟁을 벌였고 위에서는 마오쩌둥이 경쟁을 부추겼다. 사냥대는 다른 사냥대와 비교되었고 현은 다른 현과 경쟁했으며 성은 다른 성과 겨루었다. 1952년 1월 9일에 마오 주석이 호랑이들과의 싸움에 굳은 의지를 보인 간쑤 성을 치하했다. 반면 부패가 훨씬 심한데도 오히려 사냥감을 적게 책정한 다른 성(省)들에 대해 우려를 표시했다. 그는 〈전혀 현실적이지 않다〉라는 견해를 내놓았다. 1952년 2월 2일, 저장 성에서 성 내의 호랑이가 1,000마리에 육박할 거라는 보고가 올라왔다. 마오쩌둥은 그 정도 크기의 성이라면 적어도 3,000건은 적발할 수 있을 거라고 지적하며 조소했다. 닷새 뒤 저장 성에 3,700마리의 호랑이가 숨어 있다는 발표가 나왔다. 마오쩌둥은 이 보고서를 유포하고 다른 성들도 목표치를 상향 조정하도록 지시했다. 얼마 뒤 열정에 찬 보이보가 10만 마리의 호랑이를 보고함으로써 동부 지역 전체에서 신기록을 세웠다.[9]

현장에서는 주어진 할당량을 채우느라 고생이었다. 어떤 담당자들은 겨울 방학을 이용해 학생들을 호랑이 사냥대로 동원했다. 스물네 살의 학생이던 토미 우는 다른 학생 여섯 명과 함께 항저우 시후(西湖) 호숫가에 위치한 저장 미술 대학 산하의 미술 용품 공급 사업소로 보내졌다.

나는 그곳의 삼반 운동 사무실에서 일했다. 전 직원과 노동자들이 삼반 운동과 관련된 당 정책을 공부하기 위해 모였다. 얼마 후 직원들에게 자신의 죄를 속 시원하게 털어놓고 그들이 아는 마찬가지로 죄를 지은 다른 사람들을 고발하라는 요구가 이어졌다. 사람들은 착복과 문서 위조, 도둑질, 뇌물 수수, 그 밖에 다른 형태의 부패 행위에 대해 털어놓았다. 사무실에 있는 다른 격리된 방에는 이미 몇 명의 용의자들이 갇혀 있었다. 갇힌 사람들은 대부분이 이런저런 관리자들이었다. 심지어 일찍이 옌안 시절부터 오랫동안 공산당원이던 사람도 있었다. 우리는 〈범죄자〉임을 알게 된 사람들에게 일절 자비를 베풀지 않았다.

결과적으로 그 모든 압력에도 불구하고 토미 우 팀은 카메라 한 대와 100위안 남짓한 돈을 훔친 한 남자를 찾아냈을 뿐이었다. 그들은 해당 운동이 시작되어 끝날 때까지 석 달을 일했다.[10]

한편 위쪽 베이징에서는 1949년 10월 행진을 구경하려고 톈안먼 광장에 10시간을 서 있다가 결국 설사에 걸렸던 남학생 단링이 이제 공산주의 청년단 단원이 되어 있었다. 그는 제1 자동차 공장에서 일했는데 마찬가지로 호랑이 사냥대에 합류하라는 요구를 받았다. 그들은 곧바로 고가의 장비 하나를 훔친 것으로 의심되는 관리자를 발견했다. 과거에 국민당원이었지만 기술적 전문성 때문에 계속 근무하고 있는 사람이었다. 단링은 그 남자에게 제기된 혐의 목록을 넘겨받고 대회에서 그를 심문하는 임무를 맡았다. 공장에 모인 노동자들이 희생자에게 〈자백하라!〉라고 소리쳤다. 하지만 죄를 인정하는 것만으로는 충분하지 않았다. 희생자는 더 많은 범죄 사실을 자백하라는 압력을 받았고 아울러 다른 사람을 고발하도록 강요되었다.

곳곳에서 대중 집회가 열렸다. 중공업부가 중산공원에서 개최한 대규모 행진에는 모든 주요 용의자들이 끌려 나왔고 비판 대회에서 대중과 대면했다. 가장 악명 높은 사건들을 중심으로 대대적인 홍보도 이루어졌다. 베이징에서 가장 큰 호랑이는 쑹더구이라는 공안국 관리로 그는 모든 유형의 부패를 보여 주는 듯했다. 그는 어마어마한 돈을 유용한 혐의로 기소되었다. 한때 부자였던 어떤 사람의 아내와 바람을 피웠고 그녀의 딸과도 잠자리를 가졌다. 심지어 마약 중독자이기도 했다. 쑹더구이는 단링이 속한 호랑이 사냥대에게 훌륭한 교재였다. 그들은 그들 자신의 조사에 지침으로 삼기 위해서 해당 사건을 연구했다.[11]

〈어느 곳 할 것 없이 모든 조직이 전쟁터가 되었고 무자비한 싸움이 전개되었다.〉쑹더구이처럼 초기의 중대 죄인들은 스스로 부패를 인정하도록 강요되었고 살기 위한 노력으로 그들 밑선에 있는 부패한 다른 사람들을 제보해야 했다. 또한 용의자들은 상호 비판 대회에서 다른 용의자들과 싸우도록 유도되었다. 이른바 〈호랑이를 이용해 호랑이를 물게 만들기〉라는 전략이었다. 비교적 죄질이 가벼운 범죄자들은 정직 처분을 받았고 〈과거의 행동을 반성〉할 수 있도록 가택 연금에 처해졌다. 용의자가 아닌 사람들까지 그들의 지난 행동을 보고하고 자아비판을 해야 했으며 이는 비난과 사회적인 매장을 당할 수 있는 위험으로 이어졌다.[12]

머지않아 모든 정부 기관에서 〈자백〉이 쏟아져 나오기 시작했다. 부패가 온 천지에서 성행하는 듯했다. 쑹더구이 외에도 공안국에서만 추가로 133명의 관리들이 부패에 연루된 것으로 밝혀졌다. 재정부에서는 정부 관리들이 민영 기업과 공모해 수백만 위안 가치의 정부 재산을 사취했다. 보이보의 진술에 따르면 권력의 상층부에서만 전체적으로 1만 명이 비리와 연루되어 충격을 주었으며 여기에는 1만 위안 이상을 착복한 큰 호랑이들도 열여덟 명이나 포함되었다.[13]

일반 관리들 사이에서는 상황이 한층 더 심각했다. 지방 관리들은 사업가나 기업가 등과 교류하면서 마치 특별 급여처럼 뇌물을 받았다. 서북 지역 전체에서 34만 건의 부패 사례가 적발되었으며 시중쉰은 실제로는 그보다 세 배도 넘는 많은 죄인들이 있을 거라고 주장했다. 간쑤 성 톈수이에서는 세금 징수원 세 명 가운데 한 명이 따로 자기 몫을 챙기고 있었다. 다른 지역들도 상황이 나쁘기는 마찬가지였다. 산둥 성의 성도인 지난에서는 민간인 기업가들을 상대로 사실상 모든 부서의 고위 공무원들이 고급스러운 술과 음식을 대접했다. 경찰서에서는 일반

교통경찰부터 경찰서장에 이르기까지 모든 사람이 뇌물을 받았다. 채 1년도 안 되는 기간 동안 손님들을 접대하는 데 3,000위안 또는 숙련공 월급의 60배에 해당하는 돈을 낭비한 부시장이 유죄 판결을 받기도 했다. 이 지역 공업국은 7만 위안의 리베이트를 받은 혐의로 고발되었다. 일견 적의 설탕 발린 총알이 사방 곳곳에서 전임자들에 못지 않은 일단의 부패하고 타락한 공무원 계층을 만들어 낸 것 같았다.[14]

많은 사람이 삼반 운동을 칭송했다. 그리고 거기에는 부패 척결 의지가 너무나 단호해서 내부의 일부 지도층 인사들까지 총살시킨 당이 있었다. 로버트 루가 말했다. 〈대다수 사람들은 정부가 정말로 내부의 고위층까지 청소하려 한다고 믿었다. 나도 그렇게 믿었고 정부의 결단을 지지했다.〉 그는 이제 상하이의 방적 공장에서 일하고 있었다. 공산당이 정부 관리로 영입한 민주 동맹 대표 저우징원 같은 사람들은 내부에서 낭비와 부패의 현장을 직접 목격했기 때문에 상황을 개선하려면 삼반 운동 같은 것이 반드시 필요하다고 믿었다. 한편에는 미심쩍게 생각하는 사람들도 있었다. 한국 전쟁에 참전하지 못한 것 때문에 좌절했을 정도로 대의를 추구하는 열렬한 지지자였던 의사 리즈쑤이는 여생 동안 영원히 가시지 않을 깊은 고뇌를 겪었다. 3년 전 그를 공산당에 소개했던 장본인들인 그의 형과 사촌이 이제 공격을 받고 있었기 때문이다. 리즈쑤이가 알기로 그들은 결백했다. 하지만 그런 생각을 공개적으로 밝히기에는 너무 무서웠다. 〈그들을 옹호했다면 나도 공격을 받았을 것이다.〉[15]

잘 조율된 정치 운동의 허울 좋은 수면 아래에서는 표적을 찾아내야 한다는 압박감이 도처에서 학대를 유발했다. 허베이 성에서는 용의자들이 모욕을 당하거나, 매질을 당하거나, 옷을 벗고 추위 속에서 서 있어야 했다. 며칠씩 지속되기도 하는 대회에서 희생자들은 〈그들이 횡령했다고 주장되는 액수와 일치하는 돈을 횡령했다고 실토할 때까지 계속 심문을 당했다.〉 우안 현에서는 용의자의 머리카락을 잡아 뽑거나 머리를 변기에 처박기도 했다. 그러한 방법으로 100여 명의 호랑이를 적발했다. 그중에서 구체적인 증거에 근거한 사례는 단 한 건도 없었다. 스좌장에서는 용의자들이 눈밭에 파묻히거나, 뜨거운 잿더미 위에서 강제로 무릎을 꿇거나, 사형 위협을 받았다. 어떤 사람들은 기다란 원뿔 형태의 모자를 쓰고 강제로 거리를 행진하기도 했다. 호랑이 사냥대에 가입한 어린 회원들이 재미있어 한다는 이유였다.[16]

호랑이가 발견되지 않는 경우에 당 간부들은 대신 노동자들을 괴롭혔다. 스좌장 철로 공장에서는 수백 명의 노동자들이 가혹한 비판 투쟁 대회에 참석해야 했다. 너무나 가혹해서 어떤 남자는 비극을 끝내기 위해 스스로 휘발유를 마셨을 정도였다. 간쑤 성 란저우의 시베이 사범 대학에서는 다음과 같이 폭력이 공식적으로 옹호되었다.

비리를 저지른 증거가 있든 없든 비판 대회에서는 모든 사람이 매질을 당했고 심지어 그들의 아내들도 매질과 비난을 당했다. 상인들 몇 명이 학교 밖에서 끌려와 뭇매를 맞았다. 매질이 끝나면 고문이 이어졌다. 예컨대 웅크리고 앉아 끓는 물이 든 주전자를 머리에 이고 있거나 옷을 벗고 때로는 기절할 때까지 경우에 따라서는 거의 죽을 때까지 밧줄로 매질을 당했다.[17]

대중의 찬동과 두드러진 사례들을 둘러싼 고도의 선전 활동을 틈타서 더욱 사악한 어떤 일이 벌어지고 있었다. 정부가 많은 정부 관리들을 재판 없이 조용히 숙청하고 있었다. 〈실종〉이 일상다반사가 되었고 이는 삼반 운동에 예컨대 어떤 집단 전체를 숙청하는 것 같은 또 다른 목적이 있음을 암시했다. 1949년 들어 처음 정권을 잡았을 때 공산당은 모든 공무원에게 정부의 보호를 약속하고 심지어 감사하다는 말로 그들을 거듭 안심시키면서 자리를 계속 지켜 달라고 요청했다. 그리고 그들은 기초적인 공공 서비스가 계속 이어지게 함으로써 공산당을 도왔다. 요컨대 그들의 존재 덕분에 매끄러운 정권 교체가 가능했다. 하지만 1951년 말에 이르자 그들을 대체할 수 있을 만큼 훈련된 공산당 간부들이 충분히 늘어났다. 그 결과 기존 공무원들이 더 이상 필요 없게 되었고 많은 사람들이 숙청되었다.[18]

삼반 운동 내내 400만 명에 가까운 공무원들이 사냥되었고 일부는 극심한 고문을 견디다 못해 자살을 선택했다. 삼반 운동이 끝날 무렵인 1952년 10월에 안쯔원이 작성한 한 비밀 결산 보고서는 120만 명의 부패한 자들이 총 6억 위안에 달하는 돈을 횡령한 것으로 밝혀졌다고 결론 내렸다. 범인들 가운데 공산당원은 20만 명도 되지 않았다. 숙청 작업의 상당 부분이 이전 정권 때부터 자리를 지키고 있던 공무원들을 상대로 행해졌음을 알 수 있는 대목이었다. 해당 보고서는 전체 사례 중 최소 10퍼센트 이상이 근거 없는 비난과 강요된 자백에 근거하고 있다는 사실도 인정했다. 하지만 정부 조직 내에서 가장 신뢰할 수 없는 부류가 제거될 수만 있다면 그토록 많은 희생자가 부당한 처우를 당한 것쯤은 어차피 전혀 중요한 문제가 아니었다. 그렇게 수만 명이 강제 노동 수용소로 보내졌다.[19]

고위 지도자 몇 명이 공개적으로 처형되기는 했지만 당 수뇌부의 진짜 부패가 근절되었는지는 의심스러운 일이다. 당초 삼반 운동을 환영했던 저우징원은 곧바로 미망에서 깨어났다. 그는 〈부패했지만 마오쩌

장제스 장군(왼쪽)과 공산당 지도자 마오쩌둥, 1945년 9월 27일 충칭.

양쯔 강으로 후퇴하는 국민당 군대, 1948년 12월 31일.

선발대로 도착한 인민 해방군을 구경하는 사람들, 1949년 4월.

창춘 포위 공격을 지휘하고 만주를 정복한
린뱌오 사령관.

조지 C. 마셜 장군의 포스터 앞에 선
존 레이턴 스튜어트.

정부와 군 수뇌부로 구성된 파견단을 이끌고
모스크바를 방문한 저우언라이, 1952년.

1949년 6월 공산군의 상하이 점령 직후에 열린 승리 행진.

공산군이 점령한 상하이, 1949년 6월.

국공 내전 당시의
피난민들, 1949년 4월.

피난민을 태운 탈출선.

베이징에서 중화 인민 공화국의 건국을 선포하는 마오쩌둥.

새로운 중국 정부의 탄생 1주년 행사에서 이오시프 스탈린 사진을 들고 있는 중국 공산주의자들.

광둥 성의 한 마을에서 등에 총을 맞고 처형되기 직전 인민 재판을 마주하고 있는 〈지주〉,
1952년 7월.

국공 내전으로 폐허가 된 차오라오지 현 북쪽의 한 마을에서 비탄에 빠져 있는 여인.

〈성공적인 사회주의 개조〉를 기념하는 공식 행사에서 저우언라이와 마오쩌둥에게
붉은 봉투를 건네는 상공업 대표 웨쑹성, 1956년 1월 15일 톈안먼 광장.

식품점 밖에 늘어선 줄, 1957년.

마오쩌둥 동상을 보수하는 모습.

1957년의 마오쩌둥.

등에게 충성하는 사람들은 돈만 압수되고 가벼운 처벌만 받은 채 빠져 나갔다. 반면 마오쩌둥에 대한 지지가 시들해진 것으로 드러난 사람들은 처형되었다〉라고 주장했다. 장쯔산과 류청산이 체포된 뒤 한 조사단이 톈진의 고위 지도층에 관한 자료들을 면밀히 조사한 끝에 20여 명의 고위급 당원들이 연루된 조직적인 속임수를 밝혀냈지만 그들 대다수는 가벼운 질책만 받고 피해 갔다. 저우징원의 해석에 따르면 〈모든 죄인을 처벌할 경우 정권의 평판이 나빠지고 심지어 정권의 안정성까지 위협받을 수 있기 때문이었다〉.[20]

삼반 운동은 머지않아 정부의 고위 관료들에서 범위를 더욱 넓혀 갔다. 악의적인 외부 세력이 공중 도덕을 해치고 있다는 은밀한 단서들이 여기저기에서 드러났다. 1951년 11월 30일, 부패 척결 운동을 막 시작할 당시 마오쩌둥은 당 지도부에 〈우리 간부들이 자본주의에 물들어 부패했다〉라고 말했다. 이후로 몇 주 동안 사업가나 기업가의 뇌물 수수와 도둑질, 탈세 사건에 정부 관리가 연루되었다는 보고서들이 전국 각지에서 날아들었다. 1952년 1월 5일에 이르러 마오쩌둥은 자본가들이 당을 상대로 〈전쟁보다 훨씬 심각하고 위협적인 맹공〉을 가하고 있다는 결론에 도달했다. 몇 개월 안에 필살의 일격을 날리기 위해서는 단호한 반격이 필요했다. 역사가 마이클 성의 표현을 빌리자면 〈마오쩌둥은 이제 자본가를 상대로 전쟁을 선포했다〉.[21]

전쟁은 자본가들에게 제기된 다섯 가지 죄를 처단하기 위한 운동의 형태를 취했다. 다섯 가지란 뇌물 수수와 탈세, 정부 자산에 대한 절도,

계약 사기, 국가 기밀 탈취였다. 다섯 가지 항목은 너무 광범위해서 사실상 모든 것에 적용되었다. 정부 관리들은 부패와 관련해 자신들에게 쏟아지던 비난을 피하기 위해 재빨리 그 기회를 붙잡았고 복수심에 불타 민간 무역 부문을 공격했다.

재계는 공산당 집권 3년 만에 이미 휘청거리고 있었다. 일부가 1949년에 남기로 결정하면서 당초 재계 전체가 새로운 정부와 운명을 함께하기로 한 것은 아니었다. 만주가 공산주의자들에게 넘어가기 이전부터 이미 많은 기업가들과 제조업자들이 중국을 탈출했다. 제2차 세계 대전이 끝나고 잠깐 동안은 상공업이 다시 호황을 맞는 것 같았다. 전쟁의 폐허 속에서 공장들이 생산을 재개했으며 어떤 이들은 사업을 확대하려는 야심 찬 계획도 세웠다. 하지만 곧 국민당이 시장에 개입하기 시작하고 민영 기업을 국가의 엄격한 관리 아래 두면서 1949년 이후에 일어날 일을 예고했다. 일례로 1945년에는 금융 분야에서 200개가 넘는 은행들이 고객을 놓고 경쟁을 벌였지만 1948년에 이르러 다른 은행들이 시장에서 퇴출되거나 국영화되면서 중국 은행이 사실상 시장을 독점했다. 그리고 이번에는 이 중앙 은행이 외화의 수출입을 통제하고 개인이 외국을 여행할 때 가지고 나갈 수 있는 돈을 미화 200달러로 제한하고 나섰다. 장제스의 아들 장징궈가 인플레이션과 싸우는 임무를 맡고 있었는데 그는 1948년 10월 들어 국민당이 국가 관리를 포기하기 전까지 수천 명의 상하이 기업가들을 부패 혐의로 감옥에 보냈다.[22]

국민당 정권에 의해 시장에서 퇴출된 기업가들과 그 가족들이 제2차 세계 대전이 끝난 직후부터 몇 년 동안 대대적으로 중국을 이탈하기 시작했다. 많은 사람들이 남아메리카 대륙으로 향했다. 현지에 도착해서 비자를 받을 수 있는 파라과이가 매력적인 목적지로 부상했다. 총통의 아내였던 쑹메이링이 1944년 6월에 방문했다는 이유로 브라질도 큰 인기를 끌었다. 공장을 통째로 배에 옮겨 싣고 남아메리카로 향하는 제조업자도 있는 반면에 현지에서 땅을 사는 사람도 있었고, 은행이나 석유 회사, 해운 회사의 지분을 사들이는 사람도 있었으며, 상파울루, 카라카스, 부에노스아이레스 일대의 커피나 코코아 플랜테이션 농장에 투자하는 사람도 있었다.

1949년 한참 이전에 해외 이주를 결정하기까지 어떤 사람들은 놀라운 선견지명을 발휘했고 어떤 사람들은 단지 운이 좋은 경우였다. 또 다른 목적지로 홍콩도 인기였다. 1937년 이래로 지속된 일본의 중국 점령 기간 중 본토와 떨어진 안전한 피난처를 물색하던 많은 제조업자들은 진작부터 영국령 식민지로 이주할 준비가 되어 있었다. 자신이 곧 돌아올 거라고 생각해서 꼭 필요한 것들만 챙겨 떠나는 사람들도 많았다. 종전 후 다시 정착할 곳을 찾아 갈팡질팡하는 사람들도 있었다. 알렉스 우 가족은 1948년에 홍콩에 왔고 한동안 그곳에 머물다가 다시 돌아가기로 결정했다. 〈처음 올 때 우리는 보트를 타고 왔는데 석 달 뒤 상하이로 돌아갔다. 상하이의 상황이 갈수록 더 나빠지자 아버지는 나와 내 남동생을 데리고 다시 홍콩으로 나왔다. 내가 겨우 여덟 살 때였다. 민간 항공기가 더 이상 운항하지 않았기 때문에 우리는 군용기를 탔다. 공산당 군대가 상하이로 진군해 들어오기 직전이었다.〉 위험을 분산시키려는 노력으로 많은 가족들이 거점을 홍콩에 둔 채 가족 구성원 중 몇몇은 남아메리카로 보내고 어린아이들은 미국으로 유학을 보냈다.[23]

가족의 재산을 지키기 위해 한 명이나 그 이상의 가족이 중국에 남는 경우도 더러 있었다. 중국에서 가장 부유한 가문 중 하나이며 융 씨라고도 알려진 룽 씨 가문은 1949년 이전까지 대부분의 재산을 현금화하거나 최대 한도로 담보 대출을 받았다. 그리고 일곱 명의 아들 중 한 명을 은행의 비공식적인 인질로 남겨 두었다. 상하이 세인트 존스 대학을 졸업한 서른세 살의 룽이런은 8만 명의 직원을 거느리고 대략 20여 개에 달하는 직물 공장과 제분소를 관리했다.

공산주의자들은 룽이런을 환영했다. 비단 룽이런뿐 아니라 1949년 당시 어쩔 수 없이 중국에 남아 있던 수많은 상인과 은행가, 무역업자, 기업가를 환영했다. 신민주주의가 공식 구호였으며 공산당은 이제 〈민족적 시민 계급〉이라는 꼬리표가 붙은 사람들에게 사유 재산제를 바탕으로 기업 활동을 계속할 수 있도록 해주겠다며 안심시켰다. 실제로는 소비에트 연방과 그 위성 국가들처럼 신민주주의는 공산당이 이 초기 단계에서 쉽게 통제할 수 없는 다른 세력들과 맺은 거짓 연합에 불과했다. 1949년에 마침내 정권을 잡았을 때 공산주의자들은 극심한 인력 부족에 시달렸고 따라서 재계의 상공업적 능력을 그대로 활용하는 것 말고는 달리 선택의 여지가 없었다. 해방 뒤에도 존속한 공무원들과 마찬가지로 그들은 그동안 해오던 일에 계속 매진하면서 새로운 정부를 위해 일해 달라는 말을 들었다.[24]

개인적으로 마오쩌둥은 자본주의를 반드시 근절해야 한다는 생각을 갖고 있었다. 1949년 5월, 공산당 지도부가 베이징 외곽에서 야영하고 있을 때 마오쩌둥은 당시 군 지휘관 중 한 명이던 황커청과 식사를 했다. 그리고 그 자리에서 황커청에게 일단 승리가 마무리된 다음에는 무엇을 공산당의 최우선 과제로 삼아야 한다고 생각하는지 물었다. 다년간 전쟁으로 인한 폐허를 목격해 왔던 황커청은 경제 건설이 급선무일 거라는 의견을 내놓았다. 마오쩌둥이 준엄하게 고개를 저었다. 「아니! 계급 전쟁이 가장 중요한 과업일세. 우리는 자본가 계급 문제를 우선적으로 해결해야 하네.」 그보다 몇 개월 전에는 당이 자본가의 도움을 받아야 한다고 생각하는 사람들을 〈얼빠진〉 자들이라며 맹공격하기도 했다.[25]

당의 장기 전략이 무엇이었든 간에 민영 기업들은 머지않아 곤경에 빠졌다. 해방 첫해에 많은 기업들이 임금 인상을 수용하도록 강요되었고 덩달아 생산 비용이 폭증했다. 뒤이어 종종 소급하여 적용되기도 하고 민영 기업의 실질적인 수입과는 거의 무관한 가혹한 세금이 부과되었다. 그나마 남은 자산은 승리 공채를 강제 구입함으로써 더욱 감소했다. 상공업을 감독하도록 임명된 당 간부들은 문제를 더욱 복잡하게 만들 뿐이었다. 그들은 무역과 경제 분야의 기초 지식도 없이 과묵하고 의심만 많아서 모든 거래를 확인하고 또 확인했다. 국민당의 금수 조치로 국제 무역이 가뜩이나 심각한 타격을 받고 있던 상황에서 공산당은 1950년 초 마오쩌둥이 모스크바에서 돌아온 뒤로 모든 해외 무역을 소비에트 연방에 집중하기 시작했다. 앞서 3장에서 설명한 것처럼 한때는 분주했던 상업 지구들이 1950년 여름에 이르러 완전히 쇠락했다.

과도한 세금이 황금알 낳는 거위를 죽이고 있음을 깨달은 재정부장 보이보가 1950년 6월에 세제 개혁을 단행했다. 몇몇 대기업의 파산을 막기 위해 정부가 대량으로 제품을 주문하기 시작하면서 노동 운동이 제약을 받았다. 중국 인민 은행에서는 다른 민영 기업들을 구제하기 위해 선별적으로 〈원조 대출〉을 운용했으며 민영 기업의 정부 여신 의존도가 증가했다.

관세와 외국환 관리도 경제를 거의 마비시켰다. 기업들이 점차적으로 정부의 직접적인 통제를 받게 되었다. 법치는 중단되었다. 인민 재판소가 독립적인 법원을 대체했다. 1950년 6월에는 당에서 운영하는 중화 전국 총공회 산하의 출장소들이 독립적인 노동조합들을 대체했다.

1951년부터는 마찬가지로 당의 통제를 받던 중화 전국 공상업 연합회 산하의 지점들이 상공 회의소의 독자적인 업무를 넘겨받았다. 그 과정에서 신민주주의라는 허울을 유지하기 위해 룽이런 같은 상공업계 거두들이 이사회에 영입되기도 했다. 또한 당은 고용인과 피고용인 사이의 갈등을 중재한다는 명목으로 강제력을 가진 관리 위원회를 설립하기도 했는데 해당 위원회는 사실상 노동력과 자본 둘 다를 통제하는 역할을 수행했다.[26]

한국 전쟁은 민간 경제에 대한 탄압을 더욱 가중시켰다. 전쟁 자금을 조달하기 위해 제조업자와 기업가, 무역업자 등으로부터 금이나 보석, 달러화, 그 밖의 외국 통화가 징발되면서 승리 공채 운동이 기부 운동으로 바뀌었다. 다른 무엇보다 1950년 10월부터 단행된 공포 정치가 정권에 반대하던 사람들의 입을 틀어막았다. 수십만 명의 진짜 혹은 상상에 의해 만들어진 적들이 대규모 군중 앞에서 처형되었기 때문에 기업가들은 경찰서에 끌려가 〈노동자 계급의 적법한 생계 수단을 가로채 부를 축적한 매판 계급〉이나 〈국민당 정부를 위해 일하는 간첩〉으로 매도될까 봐 두려움에 떨었다. 외국인들 대다수가 국외로 추방되고 난 자리에는 다른 세상과의 접촉이 완전히 차단되어 취약한 상태로 겁에 질리고 고립된 자본가들 만이 남아 있었다.

1952년 1월에 마오쩌둥이 자본가를 겨냥하여 단행한 오반 운동은 토지 개혁을 거치며 세부적인 조정을 통해 확립된 기술 덕을 톡톡히 보았다. 비판 대회에 참가한 노동자들은 그들의 경영자에게서 등을 돌리도록 선동되었다. 노동조합들은 산하에 노동 여단을 결성했으며 각각의 회원들은 충성을 맹세함과 동시에 〈굳건히 버틸 것〉을 약속하고 반(反)자본가 운동을 철저히 수행할 것을 약속했다. 과거에 당한 모욕을 기억

나는 대로 모조리 들추어내라는 지방 간부의 선동에 직원들이 〈쓴소리를 내뱉으면서〉 전통적인 고용인과 피고용인의 관계도 끝이 났다. 이제는 노동자가 주인이었다. 당의 행동 대원들이 앞장서서 범죄 행위와 관련된 증거들을 찾아 나섰다. 〈자신이 속한 노동조합의 사주를 받은 점원들과 노동자들이 눈이 시뻘게져서 고발거리를 찾아 회계 장부를 뒤지거나 금고를 열거나 전화 통화를 엿들었다.〉 도시 전체가 전시 체제를 방불케 했으며 대형 트럭들이 상업 지구를 관통해 서서히 이동하다가 상점들 앞에 멈추자 트럭에 설치된 확성기를 통해 다음과 같은 방송이 흘러나왔다. 「가게 주인은 들어라! 당신들이 저지른 모든 비행에 관한 증거가 이제 우리 손에 있다. 자수하라!」 용의 선상에 오른 사업장의 창문에는 전단지와 포스터가 도배되었고 한 무리의 시위대가 출입구를 봉쇄했다. 사람들이 다른 사람을 쉽게 고발할 수 있도록 윗부분에 가느다란 틈이 나 있는 선홍색 고발 상자도 제공되었다. 사람들이 많이 오가는 거리에는 대형 현수막이 펄럭였다. 〈타락한 죄인들을 엄격하게 처벌하라.〉[27]

공포에 질린 상인과 무역업자, 은행가 등이 자백 모임에 떼 지어 몰렸고 그들을 고발한 사람들과 대면했다. 로버트 루는 자신의 사무실에 감금되어 룽이런의 방적 공장에서 직원으로 일하면서 한 일에 대해 자술서를 써야 했는데 감금되기 직전 자신의 책상 맞은편 벽에 더덕더덕 붙어 있는 포스터들을 발견했다. 포스터에는 〈자본가 계급의 악질적인 공격을 분쇄하라〉, 〈항복하라, 역겨운 자본가들이여〉, 〈완전한 자백만이 살 길이며 기준에 미치지 못하면 죽음뿐이다〉 같은 구호들이 적혀 있었다. 사무실 한쪽 창문에 확성기도 설치되었다. 잠깐 동안의 칙칙거림이 끝나자 고막이 터질 것 같은 소리가 터져 나왔다. 가장 큰 구내식당에서 진행 중이던 군중 집회가 중계되고 있었다. 집회는 자본주의에 반대하는 열변이 대부분이었고 행동들이 군중을 더욱 흥분시키고 있었다. 잠시 후 마이크를 넘겨받은 당 간부들이 로버트 루를 직접적으로 겨냥해서 연설을 펼쳤다. 온갖 욕설과 모욕과 위협이 쏟아졌으며 빠짐없이 전부 다 털어놓으라는 충고가 이어졌다. 오후 내내 이런 상황이 지속되었다. 저녁이 되자 요리사 한 명이 와서 담요 한 장을 바닥에 던진 다음 떨떠름한 표정으로 국수 한 그릇을 그의 책상 가장자리에 올려놓았다. 혹시라도 그가 도망치지 못하도록 감시원들이 철통같이 지켰으며 심지어 화장실까지 따라다녔다. 그들은 나중에 그가 사무실 바닥에 누워 자려고 하자 냉혹한 얼굴로 그의 앞에 자리를 잡고 앉아서 불조차 끄지 못하게 했다.

그렇게 이틀이 지났다. 3일째 되던 날 아침 그는 당 서기 사무실로 호송되었는데 도중에 만난 직원들이 그를 〈자본가 새끼〉, 〈부도덕한 개〉라고 부르며 야유를 보냈다. 그에게 침을 뱉는 사람도 있었고 몇몇은 손찌검을 하기도 했다. 로버트 루와 가장 친했던 사람들이 가장 열정적으로 비난을 퍼부었다. 〈처음에는 그래서 무척 상처를 받았지만 이내 나와 친했다는 바로 그 이유 때문에 위협을 받았을 거라는 생각이 들었고 그들도 살아남기 위해서 나처럼 자본주의에 물든 죄인에게 증오와 경멸을 느낄 뿐이라는 사실을 증명하려 애쓰고 있다는 사실을 깨달았다. 그런 생각이 들자 왠지 기분이 좋아졌다.〉

고위급 당 간부에게 장황한 훈계를 들은 다음에도 로버트 루는 감시요원들에게 계속 조사를 받으면서 고통스러운 이틀을 더 보냈다. 그 사이 확성기를 통해 중계되는 비난을 들으며 자신이 감당할 수 있는 수준에서 그럴듯한 범죄를 꾸며냈다. 그의 시도는 일곱 번째 만에 성공했다.

마침내 청산의 날이 다가왔고 그는 〈군중과 대면〉해야 했다.

내가 입장하는 것을 신호로 엄청난 소란이 시작되었다. 분노에 찬 악
다구니와 구호를 외치는 소리, 모욕적인 말들 때문에 귀가 먹먹할 정도
였다. 나는 공산당 관리들이 탁자를 놓고 앉아 있는 작은 연단 앞에 겸손
하게 머리를 숙인 자세로 세워졌다. 힘도 없고 무섭기도 해서 다리가 후
들거렸다. 등 뒤에서 들리던 고함이 돌연 잦아들었다. 그리고 당 서기가
일어나서 사람들이 내게 제기한 혐의 목록을 읽어 내려갔다.

당 서기의 낭독이 끝났을 때 로버트 루는 군중을 향해 절해야 했다.
각각의 피고용인 단체를 대표하는 사람들이 한 명씩 무대로 나와서 그
를 맹렬히 비난했다.[28]

로버트 루는 비교적 가볍게 끝난 경우였다. 그렇지 못한 사람도 많았
다. 어떤 사람들은 사형당할 거라는 위협을 받고 두려움에 떨다가 나중
에 가서 그들의 운명이 얼마나 적극적으로 운동에 기여하느냐에 달렸
다는 말을 들었다. 그리고 그들은 자신의 목숨을 부지하기 위해서 다른
사람을 공격했다. 두려움은 종종 그들을 당 간부보다 더 포악하게 만들
었다. 자신이 담당하던 특정 업무 분야에서 전문적인 지식을 갖춘 이들
이었기 때문에 다른 사람들이 자백하지 않고는 배길 수 없을 정도로 죄
를 정확히 짚어 내는 데 유리했다. 심지어 부인과 자식까지도 비난에 이
용되었다. 창사에 사는 리성전이라는 이름의 한 회계사는 자신의 아버
지를 고발하면서 수십 건의 위반 내용을 제보했다. 이 사례를 마오 주
석에게 자랑스럽게 보고한 공안부장 뤄루이칭에 따르면 리성전은 〈가
족은 국가나 동일 계급의 구성원들만큼 가까운 사이가 아니다〉라고 단

언했다. 공산주의 언론은 아이들이 부모의 죄를 고발하도록 교육 받았다고 보도했다. 어떤 아이는 자신의 아버지에게 이렇게 말했다. 「아버지가 비리를 자백하지 않더라도 다른 사람들이 폭로할 거예요. 그래도 계속 고집을 부린다면 나는 아버지를 아버지로 여기지 않겠어요.」[29]

비판 대회는 주로 엄청난 압박 속에서 비공개로 이루어졌으며 때로는 공개적으로 행해지기도 했다. 희생자들은 만주의 강제 노동 수용소로 보내질 것에 대비해 자신이 가진 가장 따뜻한 옷을 입고 나왔다.

보이보는 마오쩌둥에게 보낸 편지에서 룽이런이나 류훙성, 후줴우 같은 산업계의 거물들이 무대 위에서 두려움에 사로잡혀 필사적으로 서로를 비난했다고 설명하며 만족감을 나타냈다. 룽이런은 착취로 얼룩진 가족의 과거를 직시하면서 와락 울음을 터뜨렸고 수치심을 드러냈다. 아울러 자신의 가문이 2000만 위안에 달하는 부당 이득을 챙겼다고 자백했다. 그가 몇 주에 걸쳐 산처럼 쌓인 장부들을 검토한 끝에 도달한 액수였다.[30]

토지 개혁 과정에서 축적된 기술이 고통과 모욕을 주기 위해 폭넓게 이용되었다. 도시의 희생자들은 몸이 묶인 채 작은 의자 위에서 무릎을 꿇고 있거나 몇 시간씩 계속 몸을 굽히고 있어야 했다. 잠을 재우지 않는 것은 예사였다. 시골로 내려갈수록 고문 기술은 더욱 잔인해졌다. 쓰촨 성 곳곳에서 〈자본가〉로 고발된 사람들이 욕설을 듣거나 옷이 벗겨지거나 폭행을 당했으며 형구에 매달려 채찍질을 당했다. 대개는 공작대가 판사나 배심원, 집행인 역할을 맡았다. 그들은 이를테면 벌금이 선뜻 납부되는 경우 원래의 금액을 두 배로 늘리거나 네 차례 이상 벌금을 체납한 사람을 총살시키는 등의 결정을 내렸다. 광둥 성의 일부 도시에서는 세무 조사원이 공장주들을 공개 처형장으로 데려가서 처형

과정을 보여 주며 협조하지 않으면 그들도 똑같은 운명을 맞게 될 거라고 협박했다. 한편 장면에서는 노동자들이 공장주를 상대로 〈착취 고지서〉라는 것을 발행했으며 그들을 폭행하고 비판 대회에서 강제로 무릎을 꿇리거나 화장실에 감금했다. 다른 형태의 육체적 고문도 〈매우 흔하게〉 행해졌다. 선양에서는 상인들이 노동자들 손에 옷이 벗겨진 채 추위 속에서 몇 시간 동안 한없이 서 있어야 했다.[31]

죽임을 당한 사람은 드물었지만 많은 사람이 스스로 목숨을 끊었다. 로버트 루는 〈사람들이 창문 밖으로 몸을 던지는 광경을 어렵지 않게 볼 수 있었다〉라고 전했다. 이 시기에는 외출을 삼갔음에도 그는 두 번이나 그 같은 광경을 목격했다. 〈관을 맞추려면 몇 주 전에 미리 예약해야 했다. 장례식이 두 배로 늘면서 한 공간에서 동시에 여러 건의 장례가 치러지기도 했다. 사람들이 나무에 목을 매지 못하도록 공원마다 순찰도 행해졌다.〉 베이징에서는 봄이 되면서 얼었던 시후(西湖) 호수가 녹기 시작하자 한 장소에서만 무려 열 구 이상의 시체가 발견되었다.[32]

용의자는 끊임없이 감시를 받았기 때문에 자살하기도 쉽지 않았다. 하지만 절망에 싸인 사람들은 나름의 창의적인 방법들을 찾아냈다. 제약 산업과 관련된 일에 종사하던 어떤 기업가는 어찌어찌하여 청산가리 알약을 구해 비판 투쟁 대회에 끌려가던 도중에 알약을 삼켰다. 밧줄을 숨기고 있다가 옷장 속에서 목을 맨 사람도 있었다. 사무실 바닥에서 잠자는 척 담요를 뒤집어쓰고 시계 유리를 깨서 손목을 그은 사람도 있었다. 창문에서 뛰어내리는 사람은 부지기수였다. 정확한 통계를 구하기란 불가능한 일이지만 공산당이 집계한 통계가 믿을 만하다고 가정한다면 이러한 공격으로 가장 큰 타격을 입은 도시인 상하이의 경우에는 두 달 동안에 644명이 또는 같은 기간 중 매일 열 명 이상이 스

스로 목숨을 끊었다.[33]

거짓 고발과 근거 없는 비난이 난무하는 가운데 명성까지 지키면서 빠져나온 사람은 거의 없었다. 2월에 이르자 총 5만 명에 달하는 베이징의 〈자본가〉 중 단지 1만 명만 정직한 사람들로 판명되었다. 전국의 다른 지역들도 비슷한 수치를 보였다. 자본가를 모조리 처벌할 경우 경제가 난파될 상황이었다. 마오쩌둥이 이 같은 난제의 해답을 제시했다. 그가 제시한 해답은 할당제였다. 마오쩌둥은 기강을 확립하려면 누군가는 반드시 죽어야 하며 가장 〈반동적인〉 용의자들 가운데 5퍼센트에 집중해서 본보기로 처벌하라고 지시했다. 그에 따라 대다수 도시에서 고발된 사람들 가운데 어림 계산으로 약 1퍼센트가 총살되었고 추가로 1퍼센트가 종신 노역형을 받고 강제 노동 수용소로 보내졌으며 약 2~3퍼센트가 10년 이상의 징역형에 처해졌다.[34]

오반 운동이 한국 전쟁을 수행하는 데 따른 자금을 조달하는 데 이용되면서 〈기본적으로 법을 준수〉했거나 〈법을 반쯤 준수〉한 것으로 분류된 절대다수의 사람들에게 벌금이 부과되었다. 머지않아 상하이 인민은행 앞에 1.5킬로미터에 달하는 줄이 생겼다. 소상인들이 그들에게 부과된 고액의 벌금을 납부하기 위해 그나마 가지고 있던 소량의 금붙이를 앞다투어 팔려고 하면서 생긴 줄이었다. 자신의 차례가 될 때까지 며칠을 기다려야 하는 사람들이 생기면서 줄을 선 사람들 모두가 안절부절못했다. 결국 정부는 벌금에 대한 담보로 금을 받아주기로 결정했다. 담보를 예치한 그날로 벌금을 납부한 것으로 등록되었고 나중에라도 담보를 다시 찾아가는 것은 허락되지 않았다. 머지않아 은행에 예치된 상공업계의 모든 자금이 다른 용도로 전용되면서 많은 사람이 빈곤의 나락에 빠졌고 더 나아가서는 국가의 재정 구조가 악화되었다.[35]

1952년 봄 정부는 반(反)자본가 운동을 종료하려는 은밀한 시도에 돌입했다. 노동절을 기점으로 세금 부담이 서서히 감소하기 시작했고, 자산 재평가가 시행되었으며, 오반 운동 중 부과된 벌금이 삭감되었고, 휘청거리는 기업들에게 저리 대출이 제공되었다. 하지만 지원은 무조건 적이지도, 모든 기업이 혜택을 누릴 수 있는 것도 아니었다. 이제 정부 는 어떤 기업을 살릴 것인지 선별해서 선택할 수 있었고 그 결과 민간 경제 부문에 대한 장악력이 더욱 강해졌다. 게다가 대출에는 새로운 조 건들이 붙었는데 그중 하나는 정부가 수익의 75퍼센트를 가져가고 남 은 25퍼센트를 가지고 수익 배당과 보너스, 직원들 월급 등을 해결해야 한다는 것이었다.[36]

너무나 보잘것없고 때늦은 시도였다. 1952년 3월에 이르러 국가의 모든 시스템이 정체의 늪에 빠졌다. 수개월의 자정(自淨) 과정을 거치면 서 나라 전체가 휘청거렸다. 당 간부들은 사상적 배교자나 부패 요소를 추적하느라 바쁠 때가 아니더라도 어떠한 결정도 내리려 들지 않았다. 당 내 서열을 기준으로 지휘 계통의 위 단계에 있는 사람들에게 모든 결 정이 전가되었다. 그로 인해 매사가 지연되었고 무관심이 만연했다.

이 같은 풍조에 자본가에 대한 공격까지 더해지면서 상공업이 마비 되기에 이르렀다. 위로는 관리자부터 아래로는 말단 노동자에 이르기 까지 하나같이 비판 대회에 매달려 있는 것 같았다. 산업 생산량이 곤두 박질쳤으며 교역이 서서히 중단되었다. 상하이에서는 임시 보관소에 주인이 찾아가지 않는 제품들이 넘쳐나다 못해 노지에 버려지고 있었 다. 직원들이 공장주를 비난하느라 바빠서 수입해 온 면화가 계속 배에 실린 채로 한없이 대기해야 했다. 톈진의 제1방적 공장 같은 경우에는 공장 가동률이 3분의 1 수준에 불과했다. 도처에서 중단 사태가 빚어졌다. 오반 운동이 시작되기 몇 개월 전과 비교하면 편물 의류의 생산량은 절반이 줄었고 화물 수송량은 40퍼센트가 감소했다. 분야에 따라서는 노동자의 수입이 3분의 2만큼 줄어든 곳도 있었다. 도시의 은행들도 대출을 중단했으로며 덩달아 세수도 급감했다.[37]

다른 지역들도 상황은 대동소이했다. 전통적으로 교역이 주를 이루던 저장 성에서는 재계의 자본이 3분의 1이나 잠식되면서 지역 경제에 파괴적인 결과를 초래했다. 성도인 항저우에서는 체납 세금과 반환금, 〈부패〉에 부과된 벌금 등의 명목으로 전년도 수익 중 절반이 은행으로 귀속되었다. 23퍼센트에 달하는 기준 세금과 그 밖의 각종 분담금, 기부금, 장려금 등은 계산에 포함하지 않았음에도 그러했다. 남쪽으로 내려가 광둥 성 전역의 1952년 교역량은 전년도와 비교해 7퍼센트가 감소했다. 일부 도시 예컨대 도자기로 유명한 포산 같은 도시는 교역량이 28퍼센트나 감소했는데 민영 기업에 가해진 징벌적인 조치가 주된 원인이었다.[38]

중소 기업은 더 이상 직원들 월급을 줄 수 없었고 덩달아 실업률이 치솟았다. 오반 운동의 직접적인 영향으로 직장을 잃은 노동자는 상하이가 8만 명, 지난이 1만 명에 육박했으며 양쯔 강 유역에 자리 잡은 오래된 상업 도시이자 하얀색 집과 진회색 타일, 돌다리, 고탑(古塔), 한적한 정원 등이 옛 상인들의 부(富)를 짐작케 하는 쑤저우 일대도 1만 명에 달했다. 수세기 동안 소금, 쌀, 비단 등을 거래해서 부를 축적한 양저우에서는 오반 운동으로 초래된 혼란이 극심해지자 노동자들이 서로에게 등을 돌리기 시작했다. 내륙으로 들어가서 한때 동양의 시카고라고 불리던 우한 시에서는 교역량이 이전 분기의 30퍼센트에 불과할 정도로 급감하면서 2만 4,000명의 노동자들이 직장을 잃었다. 철도 운송과 세

수도 정체되었다. 그야말로 도시 전체가 황량한 풍경을 연출했다. 쓰촨 성 충칭에서는 2만 명이 오반 운동 때문에 실직하는 바람에 수많은 가정에서 하루에 0.5킬로그램도 되지 않는 식량으로 살아야 했다. 허기를 채우기 위해 옥수수 껍질을 먹거나 들개를 사냥하는 사람들도 등장했다. 불만이 쌓인 노동자들 사이에서 〈오반 운동에 반대한다〉 같은 구호가 급속히 퍼지면서 불만 세력이 태동하기 시작했다.[39]

그때까지 무역업자와 상인, 공급자로 이루어진 일단의 연결망을 통해 도시와 연결되어 있던 농촌도 어렵기는 마찬가지였다. 남쪽에서는 기름과 차, 담뱃잎 같은 기본적인 교역 물품들에 대한 수매가 이루어지지 않으면서 해당 물품들을 팔아 생계를 유지하던 농부들이 타격을 입었다. 상하이 주변 지역에서는 농산물 가격이 급락하면서 농부들이 봄갈이할 돈도 없었다. 다음 작물로 파종할 종자가 충분한 경우에도 관리들은 당 내부의 숙청 작업이 공식적으로 종료되길 기다리면서 농민들에게 어떠한 지침도 주려고 하지 않았다. 보다 북쪽으로 가서 만주에 위치한 지린 성 같은 경우에 특히 그 같은 현상이 두드러졌는데 가오강의 주도 아래 해당 운동이 너무 엄격하게 전개되는 바람에 혹시라도 우파라는 비난을 받을까 봐 두려워한 마을 지도자들이 회의에 모든 시간을 빼앗겼기 때문이다. 들판이 맨땅을 드러내고 있었다. 남쪽의 대다수 농촌 지역에서 농사가 중단되었다. 저장 성 장산 현에서는 전체 마을 주민 가운데 4분의 1만이 일손을 놓지 않고 있었다. 나머지 대다수는 그냥 가만히 앉아서 명령만 기다렸다. 더구나 이 당시는 한국 전쟁이 한창일 때였다. 다시 말해서 전선의 군인들을 먹여 살리고자 파괴적인 징발이 이루어지면서 만주와 쓰촨 성 일대의 농촌 대부분 지역이 인간에 의해 초래된 기아에 허덕이고 있을 때였다.[40]

9장
사상 개조

    성지를 순례하는 순례자처럼 버스 여러 대를 나누어 타고 온 관광객들이 주기적으로 공산주의 혁명의 발상지인 옌안의 황토 언덕을 거닌다. 여행사에서 제공한 똑같은 모자나 똑같은 색깔의 셔츠를 입은 사람들 여러 무리가 한때 마오쩌둥이 기거하고 일했던 동굴로 줄을 서서 들어간다. 안에 들어가서는 회반죽을 바른 마오쩌둥의 단촐한 침실에 존경을 표한다. 침실 내부는 침대 하나와 접이식 의자 하나, 나무로 된 욕조가 전부였다. 한쪽 벽에는 마오 주석이 그의 네 번째 아내와 자녀 중 한 명과 함께 있는 가족 사진이 걸려 있다. 불안정한 언덕 비탈을 파내서 만든 동굴 밖에서는 관광객들이 포즈를 취하고 단체 사진을 찍는다.[1]

    70여 년 전 수만 명의 젊은 지원자들이 공산당에 합류하기 위해 옌안으로 몰려들었다. 학생이나 교육자, 예술가, 작가, 언론인이었던 그들은 국민당에 환멸을 느끼고 혁명을 위해 목숨을 바치고자 했다. 여러 날의 여정 끝에 멀리서 옌안의 고지대를 발견하고 너무 감격해 눈물을 흘리는 사람도 많았다. 다른 사람들은 트럭 화물칸에서 「인터내셔널가(歌)」와 소비에트 연방의 「조국 행진」을 부르며 환호했다. 그들은 이상주의적인 생각으로 충만했으며 1911년 신해혁명 이후로 중국에서 유행하던 자유와 평등, 민주주의와 그 밖의 자유주의적 가치를 수용하고자 했다.

그들은 금세 환멸을 느꼈다. 그들이 발견한 것은 평등이 아닌 엄격한 계급제였다. 모든 조직에는 세 가지 등급의 다른 식당들이 존재했으며 가장 좋은 음식은 고위급 지도자들을 위해 따로 챙겨졌다. 양곡과 설탕, 식용유, 고기, 과일 등의 양에서부터 의료 서비스의 질이나 정보에 대한 접근성에 이르기까지 당 내 서열에서 그 사람의 위치가 모든 것을 결정했다. 심지어 담배와 편지지까지도 서열에 따라 질이 제각각이었다. 서열이 낮은 사람들이 약을 구하기도 어려울 때 당 지도층 간부들은 전담 의사를 두고 자녀를 모스크바에 유학 보냈다. 그리고 그 정점에 마오쩌둥이 서 있었다. 그는 옌안에서 유일하게 자동차를 타고 다녔으며 그를 위해 특별히 설계된 난방 시설까지 갖춘 넓은 저택에서 살았다.[2]

1942년 2월 마오쩌둥이 젊은 지원자들에게 자신의 라이벌이던 왕밍과 소련에서 훈련받은 지도층 인사들을 구체적으로 지목하면서 〈독단주의〉와 그 추종자들을 공격하라고 지시했다. 마오쩌둥 자신이 촉발한 이 비판 운동은 머지않아 도를 넘어섰다. 마오 주석의 지시를 따르는 대신 공산주의자들의 수도가 운영되는 방식에 불만을 표시하는 비평가들이 등장한 것이다. 「해방일보」에 근무하던 왕스웨이라는 젊은 작가는 한 수필에서 아픈 사람들이 〈탕면 한 그릇도 제대로 먹을 수 없는〉 상황에서 〈지극히 불필요하고 부당한 특전에 탐닉하는 거물들〉의 오만함을 비난했다.[3]

2개월 뒤 마오쩌둥은 방침을 바꾸어서 (엥겔스와 트로츠키의 저서를 번역한 적 있는) 왕스웨이를 트로츠키주의자*라고 격하게 비난했다. 아울러 왕스웨이의 지지자들에게 등을 돌리고 아직도 젊은 지원자들 사이에 남아 있는 자유사상의 잔재를 뿌리 뽑기로 결심했다. 일반 당원들이 마녀사냥에서 스파이와 비밀 간첩 혐의로 심문을 당한 것과 마찬가지로 이들 젊은 지지자들도 구호를 연호하는 대규모 군중 앞에서 심문을 받았고, 한없이 계속된 세뇌 모임에서 자백을 강요당했으며, 살아남기 위해 서로를 비난해야 했다. 그 과정에서 어떤 사람들은 동굴에 감금되었고 어떤 사람들은 모의 처형장으로 끌려갔다. 옌안에서의 생활은 한 달 한 달이 가혹한 심문과 집회의 연속이었다. 그리고 그러한 과정이 반복될수록 두려움과 의심, 배신은 더욱 늘어났다. 국민당의 지배하에 있던 지역들과는 일체의 교류가 차단되었으며 외부 세계와 접촉하려는 시도는 모두 간첩 행위의 증거로 간주되었다. 극심한 압박에 시달리다 못해 자신을 추스리지 못하고 허물어지거나 실성하거나 자살하는 사람들도 생겨났다. 마오쩌둥이 절대적인 충성을 요구함에 따라 지식인들은 그와 스탈린, 기타 다른 사람들의 글을 끊임없이 연구하고 토론함으로써 사상적으로 스스로를 개조해야 했다. 1945년에 정풍 운동을 끝내면서 마오쩌둥은 그간의 학대를 사과하고 아랫사람들에게 책임을 떠넘겼다. 희생자들은 그를 구원자로 여겼으며 정풍 운동 중에 겪은 자신들의 희생을 중추적인 인물로 거듭나는 데 꼭 필요한 정화 운동으로 받아들였다. 그들은 자신의 사명을 받아들였고 당에 봉사함으로써 중국을 구할 준비를 마쳤다. 한편 왕스웨이는 1947년에 살해되었는데 전언에 따르면 시신이 토막 난 채 우물에 버려졌다고 했다.[4]

---

* 레온 트로츠키가 내세운 사회주의 혁명 이론의 지지자.

1949년 8월, 인민 공화국 설립을 2개월 앞두고 마오쩌둥이 〈환상을 버리고 투쟁을 준비하라〉라는 제목으로 사설을 발표했다. 국민당을 따라 남쪽으로 피신한 후스와 첸무, 푸쓰녠 등 세 명의 선구적인 대학 교수들을 제국주의의 〈앞잡이들〉이라고 비난하는 글이었다. 그는 지식인 엘리트들을 주목했다. 그리고 〈아직도 상황을 지켜보면서 기다리려는 지식인들이 있다〉라고 지적했다. 그의 관점에서 볼 때 〈중도파〉인 그들은 〈평등주의에 입각한 개인주의〉의 환상에서 여전히 깨어나지 못하고 있었다. 마오쩌둥은 그들에게 진보적인 혁명 세력과 합류하라고 촉구했다.[5]

해방과 더불어 공산주의식 용어에 따르면 〈지식인〉으로 분류되는 수많은 학생과 교사, 교수, 과학자, 작가 등이 새로운 정권에 대한 그들의 충성심을 증명해야 했다. 조국을 위해 봉사하라는 부름에 화답해서 외국에서 돌아온 해외 동포들도 그들과 합류했다. 다른 사람들과 마찬가지로 그들은 끝없이 반복되는 세뇌 교육에 참석하여 새로운 정통파적 신념을 배우고 공인된 팸플릿과 신문, 교재 등을 공부했다. 그리고 다른 모든 사람들과 마찬가지로 얼마 뒤 자술서를 써야 했으며 〈속내를 털어놓음으로써〉 과거를 깨끗이 청산해야 했다. 그들은 새로운 중국에 봉사하고자 하는 새로운 국민이 되기 위해 스스로를 재교육하도록 요구받았다.

많은 사람이 즐거운 마음으로 요구에 응했다. 한편으로는 자신들이 어떻게 손을 쓸 수 없는 상태에서 국민당 정부의 부패와 비리를 오랜 세월 지켜봐 왔기 때문이었고 다른 한편으로는 은밀한 선전 활동을 통해 그 같은 상황을 변화시킬 유일하고 진정한 세력으로 공산당을 포장하기 위해 많은 노력이 이루어졌기 때문이었다. 충칭의 존경받는 학자 집안 출신으로 조용하지만 의지가 굳은 학생이던 청위안이 다음과 같이 회상했다. 〈순수한 젊은이들에게 공산당에서 선전하는 이상은 정말 매력적이었다. 공산당은 민주주의와 평등 그리고 누구나 최대한의 자유를 누리는 세상을 제시했다. 젊은 사람들에게 이 세상을 보다 낫게 바꿀 수 있도록 해주겠다는 약속보다 더 중요한 것이 있을까?〉 두 명의 형들이 국민당에서 높은 위치에 있었음에도 청위안은 이미 고등학교 때부터 지하 조직에 포섭된 터였다. 해방 당시 베이징 대학 물리학과 학생이던 그는 새로운 이론을 수용하고 자기 개발을 위해 마르크스주의와 관련된 고전들을 탐독했다.[6]

어떤 사람들은 공산당을 거의 제2의 가족으로 여겼다. 가난한 결손 가정에서 태어나 양부모 밑에서 학대와 폭행을 당하며 자란 류샤오위는 지하 운동에 가담할 당시 난징의 기독교 대학인 진링 여자 대학 학생이었다. 그녀는 평생에 사관 학교에서 수업을 듣던 해방 첫해만큼 행복한 적이 없었다. 〈많은 학생들이 합류했고 우리는 함께 기숙하면서 유물 사관과 사회 변천사를 공부했다. 고된 생활이었지만 나는 진심으로 행복했다. 완전히 새로운 삶이었다.〉[7]

그녀만 이러한 과목들을 배운 게 아니었다. 몇 개월 지나지 않아 새로운 정권은 모든 계층의 사람들에게 마르크스·레닌주의와 마오쩌둥 사상을 의무적으로 공부하게 했다. 경우에 따라서는 정부가 요구하기 전에 원로 학자들이 먼저 자청해서 연구 모임을 결성하기도 했다. 1895년에 태어난 철학자이자 논리학자인 진웨린은 칭화 대학에서 마르크스 철학을 가르치고 러시아어 강의를 듣는 등 다른 누구보다 적극적이었다. 자신의 이전 연구를 부르주아적 사고방식의 결과물이라고 비판하는 글도 발표했다. 컬럼비아 대학에서 수학한 중견 철학자 펑유란은

1948년에 기대감에 잔뜩 부푼 채 조국으로 돌아가는 배에 올랐다. 새로운 정권이 대성공할 거라는 철석같은 믿음에 미국을 떠나면서 평생유효한 비자도 포기했다. 베이징으로 돌아온 그는 지주라는 자신의 배경과 지속적으로 거리를 둔 채 신입 전향자로서 열정적으로 마르크스주의를 공부하기 시작했다. 1949년 7월에는 베이징에서 〈마르크스·레닌주의와 마오쩌둥 사상을 홍보하기〉 위한 모임도 개최했다. 그는 마오쩌둥과 주고받은 편지에서 스스로를 개조하고 헌신적으로 새로운 세상을 위해 봉사하겠다는 결심을 피력했다. 그리고 마오쩌둥은 〈당신처럼 과거에 실수를 저지른 사람이 이제라도 그러한 실수를 바로잡으려 준비하는 것은 실질적인 행동으로 이어질 수만 있다면 매우 바람직한 일이다〉라고 답장했다. 1개월 뒤 펑유란은 수십 년에 걸친 자신의 이전 철학적 사색들을 공개적으로 부정했다. 이후로 30년 동안 그는 매번 가장 최근의 신조에 부응하기 위해 부단히 애쓰면서 자신의 연구를 고쳐 쓰게 될 터였다.[8]

　마오쩌둥은 지식인에게 뿌리 깊은 불신이 있었고 그들이 스스로의 열정을 증명하길 바랐다. 그에 따라 책을 통해 배우는 시절이 끝나고 실질적인 경험이 강조되었다(마오쩌둥은 〈사회적 실천만이 진실의 척도가 될 수 있다〉라는 견해를 피력했다). 1927년에 이미 농부들을 폭풍우에 비유하면서 그는 모든 사람이 시험을 받게 될 거라는 사실을 암시한 바 있었다. 〈세 가지 선택권이 있다. 남들보다 앞장서서 나아가며 행군을 이끌 것인가? 손가락질하고 비판하면서 뒤에서 따라갈 것인가? 아니면 행군을 가로막고 반대할 것인가?〉[9]

　주석의 새로운 지시에 헌신적으로 따르고 있다는 사실을 증명하기 위해 수십만 명의 지식인들이 토지 개혁 임무를 맡은 공작대의 일원이 되어 농촌으로 향했다. 그들은 가난한 농민들과 함께 지내고 일하면서 그리고 당 간부들이 모든 마을을 상대로 계급 분석하는 일을 도우면서 자신의 손을 더럽혀야 했다. 그런 다음에는 농촌의 전통적인 지도자들이 지주나 반역자, 폭군 등으로 고발된 비판 대회에 참가해서 손에 피를 묻혀야 했다.

많은 사람에게 그것은 생소한 경험이었다. 이전까지 시골 땅을 밟아본 적이 없는 사람도 있었고 오랜 시간 직접 일 — 학자 위주의 사회에서는 일을 하는 것이 전통적으로 일종의 금기였다 — 을 해본 사람도 거의 없었다. 당시 공산당 학교를 갓 졸업하고 막 스무 살이 되었던 류위펀이 회상했다. 〈나는 그 마을에서 가장 가난한 집을 방문했다. 그 집에는 침대나 이불, 담요도 없었고 해진 천들을 듬성듬성 기워서 만든 낡은 무명옷 차림의 나이 든 남자가 혼자 살고 있었다. 나는 그 같은 상황을 목격하고 완전히 충격에 빠졌다.〉 현대적인 편의 시설과 완전히 차단된 채 온 가족 구성원이 가축과 더불어 옹기종기 살아가는 조잡하고 비좁은 오두막에 지내면서, 그리고 꼭두새벽에 일어나서 거름을 운반하거나 하루 종일 땅을 파면서 많은 이들이 문화적인 충격을 경험했다. 그렇지만 그들은 금방 충격을 극복했다. 대개는 필요와 두려움, 신념 등이 복합적으로 작용해 극복을 도왔으며 동료들이 실적을 평가하고 비판하는 나날의 학습 모임도 도움이 되었다.[10]

실행 단계의 개혁을 지켜보는 것은 한층 더 힘든 도전이었다. 그들 중 누구도 토지 재분배 과정에서 발생한 원초적인 폭력에 대한 준비가 되어 있지 않았다. 그럼에도 희생자들이 폭행과 고문을 당했으며 형구에 묶여 매달리거나 때로는 총살되었다. 한쪽에서 진행되는 선전과 다른 한쪽에서 벌어지는 혁명의 현실 사이에 존재하는 엄청난 괴리를 받아들이는 수밖에 없었다. 그들은 육체적 학대를 목격한 뒤로 마음속에서 불신이 꿈틀거렸지만 애써 외면한 채 폭력을 정당화하기 위해 계급 투쟁이라는 단어를 계속 되뇌이면서 스스로를 다잡아야 했다. 비판 대회와 조직적인 약탈의 비열한 측면을 외면하기 위해서 마음속에 모두를 위한 풍족한 공산주의의 비전을 떠올려야 했다. 그들은 자신이 새로운 세상을 보았다고 스스로를 설득했다. 어떤 사람들은 직접 방아쇠를 당기라는 지시를 받고서 떨리는 손을 진정시키기 위해 애써야 했다. 류위편의 친구 중 한 명은 반동분자로 사형 선고를 받은 한 남자를 직접 처형하라는 명령을 받았을 때 손을 너무 심하게 떨어서 총알이 전부 표적을 비껴갔다. 결국에는 사형 집행대 소속의 정규병들이 그를 대신해 임무를 완수했다.[11]

모든 사람이 시험에 통과한 것은 아니었다. 토지 개혁 과정의 폭력을 비판할 정도로 용감한 사람들도 있었다. 신민주주의 정책의 일환으로 공산당이 선임한 일부 민주 동맹 회원들은 농촌에서 자행되는 마구잡이식 고문과 살인을 비판하면서 과거에 진짜 범죄를 저지른 지주들을 상대로 재판소에서 재판을 벌여야 한다고 주장했다. 토지 개혁의 희생자들을 포함해 모든 사람을 인간적으로 대우해야 한다고 강조하는 사람들도 있었다. 소수의 몇몇 사람들은 모든 지주가 뼛속까지 나쁜 사람이라는 견해에 이의를 제기했다. 〈농부 중에도 나쁜 사람이 있다. 그런 사람은 먹기만 좋아하고 일은 기피한다. 반면 어떤 지주들은 일도 열심히 하고 평생 동안 검약을 실천한다.〉 그럼에도 그러한 관점을 단호히 관철하는 사람은 거의 없었는데 혹시라도 그랬다가는 〈자본가〉나 〈인문주의자〉라는 비난을 받을 수 있었기 때문이다. 해방 이전에 베이징에서 지하 운동에 가담했던 젊은 여성 웨다이원이 한 늙고 가난한 재단사를 사형 집행대의 손아귀로부터 보호하려 하자 그녀의 상관은 확고한 계급적 태도를 취하지 못하는 부르주아적 감상주의자라고 그녀를 비난했다. 다른 사람과 달리 그녀는 자기기만을 통해 자신의 운명을 보호하는 데 실패했다. 〈나는 온갖 형태의 무자비한 폭력을 보고도 못 본 체하기 위해 《계급》을 그 구실로 삼으려 했다. 하지만 이른바 계급이라는 것이 얼마나 인위적인 구분인지를 깨달았다.〉 재단사가 총살되자 그녀는 〈몸의 반쪽이 뜯겨 나가는〉 것 같은 아픔을 느꼈다.[12]

반면 대다수의 사람들은 마오 주석의 말을 빌리자면 〈남들보다 앞장서서 나아가며 행군을 이끌어 나가기로〉 결정했다. 새로운 정권 밑에서 일하기를 원한다면 적극적인 공범이 되는 것 말고는 달리 선택의 여지가 없었다. 그러한 선택이 기회주의의 발로이든 아니면 이상주의나 순전한 실용주의의 발로이든 상관이 없었다. 많은 사람이 기꺼이 그 같은 선택을 했다. 펑유란은 토지 개혁에 참여함으로써 지주라는 자신의 출신 배경과 스스로 거리를 두었고 혁명가로서 자격을 증명해 보였다. 그는 베이징 외곽에서 지주의 재산을 몰수하는 농부들을 돕는 데 앞장섰으며 혁명을 혁신적인 경험으로 묘사했다. 칭화 대학 사회학과 교수 우징차오는 농촌에서 지내는 동안 가장 기억에 남은 순간으로 대회가 진행되는 와중에 무척 가난한 어떤 사람이 군중 사이에서 벌떡 일어나 자신의 셔츠를 찢고 가슴을 친 다음 지주의 멱살을 잡은 채 격분해서 지주의 얼굴에 손가락을 흔들었을 때를 꼽았다. 그는 「광명일보」를 통해 발표한 글에서 토지 개혁을 옹호하며 열변을 토했다. 〈해방 이후에 우리는 계급적 관점과 대중적 관점을 공부하기도 했다. 하지만 한 달 동안 실천을 통해 배운 것에 비하면 공부를 통해 배운 것은 피상적인 것에 불과했다.〉 그의 글이 마음에 든 마오쩌둥은 선전부 부장 후차오무에게 다음과 같이 지시했다. 〈매우 잘 쓴 글이니 「인민일보」에 이 글을 싣도록 지시하고 신화통신을 통해서도 유포하라.〉 이제 우징차오의 앞날은 보장된 것 같았다.[13]

많은 사람이 구(舊)체제에 대한 진정한 분노로 가득 차 있었다. 중국 미학 연구의 선구자이면서 당시에 이미 50대의 나이였던 주광첸은 자신의 전신에 흐르는 증오심을 느낄 수 있었다. 〈농부가 눈물을 흘리면서 눈앞의 지주에 대해 불만을 호소하는 것을 들었을 때 나는 내 자신이 그 성난 농부인 듯한 착각을 느꼈고 앞으로 나아가서 그 지주에게 직접 호된 채찍 맛을 보여 주지 못해 진심으로 안타까웠다.〉[14]

어떤 사람들은 훨씬 더 나아갔다. 1948년 지하 운동에 가입하기 이전에 이미 부패한 정부를 신랄하게 비난하는 글을 썼던 고집불통의 이상주의자인 젊은 여성 린자오는 학교 친구에게 〈나는 이 나라를 사랑하는 만큼이나 지주를 증오한다〉라고 말했다. 그녀는 한 지주에게 얼음장처럼 차가운 물이 담긴 통에 밤새도록 들어가 있도록 명령함으로써 자신의 말을 증명했다. 그리고 그 남자가 내지르는 고통에 찬 비명을 들으며 〈잔인한 행복감〉을 느꼈다. 그녀에게 이 비명은 마을 사람들이 그를 더 이상 두려워하지 않아도 된다는 것을 의미했다. 자신이 준비를 도왔던 한 대회의 결과로 수십 명이 처형되자 그녀는 죽은 사람들을 한 명씩 천천히 응시했다. 〈그들이 이런 식으로 죽음을 맞는 것을 보면서 나는 내 자신이 자랑스러웠고 그들 밑에서 직접적으로 고통을 받았던 사람들만큼이나 행복했다.〉 그녀는 겨우 스무 살이었다.[15]

〈너무 급하게 결과물을 보려고 지나치게 안달할 필요 없다. 서서히 변해 가면 된다.〉 펑유란이 자신을 개조하겠다며 의지를 피력하자 마오쩌둥이 1949년 10월에 이 철학자에게 한 말이었다. 하지만 그에게 주어진 시간은 2년 만에 바닥을 드러냈다. 앞선 장(章)에서 살펴보았듯이 1951년 가을 마오쩌둥은 정부 조직을 정화하기 위한 작업에 돌입했으며 재계 측 인사들을 공격했다. 옌안에서 처음 개발된 사상 개조 모델을 전국적으로 확대할 준비도 마쳤다. 해당 계획에 따르면 지식인들은 본인의 의사와 상관없이 관료제 안으로 편입되거나 흡수될 터였고 창작의 자유나 독립적인 생활과는 영영 이별하게 될 터였다.

1951년 10월, 마오쩌둥은 〈사상 개조, 특히 지식인에 대한 사상 개조는 민주 개혁과 산업화로 나아가는 데 가장 중요한 전제 조건 중 하나이다〉라고 선언했다. 그로부터 불과 얼마 뒤 마오쩌둥 스타일의 회색 모직 정장 차림을 한 저우언라이가 중난하이에 있는 공산당 본부 내 화이런 홀에 마련된 연단에 올라 3,000명의 이름 있는 교사들을 상대로 강연을 펼쳤다. 총리는 청중에게 그들이 〈부르주아와 프티 부르주아 계급의 잘못된 사고방식〉에 물들었으며 〈노동자 계급의 올바른 태도와 관점, 방식을 갖추기 위해〉 열심히 노력해야 한다고 경고했다. 강연은 꼬박 일곱 시간 동안 진행되었다. 미국에서 영문학을 전공한 뒤 타이완에 사는 남동생과 홍콩에 사는 누나의 조언을 무시한 채 얼마 전 중국으로 돌아온 우닝쿤은 강연이 시작된 지 딱 한 시간 만에 형식적으로라도 받아 적으려던 시도를 포기했다. 〈일곱 시간에 걸친 그 발표가 결국에는 지식 계급의 사고방식과 진실성을 상대로 향후 40년 동안 지속될 전쟁을 선포한다는 내용에 불과하다는 사실을 그때는 전혀 알지 못했다.〉[16]

6주 전, 자신을 고국으로 데려다줄 USS 프레지던트 클리블랜드호(號)

에 오르기 앞서 우닝쿤은 대학원 동료이자 나중에 노벨 물리학상을 수상하는 리충다오에게 왜 고향으로 돌아가 새로운 중국을 도우려 하지 않는지 물었다. 친구는 무언가 아는 듯한 미소를 지으면서 자신은 세뇌당하고 싶지 않다고 대답했다. 우닝쿤을 비롯한 수많은 사람에게 이념 교육은 이제 일상이 되었다. 자기비판과 자기비난, 자발적인 폭로를 요구하는 모임이 하루도 빠짐없이 되풀이되었다. 모든 저항이 제압되고 조직에 봉사할 준비가 될 때까지 계속될 터였다. 10여 년 전 옌안에서 그랬듯이 사람들은 친척과 지인의 이름을 대야 했고 자신의 정치적 배경과 과거 활동, 갖가지 신념과 심지어 가장 내밀한 생각에 이르기까지 자세한 정보를 제공해야 했다. 얼핏 나타났다가 순식간에 사라진 표정까지 포착되어 면밀한 조사를 받았다. 겉으로 사회주의에 순응하는 척하면서 그 이면에 감춘 부르주아의 모습이 드러난 것일 수 있었기 때문이다. 이 모든 것이 엄청난 사회적 압력 아래서 그리고 운집한 군중 앞이나 엄격하게 감독되는 학습 모임에서 행해졌으며 다른 참가자들은 용의자로 나선 사람의 갑옷에서 약점을 찾아내기 위해 꼬치꼬치 질문을 쏟아부으며 그 사람을 괴롭혔다.[17]

〈어느 날 우리는 교내 공산당 조직이 갑자기 강화되었음을 깨달았다. 새로운 정부는 식당의 모든 테이블마다 공산당이나 공산주의 청년단 회원이 한 명씩은 앉아 있어야 하며 기숙사에서도 모든 방마다 한 자리를 차지하고 있어야 한다고 명시했다. 이들 공산주의자들은 밤낮으로 모든 학생들의 행동을 기록했다. 심지어 어떤 학생의 경우에는 잠꼬대까지 기록되었으며 정치적인 의미가 있는 것으로 간주되었다〉라고 로버트 루가 말했다. 그는 이 시기에 상하이의 한 대학에 근무하고 있었다. 상하이에서는 끝없이 되풀이되는 그룹 회의 말고도 종종 대형

트럭이 피고발자의 집 앞까지 찾아와 확성기를 통해 한참 동안 신랄한 욕설을 퍼붓기도 했다.[18]

비난 대상이 된 사람들 가운데 이러한 압박을 이삼 일 이상 견뎌 내는 사람은 거의 없었다. 종국에는 지휘자 격인 당 간부가 만족할 만한 수준에 도달할 때까지 미친 듯이 자술서를 쓰고 또 썼다. 끝까지 완강하게 자신의 결백을 주장하는 교사들은 대체로 방에 감금되어 죄를 자백할 때까지 교대로 그들을 방문하는 당 간부들에게 시달렸다. 난징에서는 교사들과 교수들이 무대 위로 끌려나와 형구에 매달려 매질을 당했다. 자살하는 사람도 생겼다. 난징의 당 서기는 〈저항하는 자들은 가차 없이 짓밟아 버릴 것이다〉라고 공표했다. 마오쩌둥은 그를 치하하고 그가 올린 보고서를 회람하도록 지시했다. 한때 만주족 황제들의 여름 별장으로 이용되었던 광활한 전원 도시 청더에서는 체포된 일부 교사들이 목숨을 잃기도 했다.[19]

과거의 잘못을 진위 여부와 상관없이 무조건 속죄하려는 사람들도 많았다. 러시아어 강의를 듣던 논리학자 진웨린은 개조되었다고 여겨지기 전까지 열두 차례나 자술서를 작성했다. 펑유란은 최선을 다했음에도 시험을 통과하는 데 실패했다. 일리노이 대학을 졸업한 손꼽히는 사회학자 천쉬징은 운집한 링난 대학 학생들과 교직원들 앞에서 꼬박 네 시간 동안 속죄하다가 결국 눈물을 흘렸다. 마찬가지로 그도 정부 관계자를 만족시키는 데 실패했다.[20]

어떤 경우에는 지극히 충성스러운 지식인이 당에 배신감을 느낄 정도로 혹독한 시달림을 받기도 했다. 로버트 루가 룽이라는 한 동료의 사례를 소개한 바에 따르면 여기에도 어떤 목적이 있었다.

룽 같은 사람을 당과 소원하게 만드는 모습을 지켜보면서 나는 처음에 공산주의자들이 바보라고 생각했다. 배신과 학대와 모욕을 당한 뒤로 그는 의심할 여지없이 공산주의자들을 싫어했다. 공산주의자들이 소중한 옹호자 한 명을 반공주의자로 만든 셈이었다. 나중에 가서야 공산주의자들이 룽의 충성심을 충분히 알고 있었지만 한편으로 〈개조〉가 끝나면 그가 다시 불만을 품게 될 거라는 사실도 예측했다는 사실을 깨달았다. 그들은 룽에게 철저하게 공포감을 심어 주어 향후에 그가 깨어 있는 동안에는 언제나 자신의 생각과 상관없이 정확히 공산당이 원하는 대로 말하고 행동하게 만들었다. 그 같은 상태에서 공산주의자들은 그를 보다 안전하게 여겼고 또 안심했다.[21]

공산당을 자신의 가족처럼 받아들였던 젊은 여성 류샤오위 또한 진정한 추종자였다. 〈우리는 모두 두려움을 느꼈다. 평소에 매우 가까웠던 사람들하고도 더 이상 대화를 나누지 않았다. 아무리 가까운 사이라도 다른 사람에게 속내를 털어놓는다는 것은 감히 엄두도 내지 못했다. 그 사람이 나를 고발할 가능성이 다분한 까닭이었다. 어느 누구 할 것 없이 모두가 서로를 비난하고 또 비난당하고 있었다. 하나같이 두려움 속에서 살았다.〉 그럼에도 그녀가 궁극적으로 당을 신뢰하지 않게 된 이유는 전례 없는 사생활 침해 때문이었다. 갓 결혼한 신혼부부였던 그녀는 이제 혁명에 헌신하는 대신에 남편과 지나치게 많은 시간을 보낸다며 비난을 받았다. 〈우리 집 주위에는 혹시 우리가 은밀한 어떤 행위라도 하는지 염탐하려고 창문이나 문틈으로 안을 엿보면서 어슬렁거리는 사람들이 있었다. 그들은 24시간 내내 우리를 감시했고 조금이라도 의심스러운 점을 발견하면 공개 회의에서 해당 사실을 떠벌려 우리를

매우 당혹스럽게 만들었다.〉머지않아 그녀에게는 속셈을 감춘 제국주의의 종복이라는 비난이 쏟아졌다.[22]

모든 사람이 주어진 상황과 타협하며 앞으로 나아가려 한 것은 아니었다. 칭화 대학에서 화학 공업을 전공하던 가오충시는 자살을 선택했다. 상하이 화둥 사범 대학의 리펑신은 맹렬한 비난을 견디다 못해 도끼로 자신의 목을 자르려 했다. 결과적으로 그는 과다 출혈로 사망했다. 한편 장아이링은 애국심을 자극하려는 새로운 정권의 미사여구를 처음부터 아예 믿지 않은 소수의 몇 사람 중 한 명이었다. 중국에서 가장 재능 있는 작가 중 한 명이기도 했던 그녀는 1952년에 가명을 이용해서 몰래 국경을 넘어 홍콩으로 들어갔다.[23]

사상 개조가 엘리트 대학생들에게만 국한된 것은 결코 아니었다. 저장 성 같은 경우에는 중등학교 학생들에게까지 확대되었다. 개중에는 겨우 열두 살짜리도 있었다. 그들은 〈반동적인〉 관점뿐 아니라 〈극단적인 이기심〉도 없애라는 지시를 들었다. 광둥 성에서도 중등학교 학생들이 그들 가운데 숨어 있는 반동분자들과의 싸움에 동원되었다. 그 결과 예컨대 뤄딩 제1 중등학교에서만 80명의 학생들이 체포되었다. 위쪽으로 서북 지역의 성(省)들에서는 종종 초등학생들까지 부르주아적인 생각을 가졌다는 이유로 호된 꾸지람을 들었다. 얼마 뒤부터는 모든 형태의 불복종이 고집불통인 성격으로 발전할 수 있음을 보여 주는 위험 신호로, 초기에 싹을 잘라 버려야 할 어떤 것으로 간주되었다. 학교에서의 괴롭힘이 극에 달하면서 장시 성 전역에서 〈자살하는 학생이 급증했다〉. 어떤 경우에서는 15위안을 훔친 것으로 의심받던 한 소년이 범행 일체를 자백할 때까지 족쇄가 채워진 채 대나무 회초리로 매질을 당했다. 또 다른 경우에서는 학생들이 독방에 감금되었으며 그들 중 몇몇이 정신 착란을 일으켰다. 후춘팡은 땔감을 구해 오길 거부한 경우였다. 〈나는 기술을 배우러 왔지 나무를 베러 온 것이 아니다.〉 이 무례의 대가로 그는 비판 대회에 끌려갔다. 학교 관계자들의 설명은 이랬다. 〈우리는 한 사람을 벌함으로써 다수의 경각심을 일깨운다.〉[24]

1952년 말에는 궁극적으로 모든 지식인들과 교사들이 국가의 충실한 하인이 되어 있었다. 그들이 받는 식량은 실적에 따라 결정되었다. 다른 모든 공무원처럼 어떤 일자리라도 당에서 정해 주면 무조건 받아들여야 했다. 정부는 내몽골, 신장, 만주 같은 국경 지역 개발을 도와줄 수백만 명의 젊은이들이 필요했다. 농촌에서 기술적 조언을 제공할 전문가들도 필요했다. 대개는 멀고 아무런 매력 없는 지역에 직장을 배정받았고 혹시라도 반감을 표시할 경우 사상 개조라는 이름으로 철저한 보복이 뒤따랐다. 사회주의는 집단을 찬양했으며 따라서 정부의 필요성이 개인의 선호도보다 우선이었다. 한편 도시에서는 정치적으로 보다 신뢰할 만한 자격을 갖춘 젊은 조력자들이 외국에서 유학한 교수들을 대신했다. 다른 세계적인 명문 대학 출신들은 마을 도서관의 서기보나 지역 은행의 출납원 같은 일자리로 보내졌다. 로버트 루의 증언에 따르면 〈그들 중 누구도 진정 가치가 있거나 봉사할 수 있는 일을 배정받지 못했다〉.[25]

사상 개조 운동은 지식인들의 화합을 무너뜨리고, 그들을 권위 있는 위치에서 끌어내리고, 사람들 앞에서 체면을 손상시키는 소기의 성과를 가져왔다. 또 다른 효과도 있었다. 1952년 초 당국은 고등 교육 체계를 〈재정리〉할 필요가 있다고 주장했다. 다양한 특징을 지닌 종합 대학 산하의 단과 대학들이 뒤섞이고 합병되어야 한다는 의미였다. 중국에서 기독교 대학을 모두 없애려 하면서 이를 은폐하려는 의도였다. 그에 따라 몇 해 전까지 류샤오위가 다녔던 진링 여자 대학이 난징 대학과 합병되었다. 존 레이턴 스튜어트의 주도 아래 1919년 베이징에 설립된 옌징 대학은 폐교되었다. 천쉬징이 인민 대회에서 네 시간에 걸쳐 자신의 잘못을 일일이 열거했던 장소인 광저우의 링난 대학은 중산 대학과 통합되었다. 이 대학 교직원들 가운데 일부는 수년 뒤에 홍콩으로 망명해서 동일한 이름으로 문과 대학을 설립했다. 고등 교육 체계 전체가 못 알아볼 정도로 바뀌었다. 〈지적인 명망의 흔적은 어디에도 남아 있지 않았으며 대학과 대학을 구분 지어 주던 고유한 정신과 전통도 마찬가지로 어디에서도 찾아볼 수 없었다.〉[26]

━━━━━━━

압력은 줄어들 줄 몰랐다. 정부는 거의 해마다 한 명씩 이름 있는 학자를 반동분자로 규정하고 선전 기관을 통해 맹렬히 비난하도록 했다. 1949년 8월에 마오쩌둥이 후스를 비난한 뒤로 학생들과 교사들은 이 자유주의 수필가이자 철학자이며 외교관을 멀리하도록 강요받았다. 후난 성에 살던 어린 학생 시절 마오쩌둥은 열정적으로 후스에 관한 글을 썼다. 그리고 베이징 대학에서 사서 보조로 일하던 1919년에 후스의 강의를 청강하려 했지만 후스가 이를 용납하지 않았다. 「자네는 학생이 아닐세. 그러니 이곳에서 나가 주게!」 이제 국가 주석이 된 마오쩌둥은 그의 작품을 금서로 지정하도록 단단히 못을 박았다. 후스의 아들이 자본주의의 길을 걸어 온 〈반동분자〉 아버지와 인연을 끊겠다고 나섰다. 〈국민의 품에 돌아오기 전까지 그는 항상 인민의 적인 동시에 나 자신의 적으로 남을 것이다.〉 후스는 뉴욕에서 다음과 같은 반응을 보였다.

〈당연하지만 우리는 그곳에 언론의 자유가 없다는 사실을 알고 있다. 하지만 침묵할 자유도 없다는 사실을 아는 사람은 매우 드물다. 공산주의 국가에 사는 사람들은 언제나 믿음과 충성심과 관련하여 긍정적인 진술을 하도록 강요받는다.〉[27]

량수밍도 마오 주석이 몹시 싫어한 사람 중 한 명이었다. 두 사람은 같은 1893년생이었지만 스물네 살에 량수밍은 이미 베이징 대학 철학과 교수로 임용될 만큼 아주 성공한 철학자였던 반면에 마오쩌둥은 아직 누구의 주목도 받지 못하는 초등학교 교사였다. 1년 후 1918년에 베이징에 있는 마오쩌둥의 은사 집에서 두 사람의 짧은 만남이 이루어졌지만 량수밍은 이 허난 성 출신 학생에게 딱히 관심을 주지 않았다. 1938년 량수밍이 옌안을 여행할 때 두 사람이 다시 만났고 평소 침착하고 예의 바르던 마오쩌둥은 그들이 이전에 만났다는 사실을 금방 떠올렸다. 「아주 오래전인 1918년에 우리는 베이징 대학에서 만난 적이 있습니다. 그때 당신은 잘나가던 교수였고 나는 초라한 도서관 사서였지요. 어쩌면 기억 못할지 모르지만 당신이 양 교수의 집을 자주 방문할 때 문가에서 당신을 맞아주던 사람이 바로 나였습니다.」 량수밍은 계급 이론이 중국 사회에 적용되거나 중국의 문제를 해결할 거라고 생각하지는 않았음에도 마오쩌둥에게 깊은 인상을 받고 옌안을 떠났다. 이후 자신의 저작을 보내 주기도 하면서 마오쩌둥과 지적인 관계를 유지했다. 1949년에는 다른 사람들과 마찬가지로 공개적으로 마오쩌둥을 칭송하고 새로운 중국을 받아들였다. 량수밍과 친분을 나눈다는 사실에 한껏 고무된 마오쩌둥은 1년 뒤에 우호적인 뜻에서 그를 정치 협상 회의 위원으로 초빙했다. 정중한 방문과 중국의 상황에 관한 가벼운 대화가 보다 많이 오가면서 때때로 마오쩌둥은 자신의 차를 보내 그를 중난하이로 데려오고는 했다. 1950년 9월에는 량수밍을 설득해서 서태후가 이화원 안에 지은 유명한 석방(石舫) 근처의 개인 저택으로 굳이 이사하게 만들었다.

하지만 량수밍은 절대 호락호락한 인물이 아니었다. 민간 사업 부문에 대한 공격이 절정으로 치닫던 1952년에 그가 마오 주석에게 〈상인이라고 모두 정직하지 않은 것은 아니다〉라고 설명하는 편지를 보냈다. 마오쩌둥은 상인들이 공산당에 일치된 공격을 가할 만큼 충분히 조직화되었다는 사실에 의구심을 표명하며 다수의 지도층 인사들에게 회람시킨 서한에서 량수밍의 견해를 〈어리석다〉라고 비난했다. 두 사람의 관계가 냉랭해졌음은 물론이다. 1년 뒤 열린 정치 협상 회의에서 저우언라이가 솔직하고 자세한 이야기를 해보라고 부추기자 제의를 받아들인 량수밍이 농촌의 빈곤화를 개탄했다. 도시 노동자들이 〈천국의 아홉 번째 수준으로 살고 있다면 농민들은 지옥의 아홉 번째 수준으로 살고 있다〉라고 주장했다. 며칠 뒤 간간이 마오쩌둥의 통렬한 감탄사가 터져 나오는 가운데 저우언라이가 장문의 연설을 통해 량수밍을 반동이라며 호되게 비판했다. 량수밍은 너무 충격을 받아서 할 말을 잃었다. 하지만 이튿날 회의가 재개되자 그는 완고하게 자신의 생각을 견지했다. 자신에게 해명할 시간을 주지 않으면 주석을 존중하지 않겠다는 위협도 서슴치 않았다. 마오쩌둥이 연단 한쪽에서 준엄한 얼굴로 그에게 경고했지만 량수밍은 단호했으며 심지어 단도직입적으로 마오쩌둥 본인은 자아비판에 나설 배포가 있는지 물었다. 이쯤 되자 청중은 이 철학자의 피를 요구했다. 「량수밍은 연단에서 내려가라! 그가 헛소리를 지껄이지 못하게 막아라!」 그럼에도 량수밍은 요지부동이었다. 냉정을 되찾은 마오쩌둥이 그에게 10분의 시간을 허락했으나 량수밍의 생각에는 부족한 시간이었다. 다시 한동안 청중의 으르렁거리는 소리가 이어졌고 어찌어찌하여 투표가 결정되었다. 량수밍이 패배했고 그렇게 교착 상태가 끝났다. 얼마 뒤 「량수밍의 반동 사상에 관한 평론」이 발표되었다. 장문의 이 글은 다른 무엇보다 그를 〈위선자〉와 〈음모가〉라고 비난하는 데 열중했다. 뒤이어 마오쩌둥의 결정적인 한 방이 나왔다. 〈사람을 죽이는 방식에는 두 가지가 있다. 하나는 총을 이용하는 방식이며 다른 하나는 펜을 이용하는 방식이다. 훨씬 교활하게 위장되고 피를 볼 필요도 없는 방식은 펜을 이용하는 것이다. 바로 당신 같은 살인자들이 사용하는 방식이다.〉 장제스는 총을 사용하는 살인자였고 량수밍보다 한 수 아래였다. 량수밍의 경력은 끝났고 이화원에서도 쫓겨났다.[28]

이러한 공격 중 어느 것도 고위 정치계에만 국한되지 않았다. 모든 공격은 교육 제도 전반에 실재하거나 상상 속에 존재하는 적들에 대한 또 다른 사냥을 부추겼다. 일례로 1954년 7월에 작가이자 예술 이론가 후펑은 당에 보낸 장문의 편지에서 사람을 멍청하게 만드는 공산주의 이론을 작가의 뇌에 칼을 꽂는 것에 비유했다. 후펑은 비록 자신도 마르크스주의자였지만 평생 공산당에 가입하지 않았다. 1930년대에는 복잡한 마르크스 이론에 대한 해박한 지식 덕분에 문단의 동료들로부터 마지못해 인정을 받기는 했지만 지극히 추상적이고 때로는 사소한 이론적인 문제들을 가지고 폭언이 오가는 언쟁을 벌여 적을 만들기도 했다. 저우양과 궈모뤄 같은 당 내의 정통적인 추종자들에 반대하는 신랄한 글을 쓴 적도 최소 한 번 이상이었다. 1942년에 이르러서는 옌안의 문화 정책에 대해 더욱 위협적인 공격을 가했다. 그의 글에 따르면 공산당은 〈문학의 목을 조이려고 한다. 문학이 현실을 벗어나길 원하며 작가들이 거짓을 말하길 원한다〉.[29]

20년 후 그의 적들이 문학적 신조를 좌우하는 유력가가 되었다. 베이 징에서 열린 정치 협상 회의에서 궈모뤄가 〈부르주아적 이상주의〉를 찬양하는 작가들을 은연중에 공격했다. 1년 전 량수밍이 거센 비난을 받았던 곳도 바로 정치 협상 회의였다. 후펑은 심상치 않은 낌새를 감지 하고 곧장 뒤로 후퇴해서 한 달 뒤인 1955년 1월에 자술서를 썼다. 하 지만 이미 제거 대상으로 찍힌 뒤였고 당 기구에서는 이를 위한 작업이 가차 없이 추진되고 있었다. 1950년에 대규모 파견단에 포함되어 소비 에트 연방을 다녀온 선전부 부장 저우양이 친히 후펑의 제거 운동을 감 독했다. 그해 4월 「인민일보」는 후펑을 비난하면서 그의 자술서가 〈위 선적〉이고 〈불성실하다〉라고 일축했다. 그 뒤로 수개월에 걸쳐 언론에 서 추가로 2,131개의 비난 기사가 발표되었다. 후펑이 지인들에게 쓴 개인적인 편지에서 죄를 삼을 만한 대목이 발췌되어 공개되면서 그의 위신은 더욱 떨어졌다. 마오쩌둥도 공개된 내용에 대해 비판적인 논평 을 달 정도로 비열해지기를 주저하지 않으며 공격을 몸소 거들고 나섰 다. 1955년 6월에 후펑은 반동적인 집단의 수장이라는 이유로 기소되 었고 모든 직위를 박탈당했으며 비공개 재판에서 징역 14년형(그럼에 도 형기를 훌쩍 넘긴 1979년까지 석방되지 못했다)을 선고받았다.[30]

사냥은 계속되었다. 후펑의 지지자들을 근절하기 위한 테러 작전이 펼쳐졌다. 상대가 진짜 후펑의 지지자이든 또는 단순히 그럴 거라고 짐 작되는 사람이든 상관없었다. 도시에 붉은 깃발들이 등장했다. 〈숨은 반동분자들을 단호하고 철저하며 완벽하게 하나도 남김없이 모두 뿌 리 뽑자!〉라고 다짐하는 깃발들이었다. 1951년 10월에 사상 개조 운동 이 시작되기 불과 6주 전 미국에서 돌아온 우닝쿤은 이제 자신이 어떻 게 처신해야 할지를 알았고 그래서 다른 사람들과 함께 비난 대열에 합류했다. 한편으로는 그러고 있는 자신이 경멸스러웠다. 〈나는 후펑을 비롯한 다른 무고한 사람들에게만 종이 울리지 않을 거라는 사실을 알았다.〉 아니나 다를까 얼마 안 있어 우닝쿤도 톈진 난카이 대학의 교직원 100여 명이 참석한 한 대회에서 네 명으로 구성된 반동 집단을 이끈 주모자로 고발되었다. 사람들이 그의 집을 샅샅이 수색했다. 무기와 무선 송신기를 찾겠다며 서랍과 서류 가방, 여행 가방 등을 마구 뒤집어엎었다. 편지와 공책, 원고, 잡다한 서류 등도 가져갔다. 비판 대회가 꼬리에 꼬리를 물고 이어졌으며 교대로 나선 심문자들이 욕설을 쏟아 내고 과거의 모든 행적에 대해 질문을 퍼부으면서 그를 지치게 만들었다. 그의 시련은 1956년 여름까지 계속되었다.[31]

후펑과 그의 추종자들이 주고받은 편지가 공개된 것을 계기로 중국에서 가장 저명한 일부 작가들 사이에서 서로의 부정부패를 캐내려는 움직임이 시작되었다. 딩링은 1920년대 후반에 몇 편의 우상 파괴적인 단편을 발표함으로써 중국 문단을 뜨겁게 달군 인물이었다. 그녀는 옌안에서 공산당에 가입한 이후에 당 지도부가 여성을 거만하게 대하는 문제를 제기했다가 시련에 처했다. 심지어 마오쩌둥 본인도 젊은 아내를 맞이하기 위해 세 번째 부인을 버리면서 이런 풍조에 일조했다고 주장했다. 그리고 이 무례한 행동 때문에 육체노동을 하도록 농촌으로 보내졌다. 〈간이 변소〉만큼이나 저질스럽다고 왕스웨이를 맹렬하게 비난한 덕분에 그나마 사형을 모면했다. 이후 그녀는 자신의 실수를 만회하기 위해 안간힘을 썼고 토지 개혁과 그에 따른 폭력을 찬양하는 소설 『태양은 쌍간 강 위에서 빛난다』를 발표해서 1951년에 스탈린 문학상을 수상했다. 그러나 후펑 사건이 재차 그녀의 경력에 어두운 그림자를 드리웠다. 옌안 시절부터 후펑과 친분을 유지해 오던 그녀였다. 그녀는 후평을 비난하고 나섰지만 아무런 소용이 없었고 곧 반혁명적인 파벌을 이끌었다는 이유로 예전 동료 천치샤와 함께 공격을 받았다. 압박을 견디지 못한 천치샤는 고난이 단축되길 바라는 마음에서 가상의 범행 일체를 자백했다. 자신과 딩링이 과거에 교환한 편지들을 넘기면서 그녀가 〈문학계 전체를 장악하려 했다〉고 고발했다.[32]

이 일련의 사건들로 지식 계급의 지도적 인사들이 자신의 안위를 보전하고자 서로를 비방하게 되면서 열띤 대립이 불거졌다. 그리고 일반인들 사이에서도 전국적으로 비슷한 일들이 벌어졌다. 1952년에 어린 학생의 신분으로 호랑이 사냥대에 가입했던 단링은 이제 몽골 사막 근처에 새로 건설되고 있던 신도시 바오터우의 한 탱크 공장에서 기술자로 일하고 있었다. 그 역시 후평을 비판하는 대회에 참가했다. 그리고 다른 노동자들과 마찬가지로 후평의 〈부르주아적 이상주의〉에 영향을 받은 것으로 의심되는 사람이 있으면 무조건 신고하라는 부추김을 받았다. 단링의 절친한 친구이면서 칭화 대학을 졸업한 장루이성은 그런 의심스러운 사람들 가운데 한 명이었다. 어느 날 세 명의 사복 경찰이 공장에 모습을 드러냈고 그의 방을 수색했다. 죄를 삼을 만한 것이 전혀 발견되지 않았음에도 그를 둘러싼 의심은 좀처럼 쉽게 가시지 않았다. 그가 톈진에 사는 부유한 자본가의 아들이라는 사실이 결정적인 이유였다. 머지않아 공장 관리자들이 그를 집단으로 공격했으며 그를 비판하고 〈반혁명적인 비밀〉을 자백하도록 강요하기 위해 연달아 대회를 소집했다. 마침내 결백을 호소하던 그의 열정적인 주장이 보상을 받았고 장시간의 조사도 무사히 넘어갔다.[33]

비슷한 사례가 전국적으로 수없이 많이 발생했다. 〈외국 세력〉과 〈반혁명적인〉 관계를 도모한다는 의혹이 제기된 교사들, 의사들, 기술자들, 과학자들이 박해를 당했다. 공안부장으로서 이제 본격적으로 이 문제에 뛰어든 뤄루이칭은 8만 5,000명의 중등학교 교사들을 상대로 공식적인 조사를 실시했다. 그리고 조사를 받은 교사들 가운데 10명 중한 명이 사회주의를 방해하거나 공산당에 반대해서 음모를 획책하거나학생들을 선동한 이탈자라는 이름으로 제거되었다. 초등학교로 내려가면 이 숫자는 두 배로 늘어났다. 1955년에 전국적으로 총 100만 명 이상이 국익에 반하는 음모를 꾸민 혐의로 고발되었으며 그 과정에서4만 5,000명의 악질분자가 색출되었다. 당원들 가운데 〈반동분자〉로체포된 1만 3,500명은 포함되지 않은 숫자였다. 허베이 성에서만1,000개 이상의 소규모 조직들이 적발되었으며 이 중에서 예컨대 비밀반공 연합, 자유 중국단, 개혁당처럼 반혁명적인 성향을 가진 조직이300개가 넘었다. 후펑 사건에서는 전국적으로 48명의 〈핵심 가담자〉와116명의 〈단순 가담자〉가 공안의 표적이 되었다.[34]

자살하는 사람이 수천 명에 이르렀다. 어느 여름날 아침, 그날도 평소처럼 심문 장소에 도착한 우닝쿤은 흥분한 조사관들이 그들끼리 이야기하는 소리를 들었다. 영어과 선임 교수 한 명이 방금 도서관 앞 관상용 연못에서 익사체로 발견되었다는 내용이었다. 상하이에서는 출판사대표이던 위훙모가 자살하려고 커다란 바늘을 집어삼켰다. 그의 시도는 실패했다. 다른 한쪽에서는 실업자가 된 많은 사람들이 일자리를 찾아 거리를 전전하거나 도둑으로 변했으며 생계를 꾸려 나가기 위해 몸을 파는 여성도 등장했다. 베이징 한 도시에서만 관련 사례가 4,000여건에 달했으며 왕자오정 역시 그런 경우 중 하나였다. 우한 대학에서 퇴학당한 이 학생은 홍콩으로 이민 갈 권리를 요구하면서 총 열 차례에 걸쳐 국무원과 주석에게 진정서를 제출했다. 나중에는 영국 대사관을 통하는 방법까지 모색함으로써 직접적으로 국가의 위신을 실추시킬 수 있는 위협을 가했다. 그러자 뤄루이칭은 부하 직원들에게 왕자오정 같은 사람들을 엄중 단속하고 강제 노동 수용소로 보낼 것을 지시했다.[35]

───────

　문단에 대한 공식적인 조사와 병행해서 수많은 책들이 불태워졌다. 상하이에서는 1951년 1월부터 12월까지 총 237톤의 책들이 파괴되거나 파지로 판매되었다. 중국에서 가장 큰 출판사 중 하나인 상무인서관에서는 1950년 여름 약 8,000종의 책들이 인쇄되고 있었다. 1년 뒤 이 가운데 1,234종에 대해서만 유통 허락이 떨어졌다. 〈나쁜 책을 처리하는 법〉에 관한 교육도 잇따랐다. 때로는 개인이 수집한 장서들이 통째로 소각되기도 했다. 유명한 거장들 작품으로 채운 왕런추의 1만 7,000상자 분량의 장서들도 그런 경우였다. 19세기에 외국인 무역상들에게 개방된 조약항 산터우에서는 1953년 5월 거대한 모닥불이 3일에 걸쳐 〈봉건주의 과거의 흔적〉을 보여 주는 서적 30만 권을 집어삼켰다. 문단 감시를 맡은 당 간부들의 열정이 너무 과해서 그들 손에 닿는 모든 책이, 심지어 블랙리스트에 오르지 않은 책들까지 재생 종이가 되었다. 그들 스스로 인정했듯이 시도 때도 없이 수정된 탓에 블랙리스트 자체가 혼란을 초래했다. 그 결과 베이징에서는 공산당에 의해 국부(國父)로 칭송되던 쑨원의 저서들까지 선반에서 사라졌으며 1954년에는 프랑스인을 위한 베이징 여행 안내서들이 1톤 가까이 파지로 재활용되었다. 한편 중고책 시장도 급속히 위축되었는데 상인들에게 지급되는 통상적인 가격은 킬로그램당 4~5위안이었다. 때로는 학생들이 스스로 의심스러운 책을 수거해 와서 교사에게 파기해 줄 것을 요청했으며 관심 있는 시민들이 금서를 그 지역 당 사무실에 제출하기도 했다. 무협 소설이나 통속적인 애정 소설을 계속 판매하던 거리의 행상인들은 경찰의 급습을 받아 한 번에 십여 명씩 체포되었고 강제 노동 수용소로 보내졌다.[36]

1952년 9월 이후로 모든 편집자와 발행인은 정부에 등록하고 정기적으로 보고서를 제출해야 했다. 중국의 위대한 문학적 유산인 고전 가운데 인쇄된 형태로 남아 있는 것이 거의 없었다. 십삼경 중에서 그나마 구할 수 있는 것으로는 고대 민요를 포함하고 있다고 여겨지는 『시경(詩經)』이 유일했다. 기원전 3세기에 살았던 굴원(屈原) 같은 몇몇 시인들의 작품도 살아남았는데 그들이 〈대중〉을 위해서 글을 썼다고 알려진 덕분이었다. 해방된 지 불과 몇 년 만에 언론사와 출판사를 완전히 장악한 중앙 정부가 그 모든 검열을 감독했다.[37]

독자에게는 1952년 말부터 계속 수천 권씩 번역되는 엄청난 양의 지루한 러시아 교재에 더해서 공산당 지도자들의 이론서가 주어졌다. 특히 마오쩌둥의 저서들이 가장 눈에 띄는 자리를 차지했다(1954년에 황금을 사용하는 문제와 관련해 엄격한 규제가 공표되었으나 치과 치료를 위한 용도 말고도 예외 조항들이 있었는데 주석의 엄선된 작품에 금박지를 사용하는 것도 그중 하나였다). 선전용으로 대량 제작되는 간행물의 대부분은 상상할 수 있는 모든 집단과 대상을 염두에 두고 기획되었다. 여기에는 아이들을 겨냥해 수천만 권씩 대량으로 생산되던 주머니 크기의 만화책도 포함되었다. 이런 만화책들은 계급의 영웅, 제국주의자들의 스파이, 전쟁에서의 승리, 생산 기록, 새로운 사회주의 사회 건설 등에 관한 이야기를 다루었다. 당을 위해 일하던 작가들이 내놓은 소수의 작품이 인정을 받기도 했지만 그야말로 최소 수준의 작품 활동에 그쳤다. 공산주의자들 편에 선 라오서, 딩링, 마오둔 같은 좌파 작가들은 더 이상 해방 전에 그들에게 명성을 가져다주었던 저항 문학을 내놓을 수 있는 처지가 아니었다. 선견지명을 가진 한 관찰자의 말처럼 〈공산당의 지배가 시작된 이래 지난 5년 동안 베이징과 상하이로 몰려든 수많은 문호들이 단 하나의 이렇다 할 작품도 내놓지 못했다는 사실은 비록 공산당에 협조하고 있기는 하지만 그들이 공산주의의 본질을 오해하고 있으며 마오쩌둥의 지배 방식에 적응하지 못했음을 보여 주는 초기 암시일 수 있다〉.[38]

무엇보다 무자비한 사상 개조 운동 때문에 사람들은 정치적으로 올바른 읽을거리를 선택하기 위해 스스로 조심했다. 혹시라도 부르주아라는 독에 감염되고 당연한 결과로 끔찍한 비판 투쟁 대회에 서게 되는 위험을 감수하려는 사람은 아무도 없었다. 베이징 대학의 학생이던 마리아 옌은 다음과 같이 썼다.

현대 소비에트 소설가들의 작품을 번역한 책들은 당연히 안전했다. 파데예프와 시모노프 같은 대중적인 작가들의 작품은 어디서든 살 수 있었다. 세대를 막론하고 중국의 모든 작가들에게 영향을 끼친 예전의 거장들 — 투르게네프와 도스토옙스키, 심지어 고리키 번역서들 — 은 한물갔다. 중국 문학 작품 중에서 자오수리의 작품이나 딩링의 『태양은 쌍간 강 위에서 빛난다』, 젊은 작가들의 이른바 〈공동 산물〉을 읽는 것은 괜찮았다. 이런 작품들은 〈당의 다양한 특징〉을 잘 묘사한 것으로 칭송받았다. 이외의 모든 작품들은 심지어 공산주의자들이 예전에 〈진보적〉이라고 칭송했던 작품들까지 포함해서 사실상 전부 의심을 받았다.

이 글은 검열이 강화되기 이전인 1951년에 쓴 글이었다.[39]

그럼에도 독서욕이 정말 강한 독자들은 일반적으로 감시의 눈을 피해서 보존된 개인 소장품으로 욕구를 충족시켰다. 천년 고도(古都)인 시안의 아직 어린 소년이던 캉정궈는 반항적인 구석이 있었고 부모와 떨어져서 조부모와 함께 살았다. 벽에 회반죽을 바르고 바닥은 단단한 나무로 되었으며 오래된 가구들이 기분 좋게 뒤섞인 조부모의 낡은 집은 온갖 종류의 책들이 다락에서 먼지를 뒤집어쓴 채 쌓여 있는 보물 창고였다. 캉정궈는 불교 경전을 비롯해 모험과 스릴 가득한 소설부터 특대판 『십삼경주소(十三經注疏)』의 책장 사이에 눌려 있던 오래된 신문 스크랩에 이르기까지 손에 닿는 대로 게걸스레 책을 읽어 나갔다. 이 책들은 1966년 홍위병이 출현할 때까지 계속 존속될 터였다.[40]

———

전통적인 북소리와 혁명가 노랫소리가 클래식 음악을 밀어냈다. 베토벤, 쇼팽, 슈베르트, 모차르트를 비롯하여 부르주아로 간주된 그 밖의 여러 작곡가들 음반이 조용히 모습을 감추었다. 문학과 예술에 관한 마오쩌둥의 옌안 연설 10주년을 맞이해서 1952년에 베이징 중앙 음악 학원의 모든 직원들은 작품에 마오 주석의 이론을 적용하기 위한 최선의 방법을 논의하기로 결정했으며 음악가들이 〈구체적인 현실과 조화를 이루어야 한다〉라는 결론에 도달했다. 1949년 이전까지 아시아에서 가장 유명하고 현대 음악을 선도하던 상하이 음악 학원의 대표는 같은 해에 「해방일보」를 통해서 〈음악이 꼭 이념적인 내용을 포함할 필요는 없다〉라는 생각으로 서양 음악을 맹목적으로 숭배하는 사람들을 비난

했다.[41]

해방 이전의 상하이는 아시아의 음악적 수도로 여겨질 만큼 재즈 수요가 매우 많았다. 전 세계 출신의 새내기 연주자들뿐 아니라 미국 본고장에서 온 노련한 음악가들이 1949년 직전까지 곳곳에서 대중적인 음악을 연주했지만 상하이가 함락되고 불과 몇 주 만에 나이트클럽들이 폐쇄되거나 공장으로 바뀌었다. 새로운 정부는 재즈를 퇴폐적이고 음란하며 부르주아적이라고 비난하면서 전면 금지했다. 해방을 앞두고 몇 십 년 동안은 할리우드 노래와 재즈식 편곡, 민속 음악적인 요소를 대중적인 노래에 접목시킨 여성 가수들의 수요가 특히 대단했다. 저우쉬안 같은 스타들의 노래가 라디오 전파를 타고 널리 방송되고 축음기에서 재생된 적도 있었지만 1949년 이후로는 음란하다는 비판을 받을 뿐이었다. 파괴는 더욱 진행되어 공산주의 시대 이전에 생산된 8만 장의 앨범 중 대다수가 국가 기록 보관소로 들어갔고 그 안에서 수리가 불가능할 정도로 파손되어 갔다.[42]

곧 사람들의 귀는 소련의 문화 사절단을 통해 도입된 새로운 음악에 적응되었다. 라디오에서는 「공산당의 은혜는 말로 다 할 수 없도다」, 「마오 주석 찬양가」, 「신여성의 노래」, 「형제자매여 황무지를 개간하라」 같은 노래들이 들리기 시작했다. 직접 노래를 부르는 것이 유행했다. 부르주아의 특징적인 표현법이라는 이유로 용납되지 않던 독창과 달리 합창은 안전했다. 게다가 합창은 선전을 유포하는 데도 도움이 되었다. 각각의 활동별로 그에 맞는 노래가 만들어졌다. 농민들은 토지 개혁 노래를 불렀고 노동자들은 노동권에 관한 노래를 불렀다. 〈군인들은 행진하면서 또는 멈추어 휴식하면서 노래를 부른다. 학생들은 거의 온종일 노래한다. 수감자들은 하루에 네 시간씩 노래를 부른다. 공무원 직에 지원한 사람들을 대상으로 한 모든 교화 과정에서는 노래가 하루의 서너 시간을 차지한다.〉특별한 날이 되면 학생들은 공원에 모여서 북과 징 소리에 맞추어 「신(新)농민의 노래」나 그에 준하는 공격적인 노래를 불렀다. 소녀 합창단은 「열 명의 여자들이 남편을 칭찬하네」 같은 외우기 쉬운 멜로디의 노래를 불렀다. 노래를 배우려면 다른 모든 일과 마찬가지로 고된 훈련을 받아야 했으며 그 덕분에 매우 인상적인 결과가 만들어지기도 했다. 누군가는 노래에 진심을 담지 않았을지 모르지만 도시의 거리마다 그리고 산골짜기마다 노래가 울려퍼진 까닭에 가사를 모르는 사람은 없었다. 머지않아 박자에 맞추어 팔을 흔들면서 노래를 부르며 집에 가는 아이들 모습이 눈에 띄기 시작했다.[43]

확성기도 도움이 되었다. 교차로와 기차역, 기숙사, 매점을 비롯해 모든 주요 시설마다 설치된 확성기는 오히려 없는 곳을 찾기가 더 어려울 것 같았다. 사람들이 아침에 15분짜리 체조를 하려고 모이는 시간에는 확성기에서 으레 똑같은 노래가 흘러나왔다. 하루의 마무리도 확성기와 함께 이루어졌다. 사람들이 점심을 먹고 쉬거나 근무를 마치고 퇴근할 때면 확성기에서 정치 연설과 혁명가가 번갈아 흘러나왔다. 저녁에는 노래의 비중이 더 많아졌다. 확성기 소리가 너무 시끄럽고 귀에 거슬려서 베이징 같은 경우에는 자정 이후에 사용하는 것을 제한하는 규정을 도입하기도 했지만 효과는 별로였다.[44]

새로운 연극이 새로운 노래와 함께 선보였으며 적어도 처음에는 많은 관객에게 호응을 얻었다. 특히 젊은 층은 옛날식 중국 악극에 등장하는 고전적인 줄거리와 과한 의상을 마냥 좋아하지 않았다. 혁명을 지지하던 다른 많은 학생들처럼 마리아 옌 역시 「흰머리 소녀(白毛女)」를 보러 달려갔다. 막이 오르자 평범한 한 농부가 사는 오두막의 내부가 드러났다. 투박한 가구와 종이를 바른 창문에 쌓인 약간의 눈까지 현실적인 모습이었다. 〈게다가 꾸민 목소리를 내는 귀족들과 여자들이 무대 위에서 잰 걸음으로 빨빨거리지도 않았다. 대신 우리는 소박하고 나이든 한 농부를 발견했다. 일을 너무 많이 해서 허리가 휜 그 농부가 어린 딸과 이야기를 나누는 중이었다.〉 늙은 아버지는 탐욕스러운 채권자에게 딸을 넘겨야 한다는 사실에 너무 마음이 아파서 스스로 목을 맸다. 〈지주와 지주에게 고용된 건달들이 소녀를 아버지의 시신에서 억지로 떼어 내 지주의 집으로 데려가는 장면에서 우리는 금방이라도 눈물이 쏟아질 것 같았다. 소녀가 그 집의 오만한 여자들에게 매를 맞고 마치 노예처럼 학대당하는 장면에서는 지켜보던 관객들에게서 분노가 치솟는 것이 느껴졌다.〉 줄거리는 간단했다. 소녀가 임신하자 지주는 거짓으로 결혼을 약속한 다음 그녀를 매춘굴에 팔아 넘긴다. 그녀는 탈출해서 2년 동안 동굴에서 아기와 함께 숨어 지내는데 그 사이 머리카락이 치렁하게 자라면서 하얗게 변한다. 공산주의자들이 일본의 손아귀에서 그 마을을 해방시키고 어린 소녀는 마침내 어떤 유격대원과 재회한다. 소녀가 내내 사랑했던 어린 시절 친구였다. 지주가 재판대에 서자 농민들이 평결을 외친다. 물론 사형이다. 연극은 흥미로웠다. 대화와 노래, 연기가 자연스럽게 이어지면서 연극을 본 많은 사람들에게 감동적인 볼거리를 선사했다. 극악무도한 지주가 처형장으로 끌려가는 장면을 끝으로 막이 내리자 관객석에서 박수가 터져 나왔다.[45]

「흰머리 소녀」는 오페라와 영화뿐 아니라 발레로도 만들어졌다. 아울러 전문 연극 단체와 유랑 극단, 군 위문 공연단을 비롯하여 공장이나 사무실, 학교 또는 대학교, 청년단 등에서 자체 선발된 아마추어 배우들 등을 통해 공연되었다. 차오위의 「뇌우(雷雨)」 같은 다른 연극들도 잇따라 승인을 받았다. 하나같이 1950년 7월 문화부에 의해 설립된 희곡 개혁 위원회의 규칙과 규정을 정확히 준수한 작품들이었다. 반면에 아주 조금이라도 부르주아 개인주의 냄새가 나는 작품은 무조건 금지되었다. 소수의 외국인 극작가들이 어찌어찌하여 살아남기도 했는데 소비에트 연방에서도 그들을 허락했다는 것이 주된 이유였다. 셰익스피어를 예로 들자면 두 명의 선도적인 모스크바 출신 비평가들은 이 영국 시인이 자본주의 체제의 병폐를 폭로했다는 결론에 도달했고, 그로써 1956년에 베이징의 한 연극 학교에서 「로미오와 줄리엣」이 공연될 수 있도록 길을 열어 주었다. 「일러스트레이티드 런던 뉴스」에서 특집으로 아주 자세히 다루었을 만큼 인민 공화국에서 일어난 일 치고는 지극히 이례적인 사건이었다.[46]

공연은 또 다른 선전 수단이었다. 게다가 짧고 단순하며 매우 시사적인 까닭에 효과도 훨씬 좋았다. 인민 해방군 소속 무용단이 부른 「앙가(秧歌)」처럼 군에 소속된 배우들이 선전 활동을 도왔다. 그들은 광장이나 정원, 공원은 물론이고 그 밖의 어떤 공공 장소도 가리지 않고 보행자들이 몰려와 구경하고 박수칠 공간만 확보되면 어디에서나 대중적인 연극을 공연했다. 연극은 글을 모르는 농부들에게 가장 최근에 진행되는 정부 캠페인을 언제나 간단한 용어로 이해하기 쉽게 설명해 주었다. 하지만 다소 뻔한 측면도 있었다. 적이 사악한 지주이든 또는 비밀 간첩이나 탐욕스러운 제국주의자이든 바닥에 누운 채 허공을 향해 두 다리를 들고 있으면 군인이 그 사람의 불룩하게 튀어나온 배 위에 발을 올리는 장면은 꼭 들어갔다.[47]

상하이는 할리우드에 이어서 두 번째로 영화 산업이 발달한 도시였다. 하지만 제2차 세계 대전 중에 극심한 타격을 입었고 그나마 유지되던 명맥도 새로운 정권에 의해 완전히 끊겼다. 가장 인기 있는 장르는 통속 소설과 스릴 넘치는 모험, 코미디를 전위적인 기술과 적절히 융합시켜 탄생한 영화들이었고 중국 전역에서 인기를 끌었다. 고전 의상과 협객, 무술, 초자연적인 영적 능력이 한층 더 많은 관객을 사로잡았는데 수백만 명의 중국 내국인뿐 아니라 해외에서도 그보다 훨씬 많은 사람들을 매료시켰다. 특히 동남아시아는 중국 영화 산업의 가장 큰 시장이었다. 할리우드 영화도 나름 인기를 누렸다. 공산주의자들이 상하이에 행진해 들어올 당시 케세이 극장에서는 「나는 누가 이제 그녀에게 키스하고 있을지 궁금하다」라는 준 헤이버 주연의 천연색 뮤지컬 영화가 홍보되고 있었다. 이러한 현상이 해안을 따라 발달한 일부 대도시만의 전유물은 아니었다. 영화는 1930년대에 이미 내륙 깊숙이 상륙해 있었다. 남부 아열대 지역의 중소형 도시 쿤밍 같은 경우에도 1935년에 50만 명에 달하는 사람들이 그해 상연된 166편의 영화를 관람했다.[48]

해방되고 몇 개월 뒤부터 외국 영화를 거부하는 운동이 일어났다. 외국 영화들이 반동적이고 타락한 것으로 여겨지면서 「10월의 레닌」, 「처녀지(處女地)」, 「위대한 시민들」 같은 소련 영화들에게 자리를 내주었다. 불과 1년여 만에 수백 명의 직원들이 다수의 더빙 시설에 종사했다. 특히 국공 내전 이전에 제작된 영화들 중에는 「전함 포템킨」처럼 잘 만들고 감동적인 영화들도 있었지만 보통은 좌파 학생들이 보기에도 지루한 영화들이 대다수였다. 관람객이 없어지면서 영화로 수익을 내기가 불가능해졌다. 베이징에서는 대중을 붙잡기 위해 수차례나 관람료를 인하해야 했다. 그럼에도 대중이 여전히 영화를 멀리하자 마침내 당국은 극장주들에게 한 달에 5일간은 소련이 아닌 다른 나라에서 제작된 영화를 상영해도 좋다고 허락했다. 그러자 반동적인 영화가 상영될 때면 객석이 가득 찼다가 건전한 영화가 상연되면 다시 한산해지면서 명백한 대조를 이루었고 당혹감을 자아냈다. 즉각적인 상영 금지로 문제는 일단락되었다. 할리우드 영화는 한국 전쟁을 계기로 전국에서 완전히 막을 내렸다. 다른 예술 분야와 마찬가지로 영화계에서도 봉건주의와 제국주의의 속박에서 벗어남에 따라 혁명을 지지하는 예술가들의 창의성이 폭발할 것으로 예상되었지만 실제로는 전혀 그렇지 않았다.[49]

다른 모든 사회 단체처럼 종교 지도자들도 공산당을 받아들임으로써 자유를 보장받으라는 유혹에 넘어갔다. 그리고 금방 그들이 잘못 생각했음을 깨달았다. 한동안 허울 좋은 종교의 자유가 유지되는 듯 싶었지만 해방 일이 년 만에 지도부는 공산당과 경쟁 관계에 있는 모든 신앙 체계를 근절하기로 은밀한 결정을 내렸다. 1951년 2월 선전부 수장이던 후차오무가 소련의 기독교 탄압을 모범적인 사례로 지지하고 나섰다. 그는 자신의 부하 직원들에게 이야기하는 자리에서 끈질긴 신앙인들을 모두 찾아내려면 시간이 걸릴 거라고 경고했다.[50]

불교는 유일하게 느슨한 조직이었고 따라서 손쉬운 표적이 되었다. 사찰이 파괴되었고 승려는 폭행당하거나 살해되었다. 대장경 사본이 불에 태워졌으며 쇠를 얻기 위해서 불상이 녹여졌다. 토지는 몰수되고 불가의 재산은 공중분해되었다. 동시대 사람들의 증언에 따르면 일부 지역 승려들은 완전히 〈공포에 질린 상태〉였다. 어떤 승려들은 토지 개혁

기간 중 전통적인 엘리트들의 힘을 무력화시킬 의도로 실시된 광범위한 박해의 표적이 되었다. 난징에서 가까운 한 사찰의 승려는 〈대부분의 경우에 그들은 승려의 상의를 벗긴 채 손을 등 뒤로 묶고 다리도 묶은 다음 대중을 향해 무릎을 꿇리고 죄를 자백하도록 강요했다〉라고 회상했다. 항저우에서 가장 큰 사찰인 영은사에 4,000명의 군중이 모였다. 그들 앞으로 탁자를 쌓아 임시변통으로 만든 무대가 있었고 그 위에서 다섯 명의 승려가 군중과 대면했다. 판결은 언제나 똑같았다. 〈여러분도 저자가 얼마나 뚱뚱하고 고생 한 번 안 한 얼굴인지 보일 것이다. 저토록 뚱뚱한 이유가 무엇인가? 그동안 사람들의 피와 땀을 빨아먹고 살았기 때문이다. 저자는 착취자이며 나쁜 인간이다. 사람들은 하나같이 저자를 죽여야 한다고 말한다. 하지만 인민 정부는 도량이 크다. 따라서 저자를 노동 수용소로 보내 새로운 인간으로 개조할 것이다.〉 대도시에서는 훨씬 온건한 논조가 사용되었고 나이가 많은 사람들 가운데 가장 독실한 추종자들 몇몇에게는 신앙 생활을 계속해도 좋다는 허락이 떨어지기도 했다. 그럼에도 새로운 사람이 불교로 개종하는 것은 절대로 용납되지 않았다. 1950년 2월까지 상하이에서는 총 2,000여 명의 승려와 비구니 가운데 4분의 1이 절을 떠났다.[51]

중국의 소수 민족들은 특히 잦은 박해에 시달렸다. 다리와 운하가 복잡하게 얽혀 있는 윈난 성의 고도(古都) 리장에서는 나시족의 숫자가 압도적으로 우세했는데 그들에게는 그들만의 언어와 문학, 관습이 존재했다. 또한 그들은 언뜻 보기에 단순할 수 있지만 집을 지을 때 여닫이창과 문 안쪽에 정교한 무늬를 새겨 넣었다. 사찰도 마찬가지였다. 밖에서 보면 언뜻 평범해 보일 수 있지만 조각을 새긴 기둥과 홍예문, 신상(神像) 등으로 내부를 화려하게 장식했다. 리장에서의 혁명도 다른 지역과 똑같은 수순을 밟았다. 이 마을에서 오래 산 한 주민의 말에 따르면 〈하나같이 정직한 일이라고는 평생 해본 적 없는 깡패들과 건달들이 갑자기 인가된 공산당원으로서 잘나갔다. 그들은 중국 공산당원의 특징처럼 된 특별한 붉은 완장과 배지를 차고 오리너구리의 주둥이처럼 생긴 독특한 모자를 쓴 채 거드름을 피우며 거리를 활보했다〉. 오랜 역사를 지닌 나시족의 춤은 금지되었고 생전 처음 듣는 앙가가 그 자리를 대신했다. 하루 일과가 끝나면 사람들은 의무적으로 이 새로운 노래를 배워야 했으며 마찬가지로 날마다 지루하게 이어지는 비판 대회에도 참석해야 했다. 체포되는 사람들도 잇따랐다. 체포는 으레 한밤중에 이루어지기 일쑤였고 비밀리에 처형도 행해졌다. 종교 활동도 금지되었다. 사원은 징발되었고, 값을 매길 수 없는 귀중한 종교화들이 소각되거나 파기되었으며, 경전도 파괴되었고, 라마승들은 체포되거나 해산되었다. 라마교 사원은 〈마치 다른 곳에는 해당 용도로 사용할 건물이 없기라도 한 것처럼〉 일반 학교로 개조되었다.[52]

버마와 라오스, 베트남과 국경을 접한 남서쪽 끝단에 위치한 까닭에 민족 구성이 다양한 윈난 성 곳곳에서 비슷한 일들이 일어났다. 캉딩 현에서는 군대가 라마 사원을 점거했다. 마오 현에서는 사찰이 감옥으로 개조되었다. 승려와 비구니가 반동분자 취급을 당하기도 했으며 몇몇은 비판 대회에서 처형되었다. 약초를 팔던 어떤 여성의 경우에는 온 가족이 몰살되었다. 비구니의 혀가 잘린 사건도 있었는데 그녀는 자신이 흘린 피 때문에 결국 질식사했다.[53]

공포 정치 이후에는 보다 포괄적인 접근이 시도되었다. 1952년 11월 베이징에서 중국 불교 협회가 설립되었다. 정부의 하수인 역할이었다. 그들은 불자들에게 조용한 명상과 내적인 묵상을 장려하는 대신 토지 개혁과 반동분자 척결 운동에 동참하고 〈항미원조(抗米援朝)〉 운동에 앞장서라고 요구했다. 사상 개조는 필수였다. 교사나 교수, 기술자, 기업가 등과 마찬가지로 승려도 스스로를 개조하고, 서로를 비판하고, 〈봉건주의적 관념〉을 버리고, 계급의 적들에 대한 증오심을 증명해야 했다. 모든 생명체에 확장해서 차별 없이 베풀어지던 연민과 호의도 사라졌다. 승려들까지 공무원처럼 만드는 데 성공한 불교 협회는 1954년부터 지폐를 태우거나, 축제를 기념하거나, 혼령에게 제물을 바치는 등의 행위를 자제하도록 종용하는 데 노력을 경주했다. 경건한 기부 행위는 〈대중을 기만하는 행위〉로 비난받았다. 사찰 주지들은 떠돌이 승려들에게 호의를 베풀지 않겠다고 약속해야 했다. 그들이 떠돌이 생활을 할 것이 아니라 생산적인 활동에 종사해야 한다는 이유였다. 전통적인 수입원을 전부 박탈당한 승려들은 으레 척박한 땅에서 강제로 일을 해야 했다. 화중 지방에서 출가 의식을 진행하는 사찰로 가장 유명한 바오화산의 승려들은 이미 1951년부터 〈묽은 죽 한 그릇 먹기도 어려울 만큼 사실상 굶주림에 허덕이고 있었다〉. 윈먼산의 승려들은 묽은 죽 한 그릇으로 하루를 버텨야 했다.[54]

많은 승려들이 거의 아무런 저항도 하지 못한 채 박탈감 속에서 살아갔다. 어떤 승려는 농부가 되었고 어떤 승려는 군인이 되었다. 이전에 승려였던 사람들이 사찰에서 계속 지내기도 했는데 대신 머리를 길렀다. 서약을 저버리고 결혼해서 가축을 키우는 사람들도 있었다. 한편 정부는 대중의 눈을 피해서 신중하게 승려들에 대한 탄압을 지속해 나갔다. 공식적으로는 승려들의 숫자가 매년 동일한 수준으로 유지되고 있다고 주장했다. 1950년에도 50만 명이었고 1958년에도 여전히 50만 명이었다. 탄압은 수그러들지 않았으며 일찌기 1955년에 당의 한 관계

자는 비밀 회의에서 승려들의 숫자가 10만 명 남짓한 수준으로 감소한 것에 대해 치하했다.[55]

사찰 건물에 대해서도 똑같이 이중적인 접근법이 채택되었다. 수만 개의 사찰이 군인들 숙소나 감옥, 학교 또는 사무실, 공장으로 개조되는 와중에도 베이징에서는 라마 사원인 융허궁을 반짝반짝하고 흠 잡을 데 없는 상태로 관리하는 데 막대한 돈이 낭비되고 말았다. 하물며 모래를 채운 항아리에 향을 피우는데 주변에 타고 남은 재가 보이지 않을 정도였다. 중앙 정부의 정책에 따라 국경 지역에서는 보존 작업이 시행되었다. 중국에 600만 명의 불교도가 있었다면 신장과 내몽골, 티베트에는 따로 700만 명이 더 있었다. 티베트의 중심에는 탄탄한 조직력을 바탕으로 대중에게 깊숙이 스며든 종교가 있었다. 마오쩌둥은 먼저 라마승들의 충성심을 얻되 절대로 서둘지 말라고 동료들을 조심시켰다. 해방 이전에 승려들이 기거하던 23만 개의 사원들 가운데 총 100여 곳의 사원과 탑이 1951년부터 1958년 사이에 수리되었다. 정말로 보존을 위해 수리된 경우도 있었고 극히 일부는 법으로 보호되기도 했지만 대부분 외국의 고위층 인사들에게 보여 주기 위함이었다. 미국이 동남아시아에서 불교를 지지했기 때문에 인민 공화국으로서는 종교적인 주변 국가들의 신임을 얻기 위해 어쩔 수 없이 은밀한 경쟁을 벌여야 했다. 늘 상냥했던 저우언라이는 중국에서 가장 아름답게 복원된 사찰들을 방문하도록 정기적으로 버마와 실론*, 일본, 인도의 불교도들을 초대했고 다른 상황이었다면 미신의 극치라고 비난받았을 종교 의식에서 가끔씩 부처의 성스러운 유골 일부나 치아를 제공하기도 했다.[56]

* 스리랑카의 옛 이름.

엄격한 분위기 속에서도 공산당은 대중에게서 불교를 완전히 떼어 놓을 수 없었다. 농민들은 힘들 때마다 여전히 종교에 의지했다. 1953년에 허난 성에서 전염병과 기근이 발생하자 수천 명의 순례자들이 중국 불교의 요람 중 한 곳인 뤄양의 백마사(白馬寺)로 모여들었다. 1953년 3월 25일 하루에만 약 2만 명의 순례자들이 이 절을 찾았으며 그들은 조용히 줄을 선 채로 승려들이 자신을 치유해 주길 기다렸다. 민족 위원회를 담당했던 왕펑은 2년 뒤 몇몇 도시에 〈숭배의 의미로 또는 비를 내려 달라고 기도하거나 향을 피우기 위해서 또는 부처에게 절하기 위해서 10만 명이 넘는 사람들이 끊임없이 몰린다〉라는 사실에 대해 놀라움을 표시했다. 무자비한 탄압의 나날이 본격적으로 시작되기 이전이었기 때문에 아직은 이런 행위들 대부분이 용인되고 있었다.[57]

───────

공산당은 중국에만 신도가 존재하는 도교에까지 인내심을 발휘하지 않았다. 초자연적 현상과 점술을 믿는 도교는 미신으로 치부되었다. 게다가 비밀 반역 단체들과 연루되었던 과거사 때문에 정치적으로도 위험 요소로 여겨졌다. 도사들은 예비 교육 센터로 보내져서 목수나 재봉사 교육을 받았고 조상을 모시던 성지와 토속 신상(神像)은 파괴되었다. 광저우 남쪽의 한 농촌에서는 해방 직후에 도교 사원들이 마구잡이로 훼손되었다. 마을 공동 제사는 중단되었고 제례는 간소화되었다. 혹시라도 종교 행위가 용납되는 경우가 있다면 다른 사람이 볼 수 없는 각자의 집에서 행해질 때뿐이었다. 공동체의 결속을 다지고 강화하던 종교가 그 힘을 잃었다.[58]

그럼에도 천년의 뿌리를 바탕으로 부정형적이고 곳곳에 산재하는 독립적인 특징을 가진 이들 종교 단체는 정부가 해산시키면 모습을 바꾸어 다시 나타나길 반복하면서 계속해서 정부를 괴롭혔다. 공포 정치로 대변되던 1951년에 종교계 지도자들은 무자비한 박해를 당했다. 그들은 어디에나 존재하는 것 같았다. 허베이 성 성장(省長)은 허베이 성 인구의 8퍼센트가 이러저러한 종교 집단에 속해 있으며 숫자로 환산하면 200만 명에 육박할 것으로 추산했다. 그리고 1951년 초에 몇 달 동안 3,500명의 주모자들을 체포했다. 신도들에게는 믿음을 철회할 수 있는 기회가 주어졌다. 목격자에 따르면 베이징에서는 1951년 6월까지 10만 명 이상의 이관다오, 즉 일관도(一貫道) 신도들이 신앙을 버렸다. 이외에도 환싱다오, 성셴다오(신선도), 바과다오(팔괘도), 셴텐다오(선천도), 주궁다오(구궁도) 등 수십 개의 대중적인 종파와 종교 단체가 있었고 하나같이 무자비한 박해를 받았다. 남쪽 사람들에게는 미신의 장막이 특별한 무게를 갖는 듯 보였다. 광둥 성 해안을 따라 위치한 항구 도시들은 일견 전체 주민 중 절반 가까운 사람들이 이러저러한 종파를 추종하는 듯했다. 홍콩과 국경을 맞댄 작은 어촌인 선전의 경우에는 비밀 단체가 19개에 달했으며 황우당은 그중에서 가장 영향력 있는 단체였다. 황우당 신도들은 밀수와 강도, 간첩 활동 등의 혐의로 고발되었다. 관련해서 많은 사람들이 체포되었고 처형당했다. 어쨌거나 그 많은 사람들이 죽었음에도 1953년 공안부장이던 뤄루이칭의 손에는 여전히 윈난 성과 쓰촨 성, 저장 성, 안후이 성 일대의 여러 현들에 산재하는 수백 명의 종교 지도자들 명단이 들려 있었다.[59]

억압에 직면한 사람들은 그들의 신앙심을 나타내는 모든 가시적인 표식을 내려놓거나 말 그대로 지하로 숨어들었다. 중국 북부에서는 마을 곳곳에 위치한 전략적인 장소를 전부 연결할 만큼 긴 터널을 갖춘 지하 시설들이 건설되었다. 경찰은 1955년에 산시 성에서만 100여 개의 비밀 지하 시설을 적발했다. 허베이 성에서는 일부 종파의 지도자들이 터널 속에서 4년 넘게 은신해 살기도 했다. 쓰촨 성의 경우 미움을 산 이관다 오가 굳이 지하로 숨어들 필요도 없었다. 1955년에 이르러 지방의 당 간 부들과 군인들까지 신도가 될 만큼 번창했기 때문이었다. 간쑤 성에서 는 도교 종파가 해당 지역 전체를 지배하는 듯했다. 한편 토속 신앙도 다른 방식으로 대단한 지구력을 발휘했다. 마을 주민들이 유사시에 수 백 명 또는 수천 명씩 몰려드는 신비한 돌이나 성수(聖水), 신성한 무덤, 신기한 나무, 고대 사원 등에 관한 이야기들이 끊임없이 회자되었다.[60]

———————

해방 전 중국에는 대략 300만 명의 천주교 신자들과 100만 명의 개 신교 신자들이 있었다. 이들의 신앙에 대해서는 서서히 목을 조이는 쪽 으로 정책이 정해졌다. 무자비한 박해는 적어도 새로운 정권이 들어선 첫해에는 당분간 묵인하기로 한 정책과 맞지 않았다. 그러던 1950년 9월, 당초 공산당에 의해 설립된 전국 기독교 협의회가 모든 신자들에 게 해외 세력과 접촉하지 말 것을 촉구하는 「기독교 선언문」을 발표했 다. 이 선언문을 〈배신 선언문〉으로 받아들인 사람들도 있었지만 어쨌 든 협의회의 요구에 불응하는 사람들은 제국주의를 도와 선동하려 한 다는 비난에 직면해야 했다. 압력은 서서히 거세졌다. 당 간부들과 행동 대원들이 집이나 교회, 시장, 경찰서 등 장소를 가리지 않고 신자들을 밤낮으로 심문했다. 신도들은 온갖 감언이설로 부추김을 당했고 위협을 받았으며 압력을 받았고 닦달과 채근에 시달렸다. 시달림은 때때로 며칠씩 계속 이어지기도 했다. 중국의 다른 모든 사람들처럼 그들도 스스로를 개조하고 다른 사람을 고발해야 했다. 날마다 학습 모임에 참석하고 외국의 제국주의자들과 관련이 있는지를 조사받고 공개 회의에서 종교를 포기한다고 선언해야 했다. 신자들이 한꺼번에 교회를 떠나는 바람에 도처에서 종교적 네트워크가 붕괴되었다.[61]

1951년에 〈애국 교회〉가 등장하면서 개신교 신자들은 더욱 고립되었다. 애국 교회는 정부의 자금 지원을 받으면서 정부를 대변했으며 무조건 정부의 지시를 따랐다. 애국 교회에 합류하길 거부하는 개신교 신도들은 가택 연금에 처해지거나 노동 수용소로 보내졌다. 전국 곳곳에서 기독교인이 묵주나 수호성인 메달, 십자가상 등을 소지하는 것이 금지되었다. 가택 수색이 실시되었고 기도서와 교리 문답서, 성화가 파괴되었다. 교회의 성물(聖物)도 몰수되었다. 군인들이 제단과 의자들을 치워 버렸다. 성직자를 육성하는 신학교도 폐쇄되었다. 윈난 성의 장인셴 수녀는 그녀가 있던 교회가 어떻게 비워졌는지 지금도 기억이 생생하다. 〈한때는 정말 영광스러운 곳이었다. 하지만 하룻밤 사이에 모든 것이 사라졌다. 대신 쥐들이 그곳을 점령했다. 성당에서 일하던 사람만 400명 정도였다. 이제는 겨우 세 사람만 남아 있었다. 나와 내 숙모 그리고 류한천 주교였다.〉 그들 세 사람은 떠나라는 명령을 받았지만 거부했다. 그리고 몇 개월은 더 머물러도 된다는 허락을 받았음에도 민병대에게 잡혀가서 마을 여기저기로 끌려다녔고 결국에는 인민재판까지 받았다.

우리는 수백 명의 마을 주민과 대면했다. 그들은 주먹을 치켜든 채 혁명 구호를 외쳤다. 몇 사람이 우리에게 침을 뱉었다. 증오심이 대단했다. 지휘자가 군중을 흥분 상태로 몰아가던 중에 한 농민 행동 대원이 앞으로 나와서 류한천 주교의 뺨을 때렸다. 숙모가 나섰다. 「감히 저분의 뺨을 때리다니요.」 그 행동 대원은 이전까지 가난한 농부였는데 공산주의자들이 지주의 재산을 몰수하는 과정에서 혜택을 입은 사람이었다. 그가 숙모에게 삿대질하며 마주 고함을 질렀다. 「당신은 혁명에 반대했고 우리는 승리했어. 당신은 우리를 착취하는 제국주의자들의 종복일 뿐이야.」 숙모는 〈아니에요. 우리도 가난한 집 출신이고 누구를 착취한 적도 없어요〉라고 해명했다. 행동 대원이 다시 고함쳤다. 「당신은 여전히 자기주장만 내세우고 패배를 인정하지 않으려 해. 당신은 벌을 받아야 해.」 사람들이 주먹을 높이 쳐들고 외치기 시작했다. 「반동분자 수녀를 처단하라!」 숙모가 물러서지 않고 행동 대원에게 말했다. 「원한다면 나도 때리세요. 당신이 왼쪽 뺨을 때린다면 오른쪽 뺨도 내어 드리리다.」

그들 세 사람은 지방 간부의 감독 아래 수년간 고된 노동을 강요당했다.[62]

외국에 아무런 연줄이 없는 종교인들의 상황은 그야말로 암울했다. 산둥 성의 옥수수와 대마 밭으로 둘러싸인 한적하고 조용한 마쫭 마을은 예수 가정이라 불리는 독특한 펜테코스트파 공동체주의 교회의 본거지였다. 1927년에 설립된 이 단체는 수십 개의 작은 공동체들로 이루어졌으며 각각의 공동체마다 한 명의 가장(家長) 아래 수백 명의 신도들이 함께 일하고 생활했다. 사유 재산은 금지되었고 모든 재화는 공동으로 관리되었으며 경제적으로 자급자족하는 공동체들이 평등주의에 입각한 생활 방식을 추구했다. 하지만 그 어느 것도 그들을 박해로부터 지켜 주지 못했다. 1952년 들어서 그들이 소유했던 땅은 몰수되었고 신도들은 뿔뿔이 흩어졌다. 그들이 제국주의와 밀접한 관계에 있는 〈비밀 단체〉라는 것이 이유였다. 이 단체의 지도자는 이런저런 비난에 시달리다가 투옥되었고 1957년에 사망했다.[63]

변화를 받아들인 교회들의 상황은 그나마 나았다. 베이징의 성 미카엘 성당은 주 제단과 영성체 대(臺), 로비, 문으로 연결되는 통로 등이 붉은 깃발로 꾸며져 있었다. 성당 기둥에 걸린 좁고 기다란 형태의 띠에는 〈마오쩌둥이여 영원하길〉이나 〈공산주의 만세〉 같은 문구가 적혀 있었다. 마오쩌둥을 비롯한 공산당 지도자들의 초상화가 예수 성심이나 성모 마리아, 그 밖의 다양한 성인들 그림을 대체했다. 신도들의 참석률은 떨어졌다. 성 미카엘 성당에서 그리 멀지 않으며 이전까지 모리슨 로(路)라고 알려졌던 왕푸징에는 십자가 탑 꼭대기에 붉은 별을 올린 로마 가톨릭 교회가 있었다. 복원된 융허궁과 마찬가지로 이 교회도 외국의 고위층 인사들에게 보여 주기 위한 용도였다.[64]

1954년에 이르러 천주교도의 숫자는 거의 절반 가까이 줄었다. 한때는 300만 명에 달했던 신도들이 170만 명을 겨우 넘었다. 1949년 기준 전국 곳곳에 산재하던 1만 6,000개의 성당들도 이제는 겨우 3,252개만 남아 있었다. 개신교 교회에도 신도들이 북적거리지 않기는 마찬가지였다. 여전히 6,700여 개에 달하는 개신교 교회가 운영 중에 있었지만 신도 수는 63만 8,000명에 그쳤다. 하지만 공공연한 비난과 체포, 국외 추방에도 불구하고 기독교는 쉽게 근절되지 않았다. 지역에 따라서는 다시 활기를 되찾기도 했다. 산둥 성 후촹에서는 1955년에 부활절을 맞아 1,000여 명의 순례자들이 모여 예배를 올렸다. 교회 건물이 학교로 개조된 우청 현에서는 약 800명의 신도들이 텐트를 치고 예수의 부활을 기념했다. 역시 산둥 성에 있는 가톨릭 차오저우 교구에서는 1년 사이에 신도가 80퍼센트나 증가했다. 자신의 집에서 목회를 여는 목사 들도 있었다. 농촌으로 보내진 왕스광은 이런 방법으로 700명의 신도 를 모집할 수 있었다. 베이징과 산시 성처럼 먼 곳에서 목사들이 찾아와 서 가난한 사람들을 위해 설교하기도 했다. 반면에 애국 교회는 산둥 성 곳곳에서 신도들에게 외면당했다. 심지어 텅 빈 교회 건물만 우두커 니 서 있기도 했다. 쓰촨 성도 상황은 비슷했다. 예컨대 시창 현에서는 목사들이 멀리 충칭과 청두까지 가서 목회를 열기 시작했다. 캉딩에서 는 1955년에 발생한 지진에서 온전하게 남은 몇 안 되는 건물 중 하나 가 교회 건물이었다. 지역 주민들은 이를 신의 계시로 여겼고 현의 곳곳 에서 이 교회로 모여들었다.[65]

당에서 여전히 애국 교회라는 정해진 틀 밖에서 행해지는 모든 종교 활동을 엄중히 단속하기로 하면서 1955년 말 종교계는 새로운 전환점 을 맞았다. 후펑 사건 이후로 수천 개의 반혁명적인 단체들이 적발되면 서 중국의 〈천주교 요새〉로 묘사되던 상하이에서 이미 약해질 대로 약 해진 교회들이 결정타를 맞았다. 1955년 9월 7일 밤, 온화한 성격이지 만 의지가 굳은 이냐시오 궁핀메이라는 이름의 주교가 스무 명 남짓한 다른 사제와 수녀 들 그리고 수백 명의 평신도들과 함께 체포되었다. 11월 말에 이르자 투옥된 신도들 숫자가 1,500명으로 늘어났다. 그들 은 반혁명적인 범죄를 저지르고, 제국주의와 결탁하고, 유언비어를 유 포하고, 젊은 사람들의 생각을 오염시키고, 무엇보다 폭력 행위를 획책 했다는 혐의로 기소되었다. 산둥 성과 저장 성, 푸젠 성, 광둥 성, 후베이 성, 쓰촨 성에서도 체포가 이어졌다. 반혁명적인 단체들 역시 〈종교라 는 가면을 쓰고〉 활동하고 있다는 이유였다. 신문 사설과 시사 만화, 기사 등은 이를테면 경찰이 〈궁핀메이의 반혁명적인 집단을 박살내다〉라는 표제 기사처럼 주교에 대한 공격을 특집으로 다루었다. 이냐시오 궁핀메이 주교에게는 종신형이 선고되었다.[66]

———————

이슬람교도들도 지속적인 굴욕에 시달렸다. 쓰촨 성 장유에서는 이들에게 린치와 폭행이 가해졌다. 〈선한 이슬람교도라는 것은 존재하지 않는다〉라고 단언한 당 간부도 있었다. 신두 현에서는 이슬람교 사원이 몰수되어 가난한 사람에게 넘겨졌다. 주시주 당 서기는 전담반을 조직해서 수천 명에 달하는 이슬람교도들의 무덤과 코란 구절이 새겨진 묘비를 파내도록 지시했다. 파낸 비석들은 곡식 창고를 짓고 제방을 보수하는 데 이용되었다. 일부는 돼지 우리를 짓는 데 사용되기도 했다. 농민 단체가 접수한 이슬람교 사원에서는 신자들이 어느 방향을 향해 기도해야 하는지 알려 주는 미흐라브가 파괴되었다. 일반적으로 이맘이 설교할 때 이용하던 높은 제단은 대중 집회를 위한 무대로 바뀌었다. 이슬람교도들이 구슬이라는 목욕 의식을 치르던 장소 중 일부가 여자 화장실로 사용되기도 했다.[67]

북쪽에서 서쪽으로 이어지는 이슬람 벨트 지역 곳곳에서도 유사한 박해가 빈번히 행해졌으며 머지않아 공공연한 반란이 이 지역을 뒤흔들었다. 1950년 간쑤 성 일부 지역과 칭하이, 신장에서는 야간 통행이 엄격하게 금지되었음에도 밤마다 총성이 끊이지 않았다. 주기적으로 무장 반란이 일어났으며 그 가운데 해방 후 수개월에 걸쳐 발생한 몇 건은 수천 명이 연루되어 엄청난 희생자를 낳았다. 간쑤 성에서 발생한

다수의 폭동 사건을 조사한 한 보고서는 〈이들 반란 사건의 주된 원인은 우리가 소수 집단 정책을 단호하게 실행하지 못한 결과〉라고 결론지었다. 한번은 학대와 폭력이 〈예삿일〉처럼 회자되고 이슬람 학교가 돼지를 키우는 우리로 이용되던 핑량이라는 마을이 2,000여 명의 이슬람교도에게 공격을 당하기도 했다.[68]

그럼에도 달라진 것은 아무것도 없었다. 1년 뒤 마찬가지로 간쑤 성에서 발생한 또 다른 사건에서는 8,000명의 군중이 닝딩 현의 책임자를 포위했다. 대부분의 이슬람 지역에 대한 정부의 지배 행태에 분노해서 촉발된 이 피비린내 나는 결전으로 1,000명 이상이 목숨을 잃었다. 또 간쑤 성 린샤에서는 여덟 구의 시체가 온전히 매장되지도 않은 채 들판에 버려진 것 때문에 지역 주민들이 크게 분노했다. 버려진 시체는 감옥에서 얼어 죽은 이슬람교도들의 것이었다. 이 지역에서는 권력을 이용해 이슬람교도를 약탈하는 중국인 민병대 때문에 지역민 전체가 공포에 떨었다.[69]

중앙 정부는 끊임없이 지역 민병대를 강화하기 위해 정부군을 투입하고 살인과 방화, 강도, 반란을 획책한 혐의로 반란군 지도자들을 처형해야 했다. 1952년에 이르러서는 결국 이슬람교에 대한 보다 융화적인 접근법을 내놓게 되었다. 공산당 간부들은 이슬람교 관습을 존중해 주라는 주의를 들었다. 군인들은 이슬람교도들 앞에서 〈돼지〉라는 단어의 사용을 삼가고 이슬람교도가 목욕 의식을 치르는 장소에서 몸을 씻지 말라는 지시를 받았다. 이슬람교 사원이 소유한 땅을 온전하게 놔두라는 특별 규칙도 만들어졌다. 한편 정부에 협조적인 이슬람 지도자들에게는 이를테면 1953년 5월 베이징에서 설립된 중국 이슬람 연합회처럼 〈애국심과 이념 교육〉을 홍보하는 새로운 단체의 명목상 우두머리 자리가 내어졌다.

중국의 중요한 국경 지대에 살던 이슬람교도들은 1953년에 〈자치권〉이라는 공허한 선물을 받았다. 중국 전역에 〈소수〉 민족들을 위한 자치 구와 자치 현, 자치 주, 자치 지구 등이 연이어 등장했다. 신장은 이슬람교도들이 오랫동안 단일 국가인 위구르 공화국을 염원해 왔음에도 굴자 근처의 시보족과 북쪽의 카자흐족, 파미르 고원 사리콜 지역의 타지크족 등 여러 부분으로 분할되었다. 위구르족의 존재는 1955년 10월 신장의 명칭이 신장웨이우얼 자치구로 정해짐으로써 비로소 공식적으로 인정되었다. 하지만 이 지역 내 여러 〈자치〉 구역들 간의 경계는 어떤 민족 집단도 그들이 수적으로 우세한 지역을 통제할 수 없도록 정해졌다. 단일 소수 민족이 거의 절대다수를 차지하는 영토는 분할되었고 그에 따라 위구르족이 절대적인 우위를 차지하던 지역에서 위구르족의 자치권은 인정되지 않았다. 예컨대 이리 카자흐 자치주는 위구르족이 카자흐족보다 많은 지역이었고 몽골 자치주의 수도인 쿠얼러 시에서도 위구르족의 숫자가 절대적인 우위를 차지했다. 이는 예측 가능한 분할 통치 전략이었다. 또는 고대 중국의 전술을 빌리자면 〈이이제이(以夷制夷)〉의 경우였다. 이러한 통치 구조를 바탕으로 공산당은 철저하게 모든 중요한 결정을 통제했다.[70]

반항적인 이들 국경 지역에서는 사상 개조가 덜 강조되었지만 그럼에도 자치권과 함께 세뇌 교육이 뒤따랐다. 해방 이전까지 교육은 이슬람교 사원들의 몫이었다. 사람들은 그곳에서 코란을 배우고 이슬람교도로서 예배 의식을 이해하는 데 필요한 최소한의 아라비아어를 배웠다. 새로운 정권은 이슬람교도 가정의 아이들을 중국어로 수업하는 국립 학교로 이끌기 위해 많은 노력을 기울였다. 1951년 베이징에 설립된 중앙 민족 학원처럼 이슬람교도를 위한 특수 학교도 설립했으며 이슬람 신학원을 통해 이슬람교 지도자들에 대한 교육을 감독하기도 했다. 이슬람 벨트 지역에서는 1951년부터 이맘에 대한 세뇌 교육이 실시되었고 보완책으로 강제 노동을 통해서 완고한 종교 지도자들을 개조해 나갔다. 설교단에서 새로운 이데올로기를 선전하며 순응한 사람들만 성직자가 되었다. 이슬람교 사원과 산하의 고등 교육 시설에서 소유했던 토지와 공장, 가게, 과수원을 비롯한 그 밖의 재산이 재분배되면서 이슬람 단체들이 경제적 자립성을 상실한 뒤로 그들은 국가로부터 급료를 받았다.[71]

이 지역 개발을 위해 남쪽 해안에서 대형 트럭을 타고 수십만 명의 정착민들이 도착하면서 이슬람교는 점차 뒷전으로 밀려났다. 1949년 이전만 하더라도 어디서나 볼 수 있던 테두리가 없는 하얀색의 작은 모자와 긴 겉옷은 이슬람교 사원에서 예배 시간에나 볼 수 있었다. 이외의 시간에는 남녀를 불문하고 모두 파란색이나 검은색으로 된 혁명복을 입었다. 1956년에 이 지역을 방문한 파키스탄 사람들은 독립적인 신문도 없을뿐더러 도서관에는 공산주의를 찬양하는 책들이 대부분인 것에 주목했다. 라디오는 하나같이 베이징 방송국에 주파수가 고정되어 있었다. 모든 것이 점진적인 동화 정책의 일환이었다. 그럼에도 이슬람교에 대한 진정한 박해는 1966년 홍위병의 등장과 함께 시작될 터였다.[72]

10장
농노제로 가는 길

1949년 6월 30일, 국공 내전에서 확실하게 승기를 잡은 듯하자 마오 쩌둥은 중국이 〈어느 한쪽 편에 기대야 한다〉라고 선언했다. 마오 주석의 설명에 따르면 레닌과 스탈린의 영도 아래 소련 공산당은 〈위대하고 빛나는 사회주의 국가〉를 건설했다. 〈소련 공산당은 우리에게 최고의 스승이며 우리는 그들에게서 배워야 한다.〉 소비에트 연방에서는 산업화 요구에 부응하기 위해 농업이 집산화되었다. 중국도 다르지 않을 참이었다. 〈농업이 사회주의화되지 않고는 사회주의가 완성되거나 견고해질 수 없다.〉 소비에트 연방의 경험을 참고해서 마오쩌둥은 이렇게 덧붙였다. 이 과업은 〈시간도 오래 걸리고 힘든 일이 될 것이다〉.[1]

집산화로 가는 길은 실제로 힘들었지만 사람들이 예상했던 것보다 시간은 훨씬 덜 걸렸다.[2] 꼭 가야 했던 길인 동시에 토지 개혁이 끝나자마자 선택에 의해 결정된 길이었다. 농민들이 일단 전부 비슷한 면적의 땅을 소지하고 나자 이번에는 가축과 농기구가 모두에게 고루 돌아갈 만큼 충분하지 않았다. 토지 분배 이전까지 농업은 어떤 사람들에게는 온종일 매달려야 하는 직업이었던 반면 어떤 사람들에게는 단지 부업에 불과했다. 이미 그 당시에도 아무리 전업 농부라도 농사에 이용할 가축을 한 마리 이상 소유한 경우가 드물었으며 보유한 농기구 또한 매우 단출했다. 남쪽으로 내려갈수록 인구 밀도가 증가하면서 문제는 더욱 심각해졌다. 기록 보관소에서 발견한 사례들은 토지 개혁에 따른 결과를 적나라하게 보여 주었다. 후베이 성 양쯔 강 변에 위치한 교통의 요지 이창에서 당 사령부원이 보낸 문건에는 소나 농기구, 종자, 비료는 고사하고 보릿고개를 넘길 식량도 부족한 가난한 사람들에게 땅이 아무런 소용이 없다고 설명되어 있었다. 비슷한 문제들이 도처에서 〈만연〉했지만 토지가 막 재분배된 지역일수록 특히 압박이 심했다. 〈올해는 가난한 농부들과 농장 인부들의 상황을 긍정적으로 전망할 수 있는 요인이 정말 하나도 없다. 그들은 생산성을 높일 수도, 인생을 바꿀 수도 없다.〉 앞으로 계속해서 나아가려면 집산화가 유일한 해법처럼 보였다.[3]

한 구획씩 토지를 분배받은 여러 지역의 농민들은 몇몇 가구씩 쟁기질할 가축과 농기구를 공유하기 시작했다. 주인들은 좀처럼 탐탁하지 않았다. 자신들 말고는 아무도 자신의 가축이나 농기구를 소중히 다루지 않을 것이기 때문이었다. 그러자 지방 간부들이 마을 회의를 통해서 그들을 집산화의 길로 유도했다. 연단이 급하게 만들어졌고 마을 회의를 위해 붉은 깃발과 중국과 소련의 지도자들 사진이 장식되었다. 한번은 농업 전문가라는 사람이 몇 시간에 걸쳐 장황한 이야기를 늘어놓았다. 그리고 거의 끝 무렵에 핵심적인 내용을 꺼내 마을 사람들의 관심을 사로잡았다. 그 남자가 외쳤다. 「쟁기질할 가축과 농기구가 부족하므로 이웃의 가축과 농기구를 빌릴 수 있도록 법으로 정해졌다. 지역 정부는 누구도 이러한 것들을 이웃과 나누어 쓰는 것에 반대하지 못하게 할 것이다.」[4]

여기까지가 집산화의 첫 번째 단계였다. 농기구와 역축(役畜), 노동력을 공유하는 가구들은 〈호조조(互助組)〉라고 불렸다. 그럼에도 호조라는 말이 의미하듯 실제로 서로 도움을 주고받는 경우는 그다지 많지 않았다. 과거에도 농번기에는 상부상조하는 경우가 많았지만 농민들이 자발적으로 했던 것이지 지방 간부의 비난이 무서워서 그랬던 것은 아니었다. 집산화에 동참하기를 거부한 농민들은 〈비애국적〉이라거나 〈장제스 노선〉, 〈낙오자〉라는 비난을 받을 각오를 해야 했다. 독립적으로 남길 선호한 농부들이 그들을 〈자본주의자〉나 〈독불장군〉이라며 비난하는 내용이 적힌 종이를 등에 붙이고 다닌 경우도 있었다. 쓰촨 성 웨츠 현의 어떤 지방 간부는 한 농부에게 〈게으름뱅이〉라고 적힌 판자를 목에 두르게 했다. 다른 농부에게는 남성의 성기를 은유적으로 상징하는 거북이 그림으로 모욕을 주었다. 웨츠 현에서 그다지 멀지 않은 광안에서는 혼자 힘으로 농사짓길 원한 또 다른 농부가 징을 치며 거리를 돌면서 이렇게 외쳤다. 「나의 전철을 밟지 말라. 호조조에 가입하길 거부하지 말라!」 적어도 쓰촨 성의 한 마을에서는 마을 주민들에게 선택권이 주어졌다. 해당 지역의 당 간부는 두 장의 벽보를 내걸었다. 하나는 마오쩌둥에게 충성을 맹세하는 벽보였고 다른 하나는 장제스에게 충성을 맹세하는 벽보였다. 마을 주민들은 각자 자신이 선택한 지도자의 벽보에 서명을 하도록 요구되었다. 하지만 다른 모든 것을 떠나서 공동으로 농사짓길 거부한 사람들에게는 생계를 유지하기 위해 꼭 필요했던 대출이 막혀 버렸다.[5]

토지 개혁이라는 혁명적인 조치로 모든 원한이 정리되었어야 했지만 새로운 갈등이 등장했다. 토지 재분배 과정에서 도살되지 않은 역축들을 이제는 여러 가구가 빌려서 사용했는데 빌려 쓰는 사람들이 가축을 형편없이 방치하는 경우가 다반사였다. 원래의 주인에게 돌아왔을 때는 흔히 비참한 몰골에 병들고 불결하기 짝이 없었다. 너무 혹사를 당해서 죽는 경우도 생겼다. 아열대 지역인 하이난 섬에서는 물소를 정해진 날짜에 주인에게 반납하는 대신 마을 사람끼리 돌려가며 이용하는 바람에 원래 주인은 땅을 일구지 못한 채 벼를 심어야 했고 그 결과 쭉정이 농사만 짓기도 했다. 2주 기한으로 빌려간 배들이 반납되지 않으면서 다른 선주들은 자신의 소유물을 빌려주는 데 점점 더 조심스러워졌다. 어떤 선주들은 배가 항해할 수 있는 상태가 아닌 척했고 어떤 선주들은 다른 사람에게 빌려주느니 차라리 배에 강바닥의 진흙을 잔뜩 채우는 쪽을 선택했다. 같은 호호조 내에서 공동으로 사용하던 농기구들도 너무 막 다루어지거나 순전히 앙심에 의해 망가지기 일쑤였다. 빌려주는 사람과 빌려 쓰는 사람 간의 갈등은 머지않아 사유 재산이라는 개념 자체를 위협했다. 가난한 사람들은 〈가난한 것은 영광스러운 일이다〉라고 주장하면서 가치 있는 모든 것을 평등하게 분배할 것을 요구했다. 〈음식이 있으면 모든 사람이 나누어 먹고 돈이 있으면 모든 사람이 써야 한다.〉 결국 두려움과 시샘 때문에 가난이 표준이 되었다.[6]

〈부자〉라는 말 자체가 두려움을 부추겼다. 가난한 사람들은 종종 훨씬 더 급진적인 방식의 분배를 요구했다. 1958년 여름 대약진 운동과 함께 등장할 인민공사(人民公社)와 같은 방식을 기대했다. 이를테면 각각의 구성원들이 무엇을 내놓든 상관없이 모든 것을 공유하는 방식이었다. 하이난의 일부 지역에서는 전체의 6퍼센트에 달하는 호조조들이 이 같은 급진적인 평등주의 방식을 채택했다. 한 극단적인 경우에서는 같은 호조조로 묶인 다섯 가구가 결혼식 비용까지 공동으로 부담하기도 했다. 하지만 대약진 운동의 결과로 파멸적인 기근이 예상되는 가운데 다른 사람들보다 기여도가 떨어지는 사람들은 곧 집단 내에서 소외되었다. 임신한 여성들은 들일도 하지 않는 주제에 밥을 축낸다며 욕을 들었다. 농부들은 꾀부린다는 비난을 받을까 봐 시장에 가는 것도 꺼렸다. 사유 재산의 개념이 붕괴되면서 도둑은 더욱 극성을 부렸다. 한 보고서에 따르면 마을 전체가 다른 사람의 재산을 만만하게 여기는 공공연한 난장판으로 전락하면서 〈정상적인 사회 질서가 무너졌다〉.[7]

하이난 성이 마지막으로 해방되었다면 만주는 첫 번째였다. 호조조의 도입은 만주에서도 농촌의 빈곤을 초래했다. 대체로 전국의 어느 농촌보다 먼저였다. 농부들은 가축을 공유하기 싫어서 미리 도살해 버렸다. 건강한 말을 늙은 말과 바꾸었고 고무 타이어가 달린 수레를 나무 바퀴가 달린 낡은 수레로 바꾸었다. 이 같은 풍조는 1950년 봄부터 시작되었다. 그리고 채 1년도 지나지 않아 전국적으로 농촌의 3분의 1이 극심한 빈곤에 시달렸다. 농사일을 도와줄 가축은 물론이고 식량과 사료, 농기구 등 모든 것이 부족해졌다. 어떤 경우에는 다음에 파종할 종자가 부족할 지경이었다. 설령 종자가 충분한 경우에도 파종을 대충 하는 바람에 들판에서 싹이 고르게 나지 않기도 했다. 인민 대표 회의에 제출된 한 보고서 내용처럼 〈사람들은 열정이 없었다〉.[8]

다른 문제도 생겼다. 당초 계획대로라면 토지 분배는 봉건제의 압박에서 대중의 생산 잠재력을 해방시켜 가장 심각한 불평등 문제를 과거사로 만들었어야 했다. 그런데 토지 재분배가 완료되자마자 전국에서 토지 거래가 성행했다. 1952년 저장 성에서는 가난한 농부들이 그들 몫의 일부를 판매하거나 다른 것과 교환했다. 젠더 현의 한 마을에서는 재분배된 토지 중 절반이 제3자에게 넘어갔으며 경우에 따라서는 부농이나 도시 상인에게 판매되기도 했다. 진화 전구에서는 재분배된 토지 가운데 7퍼센트에 육박하는 물량이 대략적인 1년 산출량을 기준으로 평균 20퍼센트의 소작료를 받고 임대되었다.[9]

전국 어디서나 상황은 비슷했다. 쓰촨 성 랑중 현에서는 전체 농민들 가운데 6분의 1에 달하는 사람들이 너무 궁핍해서 불과 1년 전이나 그 비슷한 시기에 시행된 토지 개혁에 역행하여 땅을 팔 수밖에 없었다. 어떤 사람들은 심지어 토지세를 낼 능력도 안 되었다. 토지 분배는 또한 이전까지 세금 징수원의 눈을 피해 숨겨져 있던 모든 소작지를 수면 위로 이끌어 내야 했다. 그러나 특히 장쑤 성과 안후이 성 대부분의 지역에서는 많은 필지의 땅에 세금이 부과되지 않고 있었다. 안후이 성의 차오청 같은 경우에는 〈검은 땅〉으로 불리던 이런 땅이 놀랍게도 전체 면적의 70퍼센트에 달했다. 때로는 농부와 지방 간부가 공모해서 가장 비옥한 땅을 숨기거나 최고 등급의 땅을 황무지로 보고하기도 했다. 안후이 성 쑤셴 현의 한 마을 촌장은 줄자로 땅을 측량하던 도중에 대담하게도 다음과 같이 대놓고 말했다. 「땅을 측량하는 이유는 전적으로 우리 위에 있는 사람들을 속이고 우리 아래에 있는 사람들을 도와주기 위한 것이다.」 하지만 대개의 경우 〈검은 땅〉의 수혜자는 지린 성의 사례처럼 이제는 보통 사람들 위에서 영주 노릇을 하고 있던 지방 간부들이었다. 여러 성(省)을 담당하던 권력의 상층부에서 나온 한 대략적인 추산에 따르면 지방 간부 중 약 절반이 비리와 연루되어 있었다. 지역에 따라서는 새로운 권력 집단이 등장했다. 요컨대 당 간부들은 열 가구 중 하나꼴로 집에 하인을 두고 높은 소작료를 받고 땅 투기를 하면서 부농처럼 살았다.[10]

모든 사람이 토지를 분배받았고 따라서 모든 사람이 곡물로 세금을 내야 했다. 해방 전까지는 농촌이라고 전부 농부만 있던 것은 아니었다.

심지어 농사를 짓는 사람도 가계 소득을 보충하기 위해 여가 시간에 부업으로 수공예품을 만드는 경우가 많았다. 지역에 따라서는 온 마을이 종이 우산이나 헝겊신, 비단 모자, 등나무 의자, 고리버들 바구니, 광주리 등을 생산하는 데 특화되어 있기도 했다. 새로운 정권 아래서는 수공예품을 생산하던 이런 재원들 상당수가 노동력을 착취당하거나 강제로 호조조에 편입되었다. 혁명 이전에는 대장간이 보통 뜨거운 물을 파는 가게나 마을 제분소 근처에 위치했으며 가마 주위로 대장장이들이 재활용 철로 농부에게 팔 농기구를 만들기 위해 모루 위에서 망치질하는 소리가 울려 퍼지고는 했다. 이제는 많은 대장장이들이 호조조에 소속된 채 정부의 감시를 받으며 일했다. 쓰촨 성 후이리에서는 집산화의 결과로 괭이와 갈퀴의 무게가 두 배로 늘어났다. 품질은 조악해졌고 그 결과 들에서 사용한 지 하루나 이틀 만에 농기구가 망가지기 일쑤였다.[11]

농촌의 제조업은 완전히 붕괴되었다. 한때는 부유한 현에 속했던 저장 성의 샤오산에서 일어난 일이 좋은 예였다. 샤오산 현에서는 주민들 절반 이상이 주된 수입을 종이 만드는 일에 의지했다. 종이를 만들기 위해서는 물에 불린 대마와 모시풀, 뽕나무, 대나무 등을 빻아서 다시 물로 씻고 장섬유를 추출한 다음 석회수로 세척하고 최종적으로 종이 형태로 압착해야 했기 때문에 대대로 전수되는 특별한 기술이 필요했다. 해방 후 1년도 되지 않아서 이 종이 산업이 세금을 감당하지 못해 퇴출되었다. 당초 200여 개에게 달했던 소규모 공장들 가운데 채 4분의 1도 안 되는 숫자가 명맥만 겨우 유지했다. 한때는 잘나갔던 사람들이 생계를 유지하기 위해 죽순을 캐거나 풀을 베거나 나무를 훔쳐야 하는 신세로 전락했다. 샤오산의 사례가 이례적인 것도 아니었다. 전국에서 민영기업들이 자본주의를 추구한다며 비난을 듣고 있었다. 후베이 성 전체로 보았을 때 1951년에 대다수 농촌 사람들이 부업으로 거둔 소득은 예전에 비해 절반으로 떨어졌다. 그 어느 때보다 많은 주민들이 농사에 매달렸다. 1980년대 이전까지는 많은 성(省)에서 농촌의 부업 소득이 국공 내전 이전 수준으로 회복되지 않을 터였다.[12]

어느 때보다 많은 농민들이 농사에 매달렸음에도 토지 재분배 이후로 1인당 실질 생산량은 감소했다. 토지 개혁 위원회에서 파견된 공작대들은 후베이 성의 모든 현이 굶주림에 허덕이고 있다고 보고했다. 굶주림이 만연한 데는 수많은 원인이 있겠지만 무엇보다 인재의 측면이 강했다. 북쪽에서 내려온 당 간부들은 자신이 담당한 지역의 경제 상황을 무시한 채 명령을 내렸다. 예컨대 농민들은 대회에 참석해서 밤새도록 붙잡혀 있어야 했다. 가축들은 먹을 것이 없어서 굶어 죽었다. 농기구도 부족했다. 어떤 마을은 다섯 명 중 네 명꼴로 주민들이 배를 곯고 있었다. 〈착취자〉라는 낙인이 찍힐까 봐 두려워서 아무도 무언가를 빌려주려 하지 않았다. 구정권하에 있던 자선 단체들까지 해체되면서 가난한 사람들은 기댈 곳이 전무했다.[13]

1953년으로 접어들면서 농촌의 기근이 전국적으로 확산되었다. 산둥 성에서는 300만 명이 굶주렸다. 허난 성에서는 500만 명이 굶주림에 허덕였고 후베이 성에서는 이 숫자가 700만 명에 육박했으며 안후이 성도 700만 명에 달했다. 광둥 성에서는 25만 명 이상이 먹을 것을 구하지 못했다. 산시 성과 간쑤 성에서는 150만 명이 굶주렸다. 구이저우 성과 쓰촨 성에서는 자포자기한 농부들이 다음 농사를 위해 꼭 필요한 종자를 내다 팔았다. 난충 현 관내의 몇몇 마을에서 전체의 4분의 1에 달하는 주민들에게 실제로 일어난 일이었다. 후난 성과 후베이 성, 장쑤 성에서도 비슷한 일이 비일비재했다. 한때는 부족함 없이 살았던 후난 성 사오양 현의 농부들은 굶주림을 견디다 못해 가지고 있던 모든 것을 내다 팔았다. 심지어 자식을 내다 파는 부모들까지 등장했다. 농민들은 나무껍질이나 나뭇잎, 뿌리, 진흙 등을 먹으며 연명했다. 중국에서 기근은 어제오늘의 일이 아닌 익숙한 고난이었고 상당 부분은 자연 재해의 탓도 있었다. 스탈린이 사망한 해에는 유례없는 규모의 홍수와 태풍, 한파, 병충해가 들기도 했다.[14]

그럼에도 무자비한 곡물세 징수와 더불어 지방 당 간부의 무능함 또는 냉담한 무관심을 지적하는 보고서도 많았다. 1952년에 산둥 성의 농민들은 한 달에 대략 20킬로그램의 쌀로 살아야 했다. 칼로리를 기준으로 국제 원조 단체들이 생존에 필요한 최소한으로 여기는 일일 1,900칼로리를 섭취하기 위해서는 매달 23~26킬로그램의 도정되지 않은 벼가 필요하다. 하지만 산둥 성의 농민들은 사료와 종자를 비롯한 그 밖의 꼭 필요한 것들도 주어진 20킬로그램에서 충당해야 했기 때문에 사실상 163킬로그램의 쌀로 1년을 살아야 했다. 한 달에 14킬로그램도 안되는 양이었다. 1953년에 정부는 이 양을 122킬로그램으로 줄였다. 한 달에 10킬로그램 남짓한 양이었고 기아식과 비슷한 양이었다. 산둥 성만 그런 게 아니었다. 앞서 7장에서 보았듯이 지린 성에서는 한국 전쟁 기간 중 징수된 무자비한 곡물세가 1952년에 광범위한 기근을 초래한 터였다. 그해에 농부들의 손에 남은 쌀은 평균 194킬로그램이었다. 하지만 1953년에 이르러서 조달율은 42.5퍼센트에서 43.8퍼센트로 증가했고 농민들의 몫은 더욱 줄어서 한 달에 15킬로그램도 되지 않는 175킬로그램에 불과했다. 이 역시 기아식에 해당하는 수준이었고 이따금씩 섭취하는 채소로는 만회될 수 없는 양이었다. 이러한 수치들은 굶주림이 꼭 인재라고 말하지는 않더라도 당시의 상황을 보여 준다. 허베이 성의 불모지에 자리 잡은 황진만장의 도시 난허 현에서는 1950년 이후로 내내 가중된 극심한 빈곤 때문에 수많은 아이들이 팔려 나갔다. 1951년에는 여덟 명이, 이듬해에는 열다섯 명이, 그리고 1953년에 이르러서는 스물아홉 명의 아이들이 팔려 나갔다. 공산당 기록 보관소에는 가난 때문에 어쩔 수 없이 쌀 한 줌에 어린 자식을 팔아야 했던 부모들의 가슴 쥐어짠 결정에 관한 이야기는 없었다. 지방 간부들에 대한 언급은 있었다. 그들은 고리대금업자들이 농민들에게 한 달에 13퍼센트에 달하는 터무니없는 이자를 요구하는 동안에도 마냥 무관심했다. 심지어 이따금씩 언쟁에 가담해서 오히려 더 높은 이자를 받도록 종용하기도 했다.[15]

당에는 이 모든 문제에 관한 해법이 있었다. 집산화로 가는 길을 따라 더 깊이 들어가는 것이었다. 모든 문제는 투기꾼과 사재기꾼, 부농과 자본가의 탓이었다. 앞서는 수년에 걸쳐 반혁명주의자들과 그 밖의 사회주의 질서를 위협하는 적들을 겨냥해서 조직적인 공포 정치를 실시했던 그들이었다. 그들에게는 정부의 권력을 강화하는 것이 해법이었다. 1953년을 기점으로 호조조가 합작사(合作社)로 바뀌었다. 그에 따라 농기구와 역축과 노동력은 이제 영구적으로 공유되었다. 농민들은 자신의 토지에 대해 명목상의 소유권만 가졌다. 대신 자신의 토지를 출자함으로써 다른 여러 공동 출자자들과 함께 합작사에서 자신의 몫을 보장받았다. 머지않아서 합작사는 종자와 소금, 비료 등을 판매하고, 돈을 빌려주고, 가격을 정하고, 수확 시기를 결정하고, 수매를 진행함으로써 농민들의 삶 전체에 영향력을 드리우기 시작했다.

집산화의 이 두 번째 단계도 자발적이어야 했다. 이즈음에는 당 간부들과 민병대가 농촌을 완전히 장악하고 있었기 때문에 현실적으로 다른 대안이 없기도 했다. 이번에는 공동체로부터 자신의 재산을 지키려는 많은 농민들이 보다 적극적인 행동에 나섰다. 한 보고서에 따르면 오랜 검약 습관을 버리고 자신이 키우던 가축을 잡아먹는 농부들을 〈매우 흔히〉 볼 수 있었다. 어떤 부부는 50킬로그램짜리 돼지를 단 둘이서 하나도 남김 없이 전부 먹어 버렸다. 위쪽으로 지린 성에서는 쑨펑산이라는 사람이 나라에 빼앗기지 않으려고 자신의 돼지를 도살한 사례가 있었다. 그런데 그에게는 고기를 얼리거나 저장할 시설이 없었다. 그날 밤 개들이 대부분의 고기를 먹어 치웠고 가족은 상실감에 눈물을 흘렸다. 사람들은 이제 서로에게 빌리는 대신 국가에게 의지하려 했다. 그들에게는 나중에라도 갚을 마음이 전혀 없었다. 때로는 가난한 사람들이 집산화에 앞장서기도 했다. 광둥 성 양장에서 이들은 국가로부터 양곡을 받으면서 노골적으로 그중 한 톨도 갚지 않을 거라고 공언했다. 쌀 1,500킬로그램을 받아 수레에 싣고 가던 한 남자가 그 많은 양을 나중에 어떻게 갚으려 하는지 질문을 받자 이렇게 대답했다. 「일이 년 지나면 사회주의 국가가 될 테고 그러면 갚지 않아도 될 것이다.」[16]

마을의 전통적인 권리와 관습은 무시되거나 파괴되었다. 토지 개혁을 통해 몰수되거나 재분배되지 않은 이를테면 가축에게 풀을 뜯게 할 수 있는 목초지와 황무지, 바닷물이 드나드는 늪지 또는 아이들이 땔감을 모을 수 있는 강둑과 삼림지 같은 공동 재산을 놓고 쟁탈전이 벌어졌다. 사람들은 국가가 전부 집산화하기 전에 그들이 취할 수 있는 것을 취하고자 했다. 광둥 성 화셴 현에서는 200여 명이 숲을 두고 싸웠고 많은 사람이 다쳤다. 마오밍의 한 마을에서는 주민 300명을 모아 이웃 마을에서 나무를 베어 오기도 했다. 강과 연못을 두고도 논쟁이 벌어져서 〈농촌에 긴박하고 불안정한 상황〉을 초래했다.[17]

합작사의 도입으로 전체 경작지 면적은 오히려 감소했다. 사람들이 각자의 땅을 출자했지만 보상으로 주어지는 몫이 너무 작아서 굳이 고생할 필요를 느끼지 못해 버려진 땅도 매우 많았기 때문이다. 지린 성에서는 합작사를 시작하는 단계에서 4만~5만 헥타르의 농지가 버려졌다. 심지어 열심히 관리되던 땅이 버려지는 경우도 있었다. 자신의 계단밭을 완전히 망가지도록 방치한 쓰촨 성의 농부 왕쯔샹은 그 이유를 이렇게 설명했다. 「조만간 공동 소유로 바뀔 텐데 무엇 때문에 공을 들이겠는가?」[18]

가축을 도살하고, 재산을 숨기거나 파괴하고, 일에서 손을 놓는 등의 방식으로 표출된 대중의 저항에도 불구하고 농촌이 집산화되어 간 속도는 놀라울 정도였다. 그리고 여기에는 정치적인 목적도 한몫을 차지했다. 요컨대 서열의 고하를 막론하고 모든 당 관리들이 주석의 칭찬 한마디를 기대하며 서로 주도권을 잡기 위해서 열띤 경쟁을 벌인 결과였다. 일례로 지린 성은 1953년에 전체 농민 중 합작사에 가입한 농민이 채 6퍼센트도 되지 않았다. 하지만 1년 뒤에는 3분의 1에 달하는 숫자가 합작사에 등록했으며 한 보고서에서 〈혼돈 상태〉라고 언급된 상황이 초래되었다. 당 관리들은 곳곳에서 농민들을 합작사에 강제로 편입시켰다. 1953년에 약 10만 개에 불과했던 합작사는 1955년에 이르러 전국적으로 60만 개가 넘었으며 전체 농민의 40퍼센트가 합작사에 소속되었다.[19]

농촌에 가장 큰 피해를 준 변화는 1953년 말에 시행된 전매권의 도입이었다. 정부는 농민에게 모든 잉여 곡식을 국가와 국가에서 운영하는 합작사가 정한 가격으로 국가에 판매하도록 명령했다. 바야흐로 집산화의 세 번째 단계에 접어든 것이었다.

이 중대한 변화의 숨은 목적은 전국에서 곡물 가격을 안정시키는 동시에 투기를 근절하고, 도시 사람이 먹을 곡식을 확보함으로써 산업화에 박차를 가하는 것이었다. 1953년에 기근이 확산되는 과정에서 정부는 민간 상인들이 곡물 가격을 높이는 주범이라는 사실을 깨달았다. 그들은 보다 많은 이윤을 내려는 욕심에 쌀과 밀을 비축하고 있었다. 위기에 직면한 모든 농경 사회에서 공통적으로 나타나는 현상이었지만 이번 경우에는 합작사의 존재 때문에 상황이 더욱 악화되었다. 집산화에 대한 거부감으로 농민들은 가축만 잡아먹은 것이 아니라 곡식을 숨기기도 했다. 게다가 시장에 곡식을 내다 팔 때면 수매를 맡은 국영 합작사보다 으레 민간 상인을 선호했다. 합작사들은 농부들이 일하는 시간을 전혀 고려하지 않고 정한 영업 시간을 엄격하게 준수한 반면 민간 상인들은 하루 중 아무 때나 찾아가도 손님을 맞아 주었기 때문이었다. 본연의 임무에 서툴렀던 합작사들 스스로도 상당수가 독립적인 곡물 거래상에게 일을 위임하는 쪽을 선호했다. 지도부가 보기에는 만연한 자본주의적 행태가 도처에서 농촌의 사회주의화를 가로막고 있었다.[20]

민간 상인은 기근의 책임을 전가하기에 만만한 희생양이었다. 정부가 곡물 전매권을 도입한 데는 훨씬 절박한 다른 이유가 존재했다. 바로 파탄 지경의 경제 현실이었다. 토지 개혁은 중국을 번영의 시대로 이끌지 못했다. 무역은 극심한 곤경에 처해 있었고 정부는 수입의 두 배가 넘는 지출 때문에 엄청난 적자를 기록하고 있었다. 1953년 7월 정부의 재정 상태를 검토하기 위해서 모인 지도부는 24억 위안에 달하는 블랙홀과 직면해야 했다.[21]

적자의 원인 중 하나는 해외 무역이었다. 서방 세계에서 소비에트 연방으로 교역 상대를 극적으로 바꿈으로써 중국 정부는 외화 벌이와 관련해 스탈린에게 전적으로 의존했다. 별로 달가워하지 않는 파트너를 상대로 수출 물량을 늘리기 위한 중국의 노력은 줄기찼다. 해외 무역을 담당한 책임자들이 인정한 바에 따르면 그들은 끊임없이 소련 측 파트너들을 조르고 압박했다. 그럼에도 소비에트 연방은 1953년에 중국에서 제안한 수출품 목록 가운데 기대에 못 미치는 81퍼센트만 받아들였다.[22]

설상가상으로 스탈린은 1953년에 시작될 예정이던 중국의 제1차 5개년 계획에 약속했던 지원금을 대폭 삭감했다. 저우언라이는 1952년에 스탈린을 만난 자리에서 40억 루블의 차관을 요구했다. 그러자 스탈린은 소비에트 연방이 〈정확한 액수는 따져 보아야 하겠지만 어느 정도는 주어야 할 것이다. 하지만 40억 루블을 줄 수는 없다〉라고 대답했다. 게다가 대가로 예컨대 〈1년에 최소 1만 5,000~2만 톤〉에 달하는 막대한 양의 천연고무를 요구했다. 저우언라이가 이의를 제기하자 스탈린은 중국이 요구한 트럭의 일부만 제공하겠다고 위협했다. 그는 납과 텅스텐, 주석, 안티몬을 포함해 보다 많은 희토류 금속을 원했다. 또한 중국과 소비에트 연방 간의 무역 불균형 때문에 발생하는 비용을 벌충하기 위한 방편으로 외화를 사용해 줄 것을 요구했다.[23]

이 회의를 시작으로 수많은 다른 회의들이 열렸고 협상을 맡은 겸손하고 책을 좋아하던 남자 리푸춘은 조금이라도 더 양보를 얻어 내고자 논의와 언쟁을 벌이면서 10개월 동안 모스크바에 머물렀다. 1953년 스탈린이 사망한 후에도 그와 그의 계승자들은 전폭적인 삭감안을 수용하도록 중국 정부를 압박했다. 스탈린의 말에 따르면 중국이 생각하는 성장률은 〈무모한〉 목표였다. 그는 목표치를 20퍼센트에서 15퍼센트로 하향 조정할 것을 요구했다. 소련의 지원을 받아 건설될 공업 단지의 숫자도 150개에서 91개로 줄이라고 요구했다. 군사 방어 시설과 관련된 몇몇 프로젝트에 대해서는 거부권을 행사했다. 리푸춘의 설명에 따르면 〈우리는 우리가 원하는 모든 것을 요구하기만 했다. 너무 단기간에 너무나 많은 것을 원했다〉. 달리 선택의 여지가 없던 마오쩌둥과 그의 동료들은 1953년 6월 그들의 기대에 한참 못 미치는 거래를 받아들일 수밖에 없었다.[24]

몇 주 뒤 마오쩌둥은 재정 위원회에 보다 많은 곡물을 징발할 방안을 내놓도록 지시했다. 천윈과 보이보를 비롯한 일단의 인사들은 이미 1951년에 국가의 곡물 전매권을 제안한 적이 있었지만 농민들이 곡물을 지역 시장에 자유롭게 판매할 권리를 제한할 경우 역화를 맞을 수 있다는 지방 간부들의 경고에 포기했었다. 하지만 이제 때가 된 것 같았다. 몇몇 지도자들은 여전히 우려의 목소리를 냈다. 화남 지역 총책임자이면서 이제는 유력한 중앙 농촌 사업부를 맡고 있던 덩쯔후이는 토양이 척박하거나 염분을 함유했거나 메마른 이들 내륙 지방에서 아무런 예외 없이 양곡을 징발하는 것이 과연 현명한 일인지 의문을 제기했다. 전매 계획의 초기 설계자 중 한 명이던 천윈도 반란이 일어날 수 있다고 경고했다. 그럼에도 그는 무조건 마오쩌둥 편이었다.[25]

1953년 11월 곡물 전매 제도가 시행되었다. 제도는 다음과 같이 작동했다. 정부는 먼저 모든 농지에 대하여 단위 면적당 생산량을 추산했다. 추산된 수치는 대부분의 경우에서 실제 생산량보다 훨씬 높게 설정되었으며 때로는 생산량을 늘리라는 압박에 수치가 재차 상향되었다. 그다음에는 한 사람이 먹어야 할 곡물의 양을 결정했다. 한 달에 한 사람당 13~16킬로그램으로 정해졌다. 하루에 1,700~1,900칼로리를 섭취하기 위해 필요한 도정되지 않은 벼 양의 절반을 약간 상회하는 양이었다. 말하자면 모든 농민들에게 균일하게 기아식이 적용된 셈이었다. 이 수량에 토지세와 이듬해에 종자로 필요한 곡식이 더해져 1년치 예상 생산량에서 차감되었다. 남는 것은 전부 잉여 생산물로 간주되었고 국가에서 정한 가격으로 국가에 판매되어야 했다. 기본 할당량을 채우고도 곡물이 남을 경우 농부는 남는 수량을 국가로부터 되살 수 있었다. 물론 이를 위해서는 농부들이 곡물을 되살 수 있는 능력이 있어야 했을 뿐더러 도시 인구를 먹이고, 산업화에 박차를 가하고, 외채를 갚고도 남는 곡물이 있어야 했다.

수확물을 통제한다는 것은 농촌을 상대로 전쟁을 선포하는 것이나 마찬가지라는 사실을 지도부도 충분히 알고 있었다. 제2차 세계 대전 중 일본이 화북 지역에서 자행한 짓을 생각나게 하기에 충분했기에 당 지도부는 〈조달〉이라는 용어를 사용하지 않기로 의견을 모았다. 대신 전매를 〈일괄 수매 일괄 판매 제도(퉁거우 퉁샤오)〉라고 지칭하면서 완곡한 표현을 사용하기로 했다. 농민들이 이 제도에 저항하고 반발할 거라는 사실을 알았기에 지도부 내에서도 〈황색 폭탄〉으로 거론되었다. 그럼에도 전매 제도를 실시하지 않을 경우 곡물 상인들이 그들의 편익을 위해 시장을 계속 착취해 나갈 것이 분명했기 때문에 소위 〈검은 폭탄〉보다는 기꺼이 〈황색 폭탄〉으로 선택했다.[26]

황색 폭탄은 엄청나게 많은 농부들을 국가의 노예로 전락시키면서 중국의 농촌 생활상을 뿌리째 뒤흔들었다. 당에 대한 분노로 저항 운동이 도처에서 대체로 은밀하게 때로는 공개적으로 일어났다. 전략적인 계산에 의한 것인지 아니면 진심으로 농민의 복지를 걱정한 것인지 알 수 없지만 지역의 당 간부들이 농민들 편에 서기도 했다. 광둥 성 일대에서는 3분의 1에 달하는 당 간부들이 농민들의 편에서 곡식을 숨기도록 도왔다. 쯔진에서는 곡물 조사관으로부터 식량을 지켜 낼 방법을 방법을 궁리하기 위해 수차례에 걸쳐 공개적으로 마을 회의를 개최하기도 했다. 공공연한 저항 운동도 심심치 않게 발생했다. 마카오에서 그다지 멀지 않은 중산 현에서는 열여덟 개의 마을이 전매 제도에 반대해서 연속 나흘간 저항을 벌였다. 방화와 살인도 만연했다.[27]

장시 성에서는 농민들이 당 간부의 집에 막무가내로 난입해서 집 안 곳곳을 뒤져 음식을 모조리 먹어 치운 다음에 음식값으로 시늉에 불과한 돈을 지불하고 떠났다. 〈예전에 당신이 일을 핑계로 우리 집에 와서 음식을 먹고 0.1위안을 냈으니 이제는 나도 당신에게 0.1위안을 주겠다.〉 어떤 사람들은 그들이 싫어하는 당 관리의 집을 점유한 채 자리를 차지하고 앉아서 꼼짝도 하지 않으려 했다. 사람들에게 국가의 조달에 맞서 저항할 것을 요구하는 일견 난데없는 전단지들도 등장했다. 곡물 조사관들은 여럿이 조를 이루어 시골 곳곳을 돌아다니면서 마오 주석과 정부를 큰소리로 욕하는 아이들을 발견하고는 어리둥절한 기분이 되었다.[28]

1950년에 등장했던 어떤 형태의 저항 운동을 떠올린 후베이 성 농민들은 화물선을 가로막고 곡물은 그 곡물을 실제로 생산한 사람들을 먹여 살리는 데 이용되어야 한다고 완강히 주장했다. 어떤 마을에서는 수백 명의 여성들이 아무도 그 마을의 곡물 창고에 접근하지 못하도록 막은 채 저항 운동을 주도했다. 또 다른 마을에서는 300여 명의 여성들이 막대기와 돌멩이로 무장하고 화물선에 이르는 길을 차단했다. 몇 사람은 오줌이 가득 든 항아리를 정부 관리에게 던지기도 했다. 쓰촨 성에서는 곡물 징발을 비난하는 깃발과 소책자가 유포되었다. 한위안과 시창의 도로변에 〈마오쩌둥은 물러나라!〉 또는 〈인민 해방군을 척결하라〉라는 문구들이 등장했으며 다른 곳에서는 공산당을 조롱하는 노래들이 유행했다.[29]

정부의 대응은 훨씬 폭력적이었다. 민병대가 곡식을 징발해 가는 동안 가난한 사람들이 눈물을 흘리고 굶주림에 대한 공포로 울부짖었다. 저항하거나 할당량을 채우지 못한 사람들은 매질을 당했다. 국가 양식국(糧食局)이 광둥 성에서 보고한 내용에 따르면 반동분자들의 옷을 벗겨서 추위 속에 몇 시간씩 계속 서 있게 하는 것은 〈흔한〉 일이었다. 광둥 성 전역에서 곡식을 팔길 거부했다는 이유로 투옥된 사람이 수천 명에 달했다. 보다 북쪽으로 올라가 허베이 성의 바오딩에서는 조달 임무를 맡은 대원들이 마을로 진입할 때마다 으레 일대 소동이 일어났다. 어떤 사람은 화장실에 숨었고 어떤 사람은 아픈 척했으며 몇몇은 밖으로 나와서 당 간부에게 욕설을 퍼붓다가 매질을 당했고 나이 든 여성들은 절망과 두려움에 통곡했다. 한단 전구의 당 간부들은 매우 직설적이었다. 〈여러분이 잉여 곡식을 신고하지 않겠다면 우리도 열흘간 《식용유와 소금을 비롯한 기본적인 물품》의 판매를 중단하겠다.〉 스자좡 바로 남쪽에 위치한 위안스 현의 스물네 개 마을에서는 주민들이 침 세례와 난폭한 대우도 모자라 결박당한 채 매질까지 당했다. 그들에게 곡물을 내놓도록 강요하기 위해서였다. 뒤이은 조사에서 위안스의 전체 208개의 마을 가운데 절반이 넘는 곳에서 폭력이 사용된 것으로 밝혀졌다. 당 간부들은 앞서 몇 번의 대대적인 운동을 수행하며 터득한 고문 기술을 이용했다. 몇몇은 공개적으로 마을 주민들을 단순한 〈노예〉로 치부했다. 여러 차례에 걸쳐 모의 처형식이 거행되었고 임신한 여성이 기절할 때까지 구타를 당했다. 어린아이들도 일견 〈매우 흔한〉 처벌의 한 형태로 한 번에 몇 시간씩 똑바로 서 있도록 강요되었다. 자살과 관련해서는 으레 〈끊임없는〉이라는 수식어가 붙었다.[30]

때로는 농민과 치안 부대 사이에 총력전이 벌어지기도 했다. 공안부장 뤄루이칭에게 보고된 농촌의 소요 사태와 공개적인 폭동 사건만 수십 건에 달했다. 1955년 초에는 수천 명의 농민들이 광둥 성 중산 현에서 폭동을 일으키고 곡물 전매 제도의 폐지를 요구했다. 소요를 진압하기 위해 공안국 소속 네 개 중대가 파견되었다. 며칠간 지속된 피비린내나는 충돌로 양측에서 사망자가 발생했다. 종국에는 300명의 농부가 투옥되었다. 물살이 거세기로 유명한 다두 강(江)의 유일한 현수교 위에서 1935년에 공산주의자들이 국민당과 싸웠던 혁명 신화의 성지인 쓰촨 성 루딩에서는 한 달 동안만 여섯 건의 폭동이 보고되었다. 마찬가지로 쓰촨 성 내에 위치한 미이에서는 열 개의 마을에서 모인 사람들이 민병대의 무기를 탈취해 당사로 몰려갔다. 기록이 완전히 공개되기 전까지는 이 불공평한 대치 과정에서 얼마나 많은 사람이 정부 조직에게 진압되었는지 알 수 없을 것이다.[31]

몇 번은 정부가 항복한 적도 있었다. 티베트인이 절대다수를 차지하는 간쑤 성의 일부 지역 — 샤허 현과 줘니 현을 비롯한 그 밖의 현 — 에서는 마을 지도자들이 매복 공격을 받아서 총에 맞아 사망한 뒤로 조달 업무가 전면 중단되었다. 이들 지역에서 폭동이 일어날 거라는 소문이 무성했다. 사람들 사이에서는 〈굶어 죽기를 기다리느니 폭동이라도 일으키는 게 낫다〉라는 말이 마치 구호처럼 회자되었다. 결국 공산당은 뒤로 물러날 수밖에 없었고 티베트인들이 간쑤 성과 칭하이 성, 쓰촨 성을 통해 안정적으로 양곡을 공급받을 수 있게 하라고 지시했다.[32]

반면에 정치적으로 민감한 지역이 아닌 곳에서는 무자비한 압력이 가해졌다. 예상된 일이지만 전매 과정에서 손대지 말아야 할 기본적인 생존에 필요한 식량까지 때때로 수매가 이루어지면서 농민들이 아무것도 먹을 것이 없는 경우가 발생했다. 광둥 성 칭위안에서는 한 합작사에서 두 명을 제외한 모든 구성원이 식량을 남김없이 전부 팔아야 했다. 마지막 남은 쌀 한 톨까지 전부 수매하는 국가에 때로는 당 서기가 스스로 앞장서서 협조하기도 했다. 공안 위원회 위원이던 추썬은 500킬로그램에 가까운 양곡을 판매했다. 그와 그의 다섯 식구들에게는 겨우 110킬로그램의 양곡만 남았는데 그들 가족이 두 달 동안 먹기에도 빠듯한 양이었다. 상황이 통제 불능 상태로 전개되자 일부 지방 정부는 농민에게 재판매되는 곡식의 양을 줄이기 시작했다. 그리고 토지 개혁 당시 〈지주〉나 〈부유한 농민〉, 〈반동분자〉라는 딱지가 붙은 추방자들, 즉 검은 계급을 자주 차별했다. 양장에서는 지주로 분류된 사람들이 양곡을 되살 수 없었다. 그들에게 먹을 것이 있든 없든 상관없었다. 소유했던 땅이 재분배되고 재산이 몰수되었기 때문에 그들은 실제로 먹을 것이 없는 경우가 많았다. 더칭에서는 〈중산층 농민〉으로 분류된 농부들에게도 그들이 처한 상황은 무시된 채 곡식을 구매하는 것이 금지되었다. 하이난에서는 최소 3개월 이상 〈부족난〉을 겪은 마을에서만 곡식이 판매되었다. 장시 성 펑청의 지방 간부들은 조달 할당량을 채운 가구에만 곡식을 팔겠다고 천명했다.[33]

곡물을 사들이는 것으로 모든 게 끝이 아니었다. 이후로도 불순물과 쭉정이를 거르고, 세척하고, 도정하고, 저장하고, 이송하고, 판매하는 과정이 남아 있었다. 새나 쥐, 바구미, 곰팡이 같은 공공의 적들도 막아야 했다. 건조한 상태로 보관하지 않으면 상할 수도 있었다. 버들가지를 이용하여 다양한 형태와 크기로 제작되는 광주리는 가장 간단한 형태의 보관 용기였다. 항아리는 도정된 쌀을 보관할 때 이용되었다. 곡물 창고도 존재했다. 다만 해방 이전에는 생산되는 곡물 대부분이 산지에서 바로 소비되었고 따라서 곡물을 대량으로 저장할 창고가 거의 불필요했다. 지푸라기와 점토로 만들어진 원통형 용기에 담긴 곡식은 대체로 설치류나 땅에서 올라오는 습기를 막기 위해 시멘트나 사암으로 된 바닥에 보관되었다. 보다 일반적으로는 삼베 자루가 이용되었다. 삼베 자루에 곡물을 담아서 창고에 쌓거나 간단히 방수포를 씌워 놓는 방식이었다. 산시 성에서는 종종 동굴을 이용하기도 했으며 북쪽의 황토고원에서는 12미터 깊이의 구덩이를 파서 나무판자로 옆면을 대고 바닥의 흙을 다진 다음 그 안에 곡물을 저장하기도 했다. 곡물을 저장하기 위해 고안된 방법은 다 다를지라도 한 가지 사실만은 어디든 똑같았다. 생계와 직결된 일이었기 때문에 사람들이 저장 시설을 정성으로 관리했다는 점이다.[34]

이제 정부가 그 일을 떠안았고 엄청난 비용이 발생했다. 그리고 수많은 투기꾼과 자본가에게 그랬던 것처럼 농부와 행상인, 중개인, 상인, 방앗간 주인을 비롯해 곡물 다루는 일을 직업으로 하는 많은 사람들을 밀어냈다. 공무원들은 갈수록 곡물을 관리하는 일에 매달렸을 뿐 아니라 저장 시설의 규모도 극적으로 확장해야 했다. 곡물이 산지 소비를 위해서 저장되는 경우에도 전매청은 농부들에게 먼저 국가에 곡물을 판매하고 나중에 여분이 남으면 다시 되사도록 의무화했다. 정부가 향후 수십 년 동안 저장 시설 부족에 시달리게 된 것은 전혀 놀랄 일이 아니었다. 곡물을 저장하는 데만 터무니없이 많은 비용이 발생했다. 전문가에 따르면 1956년에 이르러 〈정부가 3년 이상 곡물을 보관하는 데 들어간 비용은 해당 곡물 자체의 가치와 맞먹었다〉.[35]

대규모 국영 사업체가 개인이나 가족이 운영하던 소규모 시설을 대체하면서 곡물 저장과 관련된 고질적인 문제들 대부분이 통제 불능 상태에 놓였다. 일례로 1954년 1월에 중국 동부의 모든 성(省)에서 곡물이 변질되면서 열이 발생하고 눅눅해지는 문제가 급증한다는 보고서가 올라왔다. 상하이 한 곳에서만 4만 톤의 곡식에 곰팡이가 슬었다. 질보다 양을 더 중시하는 지방 간부들 때문에 문제는 더욱 복잡해졌다. 그들의 목표는 윗사람에게 자신들이 얼마나 많이 거두어들였는지 보여 주는 것일 뿐 맡은 바 임무를 얼마나 잘 수행했는지를 보여 주는 것이 아니었다. 어떤 경우에는 전체적인 무게를 늘릴 요량으로 곡물을 의도적으로 습기에 노출시켰다. 몇몇은 심지어 물을 부어서 부피를 늘리기도 했다. 다음은 화남 지역을 방문한 어떤 사람이 곡물 창고의 문이 열렸을 때 조우한 상황이다.

나방과 딱정벌레가 득실거렸고 어린 토끼 만한 쥐 몇 마리가 날쌔게 바닥을 가로지르는 모습도 보였다. 종류가 제각각인 보관 용기들은 판석 위에 마구잡이로 적재되어 있었다. 항아리와 나무통 옆으로 다양한 크기의 찢어진 삼베 자루들도 보였다. 한쪽 구석에는 갈대를 짜서 만든 거대한 원통형 용기에 밀가루가 담겨 있었다. 곤충들이 윙윙거리며 날아다니는 광경에 나는 움찔해서 물러났으며 그 안에 벌레가 있는 것은 말할 것도 없었다. 어떤 통은 밀가루가 푸른 곰팡이로 덮여 있었고 끔찍한 냄새가 났다.[36]

전매 덕분에 정부는 1954년에 절대적인 수치에서 그리고 전체 곡물 생산량에 대비해서 그 어느 때보다 많은 곡물을 확보했다. 산둥 성은 1953년에 200만 톤이던 조달량이 1954년에 이르러 300만 톤에 약간 못 미치는 수준으로 급증했다. 조달량이 상대적으로 완만하게 증가한 경우에도 매우 파괴적인 결과를 초래했다. 예컨대 허베이 성에서는 조달량이 190만 톤에서 208만 톤으로 증가했는데 이는 전체 수확량 대비 조달률이 23.5퍼센트에서 25.9퍼센트로 증가했음을 의미했다. 산시 성에서는 1954년에 이르러 조달률이 당초 19.5퍼센트에서 25.5퍼센트로 증가했다. 전체적으로 가장 높은 조달률을 보인 곳 중 하나는 50.7퍼센트의 조달률을 기록한 지린 성이었다. 심지어 이 기록이 만들어진 해에는 전체 곡물 생산량이 531만 톤으로 예년보다 감소한 상황이었다. 그 결과 농민들은 평균 145킬로그램의 식량으로 1년을 버텨야 했다.[37]

베이징에서 농촌의 조달 업무를 감독한 덩쯔후이는 곡물 전매 제도를 아주 간단명료하게 정의했다. 전매 제도가 시행된 지 열 달째이던 1954년 7월 그는 해방 이전까지 농민 한 명당 매년 평균적으로 300킬로그램의 식량을 비축했다는 사실을 인정했다. 이제는 누구나 할 것 없이 그들 모두가 3분의 2 수준으로 줄어든 하루에 0.5킬로그램 남짓한 식량으로 살아야 했다. 다른 식료품들도 부족했다. 도시 이외의 지역에 거주하는 대다수 사람들은 식용유도 1년에 3킬로그램 이상 받을 수 없었다. 덩쯔후이는 곡물 전매 제도를 〈다른 방법이 없을 때 택할 수 있는 유일한 방법〉이라고 지칭했고 그 방법이라는 것도 〈고통을 두루 분담하는 것에 불과할 뿐〉이라고 말했다. 그는 조만간 솔직함의 대가를 치르게 될 터였다.[38]

고통 분담은 굶주림을 의미했다. 그리고 1953년의 기근에 연이어 1954년에도 굶주림은 이미 만연해 있었다. 1954년 1월 2일에 이미 중앙 위원회는 정부의 곡물 전매 제도가 농민을 죽음으로 내몰고 있다고 경고했다. 허난 성과 장시 성에서는 450만 명에 달하는 사람들이 곤경을 겪고 있었다. 후난 성에서는 농민 여섯 명 가운데 한 명이 굶주렸다. 산둥 성에서는 300만 명이 배를 곯았다. 구이저우 성과 쓰촨 성에서는 산악 지역에 거주하며 전체 인구의 4분의 1에 달하는 사람들이 먹을 것이 없어서 의복과 토지, 집을 팔았다. 자식을 파는 행위도 전국에서 성행했다. 장시 성의 지안 현 한 곳에서만 불과 두 달 사이에 서른두 명의 아이들이 팔려 나갔다. 아열대 지역인 광둥 성에서도 비슷한 상황이 벌어졌다. 푸닝 현의 한 마을에 살던 장더라이라는 사람은 50위안을 받고 자식을 팔았다. 그에게는 쌀을 사서 기근을 넘기기에 충분한 돈이었다. 안후이 성에서는 200명에 이르는 거지 무리가 농촌을 배회하고 다녔다. 얼어 죽는 사람들도 생겼다. 간쑤 성 린샤에서 발생한 희생자들 중 일부는 너무 기력이 없어서 이웃 마을까지 걸어갈 수도 없었다. 간쑤 성 지방 당국에서 파견된 한 조사관의 설명에 따르면 〈주된 이유는 지방 당 간부들이 전년도 작황을 충분히 고려하지 않은 채 일괄 매매 제도를 수행하는 과정에서 심각한 실수를 저질렀기 때문이다〉.[39]

이런 보고서들 대부분은 인재가 기근의 원인 중 얼마나 많은 부분을 차지하는지 지적했다. 하지만 8월에 들어 중앙 위원회는 1949년 이래로 발생한 최악의 기근을 〈자연재해〉 탓으로 돌리기로 결정했다. 그리고 농촌 사람들을 돕는 대신 곡물과 기름, 면화 등의 물품에 대해 정부에서 정한 물량을 확보하는 일이 얼마나 중요한지를 강조했다. 이런 물품들은 하나같이 〈도시를 산업화하고 상공업을 사회주의 방식으로 개혁하는〉 데 필요한 것들이었다. 1년 뒤인 1955년 봄, 기근을 예고하는 징후들이 다시 나타나자 류사오치와 저우언라이는 〈큰소리로 식량 부족을 떠들던 사람들 가운데 절대다수가 사실은 식량이 전혀 부족하지 않은 사람들이다〉라고 규정하는 지령에 동조했다. 국무원 총리로서 저우언라이는 숫자들을 가지고 단순히 땜장이 노릇만 했으며 전매 제도가 비교적 효과적이라는 결론에 도달했다. 효과가 너무 좋아서 이미 1953년 11월과 1954년 9월에 각각 유료 작물과 면화에도 확대 시행된 터였다. 곧 모든 주요 곡물과 농산 원료품에 대해 전매 제도가 실시되었다.[40]

———————

집산화를 둘러싼 농민의 대응 중 한 가지는 농촌을 떠나는 것이었다. 이전에도 농민들은 농한기가 되면 항상 도시로 나가서 공장에서 일하거나 행상을 함으로써 부수입을 올렸다. 때로는 수년씩 도시에 머물면서 가족이 먹고살 돈을 집으로 송금하기도 했다. 1950년대 초에 후베이 성 라오양 현에서는 전체 농촌 남성의 4분의 1이 겨울 몇 달 동안 도시로 나가 일했다. 정부는 농촌 인구의 이동을 장려하지 않는다는 입장이었다. 앞서 해방 직후에는 수백만 명의 피난민과 실직자, 제대 군인을 비롯하여 신뢰할 수 없는 사람들을 농촌으로 보낸 터였다. 그들은 계속해서 도시로 돌아왔다. 인구 이동을 역전시키기 위한 정부의 노력에도 불구하고 농촌 출신 이주자 수는 전국적으로 2000만 명에 육박했으며 대개는 도시 변두리에서 더럽고 힘들고 때로는 위험한 직업에 종사했다. 그들은 예전처럼 새로운 기회와 보다 나은 삶을 찾아서 도시로 왔지만 다른 유인도 이주를 부추겼다. 정부가 민간 상업을 축소하면서 무역업자들과 상인들이 우르르 농촌을 떠나 보다 나은 환경을 찾아 나선 것이다.

사람들은 다른 무엇보다 굶주림에서 벗어나고자 길을 나섰다. 정부가 전매 제도를 실시한 이래로 많은 농민들이 그들의 행보로써 투표를 대신했다. 대대적인 농촌 탈출 행렬에 합류한 것이다. 1954년 3월에 5만 명의 농민들이 산둥 성의 성도인 지난으로 몰려들었다. 뤼순에서는 1953년 가을에 1만 9,000명이 넘는 농민들이 소도시인 뤼순을 점령하다시피 하고 소련 군인들에게 도움을 구걸했다. 만주의 넓은 지역을 차지한 강철 공업 단지 안산에서는 8,000명의 농부들이 일거리를 찾아 떠돌았다. 양쯔 강과 인접한 산업 도시 우한의 길거리에서도 수백 명의 가난한 농민들을 볼 수 있었는데 그들 중 상당수가 음식을 구걸하고 있었다. 어떤 사람들은 가지고 있던 옷가지를 전부 팔아 치웠다. 어떤 사람들은 어쩌면 늘 희망의 불빛이었던 도시의 현실에 실망해서 자살을 선택했다. 정부 건물 앞에서 울고불고하며 시위하는 사람들도 있었고 죽을 날만 기다리는 사람들도 있었다. 농촌 출신 이주자들이 가장 많이 몰린 곳은 단연 상하이였다. 1954년 여름에는 하루도 빠짐없이 매일 약 2,000명의 피난민들이 열차를 타고 상하이에 도착했다. 그들과는 별도로 수백 명이 보트를 타고 왔으며 몇몇은 뱃삯을 낼 수 없을 만큼 가난했다.[41]

1953년 4월, 일거리를 찾아 떠도는 수십만 명의 농부들에게 귀향을 종용하기 위한 지령이 정무원을 통과했다. 하지만 이 시도는 농민들의 유입을 막는 데 실패했다. 1954년 3월에 농촌 출신 노동자의 채용을 제한하는 보다 엄격한 규정이 제정되었다. 바로 그다음 달부터 몇 개월에 걸쳐 공안 기관이 보강되었고, 인구 이동을 통제하고 농촌 인구의 도시 유입을 막기 위해 곳곳에 해당 기관의 출장소가 설치되었다. 그리고 1955년 6월 22일, 저우언라이가 1951년부터 도시에 적용되고 있던 호적 제도를 농촌에 확대 적용하는 명령서에 서명했다.

호적 제도는 수십 년 전 소비에트 연방에 도입된 국내 여권 제도와 비슷했다. 1955년 8월부터 식량 배급제가 실시되었고 배급량은 각 가정에 등록된 구성원의 숫자와 밀접한 관련이 있었다. 지역 곡물 저장소에 직접 배급표를 제출하는 방식이었기 때문에 대규모 인구 이동을 막는 데 효과적이었다. 하지만 도시 거주자들이 국가로부터 생존을 보장받았다면 농촌 거주자들은 스스로 먹고 살아야 했다. 연금 수당부터 의료 서비스, 교육, 주택 보조금에 이르기까지 정부는 도시에 거주하는 그들의 수많은 직원들은 돌보면서 〈농민(눙민)〉으로 등록된 사람들은 그들 스스로 살아가도록 했다. 신분은 모계를 따라 계승되었다. 즉 농촌 여성이 도시 남자와 결혼한 경우에 그녀와 그녀의 아이들은 도시 거주민으로서의 권리를 박탈당한 채 계속 〈농민〉으로 살아야 했다.

호적 제도는 농촌 내에서의 인구 이동까지 꼼꼼히 감독했다. 이사를 생각하는 사람은 누구나 이주 증명서가 필요했다. 중국에서 전쟁 중인 분쟁 지역을 제외하고는 주거의 자유가 제한되거나 이주가 금지된 경우는 이때가 처음이었다. 어쨌거나 농촌 사람들의 입장에서는 1955년을 끝으로 주거와 이주의 자유가 막을 내렸다. 보다 나은 삶을 위해 이주하는 사람들은 이제 망류(盲流) 또는 〈맹목적인 이주자〉로 불렸다.

무뢰한을 의미하는 〈류망(流氓)〉이라는 단어에서 글자의 순서가 바뀐 동음이의어였다.[42]

호적 제도는 농부들을 땅과 하나로 묶어서 합작사들이 저렴한 노동력을 이용할 수 있도록 해주었다. 바로 집산화의 네 번째 단계였다. 이제 농부들은 명목상 땅의 주인일 뿐 농노와 별반 차이가 없었다.

11장

고조

중국에서는 전통적으로 일식 현상이 흉조로 간주되었다. 더구나 그 날이 새해 첫날과 겹친다면 최악이었다. 음력 새해 첫날이던 1953년 2월 14일 일어난 부분 일식은 지구에 어두운 그림자를 드리웠다. 그리고 채 3주도 지나지 않아서 스탈린이 사망했다. 중국은 조기를 게양했다. 깃봉 끝에 가늘고 긴 검은색 천 조각도 매달았다. 베이징의 공공건물에도 검은색 커튼이 드리워졌다. 소련 대사관 앞에 조문 행렬이 네 줄로 길게 이어졌다. 일부 주변 도로의 차량 통행이 일시적으로 통제되어야 할 정도였다. 사람들은 당 행동 대원들이 길모퉁이에 서서 나누어 준 검은색 완장을 찼다. 톈안먼 광장 쪽으로 더 올라가서 자금성 정문 앞에 마련된 거대한 붉은색 제단에는 인조 화환과 종이꽃 등이 잔뜩 쌓여 있었다. 그 위로 스탈린의 초상화가 우뚝 서 있었다. 확성기에서 장례 음악과 사람들에게 어떻게 행동해야 하는지를 안내하는 방송이 번갈아 흘러나왔다. 「노래하지 마시오. 웃지 마시오. 목적 없이 걸어다니지 마시오. 큰 소리로 말하지 마시오. 질서를 지키시오. 신문에 나온 지침대로 행동하시오.」 군중은 침묵했다.[1]

마오 주석이 스탈린의 초상화 앞에서 절을 하고 화환을 바쳤다. 연설은 하지 않았다. 그는 지난 30년 동안 때로는 자진해서 때로는 마지못해 스탈린의 조언을 따라온 터였다. 심지어 국공 내전 당시 그의 군대가 승기를 잡았을 때도 모스크바의 조언과 지침에 의존했다. 그는 스탈린의 충실한 추종자였으며 1949년에 중국이 〈한쪽 편에 기대야 한다〉라고 선언함으로써 자신의 충성심을 증명하려고 노력했다. 해방 이후에는 마오 주석이 일견 거의 모든 문제에 대해 스탈린에게 조언을 구하면서 베이징과 모스크바 정부 사이를 오가는 전보의 양이 더욱 늘어났다.

마오쩌둥이 스탈린의 충실한 학생이기는 했지만 그럼에도 두 사람의 관계는 단 한순간도 순탄한 적이 없었다. 마오쩌둥은 불과 3년 전 모스크바에서 모욕감을 준 자신의 멘토에게 불만이 많았다. 소련군이 만주에 주둔하는 것도 그의 분노를 부채질했다. 다른 무엇보다 마오쩌둥은 스탈린이 허락한 것보다 훨씬 스탈린 같은 인물이 되고자 원했다. 1947년 11월에 마오 주석은 모스크바에 보낸 편지에서 정치적 라이벌들을 전부 제거할 뜻을 밝혔다. 〈중국 혁명이 승리를 목전에 둔 마당에 소련과 유고슬라비아의 경우처럼 중국 공산당을 제외한 모든 정치 세력이 정치 무대에서 사라져야 할 것이다.〉 하지만 스탈린은 이에 반대하며 그에게 향후 한참 동안은 중국의 반대 세력도 신민주주의의 일원으로 포용해야 한다고 말했다. 〈승리 이후의 중국 정부는 공산주의 정부가 아닌 전 국민을 아우르는 혁명적이고 민주적인 정부가 되어야 할 것이다.〉 마오쩌둥은 불평하면서도 겉으로 민주주의 노선을 유지하는 전체주의 국가를 건설하는 데 착수했다. 1950년 2월에는 스탈린이 마오쩌둥에게 토지 재분배와 관련해 보다 온건한 접근법을 채택하도록 권유했다. 전후 수년 동안 중국의 재건에 도움이 될 부유한 농민들을 그대로 두라는 조언이었다. 몇 개월 뒤 마오쩌둥은 보다 덜 대립적인 정책을 약속하며 토지 개혁법을 발표했지만 농촌은 이미 폭력으로 피폐해져 가는 중이었다. 스탈린은 또 1952년에, 즉 뇌졸중으로 쓰러지기 불과 몇 개월 전에 중국의 제1차 5개년 계획에 지원하기로 한 자금을 대폭 축소하면서 중국 지도부에 너무 단기간에 너무나 많은 것을 요구한다고 경고했다.[2]

스탈린의 죽음이 마오쩌둥에게는 해방이었다. 마오쩌둥은 마침내 모스크바의 구속에서 자유로워졌다. 더 이상 그의 정치적 시각에 딴지를 걸 사람은 없었다. 물론 그는 크렘린 궁에 계속해서 자신의 생각을 제시했으며 두 공산 국가의 수도 사이에 설치된 전신선은 계속 웅웅거렸다. 하지만 소련 측에는 전 세계 인구의 4분의 1에 달하는 사람들에게 제2의 10월 혁명을 안겨 주었을 뿐 아니라 한국 전쟁에서 미국과 싸워 휴전을 이끌어 낸 마오쩌둥과 견줄 만한 지도자가 없었다. 얼마 지나지 않아 마오 주석은 소련의 지도부와 거리를 두기 시작했다.

그는 동료들한테서도 이를테면 멀어졌다. 마오쩌둥은 1949년에 자신의 추종자들을 승리로 이끌었다. 당 내 다른 지도자들의 반대를 무릅쓰고 참전을 밀어붙였기 때문에 한국 전쟁에서 거둔 성과도 그의 개인적인 영예였다. 그는 다른 동료들 사이에서 단연 빼어났다.

스탈린이 사망하기 이전부터 마오쩌둥은 류사오치와 저우언라이의 기반을 약화시키기 시작했다. 그들은 일상적인 경제 실무를 담당하며 마오쩌둥의 위치를 위협할 정도로 영향력을 갖게 되었다. 부드러운 말투에 약간은 여성스러운 총리 저우언라이는 주석에게 절대로 도전하면 안 된다는 사실을 이미 10년 전에 배운 터였다. 1932년 마오쩌둥의 라이벌들은 최전선에 대한 지휘권을 저우언라이에게 위임했다. 결과는 끔찍했다. 장제스가 공산당 군대에 압승을 거두며 그들을 남쪽에 있던 본 거지를 버리고 대장정에 오르게 했던 것이다. 마오쩌둥이 옌안에서 주도권을 잡은 이후에 저우언라이는 1943년 9월부터 11월까지 일련의 격렬한 자기비판을 통해 충성심을 시험받았다. 마오쩌둥의 여러 라이벌 중 한편에 가담해서 파벌을 이끌었다는 혐의였다. 저우언라이는 바짝 엎드렸고 자신이 원칙도 없는 〈정치적 협잡꾼〉이며 그게 다 〈봉건 귀족 가문〉에서 제멋대로 자랐기 때문이라고 인정했다. 진이 쏙 빠지는 경험이었지만 저우언라이는 엄격한 시련을 뚫고 마오쩌둥의 충신으로 살아남았고 과거의 실수를 만회하고자 오로지 마오 주석을 위해 조직 관리 능력을 쏟아부었다.[3]

류사오치는 1921년에 학생 신분으로 모스크바에 갔다. 그는 검소하고 말수가 적은 남자였으며 자주 밤을 새우면서 열심히 일하는 열정적인 정치국원으로 잘 알려져 있었다. 20년 뒤 옌안에서 류사오치가 당 내의 스파이와 방해꾼을 쫓아내기 위한 운동에 깊이 개입하던 시점에 그와 저우언라이는 서로 대립적인 위치에 있었다. 비록 용의자의 자백을 받아 내는 지저분한 일은 소련의 비밀경찰과 함께 일한 적이 있고 음침한 분위기를 지닌 캉성에게 맡기기는 했지만 류사오치는 마녀사냥을 정당화할 중요한 이론적 토대를 완성한 인물이었다. 그는 맡은 바 임무에서 탁월한 능력을 보여 주었고 1943년에 마오쩌둥의 부주석이 되었다.[4]

마오쩌둥은 일상적인 업무와 세부적인 관리 업무에 흥미를 느끼지 못했기 때문에 자신의 비전을 완수해 줄 신뢰할 수 있는 최고 관리자가 필요했다. 그런 점에서 저우언라이와 류사오치는 그가 밤이든 낮이든 언제나 수족처럼 부릴 수 있는 유능한 심복이었다. 마오 주석은 극심한 불면증과 불안 발작, 우울증에 시달렸기 때문에 일하는 시간이 불규칙

했다. 이런 증상의 주된 원인은 다른 고위급 지도자가 자신을 배신할지 모른다는 계속된 두려움 때문이었다. 그에게 신뢰성이 가장 중요한 이유이기도 했다. 다량의 신경 안정제와 진통제의 일종인 클로랄 수화물, 세코날 나트륨을 먹어야 잠을 잘 수 있었고 낮에는 자주 깜빡깜빡 졸다가 밤을 새워 일했다. 그 과정에서 시도 때도 없이 직원이나 동료를 호출했음은 말할 것도 없었다. 게다가 그는 그들이 호출된 즉시 모습을 보이길 원했다. 그러자 이번에는 주석에게 업무 시간을 맞출 수 없던 류사오치나 저우언라이 같은 최고위급 관료들이 조금이라도 휴식을 취하기 위해 수면제를 사용했다.

잠을 못 자는 것은 오히려 사소한 문제였다. 그들은 마오쩌둥에게 다가갈 때면 뒤꿈치를 들고 걷거나, 아부를 통해 자존심을 세워 주거나, 의심이나 오해를 살 수 있는 말을 피하면서 주석의 예측 불가능한 감정 기복에 대처해야 했다. 또한 자신의 의도를 추측하도록 만들려는 의도에서 기인한 주석의 잦은 모호한 발언에서 진의도 파악해야 했다. 마오 주석 본인은 특히 경제 분야에 대한 자신의 무지를 감추기 위해서라도 의도적으로 모호한 단어들을 사용했다. 실제로 그는 경제에 대해 거의 아는 바가 없었다. 실질적인 재정 현안과 관련해 의견을 피력하는 경우가 좀처럼 드물었을 뿐 아니라 혹시라도 그럴 때면 잘 모르고 하는 말처럼 들렸다. 저우언라이와 류사오치에게는 이 또한 미묘한 문제였다. 공직자가 수백만 명으로 늘어나면서 갈수록 복잡해지는 국가 조직의 운영을 책임져야 하는 그들이었기에 더욱 그랬다. 주인을 당혹스럽게 만들지 않기 위해서는 경제와 관련된 보다 전문적인 세부 사항은 한쪽으로 제쳐 놓는 것도 방법일 터였다. 하지만 그것도 좋은 방법은 아니었다. 마오쩌둥에게는 국정에 철저히 무관심했다가도 어느 순간에 돌변해서 아주 세부적인 부분까지 집착하는 습관이 있었기 때문이다. 일례로 1952년 정부 내 고위 관료들에 대한 정화 운동을 진행할 당시에 그는 거의 날마다 체포할 범인들의 숫자를 지시했었는데 정화 운동이 한풀 꺾이면서 돌연 관심을 끊었고 뒤처리는 고스란히 류사오치의 몫이 되었다.[5]

1952년에 저우언라이와 류사오치는 보이보, 천윈, 리푸춘, 덩쯔후이 같은 일단의 경제 전문가들로 강력한 팀을 조직했다. 경제 논의가 전에 없이 복잡해지자 마오쩌둥은 자신이 부하들을 장악하지 못하고 한쪽으로 밀려난 느낌을 받기 시작했다. 또한 더디기만 한 경제 성장에 조바심을 냈으며 일부 동료들이 집산화로 나아가는 속도에 확신을 갖지 못하고 있다는 사실을 깨달았다. 특히 류사오치는 사회주의로 넘어가는 데 엄청나게 오랜 시간이 걸릴 거라는 생각을 가지고 있었다. 심지어 향후 수년간 국가 경제에 기여할 경제 공동체까지 이미 구상을 마친 터였다. 자신의 생각과 차이가 있었지만 마오쩌둥으로서는 스탈린이 아직 살아 있는 동안은 류사오치를 견책하는 데 신중할 필요가 있었다. 류사오치는 모스크바에서 공부한 사람이었다. 1949년 여름 그는 당의 특사로 소비에트 연방을 방문했고 스탈린은 여섯 번이나 그를 만났을 정도로 그에게 관심을 나타냈다. 반면 마오쩌둥에게는 냉대로 일관했다. 1953년 2월 말 스탈린이 임종 직전에 있음을 알게 된 마오쩌둥은 맹장 수술을 받기 위해서 병원에 있던 류사오치에게 해당 사실을 비밀로 했다. 결국 류사오치는 몇 주 뒤에 열린 스탈린의 위령제에도 초대받지 못했다.[6]

1953년 초 마오쩌둥은 저우언라이와 류사오치가 이끄는 경제 관리 팀의 일원이던 재정부장 보이보와 대립했다. 보이보는 민간 부문의 압박을 줄여 줄 새로운 세금 제도를 만들고 있었다. 보이보에게 전달된 메모와 다른 고위 지도층에도 회람된 해당 메모의 사본에서 마오 주석은 극도의 불만을 쏟아냈다. 〈나는 신문에서 읽고 나서야 새로운 세금 제도에 대해 알게 되었으며 이 상황이 여전히 이해가 되지 않는다!〉 저우언라이는 곧바로 주석이 매우 화가 났음을 깨닫고 상황을 진정시키기 위해 그날 저녁으로 보고서를 제출했다. 하지만 며칠 뒤 고위 지도층 회의에서 마오 주석이 보이보를 대면했다. 〈세제 개편과 관련하여 어떠한 내용도 미리 중앙에 보고되지 않았는데 부르주아들과는 이미 논의가 끝나 있었다. 이는 중앙당보다 부르주아를 더 중요하게 여긴다는 뜻이다! 새로운 세금 제도는 부르주아나 환영할 만한 것이며 우경 세력의 기회주의에서 비롯된 명백한 실수다!〉 집산화의 속도를 높이도록 압박하는 것 외에도 마오쩌둥의 진짜 표적은 보이보의 뒤에 있던 두 사람, 즉 저우언라이와 류사오치였다. 희생양을 이용해 자신의 부하 중 가장 유력한 두 사람을 공격하면서 그가 〈돌멩이 하나를 던져 물결을 일으킨다〉라고 부르는 전략을 사용한 것이다.[7]

보이보의 수차례 자기비판에도 불구하고 이후 몇 개월 동안 마오 주석은 화를 풀지 않았다. 오히려 〈정무(政務)와 관련한 모든 중요한 지시와 정책, 계획이나 사건을 사전에 중앙에 보고해서 지침을 받도록〉 요구함으로써 동료들의 권한을 약화시키면서까지 정부 조직에 대한 장악력을 강화했다. 5월에는 류사오치에게 〈중앙당의 이름으로 작성되는 모든 문서와 전보는 반드시 내가 확인한 다음에 발행되어야 하며 《그렇지 않으면 무효하다》. 주의하기 바란다〉라는 위협적인 메모를 보냈다. 몇 주 뒤 지도부가 한자리에 모인 가운데 그는 집단 지도 체제를 〈존중하지 않고〉 독단적으로 행동하려는 이들을 질책했다.[8]

저우언라이와 류사오치에게 확실하게 주지시켰듯이 마오쩌둥은 1953년 6월 15일에 열린 정치국 회의에서 사회주의로의 전환에 더욱 박차를 가할 것임을 예고했다. 그는 마르크스·레닌주의 용어를 섞어 가며 다음과 같이 말했다.

과도기에 있는 당의 총노선이나 임무는 기본적으로 10~15년 안에 또는 그 남짓한 기간 안에 국가의 산업화는 물론이고 농업과 수공업, 자본주의식 상공업에 대해 사회주의식 개혁을 완료하는 것이다. 총노선은 모든 분야에서 우리의 과업이 나아갈 바를 비추어 줄 등불이다. 이 총노선에서 벗어나지 말라. 그렇지 않으면 〈좌경〉이든 우경이든 어느 한쪽으로 치우쳐서 실수가 나올 것이다.[9]

마오쩌둥은 이 연설을 〈총노선에서 벗어난 우경적인 관점에 대한 비판〉으로 명명했다. 저우언라이와 류사오치의 이름이 직접적으로 거론되지만 않았을 뿐 청중 가운데 그가 왜 그런 말을 하는지 모르는 사람은 아무도 없었다. 저우언라이와 류사오치 두 사람은 소위 신민주주의라는 표면적인 틀을 유지하기 위해 노력했다. 신민주주의는 상공인들이 사유 재산제를 바탕으로 사업을 계속 영위해 나갈 수 있도록 그들을 안심시키라고 한 스탈린의 조언에 따른 것이었다. 하지만 마오쩌둥은 〈신민주주의 사회 질서〉라는 용어를 사용했다며 저우언라이를 맹렬히 비난했고 이 용어는 두 번 다시 사용되지 않았다. 마오 주석에 따르면 〈사유 재산제 유지〉를 둘러싼 구호들도 우경적인 표현이었다. 바야흐로 민주주의는 끝나고 사회주의가 시작되어야 했다. 마오 주석은 총노선을 제안하고 그 과정에서 자신을 초당적인 자리에 위치시켰다. 사회주의로 나아가는 길에서 총노선을 누가 우경이고 누가 좌경인지 결정하는 기준으로 삼았다. 그리고 그 기준은 앞으로 반복해서 바뀔 터였다.[10]

마오쩌둥은 많은 외부 인사들을 베이징의 고위직에 선임했다. 류사오치와 저우언라이를 중심으로 단단한 결속력을 자랑하는 경제 관리팀을 약화시키기 위한 전략의 일부였다. 그는 이 전략을 〈모래 섞기〉라고 불렀다. 가장 주목할 만한 신참자는 1952년 10월에 새로 설립된 국가 계획 위원회의 주임 자리를 맡기 위해 베이징으로 온 만주의 지도자 가오강이었다. 그는 경공업과 연료부터 직물에 이르기까지 여덟 개의 경제 부처에 대한 책임도 맡으면서 이전까지 저우언라이의 배타적인 권한 아래에 있던 영역을 상당 부분 나누어 가졌다. 얼마 뒤부터는 중요한 지도부 회의가 열릴 때마다 붙박이로 등장했다. 서태후가 살았던 중난하이의 아름답게 가꾸어진 복합 단지 안에 자리한 공산당 당사에서 가오강의 사무실은 복도를 사이에 두고 마오쩌둥의 사무실 맞은편에 위치했다. 그의 가족은 둥자오 민샹에 있는 넓은 집으로 이사했다. 이전에 프랑스 대사관으로 이용되던 건물이었다. 가오강과 마오쩌둥 두 사람은 걸핏하면 새벽까지 논의를 이어가면서 개인적으로 많은 시간을 함께 보냈다. 가오강은 마오 주석의 속내를 헤아려 재정부장이던 보이보를 자기비판 대회에 세워 맹렬히 비난했고 지령서를 받으면 주석이 사전에 수정하고 승인한 부분을 특히 주의 깊게 읽었다. 그는 개인적으로 적대하던 보이보에게 복수하는 것을 즐겼다. 보이보는 1년 전 주석에게 만주의 부패 상황을 보고하면서 직접적으로 가오강을 지목한 인

물이었다. 마오쩌둥은 해당 보고서를 당 내 고위층 인사들에게 회람시
킨 바 있었다.[11]

마오 주석은 가오강에게 깊은 인상을 받았고 1953년 여름에 그에게
또 다른 임무를 맡겼다. 류사오치의 과거를 조사해서 자신의 2인자가
1920년대에 국민당의 스파이 노릇을 한 적이 있는지 알아보도록 지시
한 것이다. 가오강은 이를 주석이 류사오치를 제거하고 싶어 한다는 신
호로 받아들였다. 하지만 마오쩌둥은 각개 격파 계략의 대가였다. 그는
류사오치와 저우언라이에게 묵은 감정도 있었지만 동시에 가오강을 경
계하고 있었다. 가오강은 수년 전 스탈린을 만나기 위해 모스크바를 방
문하는 류사오치를 수행한 적이 있었다. 1949년의 일이었다. 그해 여름
에 열린 한 회의에서 가오강은 만주를 미국으로부터 보호하기 위해 소
비에트 연방의 열일곱 번째 공화국으로 선포하는 방안을 제시했다. 스
탈린이 눈을 동그랗게 뜨고 가오강을 바라보았다. 잠깐 동안 어색한 침
묵이 흘렀고 그는 농담으로 받아넘겼다. 하지만 류사오치는 이 문제를
마오쩌둥에게 전보로 알렸고 가오강을 베이징으로 불러들일 것을 요구
했다. 마오쩌둥이 요구를 받아들였고 1949년 7월 30일, 목적 달성에 실
패한 가오강은 함께 간 다른 사람들과 떨어져서 혼자 공항으로 향했다.
몇 개월 뒤 마오쩌둥이 직접 모스크바를 방문했을 때 스탈린은 가오강
이 개인적으로 소련의 지도자에게 비밀 메시지를 보냈음을 보여 주는
결정적인 증거 서류 일체를 그에게 넘겼다. 해당 서류에 정확히 어떤 내
용이 들었는지는 지금까지도 수수께끼로 남아 있지만 가오강의 경력에
이렇다 할 타격을 준 것 같지는 않았다. 그는 여전히 만주의 책임자로
남았으며 얼마 뒤에는 만주에 수천 명의 러시아 기술 고문들이 들어와
중국과 러시아가 공동 운영하는 철도 사업 부문에서 위로는 고위 간부

부터 아래로는 보선공에 이르기까지 다양한 분야에서 일했다.[12]

마오쩌둥은 스탈린이 살아 있는 동안은 가오강을 묵인했다. 와중에
도 1952년 10월 그를 베이징의 정치국으로 불러들임으로써 그의 기반
을 제거하고 지리적으로 소비에트 연방과 멀어지도록 했다. 마오쩌둥
으로서는 보다 가까이서 그를 지켜볼 수도 있었다. 가오강은 제대로 처
신하지 못했다. 베이징에 와서도 몇몇 소련 외교관들과 어울리면서 수
다쟁이에 입을 경솔하게 놀린다는 세간의 소문을 스스로 증명해 보였
다. 그는 소련 외교관에게 내부적인 정치 문제들을 낱낱이 고해바쳤다.
그들 앞에서 재정 적자를 비웃었으며 역화를 일으켰던 기간 사업들에
관한 세부 정보들도 제공했다. 또한 동료들을 밀고했다.[13]

마오쩌둥이 어디까지 알았는지는 확실치 않다. 그럼에도 1953년 8월
에 가오강을 모스크바로 보내 새로운 소련 지도부와 가교 역할을 맡도
록 했다. 비밀경찰의 수장이던 라브렌티 베리야는 스탈린이 마지막 순
간에 공기 한 모금을 갈망하며 눈을 부릅뜬 채 질식사했을 때 제일 먼
저 앞으로 나가서 그의 시신에 입을 맞추었다. 그리고 바로 다음 날 공
포에 질린 동료들을 상대로 권력을 장악하고 짧은 두 달 동안 지배자로
군림했다. 6월 28일에 니키타 흐루쇼프를 비롯한 몇 명이 그를 기습해
서 〈당과 국가에 대한 반역죄〉 혐의로 체포했다. 가오강은 흐루쇼프를
만났지만 모스크바에 이틀 동안만 머무를 수 있었다. 자신의 원래 비서
를 데리고 갈 수도 없었다. 대신 마오쩌둥의 개인 비서인 예쯔룽이 동행
해서 가오강의 일거수일투족을 감시했다. 전언에 따르면 가오강은 베
이징으로 돌아오는 길에 〈자신의 주위로 먹구름이 몰려들고 이번 여행
이 자신에게 전혀 도움이 되지 않을 것〉임을 직감하고 잔뜩 풀이 죽어
있었다.[14]

그가 무슨 걱정을 했는지는 확실하지 않다. 하지만 이후 몇 개월 동안 류사오치를 2인자의 자리에서 밀어내고 권력을 잡기 위해 로비를 벌이기 시작했다. 잠재적인 협력자를 끌어모으기 위해 자신의 집에서 연일 파티를 열었다. 그는 중국 동부의 대부분 지역을 지배하는 유력한 지도자 라오수스와 의기투합했다. 차기 정치국 후보로 거론되는 인물들의 극비 명단을 유출한 다음 화남 지역을 순회하며 명단에 오르지 못한 린뱌오 같은 군 지휘자들을 만나 주석의 후계자인 류사오치를 제거할 수 있도록 지원을 요구했다. 뒤에는 스무 명의 다른 지역 대표들을 대동한 채였다.

천원과 덩샤오핑이 주석을 방문해 가오강의 물밑 공작을 폭로한 12월 17일을 기점으로 가오강의 정치적 운은 급격히 기울었다. 천원과 덩샤오핑은 마오쩌둥과 세 차례 장시간의 회의를 가졌고 저우언라이와 펑더화이도 그 자리에 합석했다. 마오쩌둥은 뒤이은 며칠 동안 다른 지도자들하고도 이야기를 나누었다. 그리고 12월 23일에 가오강을 독대했다. 이튿날 주석은 핵심 세력을 모아 놓고 베이징에 두 개의 당사가 있으며 그중 하나만 자신의 지휘 아래 있다고 경고했다. 〈둥자오 민샹 8번지[가오강의 집 주소] 앞에는 말과 마차가 줄지어 늘어선 반면에 신(新)중국문[중난하이 복합 단지의 공식적인 출입구] 앞은 너무 조용해서 참새를 잡을 수 있을 정도다.〉[15]

가오강의 이름이 거론되지는 않았지만 메시지가 의미하는 바는 분명했다. 가오강은 식은땀을 흘렸다. 그날 일찍이 모스크바에서 베리야와 여섯 명의 심복들이 6일에 걸친 재판 끝에 처형되었다는 발표가 있은 터였다. 여섯 명의 공모자 중에는 극동 지역의 보안 책임자를 맡았던 세르게이 고글리즈도 포함되었다. 몇 년 뒤인 1959년 9월 열린 루산 회의에서 마오쩌둥은 모스크바가 가오강과 공모하도록 고글리즈를 파견함으로써 중국을 염탐하지 않겠다던 당초의 약속을 저버렸다고 발표했다.[16]

가오강은 〈반역〉과 〈당을 분열시킨〉 혐의로 숙청되었다. 1954년 2월 주석이 없는 가운데 긴장된 분위기로 진행된 한 회의에서 저우언라이가 가오강의 기소를 맡았다. 어쩌면 이미 가오강의 편에 섰을지 모를 지도자들의 관저 주위로 군사 보안이 강화된 상황이었고 회의장에도 무장 경비들이 경계를 서고 있었다. 차 시중을 들기 위해 회의장에 들어서던 직원은 가오강을 질책하던 저우언라이의 얼굴이 〈흉폭하게 일그러지는〉 광경을 목격했다. 이틀 뒤 가오강은 자신을 지키던 경호원의 총으로 자살을 시도했지만 두 사람 사이에 짧은 몸싸움이 벌어지면서 총알이 목표를 빗나갔다. 6개월 뒤 24시간 계속된 감시에도 불구하고 그는 자살하기에 충분한 양의 수면제를 삼켰다. 추가로 라오수스도 〈공산당에 반대하는 파벌〉을 조직한 혐의로 기소되어 투옥되었다. 마녀사냥이 이어지면서 그 밖의 여러 지도자들이 공산당에 반대하여 음모를 획책한 혐의로 고발되었고 강제 노동 수용소로 보내졌다.[17]

이 일련의 사건에서 이득을 얻은 사람은 마오쩌둥밖에 없었다. 가오강의 숙청은 소련 측 지도부에 마오 주석이 소련의 내정 간섭을 더 이상 용인하지 않을 거라는 메시지를 전달했다. 가오강은 마오쩌둥의 투견으로서 류사오치를 견제하는 역할도 톡톡히 해냈다. 류사오치 본인은 결국 원래대로 복귀했지만 머지않아 전당 대회에서 한참 동안 자아비판을 함으로써 바짝 엎드렸고 중국이 집산화의 길로 나아가는 것에 열정적으로 지지를 표명했다. 그리고 그 길은 사회주의의 고조(高潮), 즉 높은 파도로 이어질 터였다.[18]

1953년 6월 15일, 마오 주석은 〈10~15년 안에〉 농업과 상업, 공업의 사회주의화가 완료될 거라는 이른바 총노선을 공표했다. 그리고 농부들이 합작사로 묶여 있을 뿐 아니라 그해 말 도입될 곡물 전매 제도를 통해 그 어느 때보다 많은 식량이 징발될 예정임에도 집산화에 더욱 박차를 가하길 원했다. 합작사에 소속되어 있음에도 여전히 농부들은 원래라면 국가에 판매되어야 할 곡식을 숨기거나 농사를 망친 척할 수 있었다. 그들은 여전히 토지를 소유했으며 농사 일정도 각자 관리했다. 마오쩌둥이 원한 것은 사회주의였다. 그리고 사회주의는 농업의 집산화를 의미했다. 그 안에서는 곡물이 들판에서 곧장 곡물 저장고로 옮겨져야 했으며 그 모든 과정이 정부의 통제 아래 이루어져야 했다. 스탈린은 1930년대 초 러시아의 농촌에서 이 같은 과업을 달성했고 마오 주석이 이루고자 한 것도 바로 그것이었다. 〈앞서 소련이 걸었던 이 길이 우리에게는 최선의 모델이다.〉[19]

물론 대다수 농민들이 선호하는 길은 아니었다. 앞선 장(章)에서 살펴보았듯이 1954년 들어 중국 정부는 절대적인 양으로나 비율로나 그 어느 때보다 많은 식량을 거두어들였다. 그 결과 농촌의 많은 지역이 기근에 휩싸였고 잇단 파괴적인 홍수 때문에 상황은 더욱 악화되었다. 1954년 가을이 되자 농부들은 재차 그들의 농기구를 파괴하고, 나무를 도벌하고, 가축을 도살했다. 농민과 공안 경찰의 싸움이 격렬해지면서 노골적으로 반란을 도모하는 사람들까지 생겼다. 농민들 손에 남는 식량이 해방 전과 비교할 때 평균 3분의 2 수준에 불과하다고 판단한 덩쩌후이는 1955년 초부터 일부 합작사에 대해 해체를 허가하기 시작했다. 중앙 농촌 사업부의 수장으로서 내린 결정이었고 마오쩌둥의 완전한 동의를 받지 않은 채 내려진 결정이었다. 마오쩌둥은 약간의 사소한 조정으로 여기며 이를 승인했다가 4월에 남쪽을 여행하던 중 전용 기차의 창문 밖으로 펼쳐진 철로 주변의 풍성한 들판을 보고는 생각을 바꾸었다. 상하이에 도착해서 그는 시장을 만났다. 큰 키에 부풀린 머리 모양의 시장은 마오쩌둥에 대한 경외감으로 똘똘 뭉친 인물이었다. 커칭스는 주석에게 덩쯔후이가 집산화를 향한 부하들의 열정을 약화시켰다고 보고했다. 베이징으로 돌아온 마오쩌둥은 덩쯔후이에게 합작사를 해체할 때 더욱 신중하게 생각해서 하라고, 〈그렇지 않으면 자아비판을 하게 될 것이다〉라고 경고했다.[20]

이후 몇 주 동안 마오쩌둥은 집산화를 둘러싼 〈부정적인 태도〉를 계속해서 공격했다. 1955년 5월 17일에는 항저우에서 성(省)의 지도부와 가진 한 회의에서 새로 설립하는 합작사의 숫자를 두고 성들이 서로 경쟁하도록 부추겼다. 과도한 곡물 징발에 따른 우려도 불식했다. 〈식량 문제가 불거질 때마다 당 안팎에서 상황을 비관하는 이야기들이 들리는 경향이 있다. 그건 잘못 생각하는 것이다. 내가 보기에 상황은 괜찮은데 일시적으로 몇 가지 문제가 있을 뿐이다.〉 합작사에 관한 광시 성의 보고서 여백에 〈힘들다는 중산층 농부들의 주장은 전부 거짓이다〉라는 메모를 휘갈겨 써 놓기도 했다. 자신의 책상에서 광둥 성의 한 마을에서 올라온 강제 징발과 관련한 보고서를 접한 그는 이렇게 썼다. 〈곡물 판매를 거부한 두 가구가 체포되었다. 합작사가 매우 잘하고 있다.〉[21]

그럼에도 집산화는 계속 지체되었다. 앞서 5월 17일에 제시된 주석의 제안은 무시한 채 줄곧 덩쯔후이의 사례를 본받으려는 성들도 생겨났다. 7월 11일, 마오쩌둥은 덩쯔후이와 몇몇 고위 관료들을 만나서 1957년까지 전체 농민의 40퍼센트를 합작사에 편입하도록 압박했다. 덩쯔후이가 물러서려 하지 않자 마오쩌둥이 비꼬는 투로 말했다. 「당신은 자신이 농부들을 잘 안다고 생각하지만 무척 고집불통이기도 해!」 그날의 회의는 다섯 시간이나 지속되었다. 덩쯔후이는 끝까지 자신의 생각을 바꾸려고 하지 않았다. 회의를 끝내고 마오쩌둥은 은밀히 한 동료에게 덩쯔후이의 생각이 〈너무 완고해서 포화를 맞아야 한다〉라고 말했다.[22]

3주 뒤 덩쯔후이를 정조준한 경고 사격이 시작되었다. 1955년 7월 31일, 마오쩌둥은 사회주의로의 전환을 앞당길 새로운 운동을 촉구했다. 해당 운동을 통해 이제는 3년 이내에 사회주의로의 전환을 완료하라고 요구하고 있었다. 그는 〈새로운 사회주의식 인민 운동이 폭풍우처럼 곧 전국의 농촌을 쓸어버릴 것이다〉라고 선언했다. 불길한 지적도 덧붙였다. 〈우리 동지들 중 몇몇이 마치 전족을 한 여자처럼 비틀거리면서 끊임없이 다른 사람에 대한 불평을 늘어놓고 있다. 《너무 빨라, 너무 빨라!》라고 하면서 말이다. 그들은 터무니없는 궤변과 부적절한 불평, 끝없는 걱정, 무수한 윤리적 가르침이 농촌에서 사회주의식 인민 운동을 이끄는 올바른 정책이라고 생각한다. 절대 아니다! 절대로 올바른 정책이 아니며 잘못된 정책일 뿐이다.〉[23]

논조는 정해졌다. 몇 주 뒤 보다 많은 당원들에게 배포된 발표문에는 〈폭풍우〉란 단어가 〈고조〉로 바뀌었다. 마오쩌둥의 판단에 따르면 덩쯔후이는 사회주의 고조의 주적이었고 머지않아 〈우경화된 기회주의자〉라는 이유로 버려졌다. 마오쩌둥은 8월 15일에 모든 성과 대도시의 수장들 앞에서 연설을 통해 효과적으로 덩쯔후이의 경력을 끝내 버렸다. 자신이 앞서 〈중앙당을 통하지 않으면 무효하다〉라는 지령을 공표했음에도 집산화의 속도를 늦추도록 명령한 덩쯔후이를 향해 〈당 기율

위반〉이라고 비난했다. 마오쩌둥이 웅변조로 물었다. 「덩쯔후이는 독단적인 목소리를 냈다. 그렇다면 그의 개인적인 결정이 구속력을 가져야 하는가? 아니면 집단 지도 체제를 통해 얻어진 결정이 구속력을 가져야 하는가?」 마오 주석은 사회주의로 나아가는 길과 관련해 자신의 생각을 분명히 했다. 「비틀거리는 집산화 속도는 부유한 농민들에게나 어울리는 것이며 〈그들이 원하는〉 자본주의의 길을 가는 것이나 매한가지다.」 그가 계속해서 말했다. 「사회주의에는 독재 정부가 필요하며 독재 정부가 없이는 돌아가지 않을 것이다. 이 상황은 전쟁이다. 우리는 사유 재산을 보유한 농민들에게 총을 쏘는 중이다. 어중간한 사회주의는 어중간한 태도로 전쟁에 임하는 것과 같다. 이 전쟁은 5억 명에 달하는 사람들과 치러야 하는 전쟁이며 공산당이 주도해야 하는 전쟁이다.」 합작사에 반대하는 지주와 부유한 농민은 반혁명주의자로 간주되었고 노동 수용소로 보내졌다. 농촌의 실상을 지옥의 아홉 번째 단계로 묘사했다는 이유로 3년 전 반동이라는 꼬리표가 붙은 량수밍 같은 지식인들도 반혁명주의자로 간주되었다. 사실상 〈농촌의 실상에 불만을 제기하는 자들은 하나같이 잉여 곡식을 보유한 자들이다. 량수밍과 펑이후도 마찬가지며 당 내부에도 그런 자들이 존재한다〉.[24]

────────

사회주의의 고조가 무르익으면서 중국의 농촌에서 소규모 개인 농가들이 대부분 자취를 감추었다. 극적인 변화였다. 1955년 7월에는 전체 1억 2000만 농가 가운데 겨우 14퍼센트가 합작사에 소속되어 있었다. 채 1년도 지나지 않은 1956년 5월에는 90퍼센트 이상이 합작사에 소속되었다. 대부분은 고급 합작사였다. 1953년에 도입된 초급 합작사에 소속되었던 농민들은 그들의 토지를 다른 회원들과 명목상 공유했으며 유한 회사의 주주와 다를 것이 없었다. 공유된 땅의 가치와 그 땅의 잠재적인 생산성을 평가하느라 때로는 수개월이 걸리기도 했다. 합작사에 공동 출자되기 전 모든 가축과 양어지(養魚池), 농기구를 비롯해 심지어 나무에 대해서도 가치가 매겨진 까닭이었다. 그리고 가치를 감정하는 과정에서 당 간부와 농민들 사이에서뿐 아니라 서로 다른 계급의 농민들 사이에서도 끝없는 갈등이 발생했다. 가난한 농민들은 곳곳에서 상대적으로 부유한 농민에게 차별을 당하는 듯 보였다. 이미 재산을 빼앗긴 사람들은 출자할 것이 거의 없는 반면에 모든 것을 합작사에서 얻어 가야 했기 때문이다. 맹인의 합작사 가입을 금지한 곳도 있었다. 초급 합작사가 소비에트 연방의 집단 농장과 비슷한 형태의 고급 합작사로 바뀌면서 이 모든 문제들이 해결되었다. 고급 합작사는 농부들에게서 땅을 거두어들였다. 그리고 농부들을 당 간부의 지휘 아래 일한 만큼 노동 점수를 받는 농업 노동자로 만들었다. 집산화의 최종 단계로 접어든 것이다. 농부들은 이제 국가가 마음대로 부릴 수 있는 채무 노동자로 전락했다.[25]

1956년 3월 사유 재산을 둘러싼 보다 엄격한 제한이 등장했다. 고급 합작사에 등록된 농부들은 당초 그들의 필요에 따라 여가 시간에 작게나마 땅을 경작할 수 있는 권리가 주어졌다. 하지만 이제 당은 이러한 땅을 전체 면적의 5퍼센트나 그 이하로 축소했다.[26]

집산화가 경제에 미친 효과는 파괴적이었다. 전체 경작지 면적이 300만~400만 헥타르나 감소했다. 곡물 생산량이 인구 증가율을 따라잡지 못했다. 해방 이후로 농촌의 고질적인 문제였던 가축 도살도 유례

없는 수치를 기록했다. 1955년 6월 후펑이 체포된 뒤로 도시에서 반혁명주의자들을 제거하려는 운동이 전개된 것처럼 농촌에서는 지방 간부들이 수십만 명을 체포하면서 사회주의의 고조가 공포를 폭발시켰다. 마오쩌둥이 여름 내내 천명했듯이 〈사유 재산을 보유한 농민들〉을 겨냥한 전쟁이 진행 중이었다.[27]

사회주의의 고조는 농촌에만 국한되지 않았다. 1956년을 기점으로 대부분의 상공업이 국유화되었다. 이 목표 역시 공포 속에서 달성되었다. 유력한 상하이 부시장이던 판한녠은 가오강 사건의 여파로 실각한 당 지도자 중 한 명이었다. 1955년 5월 그와 상하이 공안국장 양판이 체포되었다. 그들의 숙청은 재계 전체에 두려움을 심어 주기에 충분했다. 로버트 루는 〈판한녠과 양판처럼 힘 있는 관리들도 새로운 정권 밑에서 스스로의 안위를 지킬 수 없는 마당에 우리가 무엇을 어떻게 할 수 있을까〉라며 무력감을 나타냈다. 하룻밤 사이에 제거된 판한녠과 그 밖의 여러 고위 관료들이 룽이런과 궈디훠 같은 기업가들과 매우 가까운 사이였다는 것은 재계에 널리 알려진 사실이었다. 그들은 서로를 자주 방문했다. 파티도 자주 열었고 밴드를 불러서 오래된 경극 노래를 따라 부르기도 했다. 〈늘 옷을 갖추어 입고 매너가 좋은〉 판한녠은 룽이런과 브리지 게임을 즐겼다. 은행가 집안 출신이던 그의 아내는 궈디훠와 가깝게 지냈다. 이 모두는 앞서 1952년에 마오쩌둥이 부르주아를 공격한 이후에 일어난 일들이었고 당시 룽이런은 공개 석상에서 눈물을 흘리며 착취로 얼룩진 가족의 과거에 대해 수치심을 표명해야 했다.[28]

판한녠과 양판이 제거된 뒤로 룽이런은 자신의 안위를 더 이상 고위 관료들과의 친분에 의지할 수 없었다. 그는 떨리는 손으로 앨범을 뒤져서 판한녠과 같이 찍은 사진들을 꺼내어 일일이 소각했다. 1955년에

〈반혁명주의자〉로 지목된 수십만 명이 제거되면서 룽이런 같은 많은 사람들이 어떤 식으로든 영향을 받았다. 상하이를 둘러싸고 있는 장쑤 성 내에서만 3만 명 넘게 체포되었고 추가로 1만 5,000명이 단파 라디 오를 듣거나, 유언비어를 퍼뜨리거나, 무기를 숨기거나, 공장에서 일을 방해하거나, 반동적인 벽보를 붙인 혐의로 숙청되었다. 신분의 고하를 막론하고 도시에 또다시 공포가 휘몰아쳤다.[29]

마침내 룽이런을 비롯한 많은 사람들이 사업장 열쇠를 정부에 넘겨 줄 시점이 도래했다. 마오 주석은 그들이 자발적으로 열쇠를 넘겨주길 원했다. 그래서 1955년 10월 말 중난하이 이허탕 홀에서 열린 한 회의 에 상공업계 대표들을 초대해서 조언을 구했다. 마오쩌둥이 이따금씩 관심을 표출하며 경청하는 가운데 룽이런과 그 밖의 사람들은 상공업 계에도 사회주의의 고조가 필요하다고 역설했다. 룽이런은 장황한 연 설을 통해 자신의 방적 공장들이 거쳐 온 과거사를 돌아보면서 해방이 없었다면 그 공장들이 문을 닫았을 거라고 말했다. 그를 비롯한 여러 사람이 해방 이후로 정부의 개입에 대해 품었던 모든 의구심은 완전히 잘못된 것이었다. 룽이런은 중국 공산당의 올바른 통솔 아래 앞으로 나 아갈 인민 공화국의 미래에 대해 희망에 부풀었다. 문제라면 오직 하나 밖에 없었다. 사회주의로 나아가는 데 보다 많이 내놓을 수 없는 자신 의 무능함이 원망스러울 따름이었다. 「우리 회사가 이미 공사합영(公私 合營)이 되었음에도 나는 거기에 만족하지 않는다. 나는 더 나아가서 모든 국민이 주인이 되길 원한다. 우리가 공산주의로 나아가길 바란 다.」 다른 상공업계 대표들의 연설이 계속 이어졌다. 마오쩌둥은 흡족 한 미소를 지었으며 그날의 회의는 저녁 만찬으로 이어졌다.[30]

상하이로 돌아온 룽이런은 중화 전국 공상업 협회 대표 중 한 명으로

서 동료 상공인들에게 국영화로 나아갈 준비를 시켰다. 그들이 준비되
자 마오 주석이 상하이를 찾았다. 주석의 방문을 기념하는 뜻에서 룽이
런이 자신의 선신 제9공장을 내놓았다. 주석은 기뻐했다. 뒤이어 상하이
의 다른 건물들 위로 우뚝 선 채 반짝이는 신축 건물인 중소 우의 회당
에서 80명의 재계 주요 인사들이 참석한 가운데 회의가 열렸다. 회의장
안은 여느 때와 마찬가지로 엄숙한 기운이 가득했다. 그때 문이 활짝 열
리면서 주석이 얼굴에 인자한 미소를 띠고 천천히 회당 안으로 들어섰
다. 청중은 숨이 막힐 정도로 깜짝 놀랐다. 〈그는 자주 미소를 지었으며
말투도 대체로 상냥하고 온화했다. 친절하고 검소하고 정직한 농부 같
은 인상이었다.〉 주석은 이따금씩 담배를 뻐끔뻐끔 피웠다. 기업가들이
잔뜩 긴장해 있자 마오쩌둥이 그들을 안심시켰다. 「여러분은 왜 담배를
피우지 않는가?」 그가 차분한 어조로 사람들에게 물었다. 「담배는 전혀
해롭지 않다네. 처칠도 평생 담배를 피웠지만 여전히 건강하지. 실제로
내가 아는 사람들 중에서 담배를 피우지 않고 장수하고 있는 사람은 장
제스가 유일하다네.」 사람들이 일제히 웃음을 터뜨렸다. 경직된 분위기
도 사뭇 부드러워졌다. 그가 계속해서 〈나는 여러분의 조언을 듣기 위해
베이징에서 지금 이 자리에 와 있소〉라고 말했다. 주석의 주장에 따르면
사회주의로 나아가는 데 유산 계급만 뒤처지지 않도록 많은 경영자들
이 그에게 민영 기업의 사회주의식 개혁을 서둘러 줄 것을 요구하고 있
었다. 청중석에 있던 로버트 루는 회의장 풍경을 이렇게 묘사했다. 〈한
사람 한 사람씩 주석의 신호에 반응하면서 상공인 대표들은 사회주의
를 가능한 빨리 도입해 줄 것을 부탁했다. 그들은 경쟁하듯이 아부를 늘
어놓았다. 마오쩌둥은 두 시간 동안 그들의 이야기를 경청했다.〉[31]

마오쩌둥은 그들의 의견을 진지하게 검토할 것을 약속하며 상하이를

떠났다. 아울러 국유화에 박차를 가하기 전에 어떻게 하는 것이 상공인들에게 최선일지 신중하게 고민하겠다는 말도 잊지 않았다. 회의 몇 주후에 정부는 사회주의로의 전환을 대다수가 예상한 6년이 아니라 단 6일 만에 달성해야 한다고 발표했다. 그에 따라 산업 전반을 국유화하기 위한 충격조들이 도시 곳곳에 파견되어 경영자들에게 기업을 내놓고 중화 전국 공상업 연합회에 가입하도록 강요했다. 대다수는 두려움에 그대로 따랐는데 여기에 더해서 공개적으로 광적인 열의를 증명해야 했다. 그렇게까지 하는 이유는 간단했다. 기업가들은 전 재산을 국가에 넘긴 다음에는 그들의 유일한 생계 수단이 당의 변덕에 의해 좌우될 거라는 사실을 모두가 알고 있었다. 게다가 1952년에 정부가 그들을 제거하기 위해 얼마나 잔혹한 운동을 벌였는지 많은 사람들이 기억했다. 이번만큼은 모두가 기쁘게 동참하는 인상을 만들어 낼 필요가 있었다. 〈우리가 이 운동에서 희생자가 아닌 영웅이 될 수 있다는 사실을 알았을 때 우리는 너무나 안심되어 현기증이 날 지경이었다. 따라서 비록 선전부에서 주장하듯이 《사회주의로 편입된 것》 때문은 아니었지만 우리 중 몇몇은 진짜로 기뻐했다.〉[32]

각종 깃발과 밴드, 북, 징, 폭죽을 비롯해 대규모 군중이 동원되어 행진이 거행되었다. 행진 경로를 따라 곳곳에 소위 〈격려소〉도 배치되었다. 기업가들이 중소 우의 회당에 가까워지자 군중이 〈사회주의를 향해 용감하게 행진하고 있는 애국적인 민족 자본가들에게 경의를!〉이나 〈같은 사회주의 식구로 합류한 민족 자본가 동지들을 환영한다〉라는 구호를 외치기 시작했다. 어린 소녀들이 그들에게 꽃과 음료수를 건네주었다. 기업가들의 손에는 한 뭉치의 커다란 붉은색 봉투가 들려 있었는데 안에는 전면적인 국유화를 요청하는 공식 신청서가 들어 있었다.

그들이 상하이 시장 천이에게 이 서류를 제출하자 노동자와 농부, 학생으로 구성된 대표단이 회당 안으로 뛰어 들어와 재계 인사들에게 축하 인사를 건넸다.

몇몇 가문에서 대대로 축적되어 오던 막대한 재산이 하룻밤 사이에 사라졌다. 소규모 가게를 운영하던 상점 주인들도 상업 합작사에 편입되면서 모든 것을 잃었다. 전국에서 80만여 개의 크고 작은 민영 기업들이 자발적으로 재산권을 포기했다. 상공업 전체가 국가에 귀속되었다.

정부는 소위 〈보상 매입 정책〉이라는 이름하에 민영 기업을 강제로 국유화했다. 물론 이름과 달리 매입이나 보상과는 아무런 상관이 없었다. 실제 가치의 5분의 1에 불과한 형식적인 보상금이 제시되는 경우가 대부분이었다. 소유주에게 해마다 감정 가격의 5퍼센트를 지급하기도 했지만 이 역시 7년 동안만 지급한다는 조건이었다. 그나마도 매번 이러한 조건들이 제안된 것은 아니었다.

소상인들은 파산을 면치 못했다. 그들 중 상당수는 가게를 그들과 가족의 거처로 사용하면서 가게의 돈 통에서 생활비를 충당하던 터였다. 그런데 이제 그들의 개인 소지품까지, 때로는 그들이 사용하던 솥과 프라이팬, 심지어 아기 침대까지 국가에 귀속되었다. 보상금은 담뱃값으로 쓰기에도 빠듯할 정도였다. 운이 좋은 사람들은 국가에 고용되어 한 달에 20위안씩 받으면서 계속 가게를 운영할 수 있었다. 하지만 많은 사람이 이제 굶주림에 직면했다. 다른 직업을 찾아 보기도 했지만 자본가로 분류된 탓에 다른 평범한 노동자들이 누리는 것과 비슷한 혜택을 보장받을 수 없었다. 다시 1952년으로 돌아간 것처럼 자살이 잇따랐다. 다만 이번에는 정부가 재빨리 개입에 나섰다. 수많은 젊은 기업가들이 가족과 생이별한 채 사회주의 프로젝트에 동원되어 국경 지대의 황무지로 보내졌다. 나이 든 사람들은 상대적으로 지불 능력이 있는 기업들의 돈으로 설립된 상호 기금에서 약간의 재정 지원을 받았다. 보다 부유한 경영인들은 보상금으로 국채를 지급받았다. 양도 불가능한 국채였으며 만기일이 도래하면 원금과 누적된 이자가 현금으로 지급되는 대신 더 많은 국채에 재투자되는 방식이었다.

그럼에도 많은 경우에 대기업을 소유한 사람들의 관심은 보상금이 아니었다. 그들은 정부 내에서 한 자리를 차지하길 원했다. 이런 사람들은 비교적 부유하게 살았으며 실제로 관리자나 특정 부서의 책임자 자리를 꿰차기도 했다. 그중에서도 소수의 선택된 사람들은 지도부의 환심을 사고 앞장서서 국가에 재산을 헌납함으로써 특히 잘나갔다. 그들은 유력한 위원회에 선임되었고 경우에 따라서는 베이징으로도 진출했다. 룽이런도 그런 사람들 중 한 명이었다. 그는 자신의 모든 회사를 공개적으로 국가에 헌납했다. 얼마 뒤 마오쩌둥은 그를 상하이 부시장으로 임명했다. 공산 정권은 문화 대혁명을 통해 재차 이런 사람들 대다수의 발목을 붙잡을 터였지만 룽이런은 저우언라이의 보호 덕분에 대혁명의 소동에서도 살아남았고 직물 산업부 고문으로 중난하이에 살았다.[33]

12장
노동 수용소

전국 곳곳에 산재한 엄청난 숫자의 노동 수용소가 수백만 명의 삶을 집어삼켰다. 때때로 노동 수용소는 〈라오가이〉라고도 불리는데 이는 〈라오둥 가이짜오〉, 즉 〈노동 개조〉의 줄임말이다. 그 기원은 교도소에서 수감 비용을 보충하기 위해 재소자들에게 강제 노역을 부과하던 초기 공산당 시절로 거슬러 올라간다. 다른 사람들과 마찬가지로 노동 수용소의 재소자들은 끝없는 학습과 세뇌 모임을 통해 스스로를 개조해야 했다.

이미 국공 내전 당시에 노동 수용소는 턱없이 부족했다. 거대한 면적의 농촌이 해방되면서 죄수들이 눈덩이처럼 불어났기 때문이다. 그 결과 사원과 협회 건물, 학교, 공장 등이 징발되었다. 사슬로 묶인 죄수들은 도로를 정비하는 일부터 제방 건설에 이르기까지 각종 공공사업에 동원되었다. 보통 수천 명의 재소자를 수용하는 대규모 노동 수용소가 농촌 곳곳에 동시다발적으로 등장했다. 공산당이 장악한 산둥 성 일대에서는 대략 3,000명까지 수용할 수 있는 노동 수용소가 거의 모든 지구마다 하나씩 있을 정도였다. 재소자들은 황무지를 개간하거나, 밀을 재배하거나, 광물을 캐거나, 벽돌을 만들었다. 대다수가 한겨울에도 신발 없이 지내야 했으며 항상 굶주림에 시달렸다. 논밭을 갈던 사람들은 민들레 같은 식물로 허기를 보충했으며 몇몇 운 좋은 사람들은 개구리를 잡아먹었다.[1]

농촌에 이어 도시가 함락되기 시작했지만 이러한 압력을 해소하는 데 전혀 도움이 되지 않았다. 국민당은 복잡한 교도소 체계를 유지했는데 대다수가 당시 유럽과 미국에서 통용되는 높은 기준에 맞추어 건설되고 운영되었다. 그럼에도 그들은 재소자의 숫자를 줄이기 위해 벌금형과 단기형, 일반 사면, 감형, 가석방 등의 수단을 활용했고 따라서 재소자가 9만 명을 넘는 법이 없었다. 얼마 전까지 국민당에서 운용하던 120여 개의 교도소가 더해졌지만 부족한 수용 능력을 해결하기에는 역부족이었다.[2]

이전 정권들과 달리 새로운 정부는 장기형을 선고하는 데 주저하지 않았고 때로는 아주 사소한 경범죄에 대해서도 장기형이 선고되었다. 베이징에 사는 쑤원칭은 1949년 12월에 도굴 혐의로 15년 형을 선고받았다. 베이징에서는 바지 한 벌이나 자전거 한 대를 훔친 사람들이 줄줄이 5년 형에서 10년 형을 선고받았다. 도둑질이 흔한 범죄였다면 족히 10년 형이나 그 이상을 받을 것 같은 정치범의 숫자도 점점 늘어났다. 〈반동분자〉라는 만능 조항도 두루 적용되었는데 여기에는 라디오로 외국 방송을 듣는 것부터 태업에 이르는 모든 행위뿐 아니라 이전 정권에서 군사 조직이나 시민 단체에 속해 일하고 국가나 당을 배반하는 행위도 모두 포함되었다.[3]

1950년 10월 대공포 정치가 실시되자 곧바로 재소자 숫자가 위험 수위에 도달했다. 반년도 지나지 않아서 재소자 수가 100만 명을 넘었다.

완전히 새로운 수감 체계가 고안될 필요가 있었다. 수감 인구가 수만 명에 달하던 후베이 성에서는 행정 단위가 커질 때마다 노동 수용소의 크기도 같이 커져서 현 단위에서는 150명, 대도시에서는 500명, 지구 전체는 1,000명의 재소자를 수용했으며 맨 위에 이르러서는 후베이 성 공안국이 〈1만 명 이상을 수용할 수 있는 열 개의 노동 수용소를 관리 했다〉. 광시 성에서는 무자비한 군사 작전으로 8만 명 이상이 투옥되었 다. 싱예 현에서는 교도소가 너무 만원이라 재소자 한 사람이 누울 수 있는 공간 폭이 채 20센티미터도 되지 않았다. 핑난 현에서는 급상승한 기온과 높은 습도에도 불구하고 재소자들이 일주일에 한 번만 씻을 수 있었다. 그로 인해 역겨운 악취가 진동했다. 재소자 열 명 중 아홉 명은 피부병을 앓았으며 매달 100여 명씩 죽어 나갔다.[4]

쓰촨 성에서는 일부 임시 교도소의 시설이 너무 열악해서 재소자들 이 바지를 입은 채 대변을 보는 바람에 엉덩이에 구더기가 덕지덕지 붙 어 있었다. 충칭의 현 단위 교도소에서는 재소자의 5분의 1이 수감 후 6개월 안에 사망했다. 나머지는 대부분 병을 앓았다. 공안국장은 이런 교도소 환경을 개선할 마음이 없었다. 〈재소자가 탈옥하는 것보다는 차라리 죽는 편이 낫다〉라는 것이 그의 좌우명이었다. 서남 지역 전역 에서 매달 수천 명의 재소자들이 땅에 묻혔다. 보다 오랫동안 공산당의 지배를 받아 온 화북 지역의 상황도 나을 것이 없었다. 허베이 성 창셴 현에서는 전체 재소자 중 3분의 1이 병을 앓았고 수십 명의 죽음으로 이어졌다. 옴과 이, 바퀴벌레도 창궐했다. 또한 여기서도 악취가 너무 심해서 간수들이 재소자에게 다가가려고 하지 않았다. 쿠엔틴 황 주교 는 신앙을 포기하길 거부한 죄로 다른 열여덟 명의 기결수와 함께 통나 무 우리에 갇혔다. 통나무로 된 창살 하나는 지름이 약 10센티미터 정도였고 창살과 창살 사이에는 대략 5센티미터의 틈이 있었다. 문은 쇠사슬로 잠겨 있었다. 가로세로가 2미터와 2.5미터 정도 되는 그 우리는 길쭉한 형태의 방 한쪽 끝에 어두컴컴하고 눅눅한 곳에 위치했다. 그 방의 다른 한쪽은 재소자를 감시하는 간수들이 머무는 장소로 이용되었다. 〈특히 설사가 났을 때 무시와 늑장 대응이 반복되면서 통나무 우리의 한쪽이 이내 더럽고 냄새나는 천연 화장실로 변했다. 이와 벼룩이 들끓었고 크고 작은 배고픈 쥐들이 심지어 대낮에도 저 멀리 질척한 벽 구석에서 통나무 우리가 있는 바로 옆까지 이리저리 뛰어다녔다.〉[5]

1951년 봄 지도부는 보다 많은 재소자에게 일을 시킴으로써 압력을 해소하기로 결정했다. 도로를 건설하거나 저수지를 파거나 놀고 있는 땅을 경작하는 데 그들을 이용하기로 했다. 마오쩌둥은 심지어 만약 처형 비율을 1,000명당 2명으로 제한하고 나머지 죄수들에게 종신 중노동을 선고한다면 만만찮은 노동력이 될 거라는 의견을 내놓았다. 그는 생각에 잠겨 〈물론 이런 발상을 실제로 실행에 옮기는 것은 문제가 있다. 그냥 전부 다 죽여 버릴 때처럼 간단하지 않기 때문이다〉라고 혼잣말을 했다. 그럼에도 소련에서 영감을 얻던 그는 할당량을 1,000명당 0.5명 즉 30만 명에 달하는 재소자로 할 것을 제안했다.[6]

뤄루이칭은 공안부장으로서 해당 계획을 실행에 옮기는 임무를 맡았다. 그리고 그의 임무는 금방 난관에 봉착했다. 아무리 일당 독재 국가라 하더라도 30만 명의 재소자를 전국으로 이송하는 문제는 그리 간단한 일이 아니었다. 게다가 주로 대형 트럭으로 때로는 기차로 재소자들이 각각의 목적지에 도착한 다음에는 숙소와 음식, 옷 등이 제공되어야 했다. 윈난 성의 산악 지대에 퍼져 있는 금이나 석탄, 주석 광산에서 중노동을 하도록 총 6만 명의 죄수들이 배정되었지만 3,000명만 겨우 수용될 수 있었다. 관개 공사에 고분고분한 노동력 20만을 배치하기로 했던 계획은 더욱 큰 문제에 직면했다. 야외에서 효과적으로 감독할 수 있는 재소자의 숫자가 매우 제한적이었기 때문이다.[7]

하지만 새로운 정부는 현장에서 난관에 봉착했다는 이유만으로 이론상 훌륭해 보이는 계획을 단념할 사람들이 아니었다. 머지않아 전국의 가장 척박한 국경 지대 곳곳에서 일단의 노동 수용소들이 구체적인 형태를 갖추기 시작했다. 만주에서는 모기가 들끓는 북대황(北大荒)이라는 광할한 늪지대에 노동 수용소가 설치되었다. 보다 서쪽으로 칭하이 성에서는 곳곳에 해수 소택지가 있고 민둥산으로 둘러싸인 황량한 지역에 노동 수용소가 들어섰다. 남쪽에서는 다수의 소금 광산과 주석 광산, 우라늄 광산을 중심으로 노동 수용소가 설치되었으며 벽돌 공장과 국영 농장, 관개 시설 공사는 거의 어디서나 볼 수 있었다. 1951년 말까지 67만여 명의 죄수들이 이들 노동 수용소에 배치되었다(이즈음 전체 재소자 수는 두 배로 늘어나서 200만 명에 육박했다). 많은 재소자가 목적지에 도착하기도 전에 탈진했다. 중노동은 수많은 목숨을 앗아갔다. 한 소금 광산에서는 재소자들이 축축한 맨바닥 여기저기에서 거친 매트를 깔고 잠을 잤다. 음식은 고사하고 식수도 충분하지 않았으며 매달 100여 명이 목숨을 잃었다. 사망 원인은 대부분 이질이었다. 다른 곳 재소자들은 추위에 얼어 죽었다. 쓰촨 성의 재소자들은 한겨울에 바지도 입지 못한 채 철도를 따라 이동하며 일을 했다. 300명으로 구성된 한 조에서 열네 명이 동사하기도 했다. 한때는 공산주의자들의 수도였던 옌안에서는 200명 가까운 사람이 얼어 죽었다. 광둥 성 롄셴 현 주석 광산에서는 수감 환경이 너무 열악해서 재소자 세 명 중 한 명이 1년 안에 스스로 목숨을 끊거나 질병으로 사망했다. 강제로 그토록 많은 일을 했음에도 불구하고 재소자들은 당초 중앙당에서 할당량을 배정할 때 예상했던 것보다 훨씬 많은 비용을 국가에 초래했다. 더군다나 120만 명이 넘는 재소자들은 그들을 유지하는 데 드는 비용에 어떠한 기여도 하지 않고 있었다.[8]

이후 몇 년 동안 노동 수용소의 총재소자 숫자는 실질적인 증가 없이 200만 명 수준을 유지했다. 다만 그 어느 때보다 많은 재소자들이 강제 노동에 투입되고 있었다. 그리고 질병이나 혹사로 사망하는 인원이 생길 때마다 새로운 사람이 들어와서 그 자리를 대신했다. 1955년에 이르러서는 130만 명 이상이 강제 노동에 투입되었고 그들은 국가에 공산품 7억 위안어치와 양곡 35만 톤 상당을 기여했다. 노동 수용소가 보다 넓은 바깥세상의 축소판이 되면서 사회 각계각층의 사람들이 모였다. 이 축소판의 제일 아랫단에는 국가에 빚을 갚지 못해서 노동 수용소로 보내진 가난한 농부들이 있었다. 꼭대기에는 3,000여 명의 의사와 기술자, 전문가 등이 있었다. 1955년에 반혁명적인 단체를 사냥하는 과정에서 체포된 사람들이었다. 사제와 승려, 교사, 학생, 언론인, 기업가, 사무원, 어부, 음악가, 은행가, 매춘부, 군인 등이 중간 계층을 이루었다.[9]

열 명 중 아홉 명은 정치범이었다. 상당수가 체포된 뒤 수년 동안 공식 재판을 받지 못했다. 국민당을 위해 일했던 돤커윈은 2년 만에 재판을 받았다. 그는 5년 동안 쇠사슬을 차고 지냈으며 벽돌 공장에서도 쇠사슬을 차고 일했다. 그가 이례적인 경우는 아니었다. 1953년까지 해마다 대략 30만 건의 새로운 소송이 발생했는데 판사는 전국을 통틀어 7,000명에 불과했다. 밀린 재판이 거의 40만~50만 건에 이르렀다. 농촌에서 재판 없이 곧장 감옥으로 보내진 수많은 농부들은 포함되지 않은 수치였다. 게다가 심리 날짜가 되면 급하게 소집된 인민재판소가 부당한 처벌을 남발했다. 당 차원에서 조직된 막강한 사찰단이 수천 건의 재판 결과를 조사했고 그들은 90퍼센트만 〈정당한 판결〉이라는 결론을 내렸다. 정부의 기준에서 보았을 때조차 수만 명의 희생자들이 정당한 사유 없이 노동 수용소로 보내진 것이다. 〈무고한 양민들이 체포되고 투옥되거나 사형되면서 가정이 붕괴되었고 삶이 파괴되었다.〉 불심 검문이 행해진 간쑤 성이나 닝샤 후이족 자치구 같은 성의 몇몇 현에서는 재소자의 28퍼센트가 억울하게 기소된 경우였다.[10]

재소자들은 노동 수용소 안에서 매우 다양한 일을 겪었다. 다양한 형태의 노동 수용소가 우후죽순으로 생겨났기 때문이었다. 그럼에도 사람들의 증언에 따르면 한 가지 공통점이 있었는데 재소자들이 폭력에 대한 두려움 속에서 생활했다는 점이었다. 쿠엔틴 황이 갇혀 있던 통나무 우리 옆에는 밧줄과 족쇄, 수갑이 쌓여 있었다. 돤커윈과 해리엇 밀스 같은 일부 희생자들은 수년 동안 쇠사슬을 찬 채로 생활했다. 구속 장치는 대다수가 무거웠고 살을 파고들어서 상처를 낼 만큼 꽉 조였다. 매질은 일상적으로 행해졌으며 대나무나 가죽 벨트, 두꺼운 곤봉, 맨주먹 등이 사용되었다. 잠을 재우지 않는 것은 흔한 일이었다. 고전 문학의 시 제목에서 창안한 보다 독창적인 형태의 고문도 행해졌다. 〈새끼오리를 물에 담그기〉는 양손을 묶은 채 희생자를 거꾸로 매다는 것을 의미했다. 〈호랑이 등에 앉기〉는 손을 등 뒤로 해서 수갑을 채우고 무릎을 작은 철제 벤치에 묶는 것으로 시작했다. 그런 다음에는 묶인 다리 밑으로 벽돌을 삽입했다. 다리는 부자연스러운 형태로 휘어지다가 종국에는 무릎 부위에서 부러졌다. 인간에게 고통을 주기 위한 독창적인 방법들이 그 어느 때보다 많이 개발되면서 온갖 다양한 고문이 등장했다. 베이징에서는 희생자에게 족쇄를 채워 기절할 때까지 창문에 매달아 놓는 고문이 행해졌다. 상처 부위에 소금을 문지르기도 했다. 어떤 사람들은 몇 시간씩 배설물 통에 꼼짝 않고 웅크리고 앉아 침 뱉는 통을 들고 있어야 했다. 항문 성교를 당한 사람들도 있었다. 남쪽에서는 이따금씩 간수들이 잔혹한 전기 장치를 만들어 냈다. 나무 상자 안에 배터리가 들어 있고 밖에 바퀴가 달린 장치였는데 두 가닥의 전선을 희생자의 손이나 몸에 연결한 뒤 바퀴를 돌려서 전기 충격을 가했다.[11]

이 밖에도 무수히 많은 고문 방식이 존재했다. 그럼에도 사람들의 한결같은 증언에 따르면 수감 생활에서 가장 끔찍한 부분은 잦은 매질이나 중노동, 심지어 끝없이 계속된 굶주림도 아니었다. 바로 사상 개조였다. 한 희생자는 노동 수용소를 〈세심하게 구축된 정신적 아우슈비츠〉라고 묘사할 정도였다. 영국인 무선 통신사 로버트 포드는 4년간의 수감 생활을 마친 뒤 이렇게 말했다. 〈매질을 당한 뒤에는 원래의 자신으로 돌아갈 수 있을뿐더러 마음 한구석에서 고통에 맞서 싸우려는 의지를 발견할 수 있다. 하지만 사상 개조를 통해 정신적으로 고문을 당하면 돌아갈 곳이 아무 데도 없다. 사상 개조는 그 사람의 가장 심오하고 깊은 내면에 영향을 끼치고 정체성 자체를 공격한다.〉 자아비판과 비판 대회는 해가 바뀌든 말든 하루도 빠짐없이 매일 몇 시간씩 한없이 계속되었다. 게다가 바깥세상과 달리 집단 토론이 끝난 뒤에도 참가자들이 같은 감방 안에 그대로 머물렀다. 그들은 서로를 검증하고 의심하고 비난하도록 독려되었다. 때로는 무자비한 비판 투쟁 대회에 참가해서 혐의자를 폭행함으로써 자신이 어느 편인지를 증명해야 했다. 〈그러한 회의를 거치고 나면 양심적인 사람이라면 누구나 정신적으로 끔찍한 고통을 겪었고 며칠을 끙끙 앓았다. 종국에는 침묵과 고뇌만 남았다.〉 이전의 자아를 죽임으로써 살아남으려 애쓰면서 인간의 존엄성은 완전히 버려졌다. 1949년에 포로로 잡힌 국민당군 장교 왕춘밍은 사상 개조란 〈그야말로 육체적, 정신적으로 자기 스스로를 죽이는 것〉이라는 결론에 도달했다. 변하기를 거부한 사람들은 자살을 선택했다. 반면 사상 개조에서 살아남은 사람들은 원래의 자신이길 포기했다.[12]

정권 초기에 한 해 평균 200만 명 수준을 유지하던 노동 수용소의 총 재소자 숫자가 1955년에 갑자기 증가했다. 후펑 사건을 계기로 반동분자들에 대한 숙청 작업이 재개된 까닭이었다. 추가로 77만여 명이 체포되었다. 기존의 노동 수용소로는 감당할 수 없는 인원이었다. 얼마 안 있어 노동 수용소계에 완전히 새로운 차원의 수용 시설이 등장해서 새로운 재소자들 가운데 30만 명을 소화해 냈다. 이 시설은 〈노동을 통한 재교육〉이라는 의미를 가진 라오자오라고 불렸다. 〈노동 개조〉를 의미하는 라오가이와 달리 라오자오의 경우에는 소송 절차가 완전히 생략되었고 완전히 〈재교육〉되었다고 판단될 때까지 불순분자를 무한정 잡아 둘 수 있었다. 또한 공안부뿐 아니라 경찰과 민병대가 운용할 수도 있었다. 1956년 1월에 공식 승인된 이 암울한 세계는 중노동에 투입될 정도는 아니지만 자유를 누릴 자격도 없다고 여겨지는 사람들을 겨냥해 만들어졌다. 이제는 체포될 경우 어떠한 형태의 재판도 없이 그대로 사라질 수 있었다. 라오자오의 활용은 1957년 8월 이후부터 극적으로 확대될 터였다.[13]

———

모든 용의자가 노동 수용소로 보내진 것은 아니었다. 교도소가 포화 상태에 도달하면서 등장한 한 가지 대안은 기결수를 〈정부의 감시(관즈)〉아래에 두는 것이었다. 이는 지방 간부가 희생자들 삶의 모든 측면을 통제하면서 그들을 마음대로 할 수 있음을 의미했다. 그 결과 희생자들은 대대적인 정치 운동이 있을 때마다 희생양이 되어 농촌을 돌아다니며 사람들 앞에서 행진을 벌여야 했다. 심지어 1966년 문화 대혁명이 시작되기 전이었음에도 불구하고 어떤 경우에는 그 횟수가 200~300회에 이르렀다. 그들은 거름을 나르는 일부터 도로를 건설하는 일까지 지극히 모멸적인 임무를 수행했으며 음식 찌꺼기나 남들이 먹다가 남긴 것을 먹었다.

그들의 숫자는 엄청났다. 1952년에 이르자 쓰촨 성 일대에서는 전체 인구의 3퍼센트 이상이 일정 형태의 사법적 통제 아래 놓였다. 칭선 현의 몇몇 농촌 상황이 바로 그러했다. 아편쟁이와 좀도둑부터 단순히 그 동네를 지나가던 부랑자까지 사회 부적응자로 여겨지는 사람은 누구나 희생자가 되었다. 산둥 성에서는 전체 주민의 1.4퍼센트 이상이 정부의 감시를 받았는데 대부분이 어떠한 형태의 공안국 승인도 거치지 않은 터였다. 창웨이 현에서는 감시가 〈임의로 무질서하게〉 이용되었다. 지역 민병대는 골칫거리로 여겨지는 사람들을 닥치는 대로 가두었다. 어떤 남자는 간부에게 말대꾸하는 실수를 저질러서 체포되기도 했다.

제도의 가혹한 수레바퀴에 휩쓸린 사람들은 으레 고문을 당했다. 어떤 사람은 날카롭게 깨진 돌 위에서 무릎을 꿇어야 했으며 어떤 사람은 몸을 앞으로 숙인 채 일명 폭격기 자세를 취해야 했다. 몇몇은 모의 처형식을 겪기도 했다. 이두에서는 가족 전체가 감시를 받았다. 그 과정에서 어린 딸이 강간을 당하기도 했다. 금품 요구도 성행했다. 한 조사 보고서의 작성자들은 〈일일이 열거하기에는 비슷한 사례들이 너무 많다〉고 결론을 내렸다. 조사 보고서 작성자 중 한 명인 뤄루이칭도 제도

내에 가득한 고통과 수치심을 언급했다. 그는 특히 유 현에서는 작업 시간에 잡담을 나누거나 한 시간 이상 근무지를 이탈하는 등 모든 위반 행위가 처벌을 받는다고 강조했다. 그들 중 어떤 사람은 매질을 당했고 어떤 사람은 바지가 벗겨졌으며 몇몇은 머리 반쪽만 면도하는 이른바 음양 스타일로 머리를 깎아야 했다.[14]

상대적으로 드물기는 했지만 도시 사람들도 감시를 받았다. 일례로 스탠퍼드 대학을 졸업하고 상하이에서 법대 학장으로 근무하던 어떤 사람은 대공포 정치가 실시되던 1951년 어느 날 아침에 체포되었다. 그에게 제기된 유일한 혐의는 그가 〈부자들의 종복인 동시에 가난한 사람들의 압제자〉이며 동생이 타이완 정부 밑에서 일하고 있다는 것이었다. 이런 이유로 그에게 유죄 판결이 선고되었고 그는 3년 동안 감시를 받아야 했다.

그는 이전에 수장을 맡았던 무역 협회에서 청소부로 일해야 했다. 그 대가로 한 달에 18위안을 받았으며 집 안의 가재도구를 팔아서 겨우 연명했다. 고용주들은 지시를 내릴 때만 그에게 말을 걸었고 그의 행동을 관찰해서 매주 보고서를 제출했다. 그는 그 나름대로 일주일에 한 번씩 경찰서를 방문해서 당이 인민의 정의를 위해 자비를 베풀어 준 것에 감사하는 글을 제출해야 했다. 감사의 글에 굴욕적인 표현이 충분하지 않다고 판단될 경우에는 통과될 때까지 몇 번이고 다시 써야 했다. 그를 도와주거나 위로하는 것은 고사하고 누구도 그에게 말을 걸 엄두조차 내지 못했다.

16개월 뒤 그는 스스로 강물에 몸을 던졌다.[15]

얼마나 많은 사람이 비슷한 상황에 처해 있었을까? 뤄루이칭은 1953년에 대략 74만 명이 정부의 감시를 받는 것으로 추산했지만 베이징에 있는 그의 책상에서 상급 기관에 보고되지 않은 채 지방에서 자체적으로 구금된 사람들의 숫자까지 파악할 수는 없었을 것이다. 그럼에도 1952년 쓰촨 성에서 제출된 한 조사 보고서를 통해 당시의 어두운 세계를 엿볼 수 있다. 이 보고서에 따르면 신진 현의 네 개 마을에서는 96명이 공식적으로 정부의 감시 아래 있었는데 이와는 별도로 279명이 아무런 공식적인 소송 절차 없이 채무 노동자나 다름없는 생활을 하고 있었다. 전국적으로 얼마나 많은 사람들이 지방 간부의 재량에 의해 구금되었는지는 알 수 없는 노릇이지만 이 제도로 인해서 적어도 100만~200만 명에 달하는 사람이 추가로 죄수가 되었음이 분명했다.[16]

———————

농촌이 집산화되면서 노동 수용소로 보내진 죄수나 정부의 감시를 받는 기결수들과 자신의 땅을 경작하는 자유로운 농민들 사이의 경계가 갈수록 모호해졌다. 노역에 징집되는 경우에는 특히 그랬다. 공산 정권은 처음부터 농민들을 징집해서 대규모 공공 프로젝트에 투입하고 일을 시키는 데 주저하지 않았다. 그리고 이런 방식은 징집을 피하지 못한 불운한 사람들에게 처음부터 비극을 가져왔다. 1950년 쑤첸 현에서는 영하의 날씨에 누더기만 걸치고 야외에서 일하도록 강요받은 수십 명의 일반인들이 추위와 굶주림과 탈진으로 사망했다. 굶주림이 만연했고 그들에게는 먹다 남은 음식만 제공되었다.[17]

이 같은 현상은 아직 강제 노역을 체계화하지 못한 미숙한 신생 정권에게 젖니가 나면서 수반되는 고통이 아니었다. 권력이 지속될수록 비전도 커졌고 그에 따라 대규모 프로젝트가 속속 진행되면서 굶주림과 비극이 징집된 수백만 명의 강제 노역자에게 확대되었다. 가장 큰 규모의 프로젝트 중 하나는 허난 성 남부에서 발원하여 북부 평야를 흐르고 장쑤 성 북부에서 양쯔 강과 합류하는 화이허 강을 정비하는 사업이었다. 화이허 강은 홍수에 취약하기로 악명 높았다. 1949년 겨울 화이허 강을 따라 수만 명의 극빈자들이 투입되었다. 그들은 침수 지역에 물이 빠질 수 있는 길을 만들어 강물이 퇴적물을 쓸어 가도록 하는 대신 제방과 둑을 건설해야 했다. 프로젝트를 계획한 당 관리들은 해당 지역을 단 한 번도 방문한 적이 없는 사람들이었다. 이듬해에 눈이 녹으면서 쑤셴 현 근처에서만 13만 헥타르의 지역에 강물이 범람했고 일대에 아비규환을 초래했다.[18]

마오쩌둥은 먼저 이 홍수를 자연재해로 규정한 뒤 상류에 댐을 건설하고 홍수로 범람하는 물을 다시 상류로 보내 저장하는 〈화이허 강 활용〉 계획을 발표했다. 장차 수십 년 동안 지속될 프로젝트였다. 이를 위해 수만 명의 인력이 동원되어 얼음장처럼 차가운 물에서 맨발로 고생스럽게 일하거나 젖은 모래와 흙을 통에 담아서 어깨에 메는 장대를 이용해 운반해야 했다. 그들은 집에서 멀리 떨어져 대나무나 갈대 또는 옥수수 줄기로 지은 작은 헛간에서 생활했다. 수많은 사람들이 자신의 연장과 옷, 난로, 누비이불, 깔개 등을 챙겨 집에서 며칠 거리에 있는 강에 도착했다. 1951년에 불안이 증폭되자 지방 간부들은 농사야 어떻게 되든 말든 인근 농부들을 닥치는 대로 징집했다. 눈이 비로 바뀌고 시간이 하릴없이 지나면서 저장했던 식량은 빠르게 바닥을 드러냈고 화이허 강에 인접한 많은 마을에 기근이 덮쳤다.[19]

1953년에 이르러 상황은 더욱 악화되었다. 농부들은 충분한 음식을 제공받지 못했다. 대다수가 잡다한 재료들을 넣어 끓인 묽은 죽으로 하루 세 끼를 때웠다. 어떤 사람들은 수수 말고는 먹을 것이 없었고 단조로운 식단 때문에 〈화장실이 온통 피투성이〉일 정도로 극심한 변비에 시달렸다. 쑤셴 현에서는 젊은 노동자들이 바닥에 엎드려 울면서 배고픔을 호소했고 조금이라도 더 먹으려고 서로 다투는 사람들도 있었다. 어떤 사람들은 가족에게 편지를 써서 도움을 요청했다. 〈제발 여기 와서 배고픈 영혼들을 구원해 줄 방법을 찾아 달라!〉 모든 것을 포기한 채 스스로 목을 매는 사람들도 생겼다. 특히 징집된 주민들 상당수가 버림받은, 즉 〈지주〉나 〈부유한 농민〉, 〈반동분자〉, 〈범죄자〉의 가족으로 분류된 사람이었기 때문에 규율은 매우 엄격했다. 어떤 간부는 노동자에게 빨간색이나 흰색 헝겊을 달도록 해서 〈영예로운〉 사람과 〈파렴치한〉 사람 사이에 구분을 두었다. 화장실에 3분 이상 있어도 처벌을 받았다. 무자비한 지도자 타이수이는 걸핏하면 자신의 지휘 아래 있는 사람들에게 밤새도록 일을 시켰다. 3일이 지나지 않아 100여 명이 피를 토했다. 강을 따라 전 지역에서 사고도 잇따랐다. 제방이 무너지거나 구조물이 붕괴되거나 다이너마이트가 잘못 폭발하면서 수백 명이 목숨을 잃었다. 환자 역시 수만 명에 달했지만 어떠한 치료도 제공되지 않았다. 사람들은 기회만 있으면 탈출을 감행했다. 일부 지역에서는, 예컨대 허난 성 난완 저수지에서는 전체 1만 명의 노동자 가운데 3,000명이 도주에 성공했다.[20]

다른 곳의 상황도 나을 게 없었다. 후베이 성에서는 댐 건설을 위해 징집된 농민들에게 임시 헛간조차 제공되지 않았다. 그들은 끔찍한 겨울 추위 속에서 노숙을 했다. 스무 명 중 한 명이 중병에 걸려 죽어 갔지만 간부들은 그저 방관할 뿐 〈신경 쓰지 않는 듯〉 보였다. 울창한 산으로 뒤덮인 산시 성 저우즈 현 북쪽에서는 대대적인 치수 사업을 위해 1953년에 100만 명에 가까운 사람들이 노역에 동원되었다. 도처에 빈곤이 만연했기 때문에 〈대다수 노동자들이 먹을 것이 없어지면서〉 아무런 대가 없이 자식을 다른 사람에게 넘기는 가정도 생겼다. 그럼에도 이는 다가올 미래를 살짝 맛본 것에 불과했다. 1958년 들어서 대약진 운동이 시작되면 농민들은 거대한 인민공사에 소속되어 공과에 따라 식량을 배급받게 될 참이었다. 그리고 수억 명의 인구가 집에서 멀리 떨어진 다수의 치수 사업에 동원되면서 중국 전체가 거대한 하나의 노동 수용소로 변하게 될 터였다.[21]

가장 궁벽한 국경 지역인 서북 지역에서는 자유와 구속의 경계가 모호했다. 3장에서 살펴보았듯이, 1949년에 간쑤 성과 닝샤, 칭하이, 신장 일대를 관통하는 이른바 이슬람 벨트 지역의 개발과 식민지화를 위해 수만 명의 제대 군인과 좀도둑, 거지, 부랑자, 매춘부 등이 이 지역에 보내졌다. 이러한 움직임은 이후 약화되지 않고 계속되었으며 정치범 호송 행렬과 나란히 내륙의 이주자들이 속속 이들 지역에 도착했다. 이주는 원래 자발적이어야 했지만 인민 공화국의 다른 모든 것과 마찬가지로 채워야 할 할당량이 존재했다. 대개는 수도와 전기 시설, 신선한 과일로 가득한 식탁 같은 이야기들이 보다 나은 생활을 갈구하는 순진한 사람들을 유혹했다. 현실은 선전된 내용과 전혀 달랐다. 오랜 기차 여행에 뒤이어 혼잡한 트럭 화물칸에 실려 며칠을 이동한 사람들은 비극에 직면했다. 초기 이주자들은 굴을 파고, 바닥에 거친 요를 깐 채 잠을 자고, 방수포로 모래 폭풍을 막아야 했다. 그들의 임무는 모래 언덕을 평평하게 만들고, 관목을 베고, 나무를 심고, 농수로를 만드는 일이었다.

많은 사람이 탈출해서 고향으로 돌아갔다. 서북 지역의 끔찍한 상황이 소문나면서 재배치될 위험이 가장 많은 사람들 — 극빈자들과 실업자들, 정치적으로 신뢰할 수 없는 사람들 — 은 모집관과 마주치지 않으려 피해 다녔다. 베이징에서는 큰 교차로에 아이들을 배치해서 모집관이 오면 미리 경고를 해주도록 하기도 했다. 진짜로 자원했거나 재배치를 피하지 못한 사람들은 조만간 축축한 흙바닥에 침대도 없는 숙소에서 지푸라기를 깔고 잠을 자는 자신을 발견할 터였다. 어떤 사람들은 울면서 잠이 들었고 어떤 사람들은 칠흑 같은 야밤을 틈타 도주했다.[22]

1956년에는 간쑤 성으로 이주한 다섯 명 중 네 명이 배를 곯았다. 춘궁기를 넘길 식량도 부족했다. 옷은 너무 해져 올이 다 드러났다. 어떤 아이들은 바지도 입지 못한 채 맨발로 학교를 다녔다. 소금이나 식용유, 채소는 고사하고 누더기를 손질할 바늘 살 돈도 없었다. 사막에서 땅을 개간하려던 숭고한 계획도 문제에 봉착했다. 모래에는 영양분이 없었기 때문이다. 강수량도 부족해서 약간의 밀과 채소를 재배할 수 있을 뿐이었다. 간신히 베이징으로 돌아온 리수전이 인민 대표 대회에 편지를 보냈다. 〈현지의 정부는 딱 3개월만 노동자를 보살피고 이후로는 완전히 손을 뗀다. 우박을 맞아 밭이 망가진 뒤로 나의 아버지는 굶주림 때문에 사망했다.〉 류진차이 역시 다음과 같이 불만을 토로했다. 〈나는 그곳에서 2년 이상을 살았지만 면바지 한 벌 살 돈도 벌지 못했다.〉 여기에 더해서 지역 주민들까지 이주자를 차별했다. 부족한 자원을 두고 벌어진 갈등이 주먹싸움으로 번져 이주자들이 기절할 때까지 맞기도 했다. 그들은 이국 땅에서 현지 언어도 구사할 줄 모르는 외부인에 불과했다. 전 지역에서 상황이 너무 심각하게 돌아가자 1956년 12월 들어 내무부장이 한시적으로 이주를 전면 중단했다.[23]

적어도 한 지역은 성공적인 결과를 보였다. 바로 신장이었다. 1949년 펑더화이에 의해 합병된 뒤로 신장에는 10만여 명의 제1야전군 소속 군인들이 계속 주둔 중이었다. 혹시 모를 분리 시도를 방지하기 위해서였다. 그들은 농사를 지으면서 국경을 지켰고 1954년에 신장 생산 건설 병단이라는 대형 개발 공사 소속이 되었다. 수만 명의 제대 군인과 정치범, 동부 출신 이주자 등이 그들과 합류했고 농수로와 도로, 전화 선로를 건설했다. 모래바람으로부터 자신들의 야영지를 보호하기 위해 방풍림도 가꾸었다. 오아시스를 중심으로 조성된 거대한 집단 농장에서 목화와 밀도 재배했다. 머지않아 이 개발 공사는 일대에서 가장 큰 지주이자 고용주로 발전했다. 사방으로 촉수를 뻗쳐 공장과 도로, 운하, 철도, 광산, 숲, 저수지 등을 관리했다. 교도소나 노동 수용소와 방대한 네트워크를 유지했음은 물론이고 자체 학교와 병원, 연구소, 경찰, 법원도 있었다. 국가 안에 존재하는 또 다른 국가였다. 1949년에 이 지역에서 중국인은 기껏해야 전체 인구의 3퍼센트에 불과했지만 채 5년도 지나지 않아 〈한족 식민지 개척자들로 구성된 군대〉를 조직할 정도로 성장했다. 자발적인 정착민이 거의 없었고 정치범 중에는 더더욱 자발적인 정착민이 없었지만 그들 모두가 주변의 위구르족이나 이슬람교도보다 부유하게 살았다. 징벌적 유배가 현대사를 통틀어 가장 성공적인 식민지화 프로그램 중 하나의 토대가 된 것이다.[24]

4부

반발

1956~1957

13장
사회주의의 그늘

　1956년의 중국은 위풍당당하고 의기양양했다. 전쟁은 오래전 일이었다. 물가도 잡았다. 겉보기에는 실업 문제도 해결되었다. 철강 생산량도 계속 증가했다. 국제적인 명성은 어느 때보다 높았다. 한국 전쟁에서 미국과 싸워 휴전을 이끌어 냈을 만큼 더 이상 아시아의 병자도 아니었다. 스탈린이 사망한 뒤로 공산주의 진영의 어떤 지도자도 베이징의 철학자이자 시인이며 정치가인 마오쩌둥에게 버금가는 위엄을 누리지 못했다. 그리고 이러한 위상 때문에 마오 주석은 갈수록 전 세계 개발 도상국의 발전을 이끌 책임을 맡게 되었다.

　표면상 마오 정권은 자유와 평등, 평화, 정의, 민주주의(프롤레타리아 독재 체제였음에도) 같은 보편적인 호소력을 지닌 가치들을 지지했다. 모든 사람에게 직업과 집은 물론이고 굶주림과 빈곤으로부터의 해방을 약속했다. 이러한 이상을 달성하기 위해 자유 민주주의와 달리 독특한 사회주의 실험을 제안했으며 그에 따르면 사람들은 누구나 풍족한 삶을 누리는 계급 없는 사회로 합병되고 국가의 역할은 차츰 줄어들 터였다. 볼셰비키 혁명 이후의 소비에트 연방처럼 마오 정권은 무척 다양한 청중을 상대로 유토피아로 나아가는 길에 대해 최면을 거는 데 뛰어났다. 그들은 자본주의에 불만을 가진 사람들에게 경제적 평등을 제안했다. 권위적인 정부에 분노하는 자유주의자들에게는 자유를 속삭였다. 〈그들은 민족주의자들 앞에서는 애국심을, 신앙심이 두터운 사람들 앞에서는 헌신을, 억압받는 사람들 앞에서는 복수심을 과시한다.〉 요약하자면 공산주의는 모든 사람의 비위를 다 맞추려 들었다.[1]

인민 공화국은 그들의 성공을 대대적으로 광고했다. 다량의 통계 자료를 동원해서 강렬한 이미지를 구축했다. 신중국은 가장 최근의 석탄 채굴량과 곡물 생산량부터 해방 이후로 건설된 주택의 총면적까지 모든 것을 정량화하는 능력이 있었다. 이따금씩 그 수치가 모호하기도 했지만 측정 대상이 무엇이든 늘 상승세를 나타냈다. 백분율은 언제나 선호되는 방식이었다. 하지만 거기에는 총계만 있을 뿐 분석이 없었다. 세부적인 범주가 정의되지 않았을뿐더러 색인에는 자주 구체적인 항목이 나와 있지 않았고 물가 기준시도 들쭉날쭉했다. 때로는 그 모든 것이 생략되기도 했다. 비용과 노동력은 무관해 보였으며 회계에서 제외되었다. 자료가 수집된 과정과 공식적인 통계를 산출하기 위해 사용된 방법은 절대로 공표되는 법이 없었다. 회의적인 통계 전문가들은 엄청난 불일치를 찾아냈다. 그럼에도 세상의 몽상가들을 현혹시키기에는 그 정도만으로 충분했다. 그들이 보기에 인민 공화국은 모든 영역에서 앞으로 치고 나오는 듯했다.[2]

단순한 숫자 외에도 혁명 이미지 자체가 몽상적인 호소력을 발휘했다. 톈안먼에서 해마다 열리는 대중 집회를 통해 중국 정부는 철과 강철, 살과 피로 이루어진 그들의 자원을 과시했다. 고수와 무용수, 노동자로 이루어진 끝없는 행렬이 올리브 가지를 흔들거나 비둘기와 형형

색색의 풍선을 날리는 가운데 탱크와 로켓탄 발사 차량이 우르릉거리며 나아갔고 머리 위에서는 전투기가 굉음을 냈다. 한 외국인 방문자는 무아지경의 군중들 틈에서 〈심지어 작은 체구의 몽골산 조랑말까지 기병대 속에서 정확히 보조를 맞추며 빠르게 걸었다. 마치 태엽 장치가 되어 있는 장난감 같았다〉고 말하며 더없는 놀라움을 나타냈다. 굳이 대규모 행진 현장이 아니더라도 베이징 곳곳에서 붉은색 물결을 발견할 수 있었다. 기본권과 평등을 위한 혁명의 상징인 진홍색 현수막과 깃발, 스카프, 넥타이, 완장 등이 사방에 보였다. 밀 이삭과 떠오르는 황금빛 태양, 어디에나 존재하는 붉은 별로 이루어진 사회주의의 도상은 단순하고 지속적이었다. 사방의 건물 벽에 잔뜩 도배된 포스터 속에서 손을 치켜들거나 주먹을 불끈 쥔 노동자들과 농부들은 금방이라도 뛰쳐나올 듯 보였다. 진보를 떠올리게 하는 데 머리를 딴 어린 소녀가 들판에서 당찬 모습으로 트랙터를 운전하는 이미지보다 더 효과적인 것이 과연 얼마나 될까? 결연한 표정으로 북대황 들판에서 트랙터를 운전한 류잉이란 이름의 어린 소녀에 관한 이야기를 들었을 때 베이징에 살던 차이수리를 비롯한 서른 명의 고등학교 졸업생들은 상상력이 활활 타올랐고 자신들도 북으로 가겠다고 자원했다. 그녀는 시장이던 펑전에게 〈너무 설레어서 설명이 불가능할 정도〉라고 편지를 썼다. 〈아울러 우리는 북대황에서 류잉 동지와 함께 비옥한 땅을 일구는 데 우리의 젊음을 바치기로 결심했다.〉[3]

주석 본인은 물론이고 지도부에서 각종 보고서와 성명, 발표가 잇따랐다. 공산당 권력 구조의 변화를 암시하는 수수께끼 같은 힌트에 더해서 마르크스·레닌주의자들이 사용하는 용어로 가득했기 때문에 외부인들은 이해할 수 없는 내용이었다. 그럼에도 노동자에게 임금 인상을 약속하거나, 장애인에게 보다 많은 집을 제공하기로 약속하거나, 소수 인종의 존엄성을 위해 싸우기로 결정하는 등 정부의 목표 의식과 책임감을 보여 주기도 했다. 선심성 공약은 끝없이 이어졌고 그 뒤에는 으레 중국을 공산주의의 길로 밀고 나아갈 그 어느 때보다 많은 법령과 규정, 규제가 따라붙었다. 요점은 있는 그대로의 세상이 아닌 다른 세상을 만들자는 내용이었다. 각종 계획과 청사진, 본보기로 이루어진 세상이었다. 공약보다 더욱 눈에 띄는 것은 많은 사람들을 독려하기 위한 수많은 구호였다. 마오쩌둥은 강렬하고 선동적인 문구를 내놓는 데 탁월한 능력을 발휘했고 〈하늘의 절반은 여성들이 받치고 있다〉라거나 〈혁명은 만찬회가 아니다〉, 〈제국주의는 종이 호랑이다〉 같은 구호들이 중국의 각 가정에 스며들었다. 그의 좌우명인 〈인민에게 봉사하라〉라는 문구는 붉은색 바탕에 현란한 흰색 글씨로 인쇄되어 포스터와 플래카드 형태로 사방에 나붙었다.

북대황 개척을 돕겠다며 자원하고 나선 차이수리처럼 수많은 당원들이 눈앞의 비극은 보지 못한 채 저 멀리서 손짓하는 찬란한 미래에 시선이 고정되어 있었다. 해방 직전에 학생 신분으로 공산당에 가입한 단링은 정부의 적들에게 행해진 몇몇 정치적 운동에 대해 의구심을 갖기도 했지만 수년째 여전히 치기 어린 이상주의에 취해 있었다. 이제 주석의 주치의로 일하는 리즈쑤이도 1949년에 아내와 함께 본토로 돌아온 이래로 보다 현명해졌지만 여전히 열광적인 추종자였다. 특권층에 해당하는 고위 당 간부들을 벗어나서도 〈사회주의를 건설한다〉라는 생각은 진심 어린 호응을 얻었다. 특히 해방 이후에 설립된 새로운 학교를 다닌 젊은 세대들 사이에서는 더욱 그랬다. 그럼에도 어린 학생들이 개척자가 되어 국경 지대로 가거나 멀리 떨어진 관개 시설 공사에 자원한 것은 무한한 이상주의에 더해서 모험심이 작용한 결과였다. 현장의 암울한 현실에도 불구하고 공산주의가 수많은 추종자들에게 어필할 수 있었던 주된 원인은 그들에게 자신이 역사적 대전환기를 살고 있으며 자신보다 훨씬 크고 훌륭한 무언가를 위해 또는 이제까지 일어났던 어떤 일보다 더 크고 훌륭한 무언가를 위해 기여하고 있다는 믿음을 심어 주었기 때문이었다. 신기록을 달성한 노동자나 적군의 총탄을 몸으로 막아 낸 군인 등이 가득한 이 세상에서는 모든 사람이 영웅이 되도록 부추겨졌다. 선전 기관은 본보기로 제시된 수많은 영웅적인 노동자와 농부, 군인 등을 끊임없이 미화했다.[4]

모범적인 노동자와 모범적인 군인이 존재한 것처럼 모범적인 학교와 병원, 공장, 사무실, 교도소, 가정, 합작사도 존재했다. 이들은 미래를, 앞으로 펼쳐질 세상의 단면을 보여 주었다. 정부가 신중하게 선별한 수천 명의 외국인 방문객이 1956년에 안내원을 동반한 채 투어를 다니며 시범 지역을 방문했다. 경비는 정부에서 전액 지원되었고 방문객을 포위하다시피 한 경호원들이 모든 움직임을 통제했다. 한 방문객은 〈마치 이 나라에서 저 나라로 이동하는 도중에 이 사람 손에서 저 사람 손으로 옮겨지는 젖먹이가 된 느낌이다〉라고 썼다. 그럼에도 많은 방문자들이 여기저기 이동해 다니는 것을 좋아했으며 그들은 하나같이 인민 공화국의 공산주의를 둘러싼 외국의 잘못된 정보와 적대적인 고정 관념을 없애도록 도울 준비가 되어 있었다.[5]

외국인 순례자들은 가장 충성스럽고 검증된 당원들만 인터뷰하도록 허락되었다. 상하이 부시장 판한녠이 숙청된 뒤로 더 이상은 고위 간부의 보호에 의존할 수 없던 룽이런도 이 쇼에 동참하기로 결정했다. 새로운 정권에게 꼭 필요한 존재가 되기 위한 선택이었다. 그는 시범 기업가 대열에 합류했고 세상에 환상을 심어 주는 대가로 돈을 받았다. 룽이런의 집을 방문한 외국인들은 그의 아내가 무척 흡족한 표정으로 스웨터를 짜고 있는 광경을 목격했다. 개 두 마리가 신나게 뛰어다니는 마당에서는 유니폼을 갖추어 입은 보모가 유모차를 밀면서 잔디밭을 거니는 게 보였다. 〈벽에 걸린 십자가상이 용의주도하게 신앙의 자유를 암시했다. 책장에는 마르크스뿐 아니라 셰익스피어의 작품도 보였다.〉옆방에는 그의 딸이 피아노를 연습하고 있었다. 대화는 정원에 관한 이야기가 거의 대부분을 차지했다. 룽이런은 모란꽃에 줄 적당한 비료를 고르는 것 말고는 아무것도 걱정할 것이 없는 사람처럼 보였다. 이 감동적인 풍경을 지켜본 한 프랑스인 방문객은 진심으로 경외심에 사로잡혔다. 그녀는 〈이보다 더 만족스러운 생활을 하는 가족을 본 적이 없다〉라고 말했다. 룽이런은 모든 질문에 성실하게 답변했다. 어떻게 그처럼 행복할 수 있느냐는 추궁에 가까운 질문을 받았을 때는 잠시 입을 다물고 진지하게 고민했다. 잠시 후 〈처음에는 걱정이 많았습니다〉라고 시인했다. 「공산주의자들이 상하이를 해방시켰을 때 우리는 비록 우리 자신의 안위 때문은 아니더라도 혹시라도 재산을 빼앗길까 봐 불안했습니다.」그가 질문한 외국인의 눈을 똑바로 쳐다보았다. 그리고 진지한 목소리로 이렇게 말했다. 「하지만 공산당은 약속을 지켰습니다. 우리는 중국 공산당이 절대로 인민을 기만하지 않는다는 사실을 깨달았습니다.」[6]

전국적으로 주석의 방문은 물론이고 외국인 기자나 정치가, 고위 지도자, 학생 단체의 방문이 있을 때마다 무수히 많은 쇼가 행해졌다. 수많은 불교 사찰이 파괴되면서 소수의 불교 사찰에만 막대한 돈이 투자되었고 그 안에서는 어용 승려들이 신중국의 종교적 르네상스를 설파했다. 최신 기술이 적용된 시범 공장에서는 세심하게 선별된 노동자들이 계획 경제의 승리를 시현하기 위해서 교육을 받았다. 모든 주요 도시에서 집산화에 따른 이점을 소개할 시범 농촌이 선발되었다. 사방에서 적어도 겉으로 보기에 사람들은 열심히 일했고 열정적이었으며 입이 닳도록 당을 칭송했다. 하지만 정작 그 실체는 선전 속 모습과 전혀 달랐다.[7]

중국은 하나의 극장이었다. 심지어 무대 밖에서도 사람들은 강제로 미소를 지어야 했다. 농부들은 곡식을 더 많이 내놓으라는 요구를 받았을 때조차 팡파르를 울리며 열정적으로 웃어야 했다. 상점 주인들은 재산을 국가에게 넘기라는 요구를 받았을 때 환한 얼굴로 자발적으로 협조해야 했다. 아시아의 다른 곳과 마찬가지로 중국에서 미소는 언제나 기쁨을 의미하는 것이 아니었다. 곤혹스러움을 표현하거나 고통이나 분노를 감출 때도 미소를 지었다. 무엇보다 괜히 꾸물거렸다가 비난을 사고 싶지 않다는 생각이 크게 작용했다. 대다수 사람들은 그들의 생계를 국가에 의존했다. 그리고 해방 이래로 무수히 많은 시간의 학습 모임을 통해 당의 방침을 앵무새처럼 흉내 내고, 올바른 대답을 내놓고, 동조하는 척하는 방법을 배운 터였다. 일반인들은 어쩌면 위대한 영웅은 아니었을지 모르지만 상당수가 훌륭한 배우였다.

───────

거대한 겉치레를 위해 막대한 재원이 투입되었다. 그에 따른 영속적인 결과 중 하나는 수송 분야의 엄청난 발전이었다. 교통망이 전에 없이 전국을 하나로 묶었다. 대부분의 경우에 노역과 쇠사슬에 묶인 범죄자들의 손으로 건설된 고속 도로가 전국 방방곡곡을 연결했다. 기차가 정시에 운행되면서 안에서 식사까지 해결할 수 있는 독립된 침대칸이 외국 손님들과 고위 관리들을 목적지까지 데려다주었다. 많은 도시가 단장되었고 하수구가 청소되었으며 정기적으로 도로 청소가 행해졌다.

베이징에서는 마치 비 온 뒤의 버섯처럼 속속 생겨난 웅장한 공공건물들이 중정형 주택의 회색 지붕과 황성의 장밋빛 담장 위로 높게 솟아올랐다. 정부 부처와 학원, 박물관이 도심과 외곽 곳곳에 들어섰다. 반짝이는 타일을 붙인 곡선 형태의 거대한 지붕부터 평평한 지붕에 이르기까지 건물 모양은 제각각이었지만 하나같이 어마어마한 규모를 선호하는 러시아에서 영감을 받은 게 분명했다. 한 구역 안에 항공 학원과 석유 학원부터 야금 학원에 이르기까지 십여 개의 건물이 불과 몇 개월 사이에 동시다발적으로 들어섰고 이런 건물들은 널찍한 앞마당과 더불어 건물 좌우측에 넓은 부속 건물들을 확보하고 있었다. 옛 성곽의 북서쪽 관문인 시즈먼 밖에도 머지않아 소련 전시관이 들어섰다. 우뚝 솟은 첨탑에 금박을 입히면서 사용된 순금의 양을 둘러싸고 이런저런 소문이 돌았다. 베이징의 중심부에서는 톈안먼 광장에 있던 수많은 고대 구조물들이 해마다 열리는 행진에 자리를 내주기 위해 철거되었다. 옛 성곽은 교통을 방해한다는 이유로 대부분 해체되었다.[8]

중앙 정부의 조직 구성이 성(省) 단위에서도 그대로 적용된 까닭에 다른 여러 도시에서 전시용 건물과 겉치레 프로젝트에 의한 거대하고 실체를 갖춘 권력의 상징물이 등장했고 이는 정부가 확장되는 결과로 이어졌다. 걸핏하면 이슬비와 안개 속에 갇히는 구릉 지대에 자리 잡은 채 제멋대로 뻗어가던 도시 충칭에서는 인민 문화 공원 한가운데에 아름다운 음악당이 세워졌다. 곧이어 대형 경기장과 인민 대례당도 들어섰다. 특히 녹색 유약을 바른 3단 형태의 원형 지붕을 갖춘 거대하고 지나치게 화려한 인민 대례당 건물은 좀처럼 사용되지 않았음에도 한 해에 약 10만 위안의 유지비가 들었다. 더 이상 쓰촨 성의 성도가 아니었기 때문에 충칭의 많은 건물이 비어 있었다. 보다 북쪽으로 올라가서 정저우에 이르면 구시가에서 멀리 떨어진 밀밭에 하나같이 자체 정원과 기숙사를 갖춘 정부 건물들이 넓은 도로의 양쪽으로 쭉 늘어선 완전히 새로운 도시가 세워진 것 같았다. 간쑤 성의 황량한 성도 란저우에서는 황허 강의 양안을 따라 수 킬로미터의 지역에 새로운 정부 건물들이 들어섰고 새로운 학원과 병원, 공장, 주거 지역이 만들어지면서 도시의 크기를 거의 두 배로 늘려 놓았다. 곡괭이와 삽으로 건설한 새 도로들은 양쪽에 저속 차량을 위한 차선이 따로 있을 정도로 매우 넓었다. 또한 과거에 대한 아무런 미련 없이 예전 도로들을 그대로 관통했기 때문에 화살처럼 직선으로 뻗어 있었다.[9]

곳곳에서 놀라운 속도로 건설이 진행되었다. 지도부는 미래를 따라잡기 위해 서두르고 있었다. 그 결과 많은 건물이 충분한 사전 계획 없이 〈되는 대로 급하게〉 지어졌다. 지역 지도자들이 더 큰 건물을 지으려고 서로 경쟁하면서 새로 지은 건물에 수돗물이 나오지 않거나 하수 시설이 없는 경우도 허다했다. 건물이 도심에서 멀리 떨어진 외곽에 지어지면서 이를테면 정저우 같은 경우에는 주변 도로와 부대 시설을 구축하느라 예산에 구멍이 나기도 했다. 또한 너무 급하게 공산화를 추진하는 과정에서 그 지역의 지형이나 토양 성분, 수량 분포를 조사하는 것 같은 매우 기초적인 단계들이 무시되었고 값비싼 대가로 이어졌다. 어떤 경우에는 새로 건설된 도로가 끊임없이 갈라지자 관련된 여러 지방 당국이 서로에게 보상금을 받아 내려고 다투면서 법정 싸움에 휘말리기도 했다. 심지어 베이징에서는 하중을 받은 철제 빔들이 비틀리거나 갈라지는 바람에 공장 전체가 무너지기도 했다. 그로 인한 낭비도 엄청 났다. 중앙 정부에서 모든 것을 계획하는 제국에 계획적인 것은 아무것도 없는 듯했다.[10]

결과적으로 외국인 손님에게 경외심을 심어 주고 환심을 얻기 위해 계획된 겉치레 프로젝트의 일부 중심 항목에는 심각한 결함이 있었다. 근대적인 사회주의 국가의 반짝이는 겉모습 뒤에 부실 공사로 금방이라도 무너질 듯한 세상이 존재했던 것이다. 베이징 첸먼 호텔은 외국인 파견단의 숙소 용도로 새로 지어진 세 개의 호텔 중 하나였다. 1956년까지 이 호텔은 호의를 가진 방문객들이 가장 선호하고 자주 묵는 장소였다. 이런 호텔의 수도꼭지에서 물이 찔끔찔끔 떨어져 세면대와 욕조에 얼룩을 남겼다. 변기에서는 물 흐르는 소리가 계속 들렸고 때로는 물통에서 물이 넘치기도 했다. 문은 아귀가 맞지 않았고 전구는 깜빡거렸으며 창문은 닫히지 않았다.[11]

겉치레용 건축물에 막대한 돈이 투입되면서 일반인을 위한 주택 사업이 외면당했다. 베이징 대학의 학생 기숙사나 시안의 인민 맨션처럼 보여 줄 목적으로 지어진 전시용 숙소의 경우는 물론 예외였다. 기본적인 위생 기준이 전혀 고려되지 않은 채 공장과 기숙사가 마구 뒤섞여 지어졌다. 지역 주민들은 〈살아서나 죽어서나 걸핏하면 쫓겨난다〉라며 자주 불만을 토로했다. 대부분의 주택은 저층의 단조로운 형태로 줄을 맞추어 마치 군인들 막사처럼 지어졌다. 하나같이 동일한 외관으로 지어졌으며 여가 활동을 위한 시설은 아예 없는 경우가 보통이었다. 부실 공사도 많았다. 베이징 외곽에 대중의 눈길이 미치지 않는 곳에서는 노동자 숙소가 불합격된 자재로 지어졌다. 벽은 건드리기만 해도 흔들렸고 문틀은 폭우 한 번에 내려앉았으며 지붕에서는 빗물이 뚝뚝 떨어졌다. 자금성에서 남쪽으로 13킬로미터 떨어진 교외 주택 지역인 난위안에서는 새로 지은 주거용 건물의 벽에서 물이 스며들었다. 아예 문조차 없는 집도 있었다. 하지만 이 역시 의도된 선택이었다. 1956년 2월 류사오치는 방직 공업부에 다음과 같은 지시를 내렸다. 〈노동자 숙소는 복층이 아닌 단층으로 지어라. 우리 노동자들이 꼭 복층 건물에 익숙해질 필요는 없다. 우리는 미래에 보다 훌륭한 복층 건물을 지을 수 있을 것이다. 아울러 이런 건물을 군이 잘 지을 필요도 없다. 임시 숙소보다 아주 약간만 낮게 지으면 된다. 어차피 나중에는 허물어질 것들이다.〉 그는 나무 몇 그루 정도는 괜찮지만 군이 연못이나 바위, 꽃, 잔디 등으로 조경을 할 필요도 없다고 생각했다. 수도 제2 방적 공장에서 관례처럼 행해지던 노동자에게 찻잔을 제공하는 행위도 〈과도한 호사〉로 간주되었다. 이 같은 지시는 주기적으로 지출을 축소해야 했던 정부의 새로운 긴축 노력 중 일부였다.[12]

주택 문제는 거대증에 사로잡힌 지방 정부가 기존의 주택을 철거하려고 안달하면서 더욱 심화되었다. 철거 규모는 가히 충격적이었다. 리푸춘에 따르면 1949년 이래로 베이징과 우한, 타이위안, 란저우에서 총 표면적 200만 제곱미터 이상의 주택이 철거되었다. 철거 비용만 6000만 위안에 달했다. 타이위안과 란저우에서는 전체 면적의 5분의 1이 지도에서 사라졌다. 쓰촨 성에서는 성도부터 현청 소재지에 이르기까지 도시의 40퍼센트가 돌무더기로 변했다. 지역 주민들은 땅을 두부에, 당을 날카로운 칼에 비유했다. 당이 원하는 대로 땅을 삭둑삭둑 잘라내는 것을 빗댄 말이었다. 철거민들은 심지어 베이징 같은 도시에서도 숙소를 제공받지 못한 채 방치되기 일쑤였다. 둥자오 기차역 부근 지역에서 철거된 주민들은 열 달 동안 임시 창고에서 지내야 했다. 그들

중 몇몇은 눈 속에서 덜덜 떨면서 울부짖었다. 주택난은 어느 한 곳의 문제가 아니었다.[13]

수많은 노동자들이 끔찍한 환경에서 살았다. 용광로의 백열이 밤을 으스스한 붉은빛으로 물들이며 한창 확장세에 있던 만주의 철강 복합 단지 안산에서는 교외 주택 단지의 환경이 너무 열악해서 여섯 식구가 침실 하나를 나누어 쓸 정도였다. 지붕이 무너지거나 벽이 붕괴되어 노동자들이 가축 우리나 도시의 동쪽 끝자락에 석탄과 철광석을 채취하는 산악 지대의 어두컴컴한 동굴에서 살기도 했다. 너무 배가 고파서 근무를 마치고 길거리를 배회하며 음식을 구걸하는 사람들도 등장했다. 겨울이 되면 평균 기온이 영하 20도를 밑돌았음에도 옷이 부족하거나 난방이 되지 않는 경우가 비일비재했다. 차가운 눈이 도시를 소복하게 뒤덮을 때면 엉성하게 지어진 건물과 닳아빠진 담요와 찢어진 이불 속으로 냉기가 스며들어 아기들이 동사했다. 적어도 안산 당 위원회에서 제출한 비밀 보고서에 따르면 그랬다.[14]

보다 남쪽에 위치한 난징의 경우에는 해방 이후로 노동자 수가 최소 두 배 이상 늘어났지만 전체 주거 공간이 이를 따라잡지 못했고 노동자들은 한 사람당 평균 2제곱미터의 공간에 만족해야 했다. 기숙사에 환기 시설이 없는 경우가 많았기 때문에 사람들은 아침에 일어날 때마다 산소 결핍에 의한 두통에 시달렸다. 하지만 정부가 미혼인 노동자들에게만 숙소를 제공했다는 점에서 그들은 그나마 운이 좋은 경우였다. 가족이 있는 노동자들은 공장 밖에서 보통은 25킬로미터 이상 떨어진 곳에서 살았으며 그 결과 출퇴근에 많은 시간이 소모되었다. 하루에 10킬로미터의 거리를 출퇴근하는 데 40센트씩 들어가는 교통비도 문제였다. 이 같은 요금은 전체 인구의 10퍼센트에 해당하는 사람들이 한 달

동안 쓸 돈을 불과 일주일 만에 바닥냈다.[15]

난징 바로 밑으로 양쯔 강 변에 자리 잡은 공업 도시 마안산의 노동자들은 몇 개월 동안 내내 병을 앓아도 기본적인 의료 혜택조차 받을 수 없었다. 기숙사는 포화 상태였고 주택난 때문에 어떤 세대는 비바람에 그대로 노출되어 겨울에 불조차 지필 수 없는 헛간에서 살았다. 누더기를 걸치고 길거리에서 구걸하는 아이들도 보였다. 어떤 공장은 식수도 구비되어 있지 않았다. 변변한 화장실도 없었다. 당 관리들은 생산 목표를 채우는 데 급급해서 노동자에게 신경 쓸 겨를이 없었다. 노동자들은 〈그들은 우리에게 구호금을 보내지 않는다. 우리가 죽고 나면 장례비나 보낼 뿐이다〉라고 비꼬았다.[16]

보다 세부적인 연구에 따르면 노동자 한 명에게 평균적으로 주어진 공간이 해방 이후로 무자비하게 줄었음을 알 수 있다. 경우에 따라서는 절반 수준(표 2 참조, 412쪽)으로 줄었다. 우한의 경우에는 2.4제곱미터였다. 하물며 이 수치는 전체 노동자의 4분의 1에 달할 것으로 추정되는 창고나 헛간에 살던 사람들은 제외된 숫자다. 190만 명이 거주하던 이 도시에서만 8만 명의 노동자들이 노지에서 생활했다. 회계국에서 계산한 숫자가 이랬다. 노동국에 따르면 도처에서 일반인들이 고질적인 주택난에 시달렸다.[17]

———————

사람들은 건강한 모습으로 활짝 미소를 지었다. 확신에 찬 표정으로 미래를 응시하고 있는 선전용 포스터에서는 적어도 그렇게 보였다. 그동안 때려잡은 파리 숫자부터 농촌의 콜레라 발병률에 이르기까지 보건 위생과 관련해 정부가 잇따라 내놓은 수많은 통계들이 끊임없이 발전해 나가는 이미지를 더욱 부각시켰다. 길거리를 청소하거나 쓰레기를 치우거나 쥐를 잡거나 오수 구덩이를 메우는 일에 사람들이 주기적으로 동원되면서 위생 운동은 일상 생활 곳곳으로 스며들었다. 1952년 애국 위생 운동 중에는 적의 세균전에 맞서 전시 체제에 돌입하면서 징집된 시민들로 구성된 대부대가 도시 전체를 소독했다. 위생부에서 시인했듯이 애국 위생 운동은 앞서 7장에서 살펴본 것처럼 상당 부분 시간과 인력 낭비로 밝혀졌다.

하지만 실질적인 소득도 있었다. 중국에서 보건 문제는 어제오늘의 일이 아니었다. 특히 주혈흡충증(간과 비장을 손상시키는 장 질환), 구충, 각기병이 만연한 농촌에서는 더욱 그랬다. 해방 이전부터도 유아 사망률이 높았고 대도시 말고는 현대식 교육을 받은 의사 자체를 찾아보기가 힘들었다. 1950년대에 보인 약간의 진전은 새로운 의학적 발전 덕분이었다. 예컨대 제2차 세계 대전 이후로 많은 나라들이 페니실린을 대량으로 생산하기 시작했는데 이는 세균성 감염증의 발병률이 꾸준히 감소하는 효과로 이어졌다. 10여 년 동안 지속된 전쟁의 종식은 공중 위생의 또 다른 측면에 도움을 주었다. 국공 내전 기간 중 여러 도시에 쌓여 있던 쓰레기 더미가 마침내 치워졌다. 도로가 청소되었고 참호가 메워졌으며 배수 시설이 개선되었다. 비록 자신의 할당량을 채우고자 열심이던 당 간부들 때문에 강제성을 띠기는 했지만 예방 접종이 대대적으로 실시되었다. 다른 무엇보다 일당 독재 국가는 파괴적인 전염병에 맞서기 위해 자원을 동원했고 상당수의 전염병이 발병 즉시 진압되었다.

물론 이런 의료 혜택이 공짜는 아니었다. 농촌에 기초적인 의료 서비스를 제공하기 위해 육성된 뒤로 정부의 큰 자랑거리가 된 맨발의 의사들은 수년 뒤 문화 대혁명 기간에나 등장할 터였다. 해방 전 농민들이 민영 기관에서 받았던 의료 서비스는 이제 대부분이 경우에 따라서는 하룻밤 사이에 사라졌다. 농촌 곳곳에서 선교 단체가 운영하던 수백 개의 병원들이 폐쇄되었다. 정부의 통제 아래에 있는 몇몇 사원을 제외하고는 도교와 불교 사원 역시 다른 종교 및 자선 단체와 더불어 폐쇄되었다. 사상 개조 운동이 잇따라 전개되면서 전국의 약사와 의사, 간호사는 정부의 명령에 따르며 새로운 정권에 대한 충성심을 증명해야 했다. 1956년에 이르러서는 정부가 도처에서 약국과 개인 병원을 포함한 대부분의 기업을 인수했다.

해방 이후로 어떠한 개선이 뒤따랐던 간에 보건 분야는 이내 후퇴하기 시작했다. 인쇄물 형태로 발간된 보고서와 신문 기사들이 보건 분야에서 장족의 발전이 이루어졌다고 설명했지만 기록 보관소에 조용히 쟁여져 있던 훨씬 비판적인 조사 보고서들은 만성적인 영양 결핍과 부실한 건강 상태를 폭로했다. 이런 상황은 집산화가 농민들을 농노로 전락시킨 농촌에서뿐 아니라 도시에서도 마찬가지였다. 전국적으로 노동자의 수입이 감소한 것도 원인 중 하나였다. 농민들이 갈수록 줄어드는 곡식 배급량으로 살아야 했던 것처럼 노동자들은 점점 적어지는 월급으로 버텨야 했다. 그럼에도 의료 서비스를 받으려면 상당한 비용이 들었고 약값도 비쌌다. 1956년에 수백 개의 공장을 조사한 노동국은 〈짧은 지난 몇 년 동안 노동자의 실수입은 계속 하락세를 보여 왔다〉는 결론에 이르렀다. 물가 상승률이 임금 상승률을 능가했다. 중공업 분야에 종사하는 전체 노동자의 절반가량이 한 달에 50위안을 벌지 못했다. 경공업 분야로 가면 이 기준에 해당되는 노동자 수가 더욱 많아졌다. 베이징에서는 노동자 여섯 명 중 한 명이 기본적인 생활비로 한 달에 10위안도 안 되는 돈을 벌면서 근근이 생계를 유지했다. 게다가 그들 아래로는 잘 알려져 있지 않은 건설업계에서 전체 노동력의 40퍼센트를 담당하는 극빈층이 존재했다. 발병률이 매년 조금씩 증가하면서 보건 정책은 곳곳에서 실패를 향해 나아가고 있었다. 1955년에는 거의 노동자 스무명 가운데 한 명이 6개월 이상 병가를 내야 했다. 몇몇 공장에서는 노동자의 40퍼센트가 심각한 만성 질환에 시달렸고 노동자를 위한 휴양소나 휴일 휴양지에 관한 선전과 달리 대부분은 쉴 수도 없었다.[18]

베이징을 벗어나면 상황은 더욱 나빴다. 난징은 노동자가 한 달에 20위안보다 적게 벌 경우 가장 기본적인 생필품 말고는 아무것도 살 수 없는 도시였다. 그런데 1956년에 이르자 도시민 가운데 열 명 중 한 명이 한 달에 7위안도 안 되는 돈을 벌면서 극도로 빈곤한 생활을 했다. 해방된 뒤로 몇 년 동안 수십만 명의 바람직하지 않은 사람들을 강제로 이주시켰음에도 그러했다. 이들 극빈자 중 절반은 집산화의 직격탄을 맞아서 가난해진 사람들이었다. 예컨대 실직한 인력거꾼이나 작은 상점을 운영하다가 쫓겨난 사람들, 반동분자로 기소된 희생자의 가족들 등이었다. 보통은 아주 사소한 작업 규칙을 위반했다는 이유로 해고된 노동자들도 있었다. 이런 사람들은 평생 낙인이 찍힌 채 사회의 변두리에서 살아가며 불가촉천민 같은 대우를 받거나 부랑자 신세가 되었고 두 번 다시 직업을 가질 수 없었다.

난징의 노동자들은 7퍼센트 이상이 결핵을 앓았고 6퍼센트가 위장병을 앓았으며 또 다른 6퍼센트가 고혈압으로 고생했다. 중독과 업무상 재해도 흔했다. 난징 화학 공장의 공기 중 유해 입자 농도는 소비에트 연방의 기준을 36지수나 초과했다. 질산칼륨을 다루는 공장에서는 〈정도의 차이는 있지만 노동자들 전원이 중독 증상에 시달렸으며〉 심한 경우 간이나 비장의 비대증을 유발했다. 유리나 시멘트 공장에서는 규산질 먼지 때문에 폐병에 걸리는 경우가 빈번했고 트라코마와 비염 발병률은 〈심각한〉 수준이었다.[19]

해방 이전과 비교할라치면 기록 보관소의 증거에 기초한 세부적인 연구 자료가 거의 없는 까닭에 곤란한 점이 많다. 다행히도 공산 정권은 이전 정권과 자신들을 비교하는 데 열정적이었고 그래서 통계학자를 선발하여 일제 침략이 시작되기 이전이자 국민당의 절정기이던 1937년까지 거슬러 올라가는 세부적이고 물가 상승률이 반영된 연구 결과를 내놓도록 지시했다. 결과는 대부분이 공개되지 않았는데 그럴 만한 이유가 있었다. 해당 연구를 통해 다수의 사례에서 20년 전의 생활이 훨씬 나았음이 밝혀진 것이다. 예컨대 한커우에 위치한 선신 방적 공장 노동자들은 혁명 이후로 그들이 소비할 수 있는 곡식이나 돼지고기, 식용유의 양은 물론이고 구매할 수 있는 옷감이 급격히 줄어드는 것을 지켜보아야 했다. 1937년과 비교할 때 1957년에는 노동자 한 명당 1년 평균 6킬로그램의 곡물을 더 받았지만 돼지고기의 공급량은 거의 절반이 줄었고 식용유는 3분의 1만큼 적게 받았으며 옷감은 5분의 1만큼 적게 받았다. 영양실조에 걸린 사람도 많았다. 표 2에서 보듯이 이러한 상황은 어느 한 공장의 문제가 아니었다. 노동자들은 의식주를 해결하는 데 어려움을 겪었고 대체로 국공 내전이 최고조에 달했던 1948년보다 못한 상황에 처해 있었다.

1952년에 상황이 약간 개선되었다가도 5년 뒤에는 하나같이 다시 악화되었다. 하지만 이러한 통계는 전반적인 생활비가 아닌 소비량을 언급할 뿐이었다. 1952년부터 1957년까지 생활비는 확고한 상승세를 보였다. 위에서 언급한 선신 방적 공장 노동자의 경우에는 1952년에 88위

표 2: 1937년~1957년 우한 노동자의 연평균 소비량과 생활 공간

	곡물 (킬로그램)	돼지고기 (킬로그램)	식용유 (킬로그램)	옷감 (미터)	주택 (제곱미터)
전이 방적 공장					
1937년	157	8.8	7	10.6	6.5
1948년	150	2.8	4.5	4.2	2.7
1952년	161	7.8	7.3	8.7	3.9
1957년	147	5.2	5	6	3.9
한커우 전지 공장					
1937년	170	12.5	8.5	8	4
1948년	164	10.7	7.7	8.3	2.8
1952년	153	7.2	6.6	5.8	2.1
1957년	135	5	4.3	3.9	2.8
우창 모터 공장					
1937년	172	6.7	5.9	7.2	4.6
1948년	197	6.6	4.1	4.6	3.9
1952년	151	7.8	9.3	6	4.4
1957년	127	5	3.9	4.7	4.1
우창 조선소					
1937년	159	8	5.5	7	5
1948년	146	6.5	7	4.7	4
1952년	167	6.5	6.5	10	4
1957년	146	5	4	7	4

출처: 후베이 성, 1958년 3월 28일, SZ44-2-158, 24, 38, 47, 59쪽

안이던 1년 치 집세가 5년 뒤에 400위안으로 올랐다. 회계국에서 조사한 모든 공장들은 분명한 추세를 보였다. 즉 집세는 오른 반면에 평균적인 생활 공간은 감소한 것이다. 표 2에 언급된 우창 조선소에서는 1948년에 271위안이던 집세가 1952년에 361위안으로 올랐고 1955년에 이르러 721위안으로 두 배가 되었으며 1957년에는 경이적인 990위

안을 기록했다.[20]

영양실조와 부실한 건강 문제는 학교에서도 흔히 나타났다. 중학생을 대상으로 광범위한 설문 조사를 실시한 청년단은 〈그들의 건강이 매우 좋지 않다〉고 공표했다. 우한에서는 학생들에게 한 달에 300그램의 채소와 150그램의 두류 제품이 제공되었다. 나머지 식단은 조와 고구마로 채워졌다. 허난 성 전역에서는 한 달 내내 채소가 전혀 제공되지 않았고 음식이라고는 국수가 전부였다. 쓰촨 성 몐양의 학생들은 짤막한 노래로 그들의 식단을 묘사했다. 〈쌀은 보기 힘들고 죽만 나오네. 먹으면 먹을수록 몸은 더욱 말라가네. 음식은 조악하고 맛도 조악하네. 소금기도 없고 기름기도 없네.〉 랴오닝 성은 3분의 1에 달하는 학생들이 영양 결핍이었다. 랴오닝 성에서 생산된 옥수수와 콩, 사과, 배 등이 선적되는 분주한 항구 도시 잉커우의 굶주린 학생들은 체육 시간에 자주 정신을 잃고 쓰러졌다. 엄격한 배급 제도는 도덕이라는 이름으로 정당화되었다. 〈지나치게 많이 먹는 습관은 낭비인 동시에 공산주의자로서 덕이 부족한 결과다.〉 배고픈 학생에게 돌아온 조언은 물을 마시라는 말이었다. 〈끓인 물에도 열량이 들어 있다.〉 성도인 선양을 벗어나면 바로 만나는 도시 신민의 학생들은 열 명 중 네 명이 영양 결핍에 의한, 특히 생선 기름과 유제품에 들어 있는 비타민 A가 부족해서 걸리는 야맹증으로 고생했다. 어떤 수업은 충분히 밝을 것 같지 않았음에도 사원이나 버려진 교회에서 진행되었다. 그런 곳은 대낮에도 〈교도소처럼 어두울 때가 있었다〉.[21]

다른 실패도 있었다. 정부는 질병을 뿌리 뽑고 해충을 근절하고자 굳은 결심을 보였지만 전국적으로 수백만 명을 동원한 대대적인 캠페인이 그들의 훌륭한 목표에 항상 만족할 만한 성과를 가져온 것은 아니었다. 국가에 제출할 쥐 꼬리의 할당량을 부과했을 때는 사람들이 쥐를 사육하기 시작했다. 대규모 인원을 투입하고 기치를 올리고 나팔을 울리는 군사 작전을 통해서 전염병에 맞서고자 한 발상 자체가 일반적인 의료 관행과 충돌했다. 주혈흡충증을 근절하기 위한 노력도 이 경우에 해당되었다. 해방 이후로 주혈흡충에 감염된 사람의 숫자는 매년 증가했다. 특히 중국 동부 지역에서 높은 증가율을 보였다. 하지만 지도부는 처음에 이 문제를 외면했다. 그들의 관심은 한국 전쟁 중 첩자들이 세균에 감염시킨 것으로 의심되는 말벌과 나비를 잡는 데 집중되었다. 1955년 11월 저장 성을 방문한 마오 주석이 심신이 쇠약해지는 주혈흡충증 증상을 직접 목격한 다음에야 마침내 주혈흡충증에 관심을 보였다. 마오쩌둥은 〈역신에게 이별을 고하며〉라는 거창한 제목으로 시를 쓰고 1956년 2월에 이르러 대대적인 캠페인을 실시하도록 지시를 내렸다. 〈주혈흡충증은 반드시 근절되어야 한다!〉[22]

호숫가로 내몰린 수백만 명의 농민들이 진흙 바닥을 기어다니면서 주혈흡충증을 옮기는 달팽이를 잡았다. 하지만 의료계의 주요 인사들은 내내 단순히 달팽이를 잡아들임으로써 해당 질병을 근절하려 하는 것은 가망 없는 시도라고 경고했다. 달팽이는 사람의 눈에 보이지 않는 주혈흡충의 숙주에 불과했다. 주혈흡충은 접촉을 통해 인간과 동물에게 감염될 수 있었고 일단 감염된 다음에는 혈관이나 간에서 알을 낳았다. 이 알이 섞인 인간이나 동물의 배설물이 다시 호수로 흘러 들어가 달팽이 몸 안에서 부화하면 한 번의 순환이 완성되었다. 조언을 건넨 전문가들은 운이 좋을 경우에 그냥 무시되고 말았지만 최악의 경우에는 부르주아라는 비난을 받았다. 소대 규모로 편성된 전국의 수많은 농민들 손에 의해 달팽이가 파헤쳐지고 수집되었다. 기존의 수로를 막아서 달팽이를 묻느라 새로운 수로가 만들어지기도 했다. 이 캠페인으로 엄청난 인력이 동원되었지만 캠페인이 끝나자마자 사람들은 풀을 베거나 갈대를 모으기 위해 또다시 감염된 호수로 보내졌다.[23]

이는 후베이 성에서 실제로 일어난 일이었다. 화중 지역의 후베이 성에는 양쯔 강을 따라 오리가 헤엄치고 수련과 마름이 발달한 천여 개의 호수가 존재했다. 이 지역에 거주하는 전체 주민 중 3분의 1이 감염 위험에 노출되어 있었다. 역신과 이별했음을 알리는 지방 간부들의 열정적인 보고에도 불구하고 여전히 150만 명 이상이 감염된 상태였다. 한촨 현에서는 캠페인 기간 중 대략 700명의 환자가 치료되었지만 캠페인이 끝나자마자 1,000명에 달하는 새로운 환자가 등장했다. 기록 보관소의 증거에 따르면 해당 캠페인으로 주혈흡충증 발병률이 거의 줄어들지 않기는 다른 성들도 마찬가지였다. 중국은 구호와 할당량으로, 꼬리에 꼬리를 무는 캠페인으로 운영되는 국가였다. 질병을 통제하기 위해 예컨대 분뇨 처리 방식을 개선하는 등의 다각적인 측면에 지속적인 노력을 기울일 여유가 없었다. 집산화는 아무런 도움이 되지 않았다. 합작사에 소속된 사람들은 어차피 그들 소유도 아닌 가축을 신경 쓰지 않는 경향이 있었다. 같은 맥락에서 가축 배설물을 처리할 적당한 방법을 고민할 이유도 없었다. 당 간부의 명령에 따라 살게 되면서 끓인 물을 마시거나 따뜻한 음식을 먹는 등 전통적으로 내려오던 위생 규칙도 도전을 맞이했다.[24]

때로는 선전 속 세상과 현지의 현실이 무서울 정도로 차이를 보였다. 인민 공화국은 나병 희생자들을 위한 일련의 칭찬받을 만한 정책을 내놓았다. 가능한 모든 시설을 갖춘 나환자 요양소를 제공하기로 한 것도 그중 하나였다. 다른 어떤 국가가 나서더라도 당시에 나병을 퇴치하는 문제는 매우 복잡한 일이었을 터였다. 많은 지역에서 나환자라는 사실이 낙인처럼 작용한 까닭에 더욱 그랬을 것이다. 인민 공화국의 지방 간부들은 그들의 지역 내 노동자들을 겨우 먹여 살리고 있었다. 그들에게는 수많은 다른 우선순위가 존재했으며 전염될 가능성이 매우 높다고 잘못 알려진 병 때문에 흉측하게 변한 사람들은 우선순위에서 가장 말단에 위치했다. 나병을 둘러싼 편견이 만연했지만 보건 당국에서 배포한 몇몇 교육 자료들로 하루아침에 상황을 바꾸는 것은 불가능했다. 기록 보관소에 쌓인 무수히 많은 증거들은 해방 이후로 수년 동안 상황이 실제로 악화되었으며 그 원인이 일당 독재 국가가 과거 어느 때보다 지방의 당 간부들에게 많은 권한을 부여한 데 있음을 암시한다.

선교사들이 강제 추방되면서 기존의 나환자 요양소에 대한 외국의 지원금도 중단되었다. 쓰촨 성 고산 지대에 위치한 궁핍한 지역 모시에서는 다채로운 색깔의 종탑을 자랑하던 교회뿐 아니라 160명의 환자가 지내던 나환자 요양소가 폐쇄되었고 남겨진 환자들은 스스로 생계를 꾸려 나가야 했다. 도움을 갈구했지만 아무도 그들을 도와주러 오지 않았다. 얼마 뒤 환자들은 요양소를 떠나서 구불구불하고 울퉁불퉁한 산길을 따라 구걸을 다니기 시작했다. 어느 누구도 그들을 환영하지 않았다. 겁에 질린 주민들이 그들을 괴롭히고 폭행했다. 몇몇은 생매장을 당하기도 했다. 쓰촨 성 보건 당국은 보고서에서 다음과 같이 진술했다. 〈1954년 여름에 융딩 현에서 나환자 한 명이 또다시 생매장을 당했다. 비슷한 사건이 다른 여러 현에서도 발생했다.〉 쓰촨 성만의 문제가 아니었다. 쓰촨 성과 이웃하고 있으며 성 내의 절대적인 면적을 차지하는 야산과 산악 지대에 거주하면서 폭동을 일으키는 소수 민족 때문에 자주 골머리를 앓던 구이저우 성에서는 해방 이후에 나병 환자의 숫자가 급증하고 있었다. 마을마다 공포가 확산되자 이 지역의 당 간부들은 나환자를 태워 죽이기로 결정했다. 이 같은 결정은 최소 한 번 이상 실행에 옮겨졌으며 그중 최악은 한 마을에서 여덟 명의 나환자가 화형대에서 비명횡사한 사건이었다. 지역 당국의 명을 실행에 옮기는 것은 민병대의 몫이었다. 〈민병대가 나환자를 묶고 불을 질렀다. 나환자의 부모는 밤낮으로 통곡했다.〉[25]

　　가장 잔혹한 사건은 따로 있었다. 1951년 6월 윈난 성 융런 현에서 백여 명의 나환자들이 화형에 처해졌다. 이 같은 발상이 맨 처음 제안된 것은 앞서 한 달 전 융런 현의 당 위원회가 주최한 한 회의에서였다. 농촌 문제를 담당하던 당 관리 마쉐서우가 이렇게 제안했다. 〈4구역에 위치한 병원의 나환자들이 자주 밖으로 나와 몸을 씻거나 돌아다니면서 사람들에게 불쾌감을 초래하고 있다. 사람들은 그들을 화형시키라고 요구한다.〉 융런 현의 당 서기가 말했다. 〈우리는 그들을 화형시킬 수 없다.〉 하지만 마쉐서우는 주장을 굽히지 않았고 한 달 뒤 자신이 모든 책임을 지겠다며 자원하고 나섰다. 〈대중이 그들을 화형시키길 원한다면 그렇게 하자. 우리는 대중의 뜻에 따라야 하며 대중이 그렇게 해줄것을 요구하고 있다. 그냥 그렇게 하고 대신 모든 책임은 내가 지겠다.〉 다른 몇 사람이 동의하고 나왔다. 결국 민병대가 나환자들을 모두 소집해서 병원에 가둔 다음 건물에 불을 질렀다. 희생자들이 비명을 지르며 도움을 청했지만 아무 소용이 없었다. 총 110명의 희생자 가운데 여섯 명만 살아남았다.[26]

　　나환자가 보살핌을 받는 경우에도 지원금이 알게 모르게 사라지기 일쑤였다. 어쨌거나 나환자 요양소는 중앙당에서 멀리 떨어져 있고 소수의 당 간부가 환자들을 관리했는데 누가 그들에게 해명을 요구할 수 있겠는가? 쓰촨 성 옌볜의 책임자들은 대부분의 가용 자금을 유용해서 그들의 저택을 지었다. 반면에 산속으로 몇 킬로미터를 더 들어가서 위치한 나환자들의 움막은 너무 허술해서 금방이라도 무너질 지경이었다. 나환자의 규모도 문제였다. 1953년을 기준으로 광둥 성의 전체 나환자 숫자는 약 10만 명에 달했는데 의료 기관에서 보살필 수 있는 숫자는 겨우 2,000명에 불과했다.[27]

모든 사람을 통제하려 할 뿐 아무도 돌보려고 하지 않는 일당 독재 국가에서 나환자는 사회 구성원들 가운데 가장 취약한 상태에 있었고 충분한 보살핌을 받지 못했다. 하지만 그들 말고도 도움이 필요한 사회 구성원들이 많았고 그들의 운명은 전적으로 지방 간부들 손에 달려 있었다. 비정부 단체로부터 인계된 일부 고아원의 아동 사망률은 30퍼센트에 육박했다. 시각 장애인들과 노인들도 명령을 따르고 노동 점수를 획득하는 능력에 의해 많은 부분이 좌우되는 새로운 사회에 적응하는 데 어려움을 겪었다. 표현과 신앙의 자유, 집회와 단체 결사의 자유, 이동의 자유 등 가장 기본적인 자유가 점차 제한되면서 대다수 보통 사람들이 갈수록 무방비 상태가 되었으며 그들과 정부 사이에서 완충 역할을 할 만한 존재가 거의 전무했다.[28]

1956년에는 수년 전 해방에서 비롯되었던 많은 희망이 절망으로 바뀌어 있었다. 정부는 국민을 존중하기는커녕 대차 대조표상의 단순한 숫자로, 위대한 목적을 위해 활용되어야 할 자원으로 여겼다. 농민은 집산화라는 명목 아래 토지와 농기구와 가축을 잃었다. 어느 때보다 많

은 곡식을 국가에 넘겨야 했으며 아침이면 그들을 부르는 나팔소리에 달려 나가서 지방 간부들에게 지시를 받아야 했다. 도시의 공장과 상점에서 일하던 사람들은 정부에서 선전하듯이 노동자 계급의 영웅이 아니라 채무 노동자 같은 대우를 받았다. 그들은 유례없이 오랜 시간을 일하고 하나의 생산 목표를 달성한 다음에는 또 다른 목표를 향해 나아가도록 강요되었으며 그럼에도 소득은 계속 줄어들었다. 공산당 안에 있는 사람들을 제외하고는 모든 사람이 유토피아 건설을 위해 허리띠를 졸라매야 했다. 이제 중국에 불만이 끓어오르고 있었다. 사회적 긴장이 정부를 향한 공공연한 적대감으로 표출되기 일보 직전이었다.

14장
독초

1956년 2월 25일 이른 아침, 공산주의 세계에 일대 전기가 찾아왔다. 그날은 제20차 소련 공산당 대회 마지막 날이었다. 각국의 대표단이 가방을 싸느라 분주할 즈음에 니키타 흐루쇼프가 예정에 없던 비밀 회의를 위해 소련 대의원들을 크렘린 궁전으로 불러 모았다. 네 시간 동안 아무런 방해 없이 진행된 연설에서 흐루쇼프는 스탈린에 의해 탄생한 의심과 두려움, 공포로 가득한 체제를 비판했다. 무자비한 숙청과 대량 추방, 즉결 처형과 무고한 당 지지자들에게 행해진 고문 등과 관련해 스탈린이 개인적으로 책임을 져야 한다면서 자신의 옛 스승에 대해 신랄한 공격을 퍼붓기 시작했다. 그는 스탈린이 〈위대함에 집착한 사람〉이었고 집권 기간 동안 개인 숭배를 조장했다며 더욱 맹렬한 공격을 이어갔다. 대의원들은 너무 놀라서 할 말을 잃은 채 이야기를 들었다. 연설이 끝났을 때 박수를 치는 사람도 없었고 많은 대의원이 충격에 휩싸인 채 회의장을 떠났다.[1]

이날의 연설문 사본이 각국의 공산당에 보내졌다. 그리고 일단의 연쇄 반응을 일으켰다. 베이징의 마오 주석은 스탈린을 옹호하는 편에 설

수밖에 없었다. 마오쩌둥은 인민 공화국의 위대한 지도자, 즉 중국의 스탈린이었다. 흐루쇼프의 비밀 연설은 마오쩌둥 본인의 지도력에 대해, 특히 그를 둘러싼 찬사에 대해 의문을 불러일으킬 뿐이었다. 비(非)스탈린화는 마오쩌둥 본인의 권위에 대한 도전이나 다름없었다. 흐루쇼프가 소련을 정치국 체제로 되돌리겠다고 천명하자 곧바로 베이징에서 류사오치와 덩샤오핑, 저우언라이를 비롯한 여러 사람이 공동 지배의 원칙을 지지한다고 발표했다. 뒤이어 1956년 9월에 열린 중국 공산당 제8차 전국 대표 대회에서는 공산당 당헌에서 마오쩌둥 사상을 언급한 부분이 삭제되었고, 공동 지배 체제가 찬양되었으며, 개인 숭배가 비난의 도마에 올랐다. 흐루쇼프 때문에 사면초가에 몰린 마오쩌둥은 눈앞에서 벌어지는 일을 태연한 척 지켜보는 것 말고 달리 선택의 여지가 없었다. 심지어 대회를 앞두고 몇 달 동안은 그들에게 협조하기도 했다. 하지만 리즈쑤이에게는 류사오치와 덩샤오핑이 당을 장악하고 자신을 밀어내려 한다고 비난하면서 분노를 감추지 않았다.[2]

흐루쇼프는 스탈린이 1930년대에 농업을 망쳤다고 비난했다. 스탈린이 〈생전 어디를 간 적도 없고 노동자나 집단 농장에 소속된 농부를 만난 적도 없으며〉 오로지 〈농촌의 실상을 치장하고 미화한 영화들〉에 나오는 어떤 나라를 알았을 뿐이라고 주장했다. 이 역시 자신의 전용 기차에 편하게 앉아서 보안 요원 말고는 아무도 없는 텅 빈 기차역을 지나다니며 나라를 보아 온 어떤 주석에게 너무나 뼈아픈 지적이었을 터였다. 집단 농장의 실패를 둘러싼 흐루쇼프의 통렬한 발언은 의도하지 않았지만 사회주의 고조를 비난하는 것처럼 보였다. 모스크바로부터 들려온 이야기에서 힌트를 얻은 저우언라이와 천윈은 1956년 여름에 〈성급한 진군〉을 중단하도록 촉구하면서 집산화 속도를 늦추고자 했다. 그들은 집단 농장의 규모를 축소했고, 제한적인 자유 시장제를 재도입했으며, 민간 생산을 상당한 수준까지 허가했다. 한편 마오쩌둥은 이러한 노력을 개인적인 도전으로 받아들였다. 「인민일보」에 게재될 한 사설이 출간에 앞서 마오쩌둥의 재가를 받기 위해 제출되었다. 사회주의 고조를 〈하룻밤 사이에 모든 것을 끝내려는 시도〉라고 비난하는 내용이었고 마오쩌둥은 격분해서 글머리에 이렇게 휘갈겨 썼다. 〈나는 이 글을 읽지 않겠다.〉 나중에는 〈내가 왜 나를 욕하는 글을 읽어야 하지?〉라는 의구심까지 느꼈다. 마오쩌둥 개인으로서는 견디기 어려운 일이었을 테지만 사회주의 고조는 중국 공산당 제8차 전국 대표 대회에서 폐기되었다.[3]

비밀 연설은 또한 동유럽에서 개혁 요구를 촉발했다. 폴란드에서는 포즈난의 노동자들이 거리로 쏟아져 나와 업무 할당량이 늘어난 것에 항의하고 임금 인상을 요구했다. 1956년 6월, 비밀경찰이 점유하고 있던 황제의 성 근처로 10만여 명의 대규모 군중이 집결했다. 해당 건물을 장악한 시위대는 죄수를 전부 풀어 주고 무기를 탈취했다. 뒤이어 공산당 당사가 구석구석까지 약탈당했다. 소련군이 호출되었고 1만 명의 군인들에 더해서 탱크와 장갑차, 야포까지 투입되었다. 시위대에 총이 발포되면서 100여 명이 목숨을 잃고 그보다 훨씬 많은 사람들이 부상을 입었다. 하지만 폴란드 통일 노동자당, 즉 폴란드 공산당은 브와디스와프 고무우카의 지휘 아래 곧바로 회유 작업에 돌입해서 임금을 인상하는 동시에 정치와 경제 개혁을 약속했다. 고무우카 해빙기라고 알려진 시대의 시작이었고 공산주의자들은 〈폴란드식 사회주의화〉를 도모하기 시작했다.

불과 몇 달 뒤 이번에는 헝가리에서 폭동이 발생했다. 수천 명의 학생이 부다페스트 거리를 행진했다. 시위대 대표들이 그들의 요구를 전국에 알리기 위해 국회에 있는 라디오 방송국으로 진입을 시도하는 과정에서 공안 경찰이 쏜 총에 맞았다. 전국에서 폭력 시위가 발발했으며 시위대와 경찰 사이에 대격전이 벌어졌다. 소련 정부가 질서를 회복하기 위해 부다페스트에 수천 명의 군인과 탱크를 투입했다. 격분한 시민들이 시위에 동참했고 정권에 등을 돌렸다. 좁고 자갈이 깔린 부다페스트 거리에서 시위대는 화염병으로 탱크와 맞섰다. 헝가리 곳곳에 등장한 혁명 의회가 지방 정부를 대체하고 총파업을 선동했다. 반란군은 도처에서 공산당의 신성한 상징물을 박살냈다. 책을 불태웠고, 건물에서 붉은 별을 철거했으며, 부다페스트에서 가장 큰 공원인 바로시리게트에 있던 대형 스탈린 청동상을 포함해 각종 기념물을 파괴했다. 그달 말에 이르러 대부분의 소련 군대가 도시에서 퇴각했다. 새로운 수상 임레 너지는 연립 정부를 구성했다. 정치범이 석방되었고 이전까지 금지되었던 비(非)공산당이 설립되어 연립 정부에 합류했다.

짧은 며칠 동안 모스크바는 새로운 정부를 묵인하는 듯 보였다. 그런데 10월 31일에 헝가리가 바르샤바 조약 기구에서 탈퇴하겠다고 선언했다. 같은 날 부다페스트의 공산당 당사 근처에서 또다시 폭력 사태가 발생했고 시위대가 비밀경찰을 붙잡아 가로등에 매달았다. 그리고 이 장면이 몇 시간 뒤 소련 뉴스 영화에 등장했다. 모스크바 시내가 내려다보이는 아늑한 레닌 언덕에 자리 잡은 스탈린 별장에서 그 주를 보내던 흐루쇼프는 밤새도록 고민했다. 반란이 이웃 국가들로 확산되어 소비에트 연합의 붕괴로 이어질까 봐 두려웠다. 그와 동료들은 그들의 결정을 번복했다. 11월 4일에 대규모 소련 군대가 헝가리를 침공해서 수천 명의 반역자를 사살했다. 20만여 명에 달하는 피난민이 국외로 탈출했다. 뒤이어 수개월 동안 대대적인 체포 작업이 진행되었고 대중의 저항은 모두 진압되었다.

비스탈린화로 촉발된 사건들은 중국에서 뜨거운 관심을 받았다. 1956년 10월에는 고무우카의 감동적인 연설이 있었는데 〈자유를 동반한 사회주의〉를 약속하는 그의 연설문 전문이 베이징에 그대로 소개되었다. 그는 폴란드의 집단 농장이 개인 소유의 농장보다 생산량이 훨씬 적다고 폭로했다. 중국의 많은 독자들에게는 다른 무엇보다 고무우카의 소비에트 연방에 대한 논평이 진정한 폭탄선언이었다. 폴란드는 빚더미에 올라앉아 있었다. 소비에트 연방을 상대로 수출할 때는 헐값에 팔고 수입할 때는 비싸게 사야 했기 때문이었다. 러시아인이야말로 〈제국주의 수탈〉의 원흉인 듯 보였다. 그리고 폴란드의 상황을 둘러싼 관심이 절정에 이르렀을 때 헝가리에서 폭동이 발생했다는 뉴스가 전해지면서 중국인을 더욱 흥분시켰다. 로버트 루에 따르면 〈사람들이 신문을 그처럼 열심히 읽은 것은 그때가 처음이었다. 이전까지는 관영 언론에서 다룬 내용이 정기적으로 열리는 대중 집회의 토론 주제로 사용되었기 때문에 할 수 없이 신문을 구독했다. 하지만 이제는 노동자들이 한 블록이나 늘어선 줄에 합세해서 신문을 사려고 기다리는 통에 결근율이 치솟았다〉. 관련 뉴스가 엄격한 검열을 받은 까닭에 사람들은 행간을 읽어야 했고 노동자들은 헝가리의 사례를 언급하며 정부에 반항하기 시작했다.[4]

사회 각계각층에서 불만을 품은 사람들이 거리로 몰려나오기 시작했다. 그들은 지극히 다양한 이유로 파업을 하거나 시위를 벌이거나 정부에 탄원했으며 인원수도 점점 늘어났다. 전국의 학교와 고등 교육 기관에서는 학생들이 수업을 거부했다. 1952년에 예전 명나라 궁궐이 있던 자리에 설립된 난징 항공 한천 학원에서는 1956년 가을에 3,000여 명의 학생들이 한 달 동안 수업을 거부했다. 대학 측에서 일류 대학이라고 광고해 왔지만 사실은 중위권의 기술 학원에 불과했다는 것이 이유였다. 몇 블록 떨어진 난징 사범 대학에서도 공안국이 우연히 마주친 젊은 남자를 폭행한 여섯 명의 학생을 비호한 뒤로 상황이 험악하게 돌아갔다. 머지않아 교내에 정의를 부르짖는 외침이 울려 퍼졌다. 경찰이 〈반란 선동죄〉로 체포하겠다면서 시위대를 협박한 것이 오히려 역화를 일으켰고 480명의 학생들이 시장실 앞에 모여서 민주주의와 인권을 요구하는 구호를 외쳤다. 소요 사태로 혼란을 겪은 도시는 비단 난징만이 아니었다. 기록 보관소가 완전히 공개되기 전까지는 불만을 가진 학생들이 얼마나 많았는지 아무도 확실히 알 수 없을 것이다. 그럼에도 중간 규모인 도시 시안을 예로 들자면 노동자와 학생이 탄원하거나 파업한 횟수가 최소 40번에 달했다. 1957년 초에 이르러서는 전국적으로 1만 명이 넘는 학생들이 반기를 들었다.[5]

유례없이 많은 노동자들이 파업을 일으켰다. 공업부는 1956년에만 220건의 파업이 발생한 것으로 집계했으며 대다수가 10월 이후에 집중되어 있었다. 상하이에서 일어난 시위를 필두로 수천 건의 시위가 뒤따랐다. 몇몇 경우에는 공산당 관리나 청년단원이 시위를 주도하기도 했다. 노동자들은 주로 실수입의 감소와 열악한 주거 문제, 복지 혜택의 감소에 대해 항의했다. 수년째 불만이 누적되어 오고 있었지만 결정적으로 불만이 폭발한 원인은 사회주의 고조 아래 실시된 민영 기업의 집산화 때문이었다. 상하이 밖에서는 파업으로 모든 부문의 경제가 마비되었다. 만주에서 곡물 수송을 담당하던 2,000명의 노동자는 의도적으로 시간을 지체하거나 정부에 임금을 인상해 줄 것을 진정했다. 당 관리들이 반동분자로 간주하겠다는 위협과 함께 보복에 나서자 파업 참가자들은 한층 더 결연한 의지를 과시했다. 타이완과 마주한 해안에 위치한 도시 푸저우에서는 노동자들이 시를 상대로 60차례나 탄원서를 제출했다.[6]

농촌에서도 집산화로 인한 불만이 1956년 내내 고조되었다. 정부는 집단 농장의 규모를 줄이고 농민에게 개인 땅에서 재배한 소량의 농산물을 거래할 수 있도록 허가하면서 약간의 개혁을 단행했다. 하지만 농민들이 원한 것은 합작사를 완전히 떠날 수 있는 권리였다. 1956년 가을에 수확량이 형편없는 수준을 기록한 뒤로 저장 성 셴주 현 곳곳에서 농민들이 소란을 피우기 시작했다. 합작사를 탈퇴하거나 당에 요란스럽게 반대하거나 그들을 막는 지방 간부를 폭행했다. 통틀어 100여 개의 합작사가 붕괴되었다. 장쑤 성 타이 현에서는 집산화의 여파로 지역 경제가 모든 부문에서 물물 교환의 형태로 회귀하자 불만을 품은 수천 명이 탄원을 위해 공산당 당사로 몰려들었다. 주민들이 무리 지어 합작사를 떠났고 일부는 자신의 가축과 종자, 농기구를 챙겨서 그들 스스로 헤쳐 나가기로 결심했다.[7]

광둥 성에서는 1956년 말부터 1957년 초까지 겨울 동안 수만 명의 농민이 합작사를 탈퇴했고 특히 중산 현과 순더 현이 극심한 타격을 입었다. 순더 현의 몇몇 마을에서는 3분의 1에 가까운 주민들이 우격다짐으로 토지를 회수해서 자체적으로 농사를 짓기 시작했다. 말리려던 당 간부들은 폭행을 당했다. 여러 현으로 이루어진 잔장 지구에서는 열다섯 명 중 한 명꼴로 주민들이 합작사를 탈퇴했다. 그들은 자신이 민병대의 표적이 되어 그들에게 가축을 빼앗기고 자식들이 학교에 다닐 수 없게 될 거라는 사실을 익히 알았음에도 용기를 내었다. 경우에 따라서는 큰길을 걸어다니는 것조차 금지되었다. 신이 현에서는 성난 농민들이 합작사의 기물을 파손하고 곡식 창고에 불을 질렀으며 심지어 합작사 모임에 칼을 가져가서 탈퇴를 허가해 주지 않는 당 관리들을 위협했다.[8]

지방 간부들 중 몇몇은 집산화에 부정적인 목소리를 내기 시작했다. 어떤 간부는 〈합작사 생활이 노동 수용소 생활보다 더 끔찍하다〉라는 견해를 내놓기도 했다. 역시 광둥 성에 속한 산터우의 몇몇 당 관리들은 곡물 전매를 예전의 봉건 제도보다 못한 착취 제도로 묘사했다. 바오안 현에서는 당 간부의 60퍼센트가 전매 제도를 반대했다. 뤄딩 현의 한 부서기는 합작사에 대해 다음과 같이 말했다. 〈농촌을 방문하기 전까지 나는 합작사가 낫다고 생각했다. 하지만 일단 그곳에 도착해서 죽을 먹은 다음에는 너무 배가 고파서 현기증이 날 지경이었고 더 이상은 합작사가 낫다는 생각이 전혀 들지 않았다.〉 잉더 현에서 열린 한 공산당 대회에서는 대여섯 명의 참석자들이 공개적으로 1949년 이전의 경제 사정이 훨씬 좋았다는 견해를 표명했다. 야센 현(싼야)에서는 40여 명의 당 관리들과 그 가족들이 합작사에 합류하길 거부한 농민들을 지지했다. 양장 현의 한 합작사 책임자는 당이 전매 제도를 도입한 뒤로 3년 동안 농민들에게 죽 이외의 그 어떤 것도 제공하지 못했다고 비난했다. 보다 위 단계로 올라가서 총 열한 개의 현으로 구성된 후이양 전구의 당 간부들 1만 4,264명 중 1만여 명은 생각이 〈혼란스러운〉 사람들로 묘사되었다.[9]

어떤 농민들은 후커우 제도로 이동의 자유가 엄격히 제한되었음에도 지방 간부의 묵인을 받거나 받지 않은 채 베이징에 올라왔다. 항상 국무원 밖에는 마지막 수단으로 국가에 도움을 청하고자 하는 수십 명의 진정인들이 모여 있었다. 한번은 한 여성이 네 명의 수척한 어린아이와 함께 몸에 팻말을 매달고 국무원 정문으로 다가갔다. 팻말에는 〈굶주림〉이라는 글자가 적혀 있었다. 굶어 죽는 사람이 없도록 하겠다던 정부를 노골적으로 비난하는 글이었다. 또 다른 경우에서는 한 남자가 백주 대낮에 초롱불을 켜고 마오쩌둥과의 접견을 요구하며 중난하이에 있는 공산당 당사의 정문으로 향했다. 그가 전달하고자 하는 메시지는 명확했다. 공산당이 대지를 뒤덮는 어둠의 대리인이라는 뜻이었다.[10]

다른 시위대들이 속속 수도에 도착했다. 해방 이후에 제대한 570만 명의 제대 군인들도 불만에 가득 차 있었다. 그들은 기껏해야 농촌에 버려진 채 알아서 살아가야 했는데 집산화 과정에서 밥값도 못한다는 이유로 상당수가 부랑자 같은 대우를 받고 있었다. 또한 만성 질환으로 신음하는 제대 군인들이 50만 명에 달했음에도 정부는 그들의 치료에 관심을 보이지 않았다. 1956년 말에서 1957년 초 겨울에 결국 분노가 폭발했고 대규모 인원이 도시에 집결해서 지방 당국을 압박했다. 일부는 혁명 위원회까지 조직했으며 유격전을 펼치겠다고 으름장을 놓았다. 기근으로 황폐해진 안후이 성의 한 지역에서 온 천중린이 큰 소리로 외쳤다. 「정부가 우리에게 일자리를 주지 않는다면 우리는 끝까지 싸울 것이다.」 다섯 번에 걸쳐 참전 군인 단체들이 그들의 요구를 관철시키기 위해서 국무원 앞에 진을 쳤다.[11]

상하이에서 파업을 지켜본 로버트 루는 다음처럼 느꼈다. 〈억압받던 사람들이 다시 새로운 삶을 찾아가고 있다는 것을 느낄 수 있었고 말로 표현할 수 없을 만큼 흥분되었다. 공산당 관리들의 변화된 태도 역시 마찬가지로 말로 표현할 수 없을 만큼 들뜨게 만들었다. 그들은 무서워하는 동시에 혼란스러워했고 이전의 거만함은 온데간데없었다. 이제 그들은 사람들을 달래려고 애썼다. 특히 그들이 가장 두려워한 듯 보이는 노동자들을 회유하려고 노력했다.〉 마오 주석 본인도 학생들과 노동자들, 농민들의 민주주의적 권리를 지지했으며 그들이 자신의 생각을 표출하고 시위하는 것을 옹호했다. 그는 민중의 대변자가 되어 백 가지 꽃이 일시에 개화하게 했다.[12]

─────────

1956년 2월에 흐루쇼프의 비밀 연설이 있은 뒤로 마오쩌둥은 두 달 동안 자신의 입장을 심사숙고했다. 그는 흐루쇼프와 관련해서 신중할 필요가 있었다. 흐루쇼프가 막강한 권력을 가진 소비에트 연합의 수장이었을 뿐 아니라 스탈린 사망 이후로 양국 관계의 새로운 발판을 마련하고자 인민 공화국에 대한 지원을 확대한 장본인이었기 때문이다. 이미 1년 전에 중국에 원자 폭탄 제조 기술도 제공하기로 약속한 터였다. 게다가 주석은 손이 묶여 있었다. 그의 동료들은 산업 프로젝트를 줄이고 집산화 속도를 늦추라고 제안하면서 흐루쇼프를 언급하며 주석의 정책에 제동을 걸고 있었다.

4월 25일 마오쩌둥이 정치국 확대 회의에서 〈열 가지 중요한 관계에 대하여〉라는 제목의 연설을 통해 비스탈린화에 대한 입장을 밝혔다. 그는 독립적으로 중국식 사회주의화를 도모할 준비가 되었다고 선언했다. 그 과정에서 〈모든 것을 분별없이 모방하고 기계적으로 옮겨 적용하는〉 사람들을 신랄하게 비판했다. 중국은 중공업에 치중한 낡은 스탈린 방식을 그대로 답습하는 대신 고유한 사회주의 모델을 발전시켜야 했다. 주석의 설명에 따르면 강매 제도를 채택한 소비에트 연방이 농민에게서 너무나 많은 것을 빼앗는 심각한 실수를 범했다면 중국은 매우 낮은 농업세를 부과함으로써 농민과 국가의 이익을 모두 고려했다. 농업과 경공업을 간과한 〈소비에트 연방과 그 밖의 동유럽 국가들에 비하면 우리는 잘해 왔다〉. 중국만의 고유한 사회주의로 나아가기 위해서는 상대가 자본주의 국가라도 배울 점이 있으면 배워야 했다. 같은 맥락에서 스탈린이 남긴 유물의 모든 면을 거부한 흐루쇼프를 지지하는 사람들도 비난을 받아야 했다. 〈북풍이 불면 그들은 북쪽에 선다. 내일 다시 서풍이 분다면 그들은 서쪽으로 옮겨갈 것이다.〉 마오쩌둥은 이렇게 덧붙였다. 〈소비에트 연방에서 한때는 스탈린을 침이 마르도록 찬양했던 사람들이 이제 그를 단번에 땅속 30킬로미터 깊이에 묻어 버렸다.〉 마오쩌둥은 자신이 중간 입장이라고 생각했으며 스탈린이 70퍼센트는 옳았고 30퍼센트는 틀린 위대한 마르크스주의자였다고 단언했다.

주석은 동료들을 자신의 주위로 결집시키고 집산화를 둘러싼 수많은 반대 의견을 수용함으로써 합의를 이끌어 내고자 했다. 한쪽에는 중공업을, 다른 한쪽에는 경공업과 농업을 위치시키고 둘 사이의 균형을 제안함으로써 반대를 무마했다. 〈대중의 생계를 보장하기 위해〉 균형은 반드시 필요했다. 〈대중이 노동 현장과 일상 생활에서 당면하는 문제들〉은 반드시 검토되어야 했으며 임금도 조정되어야 했다. 어느새 마오쩌둥은 보통 사람의 대변자가 되어 있었다.

경제 문제와 관련해서는 단순히 양보하는 것보다 훨씬 더 나아갔다. 민주주의적 가치의 수호자 행세를 함으로써 당 지도부의 도덕성을 회복하고자 했다. 그는 동료들에게 윗사람으로서 다음과 같이 조언했다. 〈공산당은 두 가지를 겁낸다. 첫째로 갓난아이처럼 시끄럽게 징징대는 사람들을 겁내고 둘째로 말참견하는 민주주의자들을 겁낸다. 하지만 그들이 주장하는 내용이 타당하다면 어찌 귀를 기울이지 않을 수 있겠는가?〉 마오쩌둥 자신이 량수밍과 펑이후를 〈반혁명주의자〉라고 비난한 지 1년도 채 지나지 않은 시점이었다. 그럼에도 이제는 그들을 민주주의의 수호자라고 칭찬하고 있었다. 〈우리는 일부러 민주주의 당파를 남겨 놓았다. 그들을 무너뜨리지 않았고 량수밍이나 펑이후를 제거하지도 않았다. 우리는 우리 주위의 모든 사람들과 연합해야 한다. 그들이 우리를 욕하고 우리에게 반대하도록 놔두어야 한다. 그들의 쓴소리가 타당한 한은 무슨 이야기를 하더라도 수용해야 한다. 그렇게 하는 것이 당을 위해서도, 대중과 사회주의를 위해서도 많은 도움이 되기 때문이다.〉 그는 다른 당파들을 흔쾌히 포용했다. 〈우리는 다른 당파를 기꺼이 수용하고 공산당이 영원히 존속하는 만큼 민주당도 영원히 존속해야 한다. 그럼에도 자본주의 계급은 받아들이면 안 된다. 그들은 최소 이삼 년 안에 사라져야 한다.〉[13]

마오쩌둥은 흐루쇼프를 뛰어넘었다. 몇 개월 전만 하더라도 수세에 몰린 채 현실감을 잃고 실패한 옛날 모델에 매달리는 늙은 지도자처럼 비쳐지던 그였다. 이제는 흐루쇼프보다 더한 진정한 반역자였고 모스크바에 있는 경쟁자보다 훨씬 진보적이고 포용적인 목소리를 냈다. 일주일 뒤인 5월 2일에는 당에 〈백 가지 꽃이 일시에 개화하고 백 가지 학문이 서로 논쟁하게 하라〉라고 지시함으로써 지식인의 표현의 자유를 강조했다.

그럼에도 동료들에게는 여전히 앙금이 남아 있었다. 그는 지출 삭감과 여러 가지 경제 개혁을 승인해야 했었고 공동 지배 체제로 환원하는 것을 속절없이 지켜봐야 했었다. 며칠 뒤 그는 비행기에 올라 남쪽 지역을 순방하며 지역 지도자들의 지지를 강화했다. 5월 말에는 중국에서 가장 크고 위험한 양쯔 강의 흙탕물에서 수영을 함으로써 핵심 세력들에게 경고 신호를 보냈다. 거센 물살과 소용돌이에도 불구하고 그가 양쯔 강에서 수영을 한 적은 세 번 있었다. 물론 경호원들에게 둘러싸인 채였다. 주치의인 리즈쑤이는 물속으로 가라앉지 않으려고 사력을 다해야 했다. 하지만 그는 무엇이든 금방 배우는 사람이었고 어느새 실력이 늘어 주석의 주위를 헤엄치며 일광욕을 즐겼다. 양쯔 강에 용감히 맞섬으로써 마오 주석은 동료들에게 자신의 의지를 증명했다. 그리고 얼마 뒤 그가 쓴 시가 공개되었다.

바람이 나를 때리고 파도가 나를 쳐도 나는 상관하지 않는다,
나는 왕궁의 정원을 거니는 것보다 더 느긋하게 그 모든 것에 맞선다.[14]

이후 몇 개월 동안 마오쩌둥은 대중의 소요와 공개적으로 국가에 문제를 제기하는 행위를 계속 묵인했다. 중국 공산당 제8차 전국 대표 대회 중에 사회주의 고조를 폐기하고 당헌에서 마오쩌둥 사상에 대한 언급을 모두 삭제하고 개인 숭배를 비난하는 동안에도 마냥 조용히 앉아 있었다. 그는 기회를 노리면서 자신을 달래는 중이었다.

헝가리 폭동을 계기로 마침내 주도권을 되찾을 기회가 찾아왔다. 11월 초 부다페스트에서 소련 군대가 반란자들을 진압하는 동안 마오 주석은 헝가리 공산당이 〈대중과 이혼하고 스스로 귀족층〉이 됨으로써 대중의 불만을 폭발시켰으며 통제 불능 사태를 초래했다고 비난했다. 그리고 그들과 같은 길을 걷지 않기 위해서라도 중국 공산당원들을 상대로 정화 운동을 실시하기로 했다. 그가 제안한 것은 다름 아닌 또 다른 정풍 운동이었고 스파이와 간첩을 색출한다며 당원들에게 가혹한 시련을 안겨 주었던 옌안 시절을 떠올리게 했다. 고위 간부들과 회의하는 자리에서 마오쩌둥은 진정한 위험은 거리에서 시위를 벌이는 노동

자나 학생이 아니라 당 내부에 존재하는 〈독단주의〉와 〈관료주의〉, 〈주관주의〉라는 의견을 피력했다. 〈당에는 약간의 교훈이 필요하다. 학생들이 우리에게 반대해서 시위를 벌이는 건 바람직한 현상이다.〉 1942년에 마오쩌둥은 젊고 이상주의적인 자원자들에게 당 내부의 〈독단주의〉를 공격하라고 지시함으로써 자신의 경쟁자들을 견제하는 데 그들을 이용했다. 이제는 커다란 심판의 의미로 중국 공산당이 외부의 비판적인 시각을 받아들여야 한다고 주장했다. 〈대중을 모욕하는 사람은 대중에 의해 제거되어야 한다.〉 마오쩌둥은 전국 곳곳에서 파업을 일으키는 학생과 노동자를 이용해서 동료들에게 경고를 보내고 있었다.[15]

물론 소수의 지식인들이 반혁명적인 목소리를 낼 가능성도 존재했다. 1942년에도 젊은 자원자들은 주석의 의도대로 움직이는 대신 공산당의 수도인 옌안이 운영되는 방식에 대해 거센 비난을 쏟아냈던 터였다. 이에 앙심을 품은 마오쩌둥은 그들에게서 등을 돌렸고 끝없이 반복되는 비판 투쟁 대회를 통해 그들이 서로를 비난하게 만들었다. 하지만 14년이 지난 이제 마오쩌둥에게는 그 같은 일이 절대로 되풀이되지 않을 거라는 확신이 있었다. 거듭된 사상 개조로 지식인들이 순종적으로 변해 있었다. 불과 1년 전에는 77만 명의 반동분자가 체포되었다. 마오쩌둥은 미심쩍어하는 동료들에게 〈지금은 열 명의 반동분자 가운데 9.5명이 이미 제거된 상황이기 때문에〉 아무것도 걱정할 것이 없다며 안심시켰다. 2주 뒤 공안부장 뤄루이칭이 주석의 이 같은 주장을 재확인해 주었다. 그의 보고서에 따르면 몇 주 전 헝가리에서 폭동이 진행되는 동안 공산당 전복을 지지하는 글들이 익명으로 유포되었다. 심지어 주석을 제거하길 원하는 자들도 있었다. 하지만 하나같이 단발적인 선동으로 끝났는데 바로 이전 해에 반혁명의 온상이 모두 성공적으로 제

거되었기 때문이었다.[16]

마오쩌둥의 동료들 가운데 비당원에게 공개적으로 불만을 털어놓게 하는 것은 물론이고 또 다른 정풍 운동을 반기는 사람은 아무도 없었다. 주석은 〈산들바람과 가랑비〉를 약속함으로써, 즉 정도에서 벗어난 사람들은 징계가 아닌 이념 교육을 받게 될 거라고 약속함으로써 동료들을 안심시켰다. 그럼에도 류사오치와 펑전 같은 고위 지도자들은 대중에게 노골적으로 불만을 표출하도록 부추길 경우 통제 불능의 상황이 초래될 수 있다며 우려를 나타냈다.

많은 당원들이 대중적인 저항을 단속하는 쪽을 선호했다. 마오 주석은 그들을 쫓아다니며 지지를 호소해야 했다. 1957년 1월 18일에는 소수의 반동분자들이 중심 무대를 장악할 가능성도 있었지만 억압은 문제를 더욱 악화시킬 뿐이라는 과감한 주장을 내놓았다. 며칠 뒤 그는 〈소란을 겁내지 말라. 소란은 더 크고 더 오래 갈수록 더 낫다〉라고 말했다. 〈악마와 도깨비가 기어나오도록 내버려 두어라. 모든 사람이 그것들을 똑똑히 보게 하라. 잡종들이 설치게 내버려 두어라.〉 그들은 향기로운 꽃들 틈에서 자라는 독초에 불과했으며 아무리 자주 뽑아도 매년 새로 자라기 마련이었다. 1월 27일에 이르러서는 이렇게 의문을 나타냈다. 〈당의 방침에 실수가 있다고 해서, 나라가 혼란에 빠진다고 해서, 설령 일부 현과 성이 점령당하고 반란군이 베이징의 서장안가(街)까지 밀고 들어온다고 해서 과연 중국이 무너질까? 믿을 수 있는 군대가 존재하는 한은 불가능한 일이다.〉[17]

흐루쇼프의 비밀 연설이 있은 지 거의 1년이 지난 1957년 2월 27일은 마오쩌둥에게 중요한 날이었다. 마오쩌둥이 최고 국무회의 확대 회의에서 〈인민 내부의 모순을 정확하게 처리하는 문제에 관하여〉라는 제목으로 연설을 한 날이었다. 마오쩌둥의 설명에 따르면 넉 달 전 헝가리에서 폭동을 일으킨 사람들은 대다수가 반혁명주의자가 아니었다. 잘못은 당에, 특히 관료주의에 물든 간부들에게 있었다. 그들은 대중의 정당한 관심을 정부의 적들이 가하는 악의적인 위협과 구분하지 못했다. 그로 인해 설득이 아닌 무력이 동원되었다. 마오쩌둥은 중국에서도 과거에 예컨대 1951년이나 1952년의 정치 운동 같은 실수가 있었다고 인정했다. 관련하여 유죄를 선고받고 노동 수용소로 보내진 사람들 중 상당수가 조만간 사면될 거라며 청중을 안심시켰다. 심지어 무고한 생명이 희생된 것에 유감을 표시하기도 했다. 일반 대중의 정당한 불만을 제대로 해결하지 못할 경우 대중 사이에 발생한 모순이 대중과 당의 모순으로 번져 무력을 사용할 수밖에 없는 상황을 초래해서 중국이 헝가리의 전철을 밟을 수 있다고 경고했다. 뒤이어 그동안 중국 공산당이 저지른 심각한 실수들을 열거하는 주석의 진지한 목소리가 울려 퍼졌다. 그는 당의 관료주의를 혹독하게 비난했다. 그리고 조만간 당원들의 업무 수행 능력을 강화하기 위한 정풍 운동이 시작될 거라고 공표했다. 일반 대중은 불만을 제기함으로써 중국 공산당이 사회적 불평등을 개선하도록 도와야 했다. 개인적인 견해를 피력한 사람들에게 어떤 보복도 가해지지 않을 터였다. 재차 주석의 극적인 요청이 이어졌다. 〈백 가지 꽃이 일시에 개화하고 백 가지 학문이 서로 논쟁하게 하라.〉 마오쩌둥은 자신을 오페라의 주인공에 비유하며 계속해서 주인공 역할을 맡기에는 나이가 너무 많다는 말로 연설을 마무리했다. 머지않아 자신이 권좌에서 내려올 수 있다는 암시였다.[18]

연설은 엄청난 효과를 가져왔다. 마오쩌둥은 과거의 틀에서 완전히 벗어나 진심으로 보다 인간적인 형태의 사회주의를 제안하고 있다는 인상을 주었다. 자신의 장기를 발휘한 것이다. 즉 그는 보다 나은 미래를 약속함으로써 주변의 다수를 규합했다. 이 회의에는 고위 간부들과 정부 관리들뿐 아니라 당에 소속되지 않은 단체의 회원들도 참석하고 있었다. 연설 내용은 녹음되어 전국에서 엄선된 사람들 앞에서 재생되었다. 상하이에서 200여 명의 다른 대표들과 함께 연설을 들은 로버트 루는 마오쩌둥이 무척 진지하다고 확신했다. 1년여 동안 홍콩으로 탈출할 준비를 해오던 그였지만 이제는 얼떨떨한 기분이 되었다. 〈마오쩌둥의 연설을 들은 뒤로는 모든 것이 가능해 보였다. 정말 오랜만에 나는 내 자신에게 희망을 품도록 허락했다.〉[19]

———————

비난은 더디게 왔다. 베이징에서는 시장인 펑전이 막강한 영향력을 이용하여 「인민일보」와 그 밖의 관영 신문을 통제하면서 백화 운동을 저지했다.[20] 마오쩌둥은 재차 순방길에 올라 남쪽을 돌면서 지지를 호소했다. 한쪽에서는 자신의 모든 매력을 동원하여 지식인들과 민주주의자들과 친분을 구축하면서 그들에게 주저하지 말고 목소리를 내라고 재촉했다. 다른 한쪽에서는 군인과 당 간부들을 만나 파업하는 지식인들을 진압하고 싶어서 몸이 근질거리는 심정을 이해한다고 말했다. 〈지식인들에게는 개처럼 꼬리가 있다. 개는 찬물을 뿌리면 꼬리를 자신의 다리 사이에 말아 넣는다. 하지만 주인의 태도가 바뀌면 꼬리를 높이 쳐들고 흔들어 대면서 사뭇 건방진 모습을 보인다. 겨우 책 몇 권 읽었다고 그들은 자신이 잘난 줄 안다. 노동자들이 그들의 으스대는 꼴을 본다면, 그 같은 태도를 본다면 조금씩 불편한 마음이 들 것이다.〉[21]

마오쩌둥 자신은 지식인들에게 깊은 불신을 갖고 있었지만 그럼에도 이들 진정한 지지자들이 도전을 받아들여 당의 관료주의에 명백한 반대 의사를 표시해 주길 바랐다. 이는 지극히 위험한 도박이었다. 자신의 모든 영향력을 동원해서 선전 기관의 적극적인 지원을 얻어 낸 끝에 4월 말에 이르러 마침내 처음으로 소극적인 비난이 제기되었다. 5월로 접어들자 비난 논조가 보다 공격적으로 변했다. 머지않아 비난 공세가 폭증했다.

공장과 기숙사, 사무실 등에 대형 포스터가 붙었고 사람들은 선명한 핑크색과 노란색, 녹색 종이에 그들의 생각을 적어 넣었다. 민주주의와 인권을 요구하는 간절한 구호를 적은 사람도 있었고 사회주의 국가에서 민주주의의 역할이나, 평등을 전제로 한 체제에서 나타나는 극심한 사회적 불균형이나, 당 내부의 부패 문제 등을 면밀하게 분석해서 장황한 글을 쓴 사람도 있었다. 학생들은 문화와 예술 분야에 계속되고 있는 당의 엄격한 통제에 반대했다. 그들은 후펑을 옹호하면서 반혁명주의자들을 겨냥해 실시된 초기의 부당하고 무자비한 정치 운동들을 욕했다. 1년 전 난카이 대학에 근무할 때 후펑의 동조자를 색출하는 과정에서 가택 수색을 당했던 우닝쿤은 당시의 운동을 전적으로 〈불합리하고 터무니없는〉 것으로 언급했다. 그는 계속해서 말했다. 〈명백한 시민권 침해이며 정부의 계획적인 린치였다. 그 운동 자체가 실수였으며 흐루쇼프에 의해 이미 버려지고 비난된 바 있는 스탈린식 숙청을 그대로 모방한 사고와 표현의 자유를 밟아 뭉개는 행위였다.〉 우닝쿤은 확신에 차서 난카이 대학의 사과를 기다렸다.[22]

대중은 당이 소비에트 연방을 아무 생각 없이 모방한다고 비난하면서 모스크바에 대해서도 분노를 표출했다. 점점 열악해지는 삶의 질을 당원들이 누리는 특권과 비교하며 일견 모든 사람이 열악한 주거 환경과 낮은 임금을 비난하는 듯했다. 장문의 글을 통해 주석을 교황에 비유하면서 공산당과 마오쩌둥을 직접적으로 공격하고 공산주의 체제 전체를 혹평하는 사람도 있었다. 어떤 비평가는 신중국보다 장제스 정권 밑에 있을 때 언론의 자유가 더 많았다고 주장했다. 심지어 국영 언론도 공산당을 혹독하게 비난했다. 런던 정치 경제 대학에 다니면서 해럴드 라스키 밑에서 공부한 추안핑은 〈당이 세상을 지배한다〉라는 제목의 기사에서 마오쩌둥이 세상을 자기 것으로 생각한다고 비난했다. 추안핑은 민주 동맹의 회원이었다. 당파에 상관없이 모든 민주주의자들을 대상으로 일련의 대회를 계획했던 장보쥔과 뤄룽지도 같은 민주 동맹 회원이었다. 많은 사람이 당 대표들에게 학교와 국영 단체, 합작 회사에서 물러나라고 요구했다. 소수이기는 했지만 마오 주석을 조롱하는 사람들도 있었다. 마오쩌둥을 부르주아인 전문직 지식인들을 이끌려는 프롤레타리아 계급의 〈아마추어 지식인〉이라고 꼬집은 뤄룽지의 촌평은 특히 통렬했을 터였다.[23]

농민들의 입장을 대변한 사람도 있었다. 헌신적인 당원이자 유명한 종군 기자였던 다이황은 대다수 농민들의 삶이 해방 이전보다 나아진 것이 거의 없음에도 농촌의 지방 간부들이 사치스러운 연회를 즐기고 호화로운 주택에 사는 것을 보고 충격에 휩싸였다. 그는 마오쩌둥에게 장문의 편지를 써서 자신이 제안하는 바를 설명했다. 해방 전 농촌에 관한 연구로 유명세를 얻은 사회학자 페이샤오퉁은 자신이 1930년대부터 알던 장쑤 성의 궁벽한 어떤 마을을 방문한 이야기를 공개했다. 마을에 도착하자마자 대여섯 명의 노파가 그에게 다가와 먹을 것이 없다며 불만을 쏟아냈다. 그는 집산화로 모든 문제가 해결될 거라고 믿는 것은

〈순진한 생각〉이라고 지적하면서 약간은 비판적인 보고서를 썼다.[24]

고위 간부들까지 참석한 비공개 토론회에서 훨씬 격렬한 갈등이 발생했다. 상하이 부시장이 해방 이후로 외국 유학에서 돌아온 250명의 지식인들을 맞이했다. 토론회는 컬처 클럽에서 열렸다. 한때는 프렌치 클럽으로 유명했던 아르 데코 양식의 건물이었다. 초대된 사람들 중에는 전 세계 명문 대학 출신들이 포함되어 있었고 기탄없이 이야기해 달라는 요청을 받은 그들은 정부의 거짓말과 약속 불이행을 맹비난하면서 매우 열정적으로 요청에 응했다. 지식인들에 대한 제멋대로이고 부당한 대우를 집요하게 공격했으며 사상 개조 때마다 수반된 가혹한 억압에 분노했다. 무엇보다 신중국에서 그들의 재능이 낭비된 것에 원통함을 드러냈다. 수십 명이 격앙된 목소리로 동시다발적으로 고함을 질렀다. 부시장은 이내 평정을 잃었고 얼굴에서 진땀이 흘러내리기 시작했다. 머리가 헝클어졌고 제복은 구깃구깃해졌다. 〈그는 의자의 팔걸이를 꼭 잡고 앉아 있었고 눈으로는 청중 가운데 여기저기 고함을 지르는 사람들을 쫓고 있었다.〉

한 기술자가 조국에 돌아와 봉사하기 위해 미화로 800달러의 월급을 받던 직장을 포기했다고 항의하면서 토론회 분위기가 극으로 치달았다. 그는 이후로 어떠한 유용한 일도 맡을 수 없었다. 심지어 그가 내놓은 사소한 기술적 제안도 〈부르주아〉라는 이유로 거부되었다. 1951년에 외국에서 돌아온 뒤로 직장도 네 번이나 옮겨야 했다. 그때마다 월급이 하향 조정되었고 이제는 턱없이 적은 보수를 받았다. 그는 점점 더 흥분했고 갑자기 재킷을 벗어 들고는 부시장에게 다가가 그의 면전에다 외투를 흔들어 보였다. 그러고는 〈6년 동안 옷 한 벌 산 적이 없다〉라고 외쳤다. 「6년 동안 내가 가진 능력이나 배운 것을 써먹을 기회도 얻지 못했다. 그동안 참고 사느라 체중이 13킬로그램이나 줄었다. 도대체 이유가 무엇인가? 왜 그런 것인가? 우리가 얼마나 더 당신들의 우둔함을, 무관심을 참고 견딜 거라고 생각하는가? 우리가 그냥 조용히 물러나 앉아 당신들 공산주의자들이 마냥 살을 찌우고 오만해지도록 내버려 둘 거라고 생각하는가?」 이제는 객석의 모든 사람이 미친듯이 절규하고 있었다.[25]

작은 승리도 있었다. 상하이 시장이 반당분자로 몰려 부당하게 박해를 받은 한 교수에게 공개적으로 사과했다. 이 사과를 계기로 억울하게 기소된 다른 지식인들도 석방되었다. 1945년부터 1949년까지 상하이 대학에서 학장을 지낸 헨리 링도 그중 한 명이었다. 그는 지난 6년 동안의 수감 생활을 짐작할 수 있을 정도로 몸이 수척해졌음에도 자유를 되찾은 것에 기뻐하며 중국이 나아가고 있는 새로운 길을 열정적으로 지지했다.[26]

학생들은 1956년 여름 이후로 꾸준히 산발적인 파업과 시위를 벌여왔는데 이제는 수만 명이 거리로 쏟아져 나왔다. 1957년 5월 4일에는 약 8,000명에 달하는 학생들이 베이징에 모여 1919년에 비록 실패하기는 했지만 학생들이 중심이 되어 일어났던 5·4운동을 기념했다. 그들은 〈전국의 모든 교육 현장에서 자유와 민주주의를 억압하는〉 공산당을 비난하면서 관련 포스터와 구호로 뒤덮인 〈민주주의의 벽〉을 만들었다. 또한 전국적인 저항 운동을 촉구했으며 다른 도시의 시위자들과 연계했다. 청두와 칭다오에서는 학생들이 폭력적으로 돌변해서 지방 관리를 폭행하고 공산당의 재산을 약탈했다. 전면적인 폭동이 발생한 우한에서는 정부의 등록 정책에 격분한 중·고등학생들이 당사를 습격해서 문을 부수고 들어가 서류 일체를 들고 나왔다. 결박당한 채 거리

를 끌려 다니는 당 관리들도 보였다.[27]

노동자들도 거리로 쏟아져 나왔다. 학생들과 마찬가지로 거의 1년째 파업을 벌이며 만주와 톈진, 우한, 상하이 등지에서 경제의 요소요소를 마비시켜 왔는데 이제는 상황이 더욱 급박하게 돌아가고 있었다. 상하이에서만 3만 명 이상의 노동자들이 연루된 대대적인 노동 쟁의가 580여 차례나 발생했다. 이런 상황에 비하면 이전까지 중국에서 발생한 어떤 사건도, 심지어 국민당 정권의 절정기인 1930년대에 발생한 어떤 사건도 초라해 보일 정도였다. 이와는 별도로 갑작스러운 작업 중단이나 조직적인 태업 등 소소한 사건을 신고한 공장들도 700곳에 달했다.[28]

노동자들은 생산성 제고를 독려하는 구호나 포스터를 찢어 버리는 등 때때로 폭력성을 드러냈다. 보다 대담하게 공산주의를 비난하는 경우도 있었다. 대회장을 가득 메운 사람들 속에서 노동자들이 장시간 혹독한 불만을 쏟아내며 당 관리들의 진땀을 뺐다. 한번은 불만에 싸인 노동자들이 한 지방 관리의 양팔을 붙잡은 채 황푸 강으로 끌고 가 2~3분 간격으로 머리를 물속에 처박았다. 한 시간쯤 지나자 그 관리는 얼굴이 진흙과 피로 뒤범벅되었고 헤엄쳐서 도망칠 요량으로 강물에 뛰어들었다. 그를 도와주려던 구경꾼이 돌팔매질을 당하기도 했다. 상하이를 비롯한 도처에서 겁에 질려 굽실거리는 당 간부들의 모습을 흔히 볼 수 있었다. 로버트 루는 〈길거리에서 당 간부가 성난 폭도들에게 욕을 먹거나, 모욕을 당하거나, 조롱당하는 광경을 여러 번 목격했다〉라고 전했다. 직접적인 가담자이면서 수년 전 호랑이 사냥대에 동원된 적 있던 미술학도 토미 우의 증언에 따르면 〈사람들은 그 같은 광경을 보면서 진정한 카타르시스를 느꼈다〉.[29]

로버트 루 자신은 그 모든 상황이 얼떨떨했던 까닭에 불만을 말하라는 당 간부의 독려에도 나서지 않는 쪽을 택했다. 그리고 몇 주 뒤에 홍콩으로 탈출했다. 이외에도 여러 사람들이 신중한 태도를 유지했다. 토지 개혁 당시에 가난한 재단사를 사형 집행대의 손에서 보호하고자 했던 공산당원 웨다이윈 역시 신중한 입장을 유지했다. 〈불만을 쏟아내는 사람들에게 공감하기는 했지만 내면의 어떤 위기의식이 비난 대열에 가세하지 말라고 만류했다. 나는 비판적인 견해를 표출하기에 앞서 어떻게 돌아가는지 신중하게 더 기다려 보기로 했다.〉 대신 그녀는 새로운 문학 잡지를 발간하려고 논의 중이던 젊은 교사들과 합류함으로써 운동에 동참하기로 했다.[30]

백화 운동으로 촉발된 비난 공세에 전국의 공산당 관리들이 충격에 휩싸였다. 베이징의 마오 주석 본인도 충격에 빠져 있었다. 그의 예상은 완전히 빗나갔다. 〈주석은 몸져누웠다.〉 리즈쑤이가 말했다. 〈비판이 점점 더 격렬해지면서 의기소침했고 침대에서 꼼짝하지 않았는데 감기에 걸리는 바람에 재차 내가 호출되었다. 주석은 전략을 재고하고 복수를 계획하는 중이었다.〉[31]

1957년 5월 15일, 마오쩌둥이 〈상황이 변하고 있다〉라는 제목으로 글을 썼다. 당 내부의 지도층에 배포된 글이었다. 마오쩌둥은 그들에게 말했다. 〈우리는 당분간 우경 세력이 미친 듯이 날뛰도록 놔두어야 한다. 그들이 극에 달할 때까지 기다려야 한다. 그들이 더욱 날뛸수록 우리에게 유리하다. 어떤 자들은 자신들이 물고기처럼 낚이는 신세가 될까 봐 두렵다고 말한다. 어떤 자들은 그들이 너무 깊이 현혹된 나머지

체포되고 제거될까 봐 겁난다고 말한다. 하지만 수많은 물고기가 스스로 수면 위로 떠오르고 있는 지금 우리는 굳이 미끼로 유혹할 필요가 없다.〉 마오쩌둥은 반격을 계획하고 있었다. 선전부에 더욱 많은 사람들이 그들의 견해를 피력하고 당을 비판하도록 부추기라고 지시했다. 그는 민주주의 세력들에게 특히 분노했다. 그들은 절대로 신뢰할 수 없는 사람들임을 스스로 증명하고 있었다. 마오쩌둥이 자신의 주치의에게 말했다. 「그들은 단지 한 무리의 강도와 매춘부에 불과해.」[32]

「인민일보」에 이제 〈우경 세력〉으로 의심하는 자들에게 반격할 준비를 하라는 주석의 은밀한 지시가 내려졌다. 6월 8일에 새로운 조짐이 포착되었다. 주석이 사설을 통해 소수의 몇몇 사람들이 당을 공격하고 정권을 전복하려 한다며 비난하고 나선 것이다. 6월 11일에는 수개월 전에 행해진 〈인민 내부의 모순〉에 관한 마오쩌둥의 연설이 마침내 인쇄물로 발간되었는데 원래의 회유적이던 논조가 완전히 뒤바뀌어 있었다. 연설문은 정권에 반대하는 자들을 겨냥해서 예컨대 〈뱀을 유혹해서 굴에서 끌어내고자〉 고안된 덫이 내내 설치되어 있었던 것처럼 세심하게 수정되어 있었다. 상황은 완전히 역전되었고 불만을 털어놓으라던 주석의 부추김은 혁명의 적들이 스스로 정체를 드러내도록 만들기 위한 교묘한 전략에 불과했던 것처럼 보이게 되었다.

꽃을 피우고 논쟁하는 시기는 끝났다. 마오쩌둥은 잠깐 후퇴하여 당 내부의 적들과 협력해야 했다. 그들도 사방에서 공격을 받자 주석의 그늘 밑에서 단결했다. 내내 의구심을 품고 있던 덩샤오핑과 펑전이 우경 세력을 쓸어버릴 포괄적인 정책을 요구했다. 주석은 덩샤오핑에게 반(反)우파 투쟁을 일임했고 곧 수십만 명이 표적이 되었다. 5월 15일에 마오쩌둥은 우경 세력의 규모가 〈1, 2, 3퍼센트일 수도 있지만 경우에 따라서는 10퍼센트〉일 수도 있다는 견해를 내놓았다. 시간이 흐를수록 희생자의 숫자는 점점 늘어났고 종국에는 50만 명을 상회했다.[33]

마오쩌둥이 〈강도와 매춘부〉로 매도했던 민주주의자들은 〈반공산주의적이고, 반인민적이며, 반사회주의적인 부르주아 노선〉을 지지했다는 이유로 기소되었다. 자기들이 세상을 지배하는 줄 안다며 당을 비난했던 추안핑은 당에서 축출되었고 연이은 회의에서 자신의 죄를 고백해야 했다. 그 밖의 다른 사람들은 자발적으로 사냥대를 조직한 학생 행동 대원들에게 사냥을 당했다. 인민 대학의 충성스러운 학생들이 당시 교통부장이던 장보쥔의 사무실에 두 차례나 난입했다. 뒤이어 〈중국 최고의 우경 인물〉이라는 꼬리표가 붙어 있던 뤄룽지가 자신의 집에서 사냥을 당했다. 민주 동맹의 지도자였던 그들은 〈장-뤄 반당 연맹〉이라는 비밀 단체를 조직했다는 혐의로 기소되었고 모든 직위를 박탈당했다.[34]

폭동에 가담했던 사람들에게는 훨씬 가혹한 조치가 행해졌다. 우한에서는 몇몇 중·고등학생들이 1만여 명의 군중 앞에서 처형되었다. 그들은 〈장-뤄 반당 연맹〉의 지시를 받았다는 혐의로 기소된 터였다.[35]

사람들은 서로에게서 등을 돌렸다. 장보쥔과 뤄룽지 본인들조차 서로를 불신했다. 한번은 뤄룽지가 장보쥔의 집으로 찾아가서 홧김에 지팡이로 현관문을 박살내기도 했다. 베이징 지사의 대표였던 사학자 우한을 비롯하여 민주 동맹의 다른 회원들은 남들에게 뒤처지고 싶은 마음이 없었고 따라서 이구동성으로 장보쥔과 뤄룽지를 비난했다. 때로는 비난의 정치학이 일가족을 산산조각 내기도 했다. 농민을 대변하여 불만을 제기했던 다이황을 고발한 사람은 뜻밖에도 그의 아내였다. 그녀는 남편이 당을 음해하고자 음모를 꾸몄다고 고발하는 내용의 벽보를 게시했다. 페이샤오퉁은 농촌 문제를 다룬 자신의 보고서를 철회해야 했으며 전국 인민 대표 대회에 참가해서는 자신이 〈장-뤄 반당 연맹〉을 지지하고 〈사회주의 목표〉에 반하는 행동을 했다고 시인함으로써 스스로를 깎아내려야 했다.[36]

처음에는 많은 희생자들이 반우파 투쟁을 자신과 무관한 것으로 여겼다. 그들의 입장에서는 자신의 견해를 발표하라는 당의 요구에 응했을 뿐이었다. 우닝쿤의 경우도 마찬가지였다. 하지만 같은 대학의 교직원들과 몇 주 동안 당의 지침과 신문 사설을 공부하면서 그는 이내 자신의 주장을 철회하고 자신이 부르주아인 동시에 우경 세력임을 인정해야 했다. 동료들과 지인들도 그를 피했다. 그는 대회가 열릴 때마다 마치 판결을 기다리는 범죄자처럼 앉아 있어야 했고 마침내 북대황의 노동 수용소로 보내졌을 때 마음이 편해짐을 느꼈다.[37]

자신이 안전하다고 확신하는 당원들은 희생자에게 끊임없이 심문과 비판을 가하는 엄중한 위원회에 소속되어 다른 위원들과 나란히 비판 대회에 참석해야 했다. 웨다이원의 경우가 그랬다. 그녀가 맡은 위원회에 다섯 명을 추려서 우경 세력으로 고발하는 임무가 떨어졌다. 그녀는 여름 내내 동료들 수십 명의 기록을 면밀히 조사했다. 얼마 뒤 이번에는 그녀의 차례가 되었다. 그녀 자신이 우경 세력으로 고발된 것이다. 〈내게 그처럼 심각한 혐의가 적용될 리 없다고 확신하던 참이었다. 적어도 내가 판단하기에는 그랬다.〉 그녀는 자신이 몸담았던 부서의 여덟아홉 명에 달하는 직원들이 교대로 일어나서 자신을 배신자나 반동분자라고 부르는 모습을 지켜보아야 했다. 가장 지독한 비난을 가한 사람은 어떤 젊은 교사였는데 그 역시 우경이라는 꼬리표가 붙은 사람이었고 당에 자신을 증명할 기회를 얻고자 발버둥치고 있었다.[38]

어떤 대회는 고함이 오가는 시간으로 변질되었고 희생자들은 대회 중에 머리채를 잡히거나 무대 바닥에 머리를 짓눌리는 등 육체적인 학대를 당했다. 베이징의 몇몇 대학 교수들도 그 같은 경우를 당했다. 한 번은 베이징 정법 학원에서 극도로 화가 치민 한 참가자가 찻잔을 희생자의 머리에 내리쳐서 산산조각을 내기도 했다. 그럼에도 지식인들은 1966년 문화 대혁명 기간에 급증할 육체적 학대로부터 비교적 안전한 편에 속했다.[39]

반우파 투쟁의 임의적인 성격은 고통을 더욱 가중시켰다. 마오쩌둥은 우경 세력의 숫자에 할당량을 부과했고 전국의 모든 조직은 주어진 할당량을 채워야 했다. 우경인지 아닌지를 판단하는 기준이 너무 막연했기 때문에 한 번이라도 자신의 견해를 피력한 적이 있는 사람은 잠재적으로 누구나 우경 세력으로 간주될 수 있었다. 〈사회주의 문화에 반대〉하거나, 〈사회주의 경제 및 정치 제도에 반대〉하거나, 〈정부의 기본 정책에 반대〉하거나, 〈인민 민주주의 혁명과 사회주의 혁명, 사회주의 건설에 따른 성과를 부정〉하거나, 〈공산당의 지배에 반대〉하는 등의 행위는 하나같이 치명적인 실수에 해당되었다.

이런 포괄적인 기준을 적용하더라도 상당수 희생자들은 사학자 왕닝의 표현에 따르면 단지 〈우연한 반체제 인사〉일 뿐이었다. 어떤 지역에서는 할당량을 채우려는 간부가 명단에서 사람들 이름에 무작위로 체크 표시를 했다. 한 극장 직원들은 제비뽑기를 하라는 요구를 받았다. 그 결과 한 출납원이 단지 명목상 우경 세력으로 선정되기도 했다. 중안 인민 방송국 기자 첸신보는 자신에게 접근한 한 간부로부터 친구들이 이미 우경 세력으로 고발된 마당에 자신도 우경 세력으로 불린다면 어떨 것 같냐는 질문을 받았다. 당 위원회가 이미 자신의 운명을 결정했음을 눈치챈 그가 체념한 목소리로 말했다. 「나는 할 말이 없습니다. 당에서 결정할 일입니다.」 열일곱 살의 한 젊은 여성은 〈외국의 제국주의 문물에 대해 무조건적인 신뢰〉를 보였다는 이유로 노동 수용소에 보내졌다. 그녀는 미국산 구두약을 칭찬한 것이 전부였다.[40]

언제나처럼 시샘과 개인적인 원한도 중요한 역할을 했다. 허잉이라는 젊은 남성은 너무 빨리 승진했기 때문에 끌어내려져야 했다. 그는 다음과 같이 설명했다.

나는 열아홉 살에 소위 우경 세력이 되었다. 지린 성의 한 문학 전문지에서 가장 어린 나이에 편집자로 일했고 지린 성 문학계의 유명 인사였다. 대다수 다른 동료들보다 많은 보수를 받았으며 대중의 집중적인 관심을 받았다. 때로는 지나치게 자신감이 넘쳤고 거만하기도 했다. 많은 동료가 나를 시기했다. 그들은 내가 추락하는 모습을 보고 싶어 했다. 백화 운동 중에도 나는 정치 문제에 대해 계속 침묵했지만 반우파 투쟁이 시작되자 그들은 당 서기를 설득해서 내게 우경 세력이라는 꼬리표를 붙이도록 만들었다.

인제라는 사람이 들려준 이야기도 놀랍도록 비슷하다. 〈대학에서 공부할 때 나는 대다수 다른 학생들보다 많은 용돈을 받았다. (……) 게다가 공부를 특별히 열심히 하지 않아도 항상 좋은 점수를 받았다. 그 결과 시샘의 대상이 되었다. 어떤 학생들은 나를 정말 싫어했다. 반우파 투쟁이 시작되자 그들은 학과장을 찾아가 내게 우경이라는 꼬리표를 붙이라고 설득했다.〉[41]

허위 고발에 대응한 방법 중 하나는 자살이었다. 충웨이시는 한 희생자가 비판 대회 도중에 몸을 던져 자살하는 광경을 목격했다. 〈회의장에 한창 거센 비난이 울려 퍼지는 가운데 두어 줄 정도 내 앞에 앉아 있던 남자가 갑자기 벌떡 일어났다. 무슨 일인지 미처 깨닫기도 전에 그는 빠르게 4층 높이의 발코니로 달려가 몸을 던졌다. (……) 피가 보였다! 밖을 내다보자 피가 낭자했다. 나는 더 이상 바라볼 용기가 나지 않아서 눈을 감았다.〉 비슷한 사건이 수천 건에 달했으며 으레 자살은 끝까지 인민을 배신하는 행위로 간주되었다. 1950년에 아버지인 후스를 비난하며 공산당에 가입했던 후쓰두는 자신이 근무하던 대학의 교육 환경을 개선하고자 몇 가지 제안을 내놓은 뒤로 괴롭힘에 시달리다가 결국 자살했다.[42]

또 다른 극단적인 반응으로 당의 결정을 단지 수용할 뿐 아니라 자기 성찰과 쇄신을 위해 사실상 자원해서 북대황에 간 사람들이 있었다. 1930년대에 좌파 문학의 스타였던 딩링은 남편과 합의하에 부부가 중국 공산당의 뜻을 따름으로써 〈그들 스스로를 쇄신〉하고 새로운 길을 개척하기로 했다. 일부 지식인들은 그들의 운명을 공산당과 너무 긴밀하게 결부시킨 탓에 공산당이 없는 삶을 아예 상상도 하지 못했다.[43]

반우파 투쟁으로 50만 명이 넘는 사람들에게 우경 세력이라는 꼬리표가 붙었고 평생을 당에 헌신했던 딩링 같은 지식인들도 예외가 아니었다. 당 지도부로서는 마오쩌둥이 대중을 동원하여 그들을 공격할 수 있다는 사실을 깨닫는 계기가 되었다. 많은 당 지도자들이 일치된 목소리를 냈으며 더 이상 주석의 정책에 섣불리 이의를 달지 못했다. 경제

문제와 관련한 저우언라이와 천원의 신중한 관점도 배제되었다. 마오쩌둥은 사기가 충천했다. 해방된 지 10년도 지나지 않아 중국을 사회주의 진영의 선두로 나서게 만들 새롭고 과감한 실험을 밀어붙일 준비가되었다. 그는 이 실험을 대약진 운동이라고 불렀고 실험이 성공할 경우중국은 집산화를 앞당겨서 누구나 풍족한 삶을 누리는 공산주의자들의 유토피아로서 날아오를 터였다. 향후 4년 동안 중국 역사상 유례없는 최악의 인재를 통해 수천만 명이 혹사를 당하거나 굶주리거나 죽도록 매질을 당할 참이었다.

1장 포위

1 Jiang Yanyan, 'Changchun yixia shuiguandao gongdi wachu shuqian jushigu' (Thousands of skeletons excavated at a construction site), *Xin wenhua bao*, 4 June 2006.

2 Zhang Zhenglong, *Xuebai xuehong* (Snow is white but blood is red), Hong Kong: Dadi chubanshe, 1991, p. 441.

3 'Northern Theater', *Time*, 2 June 1947.

4 Cable by Li Keting to Chiang Kai-shek, 11 June 1948, Guoshiguan, file 002080200330042.

5 Order from Chiang Kai-shek, 12 June 1948, Guoshiguan, file 002060 10000240012; Fred Gruin, '30,000,000 Uprooted Ones', *Time*, 26 July 1948.

6 Zhang, *Xuebai xuehong*, p. 469; Wang Junru interviewed by Andrew Jacobs, 'China is Wordless on Traumas of Communists' Rise', *New York Times*, 1 Oct. 2009.

7 Cable from Li Keting, 24 June 1948, Guoshiguan, file 002080200331025; cable from Li Keting, 14 Aug. 1948, Guoshiguan, file 002090300188346; Duan Kewen, *Zhanfan zishu* (Autobiography of a war criminal), Taipei: Shijie ribaoshe, 1976, p. 3.

8 Cable to Chiang Kai-shek, 26 Aug. 1948, Guoshiguan, file 002020400016104;

order from Chiang Kai-shek to Zheng Dongguo, 17 Aug. 1948, Guoshiguan, file 002080200426044; 'Time for a Visit?', *Time*, 1 Nov. 1948; Henry R. Lieberman, 'Changchun Left to Reds by Chinese', *New York Times*, 7 Oct. 1949.

9 Cable from Li Keting, 13 July 1948, Guoshiguan, file 002090300187017; Zhang Yinghua interviewed by Andrew Jacobs, 'China is Wordless'; Song Zhanlin interviewed by Zhang Zhenglong, *Xuebai xuehong*, p. 474.

10 Zheng Dongguo, *Wo de rongma shengya: Zheng Dongguo huiyi lu*, Beijing: Tuanjie chubanshe, 1992, ch. 7; Duan, *Zhanfan zishu*, p. 5; Wang Daheng,*Wo de bange shiji* (The first half-century of my life), online publication, Qing pingguo dianzi tushu xilie, pp. 7-8; 또한 Zhang Zhiqiang and Wang Fang (eds), 1948, *Changchun: Wei neng jichu de jiaxin yu zhaopian* (1948, Changchun: The family letters and photos that were never sent), Jinan: Shandong huabao chubanshe, 2003도 참조하라.

11 'Time for a Visit?', *Time*, 1 Nov. 1948; Zhang, *Xuebai xuehong*, p. 446; cable by Li Keting to Chiang Kai-shek, 2 Sept. 1948, Guoshiguan, file 002090300191009.

12 'Time for a Visit?', *Time*, 1 Nov. 1948.

13 Zhang, *Xuebai xuehong*, p. 467.

2장 전쟁

1 Theodore H. White and Annalee Jacoby, *Thunder out of China*, London: Victor Gollancz, 1947, p. 259, 문제를 약간 변경; 'Victory', *Time*, 20 Aug. 1945; 'Wan Wan Sui!', *Time*, 27 Aug. 1945.

2 Diana Lacy and Stephen MacKinnon (eds), *Scars of War: The Impact of Warfare on Modern China*, Vancouver: University of British Columbia Press, 2001; Sheldon H. Harris, *Factories of Death: Japanese Biological Warfare 1932-45 and the American Cover-Up*, London: Routledge, 1994; Konrad Mitchell Lawson, 'Wartime Atrocities and the Politics of Treason in the Ruins of the Japanese Empire, 1937-1953', doctoral dissertation, Harvard University, 2012.

3 Stephen MacKinnon, 'Refugee Flight at the Outset of the anti-Japanese War', in Lary and MacKinnon, *Scars of War*, pp. 118~135; 또한 R. Keith Schoppa,

In a Sea of Bitterness: Refugees during the Sino-Japanese War, Cambridge, MA: Harvard University Press, 2011도 참조.

4 'I am Very Optimistic', *Time*, 3 Sept. 1945.

5 White and Jacoby, *Thunder out of China*, p. 263.

6 C. K. Cheng, *The Dragon Sheds its Scales*, New York: New Voices Publishing, 1952, p. 122.

7 타자로 친 원고 일곱 장으로 된 스탈린의 요구 사항에 대한 언급은 John R. Deane, *The Strange Alliance: The Story of our Efforts at Wartime Cooperation with Russia*, New York: Viking Press, 1947, p. 248; 또한 David M. Glantz, *The Soviet Strategic Offensive in Manchuria, 1945: 'August Storm'*, London: Frank Cass, 2003, p. 9와 Robert H. Jones, *The Roads to Russia: United States Lend-Lease to the Soviet Union*, Norman: University of Oklahoma Press, 1969, pp. 184~185도 참조.

8 'To the Bitter End', *Time*, 20 Aug. 1945.

9 Michael M. Sheng, *Battling Western Imperialism: Mao, Stalin, and the United States*, Princeton: Princeton University Press, 1997, p. 103 and p. 156.

10 Jay Taylor, *The Generalissimo: Chiang Kai-shek and the Struggle for Modern China*, Cambridge, MA: Harvard University Press, 2009, p. 317.

11 위의 책, pp. 321~323.

12 'The Short March', *Time*, 17 Dec. 1945.

13 Yang Kuisong, *Mao Zedong yu Mosike de enen yuanyuan* (Mao and Moscow), Nanchang: Jiangxi renmin chubanshe, 1999, ch. 8; Yang Kuisong, *'Zhongjian didai' de geming: Guoji da beijing xia kan Zhonggong chenggong zhi dao*, Taiyuan: Shanxi renmin chubanshe, 2010, p. 474; 마오쩌둥과 스탈린의 관계에 대한 필수 자료는 Dieter Heinzig, *The Soviet Union and Communist China 1945-1950: The Arduous Road to the Alliance*, Armonk, NY: M. E. Sharpe, 2004.

14 Taylor, *The Generalissimo*, pp. 323~324.

15 James M. McHugh, letter to his wife dated June 1946, Cornell University Library, Division of Rare and Manuscript Collections가 Hannah Pakula, *The Last Empress: Madame Chiang Kai-shek and the Birth of Modern China*, New York: Simon & Schuster, 2009, p. 530에 인용됨; 'Wounds', *Time*, 18 March 1946; William Gray, 'Looted City', *Time*, 11 March 1946; Taylor, *The*

Generalissimo, p. 327; 또한 'Soviet Removals of Machinery', 8 July 1947, US Central Intelligence Agency Report, CIA-RDP82-00457D000070010002-5, National Archives at Park College도 참조.

16 Zhang Baijia, 'Zhou Enlai and the Marshall Mission', in Larry I. Bland (ed.), *George C. Marshall's Mediation Mission to China, December 1945-January 1947*, Lexington, VA: George C. Marshall Foundation, 1998, pp. 213~214; Simei Qing, 'American Visions of Democracy and the Marshall Mission to China', in Hongshan Li and Zhaohui Hong (eds), *Image, Perception, and the Making of U.S.-China Relations*, Lanham, MA: University Press of America, 1998, p. 283; Taylor, *The Generalissimo*, p. 346.

17 Zhang, *Xuebai xuehong*, pp. 170~171; Marshall to Truman, *Foreign Relations of the United States*, 1946, vol. 9, p. 510이 Chang Jung and Jon Halliday, *Mao: The Unknown Story*, London: Jonathan Cape, 2005, p. 295에 인용됨.

18 Chang and Halliday, *Mao*, p. 297; Sheng, *Battling Western Imperialism*, p. 156; Steven I. Levine, *Anvil of Victory: The Communist Revolution in Manchuria, 1945-1948*, New York: Columbia University Press, 1987, p. 178.

19 Taylor, *The Generalissimo*, p. 358; Freda Utley, *The China Story*, Chicago: H. Regnery, 1951, ch. 2.

20 Suzanne Pepper, *Civil War in China: The Political Struggle, 1945-1949*, Berkeley: University of California Press, 1978, pp. 242~243.

21 Carsun Chang, *The Third Force in China*, New York: Bookman Associates, 1952, p. 172.

22 Associated Press Report, 24 July 1947이 Michael Lynch, *Mao*, London: Routledge, 2004, p. 141에 인용됨; 'Report on China', *Time*, 13 Oct. 1947.

23 Utley, *The China Story*, ch. 2.

24 Taylor, *The Generalissimo*, pp. 378~379.

25 'Worse & Worse', *Time*, 26 Jan. 1948.

26 'Sick Cities', *Time*, 21 June 1948.

27 'Next: The Mop-Up', *Time*, 23 Feb. 1948; 'Rout', *Time*, 8 Nov. 1948; Henry R. Lieberman, '300,000 Starving in Mukden's Siege', *New York Times*, 2 July 1948; Seymour Topping, *Journey between Two Chinas*, New York: Harper & Row, 1972, p. 312.

28 Frederick Gruin, '30,000,000 Uprooted Ones', *Time*, 26 July 1948.

29 Taylor, *The Generalissimo*, pp. 385~389.

30 Doak Barnett, letter no. 25, 'Communist Siege at Peiping', 1 Feb. 1949, Institute of Current World Affairs; 'One-Way Street', *Time*, 27 Dec. 1948.

31 Taylor, *The Generalissimo*, p. 396; Chang and Halliday, *Mao*, pp. 308~309.

32 Derk Bodde, *Peking Diary: A Year of Revolution*, New York: Henry Schuman, 1950, pp. 100~101; Doak Barnett, letter no. 25, 'Communist Siege at Peiping', 1 Feb. 1949, Institute of Current World Affairs; 'Defeat', *Time*, 7 Feb. 1949; Jia Ke interviewed by Jane Macartney 'How We Took Mao Zedong to the Gate of Heavenly Peace, by Jia Ke, 91', *The Times*, 12 Sept. 2009.

33 Sun Youli and Dan Ling, *Engineering Communist China: One Man's Story*, New York: Algora Publishing, 2003, pp. 10~11.

34 Arne Odd Westad, *Decisive Encounters: The Chinese Civil War, 1946-1950*, Stanford: Stanford University Press, 2003, p. 259; Bo Yibo, *Ruogan zhongda shijian yu juece de huigu* (Recollections of several important decisions and events), Beijing: Zhonggong zongyang dangxiao chubanshe, 1997, vol. 1, p. 160~161.

35 'To Defend the Yangtze', *Time*, 20 Dec. 1948; Roy Rowan, *Chasing the Dragon: A Veteran Journalist's Firsthand Account of the 1946-9 Chinese Revolution*, Guilford, CT: Lyons Press, 2004, p. 146.

36 Frederick Gruin, 'Eighteen Levels Down', *Time*, 20 Dec. 1948; Su Yu, *Su Yu junshi wenji* (Collected military writings by Su Yu), Beijing: Jiefangjun chubanshe, 1989, p. 455가 Luo Pinghan, *Dangshi xijie* (Details in the history of the Communist Party), Beijing: Renmin chubanshe, 2011, p. 150에 인용됨; 'Or Cut Bait', *Time*, 29 Nov. 1948.

37 Long Yingtai, *Da jiang da hai 1949* (Big river, big sea: Untold stories of 1949), Hong Kong: Tiandi tushu youxian gongsi, 2009, p. 221.

38 Topping, *Journey between Two Chinas*, p. 29.

39 위의 책, p. 43.

40 'Sunset', *Time*, 31 Jan. 1949.

41 'Shore Battery', *Time*, 2 May 1949; Rowan, *Chasing the Dragon*, pp. 195~196.

42 Topping, *Journey between Two Chinas*, pp. 64~67; Robert Doyle, 'Naked City', *Time*, 2 May 1949.

43 Topping, *Journey between Two Chinas*, pp. 64~67.

44 위의 책, p. 73; Robert Doyle, 'Naked City', *Time*, 2 May 1949; Jonathan Fenby, *Modern China: The Fall and Rise of a Great Power, 1850 to the Present*, New York: Ecco, 2008, p. 346.

45 'Swift Disaster', *Time*, 2 May 1949; Rowan, *Chasing the Dragon*, p. 201.

46 'The Weary Wait', *Time*, 23 May 1949; Rowan, *Chasing the Dragon*, pp. 198~199; Jack Birns, *Assignment Shanghai: Photographs on the Eve of Revolution*, Berkeley: University of California Press, 2003.

47 'Will They Hurt Us', *Time*, 16 May 1949.

48 Mariano Ezpeleta, *Red Shadows over Shanghai*, Quezon City: Zita, 1972, p. 185.

49 Christopher Howe, *Shanghai: Revolution and Development in an Asian Metropolis*, Cambridge: Cambridge University Press, 1981, p. 43.

50 Feng Bingxing interviewed by the Shanghai Daily, 'Shanghai Celebrates its 60th year of Liberation', *Shanghai Daily*, 28 May 2009.

51 'The Communists Have Come', *Time*, 6 June 1949; Rowan, *Chasing the Dragon*, pp. 198~199.

52 Dwight Martin, 'Exile in Canton', *Time*, 17 April 1949.

53 'Next: Chungking', *Time*, 24 Oct. 1949.

54 Doak Barnett, letter no. 17, 'Sinkiang Province', 9 Sept. 1948, Institute of Current World Affairs.

55 Doak Barnett, letter no. 21, 'Kansu, Sinkiang, Chinghai, Ninghsia', 15 Oct. 1948, Institute of Current World Affairs.

56 Doak Barnett, letter no. 20, 'Kansu, Province, Northwest China', 8 Oct. 1948, Institute of Current World Affairs.

57 신장의 역사에 관해서 Andrew D. W. Forbes, *Warlords and Muslims in Chinese Central Asia: A Political History of Republican Sinkiang, 1911-1949*, Cambridge: Cambridge University Press, 1986을 참조; 또한 Allen S. Whiting and General Sheng Shih-tsai, *Sinkiang: Pawn or Pivot?*, East Lansing, MI: Michigan State University Press, 1958에 실린 성스차이의 회고록도 참조; letter from Peng Dehuai to Mao Zedong, 29 Dec. 1949, RGASPI, 82-2-1241, pp. 194~197; Trade Agreement with Peng Dehuai for Xinjiang, 5 Jan. 1950, RGASPI, 82-2-1242, pp. 20~39; 1949년 12월의 소련 군대에 관해서 O. C. Ellis, Report

from Tihwa, 15 Nov. 1950, PRO, FO371-92207, p. 7을 보라; 공산당의 신장
정복과 이후의 통치에 관해서는 James Z. Gao, 'The Call of the Oases: The
"Peaceful Liberation" of Xinjiang, 1949-53', in Jeremy Brown and Paul G.
Pickowicz (eds), *Dilemmas of Victory: The Early Years of the People's Republic
of China*, Cambridge, MA: Harvard University Press, 2008, pp. 184~204도
반드시 참조.

58 티베트에 관해서 Tsering Shakya, *The Dragon in the Land of Snows*, New York:
Columbia University Press, 1999를 참조; 또한 Chen Jian, 'The Chinese
Communist "Liberation" of Tibet, 1949-51', in Brown and Pickowicz,
Dilemmas of Victory, pp. 130~159도 참조.

59 Christian Tyler, *Wild West China: The Taming of Xinjiang*, London: John
Murray, 2003, p. 131에서 가져온 표현.

3장 해방

1 Kang Zhengguo, *Confessions: An Innocent Life in Communist China*, New
York: Norton, 2007, p. 5. 앙가에 관해서는 Hung Chang-tai, 'The Dance of
Revolution: *Yangge* in Beijing in the Early 1950s', *China Quarterly*, no. 181
(2005), pp. 82~99 참조; David Holm, 'Folk Art as Propaganda: The *Yangge*
Movement in Yan'an', in Bonnie S. McDougall (ed.), *Popular Chinese
Literature and Performing Arts in the People's Republic of China, 1949-1979*,
Berkeley: University of California Press, 1984, pp. 3~35.

2 'Reds in Shanghai Show off Might', New York Times, 8 July 1949; Ezpeleta,
Red Shadows over Shanghai, p. 191; Robert Guillain, 'China under the Red
Flag', in Otto B. Van der Sprenkel, Robert Guillain and Michael Lindsay
(eds), *New China: Three Views*, London: Turnstile Press, 1950, p. 101.

3 Wu Hung, *Remaking Beijing: Tiananmen Square and the Creation of a Political
Space*, London: Reaktion Books, 2005.

4 Sun and Dan, *Engineering Communist China*, p. 12.

5 Li Zhisui, *The Private Life of Chairman Mao: The Memoirs of Mao's Personal
Physician*, New York: Random House, 1994, pp. 51~52.

6   Bodde, *Peking Diary*, pp. 13~14; Sun and Dan, *Engineering Communist China*, pp. 11~12; Sang Ye and Geremie R. Barmé, 'Thirteen National Days, a Retrospective', *China Heritage Quarterly*, no. 17, March 2009의 디지털 판에서 1949년 베이징 행진 영상을 볼 수 있다.

7   Sun and Dan, *Engineering. Communist China*, pp. 7~13.

8   Li, *The Private Life of Chairman Mao*, pp. 37~41.

9   Frances Wong, *China Bound and Unbound. History in the Making: An Early Returnee's Account*, Hong Kong: Hong Kong University Press, 2009, pp. 47~50.

10   Edvard Hambro, 'Chinese Refugees in Hong Kong', *Phylon Quarterly*, 18, no. 1(1957), p. 79; 또한 Glen D. Peterson, 'To Be or Not to Be a Refugee: The International Politics of the Hong Kong Refugee Crisis, 1949–55', *Journal of Imperial and Commonwealth History*, 36, no. 2 (June 2008), pp.171~195도 참조.

11   The story, with many others, is told by Ying Meijun's daughter, Long Yingtai, in *Da Jiang da hai*; 또한 Glen D. Peterson, 'House Divided: Transnational Families in the Early Years of the People's Republic of China', *Asian Studies Review*, no. 31 (March 2007), pp. 25~40도 참조하라; Mahlon Meyer, *Remembering China from Taiwan: Divided Families and Bittersweet Reunions after the Chinese Civil War*, Hong Kong: Hong Kong University Press, 2012.

12   Kang, *Confessions*, pp. 6~7.

13   Frederic Wakeman, '"Cleanup": The New Order in Shanghai', in Brown and Pickowicz, *Dilemmas of Victory*, pp. 37~38.

14   Guillain, 'China under the Red Flag', pp. 85~86.

15   Wakeman, '"Cleanup"', pp. 42~44.

16   Ji Fengyuan, *Linguistic Engineering: Language and Politics in Mao's China*, Honolulu: University of Hawai'i Press, 2004, p. 68; James L. Watson, *Class and Social Stratification in Post-Revolution China*, Cambridge: Cambridge University Press, 1984, p. 143.

17   Ezpeleta, *Red Shadows over Shanghai*, p. 198; Paolo A. Rossi, *The Communist Conquest of Shanghai: A Warning to the West*, Arlington, VA: Twin Circle, 1970, p. 41.

18   Otto B. Van der Sprenkel, 'Part I', in Van der Sprenkel, Guillain and Lindsay (eds), *New China: Three Views*, p. 9.

19 Ezpeleta, *Red Shadows over Shanghai*, p. 191.

20 Shanghai, 1951, B1-2-1339, pp. 9~14; Statistics on counter-revolutionaries, 1962, Hebei, 884-1-223, p. 149.

21 Guillain, 'China under the Red Flag', pp. 91~92.

22 Report on attitudes towards the government among ordinary people, 5 July 1950, Nanjing, 4003-1-20, p. 143.

23 Bodde, *Peking Diary*, p. 67; Beijing, July 1949, 2-1-55, p. 2; Beijing, Dec. 1949, 2-1-125, p. 3; Beijing, 30 Dec. 1949, 2-1-55, pp. 43~55.

24 사회 복지에 관한 보고서를 인용한 곳은 Aminda M. Smith, 'Reeducating the People: The Chinese Communists and the "Thought Reform" of Beggars, Prostitutes, and other "Parasites"', doctoral dissertation, Princeton University, 2006, pp. 150 and 158이며 약간 문체를 변경.

25 Report on the Branch Reformatory of the Western Suburbs, 24 Oct. 1952, Beijing, 1-6-611, pp. 13~16.

26 Wakeman, '"Cleanup"', p. 47; Frank Dikötter, *Crime, Punishment and the Prison in Modern China*, New York: Columbia University Press, 2002, pp. 365~366.

27 Frank Dikötter, *Exotic Commodities: Modern Objects and Everyday Life in China*, New York: Columbia University Press, 2006, pp. 51~52.

28 Van der Sprenkel, 'Part I', pp. 17~18.

29 Beijing, 30 Dec. 1949, 2-1-55, p. 45; Smith, 'Reeducating the People', pp. 99 and 108.

30 매춘 업소 목록은 Shanghai, 1950, Q131-4-3925, entire file; 매춘 업소에 관한 세부 사항은 Christian Henriot, '"La Fermeture": The Abolition of Prostitution in Shanghai, 1949-1958', *China Quarterly*, no. 142 (June 1995), pp. 471~480 참조.

31 Smith, 'Reeducating the People', pp. 122~123 and 165, 베이징 민정국의 보고서를 인용하고 있음; Henriot, '"La Fermeture"' p.476.

32 Report on the refugee problem, 27 April 1949, Shanghai, B1-2-280, pp. 43~44.

33 Report on attitudes towards the government among ordinary people, 5 July 1950, Nanjing, 4003-1-20, p. 143; Nanjing, 30 Aug. 1951, 5012-1-7, pp. 1~3, 26~28, 39~40, 52~55; Nanjing, Nov. 1952, 5012-1-12, pp. 21 and 42.

34 Beijing, Dec. 1949, 2-1-125, p. 3; Smith, 'Reeducating the People', pp. 151 and 156~157.

35 Zhang Lü and Zhu Qiude, *Xibu nüren shiqing: Fu Xinjiang nübing rensheng mingyun gushi koushu shilu* (Oral histories of women soldiers sent to Xinjiang), Beijing: Jiefangjun wenyi chubanshe, 2001, p. 110.

36 신문 기사는 Richard Gaulton, 'Political Mobilization in Shanghai, 1949-1951', in Howe, *Shanghai*, p. 46에서 인용함.

37 Shanghai, 12 Sept., 12 Oct. and 18 Nov. 1950, B1-2-280, pp. 98, 117 and 178.

38 상하이 노동자들에 관해서는 Elizabeth J. Perry, 'Masters of the Country? Shanghai Workers in the Early People's Republic', in Brown and Pickowicz, *Dilemmas of Victory*, pp. 59~79 참조.

39 톈진의 피해 복구에 대한 탁월한 묘사는 Van der Sprenkel, 'Part I', pp. 36~37 참조.

40 Guillain, 'China under the Red Flag', p. 103.

41 Barnett, letter no. 37, 'Communist Economic Policies and Practices', 14 Sept. 1949.

42 Ezpeleta, *Red Shadows over Shanghai*, p. 204.

43 Guillain, 'China under the Red Flag', pp. 118~119.

44 위의 책, p. 110; Perry, 'Masters of the Country?'

45 Report on tax, 1950, Beijing; 1-9-95, pp. 10, 40 and 63; *Neibu cankao*, 11 May 1950, p. 10; speech by Bo Yibo at the third plenum of the Seventh Central Committee of the CPC, 9 June 1950, Hubei, SZ1-2-15, pp. 13~18.

46 Ezpeleta, *Red Shadows over Shanghai*, p. 205.

47 Shandong, 18 May 1949, A1-2-7, p. 49; *Neibu cankao*, 11 Sept. 1950, pp. 58~59; 항저우와 해방에 관해 보다 개괄적인 정보를 얻으려면 James Zheng Gao, *The Communist Takeover of Hangzhou: The Transformation of City and Cadre, 1949-1954*, Honolulu: University of Hawai'i Press, 2004 참조.

48 Robert Doyle, 'The Ideal City', *Time*, 29 Aug. 1949; Financial Bulletin, 20 April 1950, PRO, FO371-83346, pp. 31~33.

49 'Shanghai Express', *Time*, 19 June 1950; *Neibu cankao*, 19 May 1950, p. 48~50; *Neibu cankao*, 1 June 1950, pp. 4~5; *Neibu cankao*, 24 May 1950, p.73.

50 Beijing, Dec. 1949, 1-9-47, p. 3; 10 Dec. 1953, 1-9-265, p. 7; Report on unemployment in Shanghai circulated by the central government, 30 Aug. 1950, Gansu, 91-1-97, p. 3.

51 *Neibu cankao*, 24 Aug. 1950, pp. 67~69; *Neibu cankao*, 6 June 1950, p. 23; *Neibu cankao*, 10 Aug. 1950, p. 13; Nanjing, Report on Industry, 1951, 5034-1-3, pp. 31~32; Telegram from Chen Yi to Mao Zedong, 10 May 1950, Sichuan, JX1-807, pp. 29~31.

52 'Shanghai Express', *Time*, 19 June 1950.

53 Ezpeleta, *Red Shadows over Shanghai*, p. 209; Randall Gould, 'Shanghai during the Takeover, 1949', *Annals of the American Academy of Political and Social Science*, no. 277 (Sept. 1951), p. 184; Barnett, letter no. 26, 'Communist "Administrative Take Over" of Peiping', 28 Feb. 1949, and letter no. 36, 'Communist Propaganda Techniques', 12 Sept. 1949.

54 Guillain, 'China under the Red Flag', p. 105; Gould, 'Shanghai during the Takeover, 1949', p. 184; Barnett, letter no. 26, 'Communist "Administrative Take Over" of Peiping', 28 Feb. 1949, and letter no. 36, 'Communist Propaganda Techniques', 12 Sept. 1949.

55 Esther Y. Cheo, *Black Country Girl in Red China*, London: Hutchinson, 1980, p. 77; Li, *The Private Life of Chairman Mao*, pp. 41 and 44.

4장 폭풍우

1 'Coolies Rule by Terror', *New York Times*, 11 May 1927; Chang and Haliday, *Mao*, pp. 40~41.

2 *New York Times*, 15 May 1927; Mao Zedong, 'Report on an Investigation of the Peasant Movement in Hunan', March 1927, *Selected Works of Mao Zedong*, Beijing: Foreign Languages Press, 1965, vol. 1, pp. 23~24.

3 Mao, 'Report on an Investigation of the Peasant Movement in Hunan', March 1927, *Selected Works of Mao Zedong*, vol. 1, pp. 23~24.

4 저우리보와 그가 쓴 소설에 관해서는 Brian J. DeMare, 'Turning Bodies and Turning Minds: Land Reform and Chinese Political Culture, 1946-1952', doctoral dissertation, University of California, Los Angeles, 2007, p. 64~67을 참조; David Der-wei Wang, *The Monster that is History: History, Violence, and Fictional Writing in Twentieth-Century China*, Berkeley: University of California

Press, 2004, pp. 166~167.

5 러시아어로 부유한 농민은 kulak, 중산층 소작농은 serednyak, 가난한 소작농은 bedniak, 육체 노동자는 batrak였다. 본문의 뒷부분에서 알 수 있듯이 지주에 해당하는 용어는 마오쩌둥이 생각해 낸 것이다.

6 선교사들은 이러한 전향에 대해 일부 주목할 만한 통찰력을 보여 주는데, 그들은 기독교 독트린과 공산주의 독트린 사이의 유사점에 대해 어김없이 지적했다; 예를 들면 Robert W. Greene, *Calvary in China*, New York: Putnam, 1953, pp. 77~79를 참조.

7 모든 인용문은 천샤오칭이 감독한 다큐멘터리 영화 *Baofeng zhouyu* (The hurricane), China Memo Films, 2006에 나오는 인터뷰에서 가져옴; 만주에서 혁명의 열기가 부족했다는 점에 대해서는 Levine, *Anvil of Victory*, p. 199를 참조.

8 특히 Anne Osborne, 'Property, Taxes, and State Protection of Rights', in Madeleine Zelin, Jonathan Ocko and Robert Gardella (eds), *Contract and Property in Early Modern China*, Stanford: Stanford University Press, 2004, pp. 120~158을 참조하라; Li Huaiyin, *Village Governance in North China, 1875-1936*, Stanford: Stanford University Press, 1995, pp. 234~249.

9 Doak Barnett, letter no. 37, 'Communist economic policies and practices', 14 Sept. 1949; Zhang, *Xuebai xuehong*, pp. 433~436.

10 DeMare, 'Turning Bodies and Turning Minds', pp. 152~153; Philip C. Huang, *The Peasant Economy and Social Change in North China*, Stanford: Stanford University Press, 1985, p. 71; S. T. Tung, 'Land Reform, Red Style', *Freeman*, 25 Aug. 1952가 Richard J. Walker, *China under Communism: The First Five Years*, New Haven: Yale University Press, 1955, p. 131에 인용됨.

11 John L. Buck, *Land Utilization in China*, Nanjing: University of Nanking, 1937; Jack Gray, *Rebellion and Revolutiom: China from the 1800s to the 1980s*, Oxford: Oxford University Press, 1990, p. 160.

12 2006년에 쉬수이 현의 쑨나이나이와 가진 인터뷰; 그 지역에서 사람들을 생매장한 사실은 Raymond J. de Jaegher, *The Enemy Within: An Eyewitness Account of the Communist Conquest of China*, Garden City, NY: Doubleday, 1952, pp. 112~114에도 언급됨; 본문의 뒷부분에서 알 수 있듯이 1947년에 류사오치가 그러한 관행에 대해 동지들을 질책했다.

13 Jack Belden, *China Shakes the World*, New York: Harper, 1949, p. 33.

14 John Byron and Robert Pack, *The Claws of the Dragon: Kang Sheng, the Evil Genius behind Mao and his Legacy of Terror in People's China*, New York: Simon & Schuster, 1992, pp. 125~126; Roger Faligot and Remi Kauffer, *The Chinese Secret Service*, New York: Morrow, 1989, pp. 103~104 and 115~118.

15 Zhang Yongdong, *Yijiusijiu nianhou Zhongguo nongcun zhidu biange shi* (A history of changes in the Chinese countryside after 1949), Taipei: Ziyou wenhua chubanshe, 2008, pp. 23~24; Luo Pinghan, *Tudi gaige yundong shi* (A history of the campaign for land reform), Fuzhou: Fujian renmin chubanshe, 2005, pp. 182~184 and 205; 전통적인 엘리트를 타도하기 위한 정치적 장치로 이용된 토지 개혁에 관해서는 친후이가 쓴 다수의 수필을 읽어 보라. 예를 들면 Bian Wu (Qin Hui), 'Gongshe zhi mi: Nongye jituanhua de zai renshi' (The myth of the commune: Revisiting the collectivisation of agriculture), *Ershiyi shiji*, no. 48 (Aug. 1998), pp. 22~36와 Qin Hui, *Nongmin Zhongguo: Lishi fonsi yu xianshi xuanze* (Peasant China: Historical reflections and realistic choices), Zhengzhou: Henan renmin chubanshe, 2003을 참조.

16 Report by Liu Shaoqi at the National Conference on Land Reform, Aug. 1947, Hebei, 572-1-35, 문건 1과 3에 같은 연설의 두 가지 판이 존재한다, pp. 33~34; Yang Kuisong, *Zhonghua renmin gongheguo jianguo shi yanjiu* (Studies on the history of the founding of the People's Republic of China), Nanchang: Jiangxi renmin chubanshe, 2009, vol. 1, p. 55의 토지 개혁에 관한 장에 이 보고가 훨씬 상세한 문맥으로 인용됨.

17 Zhang Mingyuan, 'Wo de huiyi' (My recollections), p. 259, Zhang Ming, 'Huabei diqu tudi gaige yundong de zhengzhi yunzuo (1946-1949)' (Land reform in North China, 1946-1949)에서 재인용, *Ershiyi shiji*, no. 82 (April 2003), pp. 32~41; 산둥성에 관해서는 Zhang Xueqiang, *Xiangcun bianqian yu nongmin jiyi: Shandong laoqu Junan xian tudi gaige yanjiu* (Village change and peasant memory: Studies on land reform in Junan county, Shandong), Beijing: Shehui kexue wenxian chubanshe, 2006을 참조.

18 Liu Tong, *Zhongyuan jiefang zhanzheng jishi* (A historical record of the civil war in the central plains), Beijing: Renmin chubanshe, 2003, pp. 317~318이 Luo, *Tudi gaige yundong shi*, p. 273에 인용됨.

19 *Renmin ribao*, 30 March 1951, p. 2가 DeMare, 'Turning Bodies and Turning

Minds', p. 5에 인용됨.

20 Brian Crozier, *The Man who Lost China: The First Full Biography of Chiang Kai-shek*, New York: Scribner, 1976, p. 352.

21 Bo, *Ruogan zhongda shijian yu juece de huigu*, vol. 1, pp. 115~128.

22 Mao Zedong quoted in a speech by Deng Zihui on the spirit of the Third Plenum of the Seventh Central Committee of the CPC, 10 July 1950, Hubei, SZ1-2-15, p. 29.

23 광둥 성에 대해서는 Shaanxi, 9 Sept. 1950, 123-1-83, p. 164를 참조; 서남 지역에 대해서는 *Neibu cankao*, 27 July 1950, pp. 93~94를 참조; 세금 징수와 관련한 수치들은 *Neibu cankao*, 14 Sept. 1950, p. 67을 참조.

24 Reports on grain requisitions, 3 and 8 Feb., 13 and 19 March and 3 May 1950, Hubei, SZ1-2-32, pp. 33, 36, 66~67, 69~70, 72~74 and 83~84; Report on land reform by the South China Bureau, 13 Dec. 1951, Gansu, 91-18-532, pp. 22~25; 구이저우 성에 대한 선구적인 글로 Wang Haiguang, 'Zhengliang, minbian yu "feiluan"' (Grain procurements, popular revolts and 'bandit disorder'), *Zhongguo dangdaishi yanjiu*, no. 1 (Aug. 2011), pp. 229~266을 참조.

25 *Neibu cankao*, 2 Sept. 1950, pp. 7~8.

26 Shaanxi, 1 Feb. 1951, 123-1-151, pp. 33~38.

27 Report from the East China Bureau, 5 May 1950, Shaanxi, 123-1-83, pp. 1~7.

28 후베이 성의 경우 성 위원회는 대중의 폭동에 대응할 구체적인 전략으로서 토지 개혁을 시행할 필요성을 일련의 문건에서 표현했다. Hubei, 3 and 8 Feb., 13 and 19 March and 3 May 1950, SZ1-2-32, pp. 33, 36, 66~67, 69~70, 72~74 and 83~84.

29 Sichuan, 12 Sept. 1951, JX1-177, p. 18; Report on land reform from the Teng County Party Committee, 27 Jan. and 2 Feb. 1951, Shandong, A1-2-68, pp. 61 and 64~65.

30 Report from Guizhou, 12 April 1951, Sichuan, JX1-839, pp. 127~128.

31 *Neibu cankao*, 2 June 1950, p. 10.

32 Cheo, *Black Country Girl in Red China*, pp. 161~2; 1918년에 허난 성 쉬수이에서 출생한 쑨 노인과 2006년에 가진 인터뷰.

33 Reports on Yunyang, 12 and 30 May and 10 June 1951, Hubei, SZ1-5-75, pp. 37~88, 41~44, 58~60; *Neibu cankao*, 24 Aug. 1950, pp. 65~66; *Neibu*

cankao, 9 Sept. 1950, pp. 46~47; Report on land reform by the South China Bureau, 13 Dec. 1951, Gansu, 91-18-532, pp. 22~25.

34 Sichuan, 9 Dec. 1951, JX1-168, p. 72; 4 Nov. 1951, JX1-168, pp. 16~17; 5 March 1951, JX1-837, pp. 124~125.

35 Instructions from Li Jingquan, 21 April 1951, Sichuan, JX1-842, p. 3.

36 Report from Luotian, 1 Aug. 1951, Hubei, SZ1-2-60, pp. 79~85.

37 Yang Li, *Dai ci de hong meigui: Gudacun chenyuan lu* (Thorny rose: The tragedy of Gudacun), Guangzhou: Zhonggong Guangdong shengwei dangshi yanjiushi, 1997, pp. 100~116; Zheng Xiaofeng and Shu Ling, *Tao Zhu zhuan* (A biography of Tao Zhu), Beijing: Zhonggong dangshi chubanshe, 2008 , pp. 230~231; Yang, *Zhonghua renmin gongheguo jianguo shi yanjiu*, vol. 1, p. 150; Yue Sai, 'Wo qinxian qinjian de Zhonggong tugai zhenfan sharen shishi' (I personally witnessed killings by the communist party during land reform and the campaign to suppress counter-revolutionaries), *Kaifang*, March 1999; 광둥성의 화교들에 대해서는 Glen D. Peterson, 'Socialist China and the *Huaqiao*: The Transition to Socialism in the Overseas Chinese Areas of Rural Guangdong, 1949-1956', *Modern China*, 14, no. 3 (July 1988), pp. 309~335을 참조.

38 Shandong, October 1948, G26-1-37, doc. 2, pp. 49~50; Financial report on Shandong by Kang Sheng, 1 Jan. and 4 Sept. 1949, Shandong, A1-2-19, pp. 68-9 and 119; Report on the Jiluyu region, 1 Feb. 1949, Shandong, G52-1-194, doc. 5, p. 7; 토지 분배에 뒤따른 빈곤화에 대해서는 Gao Wangling and Liu Yang, 'Tugai de jiduanhua' (The radicalization of the land reform movement), *Ershiyi shiji*, no. 111 (Feb. 2009), pp. 36~47도 참조.

39 Report from the South-west Bureau, 27 June 1951, Sichuan, JX1-809, pp 42~44.

40 Correspondence between the Ministry of Culture and the Provincial Bureau for Cultural Affairs, Shandong, 19 Sept. 1951, A27-1-230, pp. 69~72.

41 Frederick C. Teiwes, 'The Establishment and Consolidation of the New Regime, 1949-57', in Roderick MacFarquhar (ed.), *The Politics of China: The Eras of Mao and Deng*, New York: Cambridge University Press, 1997, p. 36; 또한 David Shambaugh, 'The Foundations of Communist Rule in China: The Coercive Dimension', in William C. Kirby (ed.), *The People's Republic of China*

at 60: An International Assessment, Cambridge, MA: Harvard University Asia Center, 2011, pp. 21~23도 참조.

5장 대공포 시대

1   Mao Zedong quoted in a speech by Deng Zihui on the spirit of the Third Plenum of the Seventh Central Committee of the CPC, 10 July 1950, Hubei, SZ1-2-15, pp. 19~47; 말할 필요도 없지만 수정을 거치지 않은 이 인용문들은 마오쩌둥 문집으로 출판된 연설의 내용과는 상당히 다르다.

2   Mao Zedong, 'Don't Hit Out in All Directions', 6 June 1950, *Selected Works of Mao Zedong*, vol. 5, p. 34.

3   Report from the South China Bureau, 21 Dec. 1950, Guangdong, 204-1-34, p. 50; Report on Guangxi, March 1951, Guangdong, 204-1-34, pp. 16~24; 인용문 출처는 Mao Zedong, 'A Single Spark Can Start a Prairie Fire', 5 Jan. 1930, *Selected Works of Mao Zedong*, vol. 1, p. 124.

4   Instructions from Mao Zedong, 3 Jan. 1951, Sichuan, JX1-836, p. 10; Report on Guangxi from inspection team, March 1951, Guangdong, 204-1-34, pp. 16~24 and 69~70; 타오주가 마오쩌둥에게 보낸 전보는 Yang, *Dai ci de hong meigui*, p. 111에 인용됨; 이 전보의 진위가 불분명하나 43만 명이 진압되고 4만 명이 사망했다는 통계 수치는 광시 성 당 위원회의 보고서에도 나온다, 7 July 1951, Sichuan, JX1-836, pp. 78~82.

5   Report by Luo Ruiqing, 23 Aug. 1952, Shaanxi, 123-25-2, p. 357.

6   인용문 출처는 정치국 위원이자 군사 지휘관이었다가 마오쩌둥과 충돌을 일으킨 장궈타오가 홍콩에서 가진 인터뷰, 'High Tide of Terror', *Time*, 5 March 1956; 제르진스키에 관해서는 Faligot and Kauffer, *The Chinese Secret Service*, p. 345를 참조하라.

7   Hubei, 21 Nov. 1950, SZ1-2-32, pp. 7~13; Report on Labour Camps, 8 June 1951, and Report from Li Xiannian on the Campaign against Counter-Revolutionaries, 1951, Hubei, SZ1-2-60, pp. 51 and 115; Report by Luo Ruiqing, 23 Aug. 1952, Shaanxi, 123-25-2, p. 357.

8   Orders from Ye Jianying to Tao Zhu and Chen Manyuan, 10 May 1951,

Guangdong, 204-1-34, pp. 1~5 (예젠잉은 중앙남방국의 수장으로 타오주의 직속 상관이었다); Mao Zedong to Deng Xiaoping, Rao Shushi, Deng Zihui, Ye Jianying, Xi Zhongxun and Gao Gang, 20 April 1951, Sichuan, JX1-834, pp. 75~77.

9 Mao's Comments on Report from Henan, 11 March 1951, Sichuan, JX1-836, p. 17; Mao's instructions to Luo Ruiqing, 30 Jan. 1951, Sichuan, JX1-834, p. 9; 또한 Comments by Mao, 20 Jan. 1951, Shaanxi, 123-25-2, p. 40도 참조.

10 Orders by Mao Zedong transmitted to Li Jingquan, 18 Feb. 1951, Sichuan, JX1-807, pp. 89~91; 나치 독일의 이러한 정부 형태를 가리켜 이안 커쇼는 〈총통을 지향하여 노력하기〉라고 칭했고 로더릭 맥파쿼와 마이클 쇼언홀스는 문화 대혁명의 경우에 〈주석을 지향하여 노력하기〉라고 부르자고 제안했다, Roderick MacFarquhar and Michael Schoenhals, *Mao's Last Revolution*, Cambridge, MA: Belknap Press of Harvard University Press, 2006.

11 Order from Mao, 14 April 1951, Shandong, A1-5-29, p. 124; 이 언급은 Mao Zedong, *Jianguo yilai Mao Zedong wengao* (Mao Zedong's manuscripts since the founding of the People's Republic), Beijing: Zhongyang wenxian chubanshe, 1987-96, vol. 2, pp. 215~216에 실린 출판본과 다르며 이 장에서 사용된 마오쩌둥이 내린 다수의 다른 지시들도 마찬가지다; Mao, *Jianguo yilai*, vol. 2, p. 319에 1951년 5월 21일자 중앙의 지령이 실려 있다.

12 Mao Zedong to Deng Xiaoping, Rao Shushi, Deng Zihui, Ye Jianying, Xi Zhongxun and Gao Gang, 20 April 1951, Sichuan, JX1-834, pp. 75~77; 정확히 표현하면 각각 몇 개의 성을 포함하는 다섯 개의 군사 지역 중 세 개이다; 구이저우 성의 경우 주어진 숫자가 2만 9,000이었다; Investigation Report on Guizhou, 7 July 1951, Sichuan, JX1-839, pp. 250~252를 참조.

13 Minutes of the Third National Conference on Public Security, 16 and 22 May 1951, Shandong, A1-4-9, p. 38; Shandong, A51-1-28, p. 215도 참조; Luo Ruiqing's talk at the Government Administration Council, 3 Aug. 1951, Shandong, A51-1-28, p. 212.

14 Sichuan, 20 March 1953, JK1-729, p. 29; 이 문건은 1953년에 작성되었고 이때 사법 당국은 1951년의 공포 정치 동안 발생한 엄청난 악폐의 일부를 조사했다.

15 Report from Qian Ying, secretary of the Central Commission for Discipline Inspection, to Zhu De, 25 March 1953, Sichuan, JK1-730, p. 35.

16 Report on infringements against minority policy, Sichuan, 24 July 1952, JX1-88a, pp. 82~83.

17 구이저우 성에서 발생한 잘못된 체포의 통계와 자세한 예는 회람된 보고서에 나온다, Sichuan, 18 June 1951, JX1-839, pp. 227~229.

18 Sichuan, 25 April 1951, JX1-839, pp. 159~160; Report by Deng Xiaoping to Mao Zedong, 13 March 1951, Shandong, A1-5-20, pp. 16~119.

19 Report from Yunnan, 29 April 1951, Sichuan, JX1- 837, p. 74.

20 Hu Yaobang, Report on West Sichuan, 29 April 1951, Sichuan, JX1-837, p. 190.

21 Sichuan, 28 May 1951, JX1-837, pp. 105~108; Report by Luo Zhimin, Sichuan, July 1951, JX1-37, pp. 1~2.

22 Comments by Mao, 16 May 1951, Shandong, A1-5-20, p. 134; Mao, *Jianguo yilai*, vol. 2, p. 306 참조.

23 Report from Fuling, 5 April and 28 May 1951, Sichuan, JX1-837, pp. 141~142 and 147~148; Report on capital executions in Wenjiang, 28 June 1951, Sichuan, JX1-342, p. 115; Report from the East China Bureau, including details on west Sichuan, 12 May 1951, Shandong, A1-5-29, p. 189; 다이 현, 멘양 시 및 다른 현들을 비롯해 쓰촨 성 서부에서 발생한 대량 학살에 관해서는 Sichuan, JX1-342, 7 June 1951, p. 32도 참조.

24 Guo Ya, 'Kaifeng de zhenya' (The campaign to suppress counter-revolutionaries in Kaifeng), in Jiao Guobiao, *Hei wulei jiyi* (Memories from the five black categories), 2010, vol. 8, Beijing: Jiao Guobiao, pp. 57~58.

25 Greene, *Calvary in China*, p. 96.

26 Zhang Yingrong interviewed by Liao Yiwu, *God is Red: The Secret Story of How Christianity Survived and Flourished in Communist China*, New York: HarperCollins, 2011, pp. 121~122; 장잉룽은 큰형이 국민당 정부에서 현의 주임으로 일했다는 이유로 지주 계급으로 분류되었다.

27 Instructions from the Provincial Party Committee, 3 April 1951, Hebei, 855-1-137, p. 23; Zhang Mao'en interviewed by Liao Yiwu, *God is Red*, p. 136.

28 Instructions from the Provincial Party Committee, 3 April 1951, Hebei, 855-1-137, p. 23; Sichuan, 25 Feb. 1953, JK1-745, p. 67.

29 Report on the killing of Huang Zuyan, 12 April 1951, Comments by Mao Zedong, Shandong, 19 April 1951, A1-5-20, pp. 38~43; 당시의 목격자 역시

이 사건이 마오쩌둥의 〈보복 살인〉을 촉발하는 데 중대한 영향을 끼쳤다고 본
다: Li Changyu, 'Mao's "Killing Quotas"', *China Rights Forum*, no. 4 (2005),
pp. 41~44를 참조하라.

30 Comments by Mao Zedong, 18 March 1951, Shandong, A1-5-20, pp. 63~64;
   또한 Mao, *Jianguo yilai*, vol. 2, pp. 168~169.

31 Reports from Shandong with Comments by Mao, 3, 4 and 7 April 1951,
   Shandong, A1-4-14, pp. 30, 43 and 50; 〈심약한 동지들〉이라는 언급은
   Jianguo yilai, vol. 2, pp. 225~226에는 나오지 않는다; Report from Jinan to
   the Centre, 13 April 1951, Sichuan, JX1-835, pp. 33~34.

32 Report on Preparations for the Raid from the East China Bureau to the Centre,
   27 April 1951, Sichuan, JX1-834, pp. 83~84; Robert Loh, *Escape from Red
   China*, London: Michael Joseph, 1962, pp. 65~66.

33 Loh, *Escape from Red China*, pp. 65~66 and 68.

34 Noel Barber, *The Fall of Shanghai*, New York: Coward, McCann & Geoghegan,
   1979, p. 223.

35 'Speech by Mayor Peng Zhen', *Renmin ribao*, 22 June 1951, p. 1; 실제 연설은
   훨씬 길지만 여기에는 간략히 옮김.

36 Cheo, *Black Country Girl in Red China*, p. 60.

37 Chow Ching-wen, *Ten Years of Storm: The True Story of the Communist Regime
   in China*, New York: Holt, Rinehart & Winston, 1960, p. 110; Instructions
   from the Provincial Party Committee, 3 April 1951, Hebei, 855-1-137, p. 23.

38 Instructions from Mao, 30 April 1951, Sichuan, JX1-834, pp. 92~93; 또한
   Mao, *Jianguo yilai*, vol. 2, pp. 267~268도 참조.

39 Luo Ruiqing's report to Mao Zedong, 20 March 1951, Sichuan, JX1-834,
   pp. 50~52.

40 Kou Qingyan, Report on Border Defence and the Campaign against Counter-
   Revolutionaries, 28 Oct. 1951, Guangdong, 204-1-27, pp. 152~155; Report by
   Wang Shoudao to the Centre, 26 Dec. 1952, Shandong, A1-5-85, pp. 120~125.

41 Report by Luo Ruiqing, 2 Jan. 1953, Shandong, A1-5-85, pp. 49 and 62; 또
   한 Report by Luo Ruiqing, 22 April 1953, Shandong, A1-5-85, p. 43도 참조.

42 Report by Luo Ruiqing, 23 Aug. 1952, Shaanxi, 123-25-2, p. 357.

43 Report from Fuling, 5 April and 28 May 1951, Sichuan, JX1-837, pp. 141~142

and 147~148; Report on capital executions in Wenjiang, 28 June 1951, Sichuan, JX1-342, pp. 113~114; General report by Deng Xiaoping, 30 Nov. 1951, Sichuan, JX1-809, p. 32.

44 Report from the Eastern China region, Shandong, 12 May 1951, A1-5-29, pp. 183~184.

45 Report on counter-revolutionaries, Hebei, 1962, 884-1-223, p. 149.

46 Minutes of the Third National Conference on Public Security, 16 and 22 May 1951, Shandong, A1-4-9, p. 14.

47 Liu Shaoqi, Report at the Fourth Plenum of the Seventh Central Committee, 6 Feb. 1954, Guangdong, 204-1-203, pp. 3~8; Mao Zedong, 'On the Ten Great Relationships', 25 April 1956, 회람 날짜는 16 May 1956, Shandong, A1-2-387, pp. 2~17; 이 수치는 공안부 부부장 쉬쯔룽이 수집하여1954년 1월 14일자 보고서에 제출한 통계에 근거한 듯하다. 이 보고서에 대해 Yang Kuisong, 'Reconsidering the Campaign to Suppress Counterrevolutionaries', *China Quarterly*, no. 193 (March 2008), pp. 102~121에 언급됨.

48 Georg Paloczi-Horvath, *Der Herr der blauen Ameisen: Mao Tse-tung*, Frankfurt am Main: Scheffler, 1962, p. 249.

49 소외자들과 그들의 사회적 기능에 관해서는 Yang Su, *Collective Killings in Rural China during the Cultural Revolution*, Cambridge: Cambridge University Press, 2011, pp. 114~120을 참조.

50 Loh, *Escape from Red China*, p. 70.

51 Li, 'Mao's "Killing Quotas"', p. 41.

52 Cheo, *Black Country Girl in Red China*, p. 73.

6장 죽의 장막

1 Peter Lum, *Peking, 1950-1953*, London: Hale, 1958, p. 84; 피터 럼은 엘리너 피터 크로의 필명으로 그녀는 콜린 크로의 아내였고 안토니오 리바의 아내 캐서린 럼과 자매였다; 'Old Hands, Beware!', *Time*, 27 Aug. 1951; 또한 L. H. Lamb, British Embassy Report, 29 Aug. 1951, PRO, FO371-92332, p. 155를 참조.

2 'Old Hands, Beware!', *Time*, 27 Aug. 1951; 사건에 관련된 그림 및 다른 증거

는 PRO, FO371-92333, pp. 2~25 참조.

3 Lum, *Peking, 1950-1953*, pp. 90~92.

4 Hao Yen-p'ing, *The Commercial Revolution in Nineteenth-Century China: The Rise of Sino- western Mercantile Capitalism*, Berkeley: University of California Press, 1986; Philip Richardson, *Economic Change in China, c. 1800-1950*, Cambridge: Cambridge University Press, 1999, p. 42.

5 중화민국 시기의 외국인 사회에 관해서는 Frank Dikötter, *China before Mao: The Age of Openness*, Berkeley: University of California Press, 2008을 참조하라; 국외 거주자들의 사회에 관한 놀라운 책으로 Frances Wood, *No Dogs and Not Many Chinese: Treaty Port Life in China, 1843-1943*, London을 참조: John Murray, 1998; Nicholas R. Clifford, *Spoilt Children of Empire: Westerners in Shanghai and the Chinese Revolution of the 1920s*, Hanover, NH: University Press of New England, 1991도 참조; John K. Fairbank, *Chinabound: A Fifty-Year Memoir*, New York: Harper & Row, 1982, p. 51.

6 중대한 연구서로 Albert Feuerwerker, *The Foreign Establishment in China in the Early Twentieth Century*, Ann Arbor: University of Michigan Press, 1976, pp. 106~107를 참조.

7 Elden B. Erickson interviewed by Charles Stuart Kennedy, 25 June 1992, The Association for Diplomatic Studies and Training Foreign Affairs Oral History Project; 'Angus Ward Summarizes Mukden Experiences', *Department of State Bulletin*, 21, no. 547 (26 Dec. 1949), p. 955가 Herbert W. Briggs, 'American Consular Rights in Communist China', *American Journal of International Law*, 44, no. 2 (April 1950), p. 243에 인용됨; 특히 Sergei N. Goncharov, John W. Lewis and Xue Litai, *Uncertain Partners: Stalin, Mao, and the Korean War*, Stanford: Stanford University Press, 1993, pp. 33~34 또한 참조.

8 Mao Zedong, 'Farewell, John Leighton Stuart', 18 Aug. 1949, *Selected Works of Mao Zedong*, vol. 4, p. 433.

9 David Middleditch interviewed by Beverley Hooper, 21 Aug. 1971가 Beverley Hooper, *China Stands Up: Ending the western Presence, 1948-1950*, London: Routledge, 1987, p. 47에 인용됨; 긴급 후송에 관해서는 Hooper, *China Stands Up*, p. 48도 참조.

10 Ezpeleta, *Red Shadows over Shanghai*, p. 173; Eleanor Beck, 'My Life in

China from 2 January 1946 to 25 September 1949', 미출판 원고가 Hooper, *China Stands Up* , pp. 47~49에 인용됨.

11 Hooper, *China Stands Up*, p. 50.

12 Van der Sprenkel, 'Part I', pp. 5~6.

13 Hooper, *China Stands Up*, pp. 73~74.

14 위의 책, pp. 57 and 77; Edwin W. Martin, *Divided Counsel: The Anglo-American Response to Communist Victory in China*, Lexington: University Press of Kentucky, 1986, p. 42.

15 Doak Barnett, letter no. 38, 'Chinese Communists: Nationalism and the Soviet Union', 16 Sept. 1949, Institute of Current World Affairs; Bodde, *Peking Diary*, pp. 219~220; David Middleditch interviewed by Beverley Hooper, 21 Aug. 1979, in Hooper, *China Stands Up*, p. 73.

16 Beck, 'My Life in China'가 Hooper, *China Stands Up*, pp. 78~79에 인용됨.

17 위의 책, pp. 80~81.

18 American Embassy to Foreign Service, 15 March 1951, PRO, FO371-92331, pp. 29~34; Control of American Assets, Jan. 1951, PRO, FO371-92294, pp. 81~87.

19 William G. Sewell, *I Stayed in China*, London: Allen & Unwin, 1966, p.126.

20 Rossi, *The Communist Conquest of Shanghai*, pp. 100~101; Liliane Willens, *Stateless in Shanghai*, Hong Kong: China Economic Review Publishing, 2010, pp. 253~254.

21 Godfrey Moyle interviewed by Barber, *The Fall of Shanghai*, p. 226.

22 Memorandum and Letter from the British Consulate General in Shanghai, 2 and 6 March 1951, PRO, FO371-92260 pp. 99~101 and 128~129.

23 Rossi, *The Communist Conquest of Shanghai*, pp. 72~73; Aron Shai, 'Imperialism Imprisoned: The Closure of British Firms in the People's Republic of China', *English Historical Review*, 104, no. 410 (Jan. 1989), pp. 88~109도 참조.

24 Rossi, *The Communist Conquest of Shanghai*, pp. 67~70.

25 Peitaiho Beach, 11 Sept. 1952, PRO, FO371-99238, pp. 13~15, and British Embassy to Foreign Office, 21 Jan. 1952, PRO, FO371-99345, p. 31.

26 후에 자신의 경험을 책으로 쓰고 중국학자가 된 해리엇 밀스에 관해서는 J. M. Addis, Conversation with Sardar Panikkar, 4 Dec. 1951, PRO, FO371-92333,

pp. 135~136을 참조; Testimony by Father Rigney, 7 March 1956, PRO, FO371-121000, pp. 26~27; 스톡홀름 증후군의 홍미로운 예로, 해리엇 밀스는 1955년에 중국에서 추방된 후 〈신중국은 평화를 사랑하는 나라〉라고 선언했고 자신이 스파이라는 공식적인 고백을 고수하며 지속적으로 몇몇 다른 미국인들을 공개 비난했다; Arrests and Trials in China, 1955, PRO, FO371-115182, pp. 54~70를 참조; 리킷 부부 역시 자신들의 투옥이 정당하다고 주장했다; Allyn and Adele Rickett, *Prisoners of Liberation*, New York: Cameron Associates, 1957을 참조; 두 경우 모두 세뇌당했을 거라는 주장을 불러 왔다; 외국인 청소에 대해서는 Lum, *Peking, 1950-1953*, p. 71을 참조.

27 Orders on the Treatment of Foreigners, Shandong, 14 Aug. 1951, A1-4-9, p. 85; Lum, *Peking, 1950-1953*, p. 21.

28 Lum, Peking, 1950-1953, p. 99.

29 Walker, *China under Communism*, p. 19; 1953년에 다수의 백러시아인들이 처한 비참한 상황에 관해서는 Parliamentary Question, 28 Jan. 1953, PRO, FO371-105338, pp. 61~62 and 116~122을 참조.

30 '14 Chinese Trappists Dead, 274 are Missing', *Catholic Herald*, 19 Dec. 1947; R. G. Tiedemann, *Reference Guide to Christian Missionary Societies in China: From the Sixteenth to the Twentieth Century*, Armonk, NY: M. E. Sharpe, 2009, p. 25; Theresa Marie Moreau, *Blood of the Martyrs: Trappist Monks in Communist China*, Los Angeles: Veritas Est Libertas, 2012; Hooper, *China Stands Up*, p. 38.

31 Creighton Lacy, 'The Missionary Exodus from China', *Pacific Affairs*, 28, no. 4 (Dec. 1955), pp. 301~314; 'New China Hands?', *Time*, 17 Jan. 1949.

32 Hooper, *China Stands Up*, p. 115.

33 British Legation to the Holy See, 22 Aug. 1950, FO371-83535, p. 70.

34 Foreign Office, The Treatment of Christian Institutions under the Present Regime in China, 29 Aug. 1951, PRO, FO371-92368, pp. 112~117.

35 International Fides Service, 22 Sept. 1951, PRO, FO371-92333, pp. 29~32; Rossi, *The Communist Conquest of Shanghai*, pp. 137~138.

36 Orders from the Bureau of Public Security, Shandong, 14 Aug. 1951, A1-4-9, p. 85; 마오쩌둥이 교황청에 대해 느낀 홍미에 관해서는 Chang and Halliday, Mao, p. 327; see also Rossi, *The Communist Conquest of Shanghai*, pp. 144~145를

참조.

37 W. Aedan McGrath, *Perseverance through Faith: A Priest's Prison Diary*, ed. Theresa Marie Moreau, Bloomington, IN: Xlibris Corporation, 2008.

38 'On the King's Highway', *Time*, 15 Sept. 1952; 'US Bishop Died in Red Jail', *New York Times*, 3 Sept. 1952; Jean-Paul Wiest, *Maryknoll in China: A History, 1918-1955*, Armonk, NY: M. E. Sharpe, 1988, pp. 395~400도 참조.

39 A. Olbert, 'Short Report about the Diocese of Tsingtao', 17 July 1953, AG SVD, Box 616, pp. 4440~4446; 'The Struggle of the Archbishop of Lan Chow', 1953, AG SVD, Box 631, pp. 5878~5886.

40 'The Suspicious Butterflies', Time, 3 Nov. 1952; China Missionary Newsletters, Oct. 1952, PRO, FO137-105336, p. 9.

41 Hooper, *China Stands Up*, p. 119.

42 Christianity in Communist China, 1954, PRO, FO371-110371, p. 43; Arrest of Canadian Nuns at Canton, 20 April 1951, PRO, FO371-92331, pp. 49~54; Foreign Office, 19 Dec. 1951, PRO, FO371-92333 p. 130; André Athenoux, *Le Christ crucifié au pays de Mao*, Paris: Alsatia, 1968, pp. 127~128.

43 *Catholic Herald*, 14 Dec. 1941, p. 1 ; Walker, *China under Communism*, p. 191; Arrest of Canadian Nuns at Canton, 20 April 1951, PRO, FO371-92331, p. 49도 참조.

44 Christianity in Communist China, 1954, PRO, FO371-110371, pp. 43~45; 1954년도 수치는 Report from the Centre, Shandong, A14-1-16, 7 May 1954, p. 2에 나옴; Letter from Qingdao missionaries in Hong Kong to Rome, 23 March 1953, AG SVD, Box 616, p. 4424.

45 Barnett, letter no. 38, 'Chinese Communists'; Knight Biggerstaff, *Nanking Letters*, 1949, Ithaca, NY: China-Japan Program, Cornell University, 1979, pp. 50~51; 선양의 기념물은 1946년에 세워졌다; Gray, 'Looted City', *Time*, 11 March 1946과 J. A. L. Morgan, Journey to Manchuria, 30 Nov. 1956, PRO, FO371-120985, p. 129도 참조; 'Leaning to One Side', *Time*, 19 Sept. 1949.

46 Mao Zedong, 'On the People's Democratic Dictatorship: In Commemoration of the 28th Anniversary of the Communist Party of China, June 30, 1949', in *Selected Works of Mao Zedong*, vol. 4, p. 423; 'Mao Settles the Dust', *Time*, 11 July 1949; Chang and Halliday, *Mao*, p. 323.

47 대장정을 위한 재정 지원의 정확한 양은 Taylor, *The Generalissimo*, p. 111 참조; 'On the Ten Major Relationships', 25 April 1956, *Selected Works of Mao Tse-tung*, vol. 5, p. 304.

48 Barnett, letter no. 28, 'Chinese Communists'에 티토에 반대하는 선전이 재차 언급됨.

49 Paul Wingrove, 'Gao Gang and the Moscow Connection: Some Evidence from Russian Sources', *Journal of Communist Studies and Transition Politics*, 16, no. 4 (Dec. 2000), p. 93.

50 Philip Short, *Mao: A Life*, London: Hodder & Stoughton, 1999, p. 422; 폴 윈그로브는 외교부의 기록 보관소를 이용해 마오쩌둥의 여행에 대한 최고의 글을 썼다: Paul Wingrove, 'Mao in Moscow, 1949-50: Some New Archival Evidence', *Journal of Communist Studies and Transition Politics*, 11, no. 4 (Dec. 1995), pp. 309~334; David Wolff, '"One Finger's Worth of Historical Events": New Russian and Chinese Evidence on the Sino-Soviet Alliance and Split, 1948-1959', *Cold War International History Project Bulletin*, Working Paper no. 30 (Aug. 2002), pp. 1~74; Sergey Radchenko and David Wolff, 'To the Summit via Proxy-Summits: New Evidence from Soviet and Chinese Archives on Mao's Long March to Moscow, 1949', *Cold War International History Project Bulletin*, no. 16 (Winter 2008), pp. 105~182; 또한 Heinzig, *The Soviet Union and Communist China 1949-1950*도 참조.

51 Report of Negotiation between Zhou, Mikoyan and Vyshinsky to Stalin, 2 and 3 Feb. 1950, RGASPI, 82-2-1247, pp. 1~6, 68~93.

52 Wingrove, 'Mao in Moscow', p. 331.

53 Financial Bulletin, 20 April 1950, PRO, FO371-83346, p. 33; 또한 Interrogation Reports, Jan. 1952, PRO, FO371-99364, p. 19; Rossi, *The Communist Conquest of Shanghai*, p. 91도 참조.

54 Interrogation Reports, Jan. 1952, PRO, FO371-99364, p. 138; Interrogation Reports, 31 May 1951, PRO, FO371-92353, p. 2.

55 Interrogation Reports, Jan. 1952, PRO, FO371-99364, pp. 24 and 138; Loh, *Escape from Red China*, p. 148; Willens, *Stateless in Shanghai*, p. 222; Hong Kong Interrogation Reports 726 and 863, 10 June and 26 Nov. 1954, RG59, Box 5, 903069, Lot 560454, National Archives at College Park.

56 T. G. Zazerskaya, *Sovetskie spetsialisty i jormirovanie voenno-promyshlen-nogo komppleksa Kitaya (1949-1960 gg.)*, St Petersburg: Sankt Peterburg Gosudarstvennyi Universitet, 2000; Shen Zhihua, *Sulian zhuanjia zai Zhongguo* (Soviet experts in China), Beijing: Xinhua chubanshe, 2009; Deborah A. Kaple, 'Soviet Advisors in China in the 1950s', in Odd Arne Westad (ed.), *Brothers in Arms: The Rise and Fall of the Sino-Soviet Alliance, 1945-1963*, Washington: Woodrow Wilson Center Press, 1998, pp. 117~140; 또한 '150,000 Big Noses', *Time*, 16 Oct. 1950도 참조.

57 RGASPI, 25 June 1950, 17-137-402, pp. 114 and 221~230; 18 Dec. 1950, 17-137-403, pp. 215~224.

58 Ministry of Foreign Affairs, Beijing, 6 Sept. 1963, 109-3321-2, pp. 66~68; 1949년에서 1962년까지 소련으로 수출된 품목에 대한 훨씬 상세한 서술은 Frank Dikötter, *Mao's Great Famine: The History of China's Most Devastating Catastrophe, 1958-1962*, London: Bloomsbury, 2010, pp. 73~77에 나온다.

59 Hua-yu Li, 'Instilling Stalinism in Chinese Party Members: Absorbing Stalin's *Short Course* in the 1950s', in Thomas P. Bernstein and Hua-yu Li (eds), *China Learns from the Soviet Union, 1949-Present*, Lanham, MD: Lexington Books, 2009, pp. 107~130; Esther Holland Jian, *British Girl, Chinese Wife*, Beijing: New World Press, 1985, p. 134.

60 K. E. Priestley, 'The Sino-Soviet Friendship Association', *Pacific Affairs*, 25, no. 3 (Sept. 1952), p. 289; Paul Clark, *Chinese Cinema: Culture and Politics since 1949*, Cambridge: Cambridge University Press, 1987, pp. 40~41.

7장 또 다른 전쟁

1   Andrei Lankov, *From Stalin to Kim Il Sung: The Formation of North Korea, 1945-1960*, London: Hurst, 2002; Jasper Becker, *Rogue Regime: Kim Jong Il and the Looming Threat of North Korea*, New York: Oxford University Press, 2005도 참조.

2   Chen Jian, *China's Road to the Korean War*, New York: Columbia University Press, 1996, p. 110; Goncharov, Lewis and Xue, *Uncertain Partners*, pp. 142~145.

3   Shen Zhihua, 'Sino-North Korean Conflict and its Resolution during the

Korean War', *Cold War International History Project Bulletin*, nos 14-15 (Winter 2003-Spring 2004), pp. 9~24; Shen Zhihua, 'Sino-Soviet Relations and the Origins of the Korean War: Stalin's Strategic Goals in the Far East', *Journal of Cold War Studies*, 2, no. 2 (Spring 2000), pp. 44~68.

4   Max Hastings, *The Korean War*, New York: Simon & Schuster, 19 87, p. 53.

5   Chang and Halliday, *Mao*, p. 360.

6   Alexandre Y. Mansourov, 'Stalin, Mao, Kim, and China's Decision to Enter the Korean War, Sept. 16-Oct. 15, 1950: New Evidence from the Russian Archives', *Cold War International History Project Bulletin*, nos 6-7 (Winter 1995), p. 114.

7   Nie Rongzhen, 'Beijing's Decision to Intervene', and Peng Dehuai, 'My Story of the Korean War', in Xiaobing Li, Allan R. Millett and Bin Yu (eds), *Mao's Generals Remember Korea*, Lawrence: University Press of Kansas, 2001, pp. 31 and 41.

8   이 일화는 Chang and Halliday, *Mao*, p. 364에 상세한 자료를 토대로 기술되어 있다.

9   Matthew Aid and Jeffrey T. Richelson, 'U.S. Intelligence and China: Collection, Analysis, and Covert Action', Digital National Security Archive Series, p. 3 (online publication)에 인용됨.

10 David Halberstam, *The Coldest Winter: America and the Korean War*, London: Macmillan, 2008, p. 372.

11 Shu Guang Zhang, *Mao's Military Romanticism: China and the Korean War, 1950-1953*, Lawrence: University Press of Kansas, 1995, p. 126; Richard Peters and Xiaobing Li (eds), *Voices from the Korean War: Personal Stories of American, Korean, and Chinese Soldiers*, Lexington: University Press of Kentucky, 2004; 또한 다음과 같은 포로 심문 보고서들도 참조, KG0876, Li Shu Sun, 27 Nov. 1951; KG0896, Chang Hsin Hua, 21 Dec. 1951; KG0915, K'ang Wen Ch'eng, 29 Dec. 1951; KG0937, Chou Shih Ch'ang, 9 Jan. 1952; all in Assistant Chief of Staff G2, RG319, Box 332, 950054 ATIS Interrogation Reports, National Archives at College Park.

12 Li Xiu interviewed by Max Hastings, *The Korean War*, p. 172.

13 마오쩌둥의 반복된 개입에 대한 세부 사항은 Zhang, *Mao's Military Romanticism*, p. 137에 나옴.

14 Mao, *Jianguo yilai*, vol. 2, p. 152.

15 Chang and Halliday, *Mao*, p. 367.

16 International Committee of the Red Cross, Geneva, 'Refusal of Repatriation', 25 July 1951, BAG 210-056-003.03, pp. 70~74; 전쟁 포로들에 대해서는 David Cheng Chang, 'To Return Home or "Return to Taiwan": Conflicts and Survival in the "Voluntary Repatriation" of Chinese POWs in the Korean War', doctoral dissertation, University of California, San Diego, 2011을 참조.

17 Peters and Li (eds), *Voices from the Korean War*, p. 178.

18 Pete Schulz, letter to Max Hastings가 *The Korean War*, p. 196에 인용됨.

19 여러 주장이 있지만 이 숫자들이 가장 일반적으로 인정된다, Chang and Halliday, *Mao*, p. 378에서 인용.

20 Loh, *Escape from Red China*, pp. 56~57; Report on attitudes towards the government among ordinary people, Nanjing, 4003-1-20, 5 July 1950, p. 143; *Neibu cankao*, 13 July 1950, pp. 41~42.

21 *Neibu cankao*, 7 Nov. 1950, p. 23; Opinion Survey, Nanjing, 22 Nov. 1950, 4003-3-89, pp. 72~77.

22 *Neibu cankao*, 30 Nov. 1950, pp. 151~157.

23 *Nanfang ribao*를 번역하여 Current Background, no. 55, American Consulate-General, Hong Kong, 22 Jan. 1951에 실은 글을 Walker, *China under Communism*, p. 302에서 문체를 약간 변경하여 인용함.

24 Walker, *China under Communism*, pp. 302~305; Lum, *Peking, 1950-1953*, p. 62.

25 Central Directive, 19 Dec. 1950, Guangdong, 204-1-245, p. 101.

26 Loh, *Escape from Red China*, pp. 57~58.

27 Gansu, Report on the Hate America, Aid Korea Campaign, 25 March 1951, 91-1-314, p. 13; Guangdong, 1 April 1951, 204-1-36, pp. 41~42; Guangdong, 1 April 1951, 204-1-36, p. 51.

28 Loh, *Escape from Red China*, p. 59.

29 Report from the North-east China Bureau, 9 Oct. 1951, Gansu, 91-1-244, pp. 80~90; Report at the Politburo by Deng Xiaoping, Sichuan, 6 Nov. 1951, JX1-809, p. 41.

30 *Neibu cankao*, 16 July 1951, p. 92; 30 Aug. 1951, pp. 102~103.

31 *Neibu cankao*, 31 Aug. 1951, p. 108; 16 July 1951, p. 92; 23 Oct. 1951, p. 60.

32 *Neibu cankao*, 30 Aug. 1951, pp. 102~103.

33 *Neibu cankao*, 18 Sept. 1951, p. 90; 25 July 1951, p. 148.

34 Guangdong, 1 April 1951, 204-1-36, pp. 41-2; Li, *The Private Life of Chairman Mao*, p. 56.

35 Jilin, 16 March 1951, 2-7- 56, p. 15; Report by the Wendeng County Party Committee, Shandong, 28 Sept. 1951, A1-2-74, pp. 106~108; Report from the North China Region, Hebei, 10 May 1951, 855-1-84, pp. 77~78.

36 Report from the North China Region, Hebei, 10 May 1951, 855-1-84, pp. 77~78; 웨양 현의 사례는 *Neibu cankao*, 23 July 1951, p. 140에 나옴.

37 Report from the North China Region, Hebei, 10 May 1951, 855-1-84, pp. 77~78; *Neibu cankao*, 23 July 1951, p. 140.

38 Shandong, 5 Dec. 1951, A1-4-9, pp. 122~125.

39 Report to the People's Congress, Jilin, 30 Dec. 1950, 2-7-47, pp. 59~60; Reports on Cooperativisation, Jilin, 19 Jan., 16 and 22 March and 23 June 1951, 2-7-56, pp. 2, 14~15, 26 and 84.

40 Jilin, 20 Feb., 25 March and 5 Aug. 1952, 1-1(8)-37, pp. 1, 2 and 14~15; Jilin, 2 and 29 Feb. 1952, 2-8-32, pp. 91~94 and 107.

41 *Neibu cankao*, 28 May 1951, pp. 47~48; 3 June 1951, p. 36; General report by Deng Xiaoping, Sichuan, 30 Nov. 1951, JX1-809, p. 31; *Neibu cankao*, 18 March 1952, pp. 155~157; 24 March 1952, pp. 227~228; 7 April 1952, pp. 68~69.

42 Kenneth G. Lieberthal, *Revolution and Tradition in Tientsin, 1949-1952*, Stanford: Stanford University Press, 1980, pp. 98~99.

43 Report on Germ Warfare from the Centre, Shandong, 2 April 1952, A1-5-58, p. 104.

44 니덤의 조사 여행에 대해서는 Ruth Rogaski, 'Nature, Annihilation, and Modernity: China's Korean War Germ-Warfare Experience Reconsidered', *Journal of Asian Studies*, 61, no. 2 (May 2002), p. 382를 참조; 1961년에 조너선 머스키가 그를 인터뷰했을 때 니덤은 어떤 증거도 보지 못했다는 사실을 인정했지만 자신이 중국 세균학자들로부터 들은 말을 믿었다고 덧붙였다; Jonathan Mirsky, email correspondence, 28 June 2012.

45 Lum, *Peking, 1950-1953*, p. 122.

46 'Transfusions of Hate', *Time*, 23 June 1952; Raja Hutheesing, *Window on China*, London: Derek Verschoyle, 1953, pp. 169~170.

47 프랭크 모레이스의 말이 폭넓게 인용된 자료는 'Transfusions of Hate', *Time*, 23 June 1952; 731부대와 미국에 관해서는 Stephen L. Endicott, 'Germ Warfare and "Plausible Denial": The Korean War, 1952-1953', *Modern China*, 5, no. 1 (Jan. 1979), pp. 79~104 참조; Li, *The Private Life of Chairman Mao*, p. 56.

48 Waldemar Kaempffert, 'Science in Review', *New York Times*, 6 April 1952; *Neibu cankao*, 14 March 1952, p. 111; 24 March 1952, pp. 220 and 222.

49 *Neibu cankao*, 24 March 1952, pp. 220~222; 6 May 1952, p. 31; 28 March 1952, p. 275.

50 *Neibu cankao*, 6 May 1952, pp. 30~33; 더후이에 관해서는 Jilin, 22 April 1951 2-7-56, pp. 14~15 참조; 1952년 이후 반복되는 성수 사건에 대해서는 Steve A. Smith, 'Local Cadres Confront the Supernatural: The Politics of Holy Water (*Shenshui*) in the PRC, 1949-1966', *China Quarterly*, no. 188 (2006), pp. 999~1022를 필히 참조.

51 Rogaski, 'Nature, Annihilation, and Modernity', p. 384.

52 Report by the Shandong Commission for Discipline Inspection, 17 Nov. 1952, Sichuan, JK1-729, p. 5; Report from the Shaanxi Provincial Party Committee, 13 Oct. 1953, Shandong, A1-5-75, p. 220.

53 Lum, *Peking, 1950-1953*, p. 124; 톈진에 관해서는 Rogaski, 'Nature, Annihilation, and Modernity', p. 394 참조.

54 정화 운동이 도시 경관에 끼친 영향에 관해서는 Rogaski, 'Nature, Annihilation, and Modernity', p. 394 참조.

55 William Kinmond, *No Dogs in China: A Report on China Today*, New York: Thomas Nelson, 1957, p. 164.

56 Lum, *Peking, 1950-1953*, p. 125; Report to Zhu De from Qian Ying, Secretary of the Central Commission for Discipline Inspection, 25 March 1953, Sichuan, JK1-730, p. 31; Ministry of Health to Mao Zedong, Report on achievements in health care of the past four years, 10 Oct. 1953, Gansu, 91-2-185, pp. 37~38.

57 Report on hygiene circulated by the Centre, 7 Jan. 1953, Shandong, A1-5-84, pp. 63 and 74~75; Ministry of Health to Mao Zedong, Report on achievements

in health care of the past four years, 10 Oct. 1953, Gansu, 91-2-185, pp. 37~38;
Report from the Shaanxi Provincial Party Committee, 13 Oct. 1953, Shandong,
A1-5-75, p. 220.

58 Rowan, *Chasing the Dragon*, p. 50; *Renmin ribao*, 12 Sept. 1949, p. 5; 27 Dec.
1950, p. 6; Lum, *Peking, 1950-1953*, pp. 100 and 121; Confidential letter from the
British Embassy, 8 May 1952, PRO, FO371-99236, p. 137; Cheo, *Black Country
Girl in Red China*, pp. 46~48.

59 Lum, *Peking, 1950-1953*, p. 129; Cheo, *Black Country Girl in Red China*,
pp. 46~48.

60 Cheo, *Black Country Girl in Red China*, pp. 46~48.

61 Report from Qian Ying, secretary of the Central Commission for Discipline
Inspection, to Zhu De, Sichuan, 25 March 1953, JK1-73 0, p. 32; Report from
People's Council, Shandong, 16 Dec. 1952, A101-3-228, p. 59; Shandong, 6
Dec. 1954, A101-3-318, pp. 81~84.

62 Zhang, *Mao's Military Romanticism*, pp. 181~183; Chen, *China's Road to the
Korean War*, Kathryn Weathersby, 'Deceiving the Deceivers: Moscow,
Beijing, Pyongyang, and the Allegations of Bacteriological Weapons Use in
Korea', *Cold War International History Project Bulletin*, no. 11 (1998), pp. 181
and 183; 또한 Milton Leitenberg, 'New Russian Evidence on the Korean War
Biological Warfare Allegations: Background and Analysis', *Cold War
International History Project Bulletin*, no. 11 (1998), pp. 185~199도 참조;
Milton Leitenberg, 'The Korean War Biological Weapon Allegations:
Additional Information and Disclosures', *Asian Perspective*, 24, no. 3 (2000),
pp. 159~172.

8장 숙청

1 Bing Lu, *Xin Zhongguo fan fobai diyi daan: Qiangbi Liu Qingshan, Zhang
Zishan jishi* (New China's first big case against corruption: The execution of
Liu Qingshan and Zhang Zishan), Beijing: Falii chubanshe, 1990; a copy of
the report on Zhang Zishan and Liu Qingshan by Bo Yibo and Liu Lantao to

Mao Zedong, which triggered the Three-Anti Campaign, is in Gansu, 91-13-19, 29 Nov. 1951, p. 10.

2 Bo, *Ruogan zhongda shijian yu juece de huigu*, vol. 1, pp. 157~158.

3 위의 책, pp. 160~161.

4 Geremie Barme, *The Forbidden City*, Cambridge, MA: Harvard University Press, 2008, p. 144.

5 Gao Hua, *Hong taiyang shi zenyang shengqi de. Yan'an zhengfeng yundong de lailong qumai* (How did the red sun rise over Yan'an? A history of the Rectification Campaign), Hong Kong: Chinese University Press, 2000, pp. 1, 530, 580 and 593; see also David E. Apter and Tony Saich, *Revolutionary Discourse in Mao's Republic*, Cambridge, MA: Harvard University Press, 1994; Chen Yung-fa, *Yan'an de yinying* (Yan'an's Shadow), Taipei: Institute of Modern History, Academia Sinica, 1990.

6 Orders from the Centre on the Three-Anti Campaign, Hebei, 1 Dec. 1951, 855-1-75, pp. 73~74; Mao, Jianguo yilao, vol. 2, p. 528.

7 Instruction by Mao to all local units, Sichuan, 30 Dec. 1951, JX1-813, p. 56; 저우언라이에 관해서는 영향력 있는 논문인 Michael M. Sheng, 'Mao Zedong and the Three-Anti Campaign (November 1951 to April 1952): A Revisionist Interpretation', *Twentieth-Century China*, 32, no. 1 (Nov. 2006), pp. 56~80 참조; 또한 Zhang Ming, 'Zhizheng de daode kunjing yu tuwei zhi dao : Sanfan wufan yundong jiexi' (Analysis of the Three-Anti and Five-Anti Campaign), *Ershiyi shiji*, no. 92 (Dec. 2005), pp. 46~58도 참조.

8 Mao, *Jianguo yilai*, vol. 2, p. 535.

9 Directives from the Centre, 9 Jan. 1952, Guangdong; 204-1-278, pp. 23~28; Mao, *Jianguo yilai*, vol. 3, pp. 30~31에 부분적으로 발췌되었다; Directives from the Centre, 5 and 11 Feb. 1952, Guangdong, 204-1-278, pp. 148~153; 이 보고서들은 Mao, *Jianguo yilai*, vol. 3, pp. 154~155 and 192에 부분적으로 발췌되었으나 수치 일부는 빠져 있다; Report from Bo Yibo, 28 Feb. 1952, Guangdong, 204-1-253, pp. 33~35.

10 Tommy Jieqin Wu, *A Sparrow's Voice: Living through China's Turmoil in the 20th Century*, Shawnee Mission, KS: M.I.R. House International, 1999, pp. 91~92.

11 Sun and Dan, *Engineering Communist China*, pp. 17~18.

12 Chow, *Ten Years of Storm*, pp. 126~127.

13 Report from the North China Region, Hebei, 15 April 1952, 888-1-13, pp. 98~99; Report by Luo Ruiqing and Directives from the Centre, 8 and 9 Jan. 1952, Guangdong, 204-1-278, pp. 99~105; Report from Bo Yibo, Hebei, 3 Jan. 1952, 888-1-1, pp. 21~24; Report from Bo Yibo, Hebei, 20 Jan. 1952, 888-1-1, p. 32.

14 Report from Xi Zhongxun and Instructions from the Centre, 11 and 13 Dec. 1951, Guangdong, 204-1-253, pp. 5~6; Report from Jinan, 27 Dec. and 4 Jan. 1952, Guangdong, 204-1-278, pp. 32~34.

15 Loh, *Escape from Red China*, p. 82; Chow, *Ten Years of Storm*, p. 125; Li, *The Private Life of Chairman Mao*, p. 64.

16 Report from the North China Region, Hebei, 8 Feb. 1952, 888-2-8, pp. 19~20; Report from the North China Region, Hebei, 29 Feb. and 12 Oct. 1952, 888-1-22, pp. 44 and 77.

17 Report from the North China Region, Hebei, 20 Feb. 1952, 888-1-24, p. 23; Gansu, 23 March 1952, 91-18-540, p. 33.

18 Loh, *Escape from Red China*, p. 82; Li, *The Private Life of Chairman Mao*, p. 64.

19 Report by An Ziwen, Hebei, 18 Oct. 1952, 888-1-1, pp. 136~138.

20 Report on relationships between Liu Qingshan, Zhang Zishan and the Tianjin Special District, Hebei, 1952, 888-1-92, pp. 134~141; Chow, *Ten Years of Storm*, p. 125.

21 Mao, *Jianguo yilai*, vol. 3, p. 21; Sheng, 'Mao Zedong and the Three-Anti Campaign', p. 32.

22 Alec Woo interviewed by Jasper Becker, *C. C. Lee: The Textile Man*, Hong Kong: Textile Alliance, 2011, p. 56; Pepper, Civil War in China, p. 118~125.

23 Wong Siu-lun, *Emigrant Entrepreneurs: Shanghai Industrialists in Hong Kong*, Hong Kong: Oxford University Press, 1988; Becker, *C. C. Lee*, pp. 55~63.

24 휴 시턴왓슨은 동유럽 국가들이 세 가지 단계를 거쳤다고 지적했는데, 즉 다른 세력들과의 〈진정한 연합〉, 공산당이 직접 통제할 수 없는 세력들과의 〈가짜 연합〉, 마지막으로 당 이외의 모든 세력을 굴복시키는 〈획일주의 정권〉이다;

Hugh Seton-Watson, *The East European Revolution*, London: Methuen, 1950, pp. 167~171 참조.

25 Huang Kecheng, *Huang Kecheng zishu* (The autobiography of Huang Kecheng), Beijing: Renmin chubanshe, 1994, p. 217; Mao Zedong, 'Report to the Second Plenary Session of the Seventh Central Committee of the Communist Party of China', 5 March 1949, *Selected Works of Mao Zedong*, vol. 4, p. 364.

26 보다 낙관적인 평가를 보려면 Marie-Claire Bergère, 'Les Capitalistes shanghaïens et la période de transition entre le régime Guomindang et le communism (1948-1952)', *Etudes Chinoises*, 8, no. 2 (Autumn 1989), p. 22를 참조하라.

27 Rossi, *The Communist Conquest of Shanghai*, p. 65; 'Merchants and the New Order', *Time*, 17 March 1952; John Gardner, 'The Wu-fan Campaign in Shanghai', in Doak Barnett, *Chinese Communist Politics in Action*, Seattle: University of Washington Press, 1969, pp. 477~539.

28 Loh, *Escape from Red China*, pp. 85~89.

29 Report by Luo Ruiqing, 24 Feb. 1952, Sichuan, JX1-812, p. 29; *Changjiang ribao*, 12 March 1952, quoted in Theodore Hsi-en Chen and Wen-hui C. Chen, 'The "Three-Anti" and "Five-Anti" Movements in Communist China', *Pacific Affairs*, 26, no. 1 (March 1953), p. 15.

30 Loh, *Escape from Red China*, pp. 85~89, 95 and 97; Bo Yibo, Report from Shanghai, Hebei, 12 April 1952, 888-1-10, pp. 27~28; Report on a denunciation meeting, Shanghai, 4 April 1952, B182-1-373, pp. 183~185.

31 Chow, *Ten Years of Storm*, p. 125; Report on a denunciation meeting, 15 April 1952, Shanghai, B182-1-373, pp. 232~235 ; Sichuan, 12 May 1952, JX1-420, p. 30; Guangdong, 1952, 204-1-69, pp. 73~74; Guangdong, 10 Oct. 1952, 204-1-69, pp. 45~47 and 55~59; *Neibu cankao*, 5 Feb. 1952, p. 31.

32 Loh, *Escape from Red China*, p. 98; Chow, *Ten Years of Storm*, p. 133.

33 Loh, *Escape from Red China*, p. 98; Shanghai, 27 March 1952, B182-373, p. 144; 상하이의 운동에 대해서는 Yang, *Zhonghua renmin gongheguo jianguo shi yanjiu*, pp. 260~307을 필히 참조하라.

34 Instructions from the Centre and Report from Tianjin, Hebei, 15 Feb. 1952, 888-1-10, p. 31; Report by Beijing to the Centre, 13 Feb. 1952, Sichuan,

JX1-420, p. 6; Shanghai, July 1952, B13-2-287, p. 20.

35 Hutheesing, *Window on China*, p. 165.

36 Gardner, 'The Wu-fan Campaign in Shanghai', p. 524; Loh, *Escape from Red China*, p. 117; Walker, *China under Communism*, p. 108.

37 Instructions from the Centre and Report from Tianjin, Hebei, 15 Feb. 1952, 888-1-10, pp. 31~35; Report by Tan Zhenlin to Mao Zedong, Sichuan, 5 May 1952, JX1-812, pp. 180~181; 삼반 운동과 오반 운동 탓으로 여겨지는 세수 급감에 대해서는 Report from the North-east Tax Bureau to the Centre, 31 Oct. 1952, Gansu, 91-1-495, pp. 82~91을 참조.

38 Report on Trade, 10 Jan. 1953, Zhejiang, J125-2-29, pp. 1~3; Report by Tan Zhenlin to Mao Zedong, Sichuan, 5 May 1952, JX1-812, pp. 180~181; Report from the South China region, March 1953, Guangdong, 204-1-91, p. 12; Guangdong, 1 March 1953, 204-1-91, pp. 118~120.

39 Report by Tan Zhenlin to Mao Zedong, Sichuan, 5 May 1952, JX1-812, pp. 180~181; Report by South China to Mao Zedong, Sichuan, 19 Feb. 1952, JX1-812, pp. 16~22; Report from Subei to Mao Zedong, Sichuan, 19 March 1952, JX1-812, p. 106; *Neibu cankao*, 22 Feb. 1952, pp. 167~168.

40 Report by South China to Mao Zedong, Sichuan, 19 Feb. 1952, JX1-812, pp. 16~22; Report by Tan Zhenlin to Mao Zedong, Sichuan, 5 May 1952, JX1-812, pp. 180~181; Instructions from the Centre, Sichuan, March 1953, JX1-813, pp. 44~45; *Neibu cankao*, 25 Feb. 1952, pp. 192~193.

9장 사상 개조

1   Michael Bristow, 'Hu Warns Chinese Communist Party', BBC News, 30 June 2011.

2   Chang and Halliday, *Mao*, pp. 193~194 and 238~240.

3   위의 책, p. 242; 왕스웨이에 관해서는 Huang Changyong, *Wang Shiwei zhuan* (A biography of Wang Shiwei), Zhengzhou: Henan renmin chubanshe, 2000도 참조; Dai Qing, *Wang Shiwei and 'Wild Lilies': Rectification and Purges in the Chinese Communist Party, 1942-1944*, Armonk, NY: M. E. Sharpe, 1994.

4　Chang and Halliday, *Mao*, pp. 240~246; Gao, *Hong taiyang*, pp. 304~305; see also Cheng Yinghong, *Creating the 'New Man': From Enlightenment Ideals to Socialist Realities*, Honolulu: University of Hawai'i Press, 2009.

5　Mao Zedong, 'Cast Away Illusions, Prepare for Struggle', 14 Aug. 1949, *Selected Works of Mao Zedong*, vol. 4, p. 428.

6　Cheng Yuan interviewed by Wang Ying, 7 Nov. 2008, Wang Ying, 'Gaizao sixiang: Zhengzhi, lishi yu jiyi (1949-1953)' (Reforming thoughts: Politics, history and memory, 1949-1953), doctoral dissertation, Beijing: People's University, 2010, pp. 121~122.

7　Liu Xiaoyu interviewed by Wang Ying, Beijing, 27 Nov. 2008, Wang, 'Gaizao sixiang', pp. 150~155.

8　Wang, 'Gaizao sixiang', pp. 111~112; Mao Zedong, 'Letter to Feng Youlan', 13 Oct. 1949, in Michael Y. M. Kau and John K. Leung (eds), *The Writings of Mao Zedong: 1949-1976*, Armonk, NY: M. E. Sharpe, 1986, vol. 1, p. 17; Pei Yiran, 'Zijie peijian: Fanyou qian zhishifenzi de xianluo' (The 'disarmament' of Chinese intellectuals before the anti-rightist campaign), *Ershiyi shiji*, no. 102 (Aug. 2007), p. 35.

9　Mao Zedong, 'Report on an Investigation of the Peasant Movement in Hunan', March 1927, *Selected Works of Mao Zedong*, vol. 1, p. 24.

10　Liu Yufen interviewed by Wang Ying, Beijing, 19 Nov. 2008, in Wang, 'Gaizao sixiang', pp. 83~87.

11　위의 책.

12　Reports on land reform from the Democratic League, Hubei, SZ37-1-7, 11 Aug. 1950; *Neibu cankao*, 28 Aug. 1950, pp. 88~89; 21 Dec. 1951, pp. 92~93; 토지 개혁을 반대한 예는 둥스진이 실화를 소설화한 이야기에 나온다, S. T. Tung, *Secret Diary from Red China*, Indianapolis: Bobbs-Merrill, 1961; Yue Daiyun, *Siyuan, shatan, Weiminghu: 60 nian Beida shengya* (1948-2008) (Sixty years at Beijing University, 1948-2008), Beijing: Beijing daxue chubanshe, 2008이 Wang, 'Gaizao sixiang', pp. 88~89에 인용됨.

13　DeMare, 'Turning Bodies and Turning Minds', pp. 289~290; Wang, 'Gaizao sixiang', p. 93; Mao, *Jianguo yilai*, vol. 2, p. 198.

14　DeMare, 'Turning Bodies and Turning Minds', pp. 298 and 93.

15 Philip Pan, *Out of Mao's Shadow: The Struggle for the Soul of a New China*, Basingstoke: Picador, 2009, pp. 31~32; 린자오는 후에 많은 다른 이들처럼 정권의 희생양이 되었다. 1960년에 반혁명주의자 혐의로 체포된 그녀는 8년 후에 비밀리에 처형당하기 전 감옥에서 마오쩌둥에 대한 비판글 수백 장을 썼고 그중 일부는 자신의 피로 썼다.

16 1949년 이후 옌안 전통의 직접 계승에 관해서는 Gao, *Hong taiyang*, p. 388 참조; 내가 마오쩌둥의 선언문을 발췌한 출처는 Loh, *Escape from Red China*, p. 78; 보다 공식적인 번역문은 Cheng, *Creating the 'New Man'*, p. 70에 나옴; Wu Ningkun and Li Yikai, *A Single Tear: A Family's Persecution, Love, and Endurance in Communist China*, London: Hodder & Stoughton, 1993, p. 7.

17 Wu and Li, *A Single Tear*, p. 5; Cheng, *Creating the 'New Man'*, p. 65.

18 Loh, *Escape from Red China*, pp. 78~81.

19 Instructions from the Centre and Report from Nanjing, 17 and 18 Feb. 1952, Guangdong, 204-1-253, pp. 28~31; 마오쩌둥의 지지 표명은 Mao, *Jianguo yilai*, vol. 3, p. 232에 나오는데 보고서는 포함되지 않았다; 청더에 관해서는 Report from the Centre, Shandong, 11 July 1953, A1-5-49, p. 19 참조.

20 Pei, 'Zijie peijian', p. 36.

21 Loh, *Escape from Red China*, pp. 78~81.

22 Liu Xiaoyu interviewed by Wang Ying, Beijing, 27 Nov. 2008, Wang, 'Gaizao sixiang', pp. 152~153.

23 Pei, 'Zijie peijian', p. 37.

24 Instructions from the Ministry of Education, Shandong, 7 Feb. 1952, A29-2-35, pp. 1~4; Report from the Centre, Shandong, 23 June 1953, A1-5-49 , p. 8; Report to and from the Centre and the Ministry of Education, 14 May, 9 June, 13 Sept. and 8 Oct. 1953, Shaanxi, 123-1-423, entire folder.

25 Cheng, *Creating the 'New Man'*, p. 75; Loh, *Escape from Red China*, pp. 71 and 78~79.

26 Loh, *Escape from Red China*, p. 82.

27 'No Freedom of Silence', *Time*, 2 Oct. 1950; 마오쩌둥이 후스의 강의를 청강하려 했다는 이야기는 목격자인 도서관 사서 장푸루이가 장필립 베자에게 들려준 것이다; 후스와 그의 아들 후쓰두에 관해서는 Shen Weiwei, 'The Death of Hu Shi's Younger Son, Sidu', *Chinese Studies in History*, 40, no. 4 (Summer

2007), pp. 62~77 참조.

28 Report from the Centre and Letter from Liang Shuming, Hebei, 30 Jan. 1952, 888-1-10, pp. 18~19; Mao Zedong, 'Criticism of Liang Shuming's Reactionary Ideas', 16-18 Sept. 1953, *Selected Works of Mao Zedong*, vol. 5, p. 121; 1953년 9월에 있었던 마오쩌둥와 량수밍의 논쟁에 대해서는 Dai Qing, 'Liang Shuming and Mao Zedong', *Chinese Studies in History*, 34, no. 1 (Autumn 2000), pp. 61~92에 나오는데 이 논문에는 1년 후의 논쟁을 위한 장을 마련한 1952년의 대립에 관해서는 언급되어 있지 않다.

29 Kirk A. Denton, *The Problematic of Self in Modern Chinese Literature: Hu Feng and Lu Ling*, Stanford: Stanford University Press, 1998, p. 88.

30 Merle Goldman, 'Hu Feng's Conflict with the Communist Literary Authorities', *China Quarterly*, no. 12 (Oct. 1962), pp. 102~137 참조; Andrew Endrey, 'Hu Feng: Return of the Counter-Revolutionary', *Australian Journal of Chinese Affairs*, 5 (Jan. 1981), pp. 73~90; Yu Fengzheng, *Gaizao: 1949-1957 nian de zhishifenzi* (Reform: Intellectuals from 1949 to 1957), Henan renmin chubanshe, 2001, pp. 358~427.

31 Wu and Li, *A Single Tear*, pp. 35~38.

32 Charles J. Alber, *Embracing the Lie: Ding Ling and the Politics of Literature in the People's Republic of China*, London: Praeger, 2004; Pei, 'Zijie peijian', p. 40.

33 Sun and Dan, *Engineering Communist China*, pp. 23~24.

34 Yearly report from the Ministry of Public Security, Shandong, 28 April 1956, A1-1-233, pp. 57~60; Report from the Provincial Party Committee's Five-Man Team to the Central Ten-Man Team, Hebei, 22 Sept. 1955, 886-1-5, p. 31; 노동 수용소에 관한 장에서 볼 수 있듯이 1955년에 체포된 전체 인원수는 훨씬 많다.

35 루딩이는 18성(省) 회의에서 500건의 자살 시도에 대해 보고했다: Shandong, 4 Aug. 1955, A1-2-1377, p. 21; 상황을 더 잘 파악했던 뤄루이칭은 이 숫자를 4,200이라고 했다: Report by Luo Ruiqing, Hebei, 16 July 1956, 886-1-17, pp. 30~31; Wu and Li, *A Single Tear*, p. 40; Pei, 'Zijie peijian', p. 37; Report by Luo Ruiqing, Hebei, 27 April 1955, 855-3-617, pp. 14~17; Report by Luo Ruiqing, Hebei, 20 June 1955, 855-3-617, p. 21.

36 Walker, *China under Communism*, pp. 193~194; Beijing, 14 March and 6

Sept. 1956, 2-8-184, pp. 10 and 40; Beijing, 23 and 27 Oct. 1954, 2-2-40, 50-4; Beijing, 1955, 2-8-186, pp. 43~47.

37 Walker, *China under Communism*, pp. 193~194.

38 위의 책, pp. 195~196; *Renmin ribao*, 29 July 1953, p. 3; 금의 사용 제한에 관해서는 Instructions from the People's Bank of China, 10 June 1954, Shandong, A68-2-920, pp. 4~6 참조.

39 Maria Yen, *The Umbrella Garden: A Picture of Student Life in Red China*, New York: Macmillan, 1953, p. 171.

40 Kang, *Confessions*, pp. 17~19.

41 Walker, *China under Communism*, p. 199.

42 Dikötter, *China before Mao*, pp. 78~80.

43 Yen, *The Umbrella Garden*, pp. 173~175; Mark Tennien, *No Secret is Safe: Behind the Bamboo Curtain*, New York: Farrar, Straus & Young, 1952, pp. 119~120.

44 Beijing, 2-5-32,7 Oct. 1953, p. 1; 31 March 1954, p. 6; 23 Aug. 1954, p. 20.

45 Yen, *The Umbrella Garden*, pp. 166~167.

46 He Qixin, 'China's Shakespeare', *Shakespeare Quarterly*, 37, no. 2 (Summer 1986), pp. 149~159; Simon S. C. Chau, 'The Nature and Limitations of Shakespeare Translation', in William Tay et al. (eds), *China and the West: Comparative Literature Studies*, Hong Kong: Chinese University Press, 1980, p. 249.

47 Willens, *Stateless in Shanghai*, p. 228; 1950년대의 혁명적인 연극에 대해서는 Constantine Tung, 'Metamorphosis of the Hero in Chairman Mao's Theater, 1942-1976', unpublished manuscript 참조.

48 Dikötter, *Exotic Commodities*, pp. 252~255.

49 Priestley, 'The Sino-Soviet Friendship Association', p. 289; Clark, *Chinese Cinema*, pp. 40~41; Yen, *The Umbrella Garden*; pp. 178~179; 또한Julian Ward, 'The Remodelling of a National Cinema: Chinese Films of the Seventeen Years (1949-66)', in Song Hwee Lim and Julian Ward (eds), *The Chinese Cinema Book*, London: British Film Institute, 2011, pp.87~94도 참조.

50 Hu Qiaomu, Talk at the United Front Work Department, 1 Feb. 1951, Guangdong, 204-1-172, pp. 118~119.

51 Holmes Welch, *Buddhism under Mao*, Cambridge, MA: Harvard University Press, 1972, pp. 1 and 69~70; Richard C. Bush, *Religion in Communist China*,

Nashville: Abingdon Press, 1970, p. 299.

52 Peter Goullart, *Forgotten Kingdom*, London: John Murray, 1957, pp. 291~299.

53 Report from the South-west China Region's Party Committee, Shandong, 31 Dec. 1952, A1-5-78, pp. 48~50.

54 Walker, *China under Communism*, pp. 188~189; Welch, *Buddhism under Mao*, pp. 48~49.

55 Welch, *Buddhism under Mao*, pp. 68 and 80; Report by Wang Feng, Shandong, 18 March 1955, A14-1-21, pp. 32~37.

56 James Cameron, Mandarin Red: A Journey behind the 'Bamboo Curtain', London: Michael Joseph, 1955, pp. 104~106; Welch, *Buddhism under Mao*, p. 150 and ch. 6; 중국이 어쩔 수 없이 일부 종교를 허용한 것과 관련해 미국이 한 역할에 대해 Report by Wang Feng, Shandong, 18 March 1955, A14-1-21, pp. 32~37에 기술되어 있다.

57 Report from the Centre, 17 April 1953, Jilin, 1-7(2)-7, pp. 101~104 and 120~125; Report by Wang Feng, Shandong, 18 March 1955, A14-1-21, pp. 32~37.

58 C. K. Yang, *A Chinese Village in Early Communist Transition*, Cambridge, MA: Harvard University Press, 1959, pp. 194~196.

59 Hebei, 15 Feb. and 2 March 1951, 855-1-137, pp. 2 and 9; Bush, *Religion in Communist China*, pp. 386~388; Kou Qingyan, Report on Border Defence and the Campaign against Counter-Revolutionaries, 28 Oct. 1951, Guangdong, 204-1-27, pp. 152~155; Report by Luo Ruiqing, 18 Feb. 1953, Shandong, A1-5-85, pp. 10~11.

60 C. K. Yang, *Religion in Chinese Society: A Study of Contemporary Social Functions of Religion and Some of their Historical Factors*, Berkeley: University of California Press, 1961, p. 400; Sichuan, 4 Aug. 1955, JX1-418, pp. 117~118; *Neibu cankao*, 3 Jan. 1955, pp. 2~4.

61 Walker, *China under Communism*, p. 190.

62 Bush, *Religion in Communist China*, p. 113; Zhang Yinxian interviewed by Liao Yiwu, *God is Red*, pp. 18~19.

63 Order from the Provincial Parry Committee, Shandong, 24 June 1952, A1-5-59, pp. 115~116.

64 Bush, *Religion in Communist China*, p. 116; Cameron, *Mandarin Red*, p. 190.

65 수치들의 출처는 Report from the Centre, 7 May 1954, Shandong, A14-1-16, p. 2; 종교의 부활에 대해 Shandong, 28 Sept. 1955, A14-1-21, pp. 39~42에 나옴; Sichuan, 4 Aug. 1955, JX1-418, pp. 117~118.

66 Bush, *Religion in Communist China*, pp. 124~127.

67 Report on religion from the Sichuan Provincial Parry Committee, Shandong, 1952, A1-5-7 8, pp. 75~77.

68 *Neibu cankao*, 26 June 1950, pp. 97~101; 123-1-83, Zhang Desheng, Report on Pingliang Rebellion, Shaanxi, 24 June 1950, 123-1-83, pp. 92~96.

69 닝딩 현에 대해서는 Sichuan, 6 Feb. 1952, JX1-879, pp. 3~6 참조; 다른 봉기들에 관해서는 Shandong, A1-5-78, entire file 참조.

70 Bush, *Religion in Communist China*, p. 269; Tyler, *Wild West China*, pp. 138~140.

71 Bush, *Religion in Communist China*, pp. 274~275 and 281; James A. Millward, *Eurasian Crossroads: A History of Xinjiang*, New York: Columbia University Press, 2007, pp. 248~249.

72 Willard A. Hanna, 'The Case of the Forty Million Missing Muslims', 20 Sept. 1956, Institute of Current World Affairs.

10장 농노제로 가는 길

1 Mao Zedong, 'On the People's Democratic Dictatorship: In Commemoration of the 28th Anniversary of the Communist Parry of China, June 30, 1949', *Selected Works of Mao Zedong*, vol. 4, p. 419.

2 발표된 통계 수치에 근거해 1949년과 1958년 사이 곡물 산출량이 어떻게 증가했는지 보여 주는 부수적인 문헌들이 많이 있다(Carl Riskin, China's Political Economy: The Quest for Development since 1949, Oxford: Oxford University Press, 1987가 좋은 예다). 이러한 문헌들의 낙관적인 면에 대해 기록 보관소의 자료를 근거로 반론을 펼 수도 있지만, 이 장과 뒤이은 장에서 중점적으로 다루려고 하는 것은 곡물 산출량에서 비록 약소한 증가가 있었다 하더라도 그것은 이야기의 일부일 뿐이라는 점이다. 왜냐하면 과도하게 곡물 수확량을 늘리려는 시도는 다른 경제 활동을 대가로 하여 시행되었고 단지 인력의 거대한 투입 덕분에 실현될 수 있었으며 점점 늘어나는 국가의 조달률 때문에 농촌에 궁극적인 도움을 주

지 못했기 때문이다. 이 장에서는 집산화의 다른 사회적 경제적 비용도 조명된다.

3   Report from Yichang County, Hubei, 5 and 15 April 1952, SZ1-2-100, pp. 58~60.

4   Tung, *Secret Diary*, pp. 94~95.

5   Sichuan, 20 March 1953, JK1-729, pp. 26~27; Sichuan, 23 Feb. 1953, JK1-729, pp. 56~57.

6   Guangdong, June 1953, 204-1-94, pp. 122~128.

7   위의 책; Report by the Provincial Party Committee's Bureau for Policy Research, 1952, Hubei, SZ1-2-114, pp. 53~54.

8   Jilin, 19 Jan., 16 and 22 March and 23 June 1951, 2-7-56, pp. 2, 14~15, 26 and 84.

9   Report from the Ministry of Internal Affairs, Sept. 1952, Zhejiang, J103-4-71, pp. 42~45.

10 위의 책, pp. 44~45; Report from the Ministry of Agricultural Work, 28 Aug. and 18 Sept. 1953, Jilin, 1-7(2)-7, pp. 101~104 and 107~109; Jilin, 20 Nov. 1950 and 7 Aug. 1951, 2-7-47, pp. 23~24 and 127~128; Reports on the Three-Anti Campaign by the East China Region, Shandong, 1 July and 29 Aug. 1952, A1-1-45, pp. 13 and 81.

11 Sichuan, 21 June 1953, JK1-13, p. 42.

12 Shaanxi, 24 June 1950, 123-1-83, pp. 152~154; Hubei, 1951, SZ37-1-39, n.p.; 부업의 감소에 대한 장기적인 분석을 보려면 Gao Wangling, *Lishi shi zenyang gaibian de: Zhongguo nongmin fonxingwei, 1950-1980* (How history is changed: Acts of resistance among the farmers in China, 1950-1980), Hong Kong: Chinese University of Hong Kong Press, 2012 참조.

13 Hubei, 23 May 1952, SZ37-1-174, n.p., and Hubei, 30 May 1951, SZ1-5-75, p. 60; Hubei, 1951, SZ37-1-39, n.p.

14 *Neibu cankao*, 25 March 1953, p. 605; 4 April 1953, p. 83; 9 April 1953, p. 185; 20 April 1953, p. 417; 29 April 1953, p. 559; 22 June 1953, pp. 354~355; Report from the Ministry of Agricultural Work, 28 Aug. and 18 Sept. 1953, Jilin, 1-7(2)-7, pp. 101~104 and 107~109.

15 Report from the Shandong Provincial Party Committee, 4 Oct. 1953, Jilin, 1-7(2)-7, pp. 69~70; 충분한 열량을 얻기 위해 필요한 양은 Jean C. Oi, *State and Peasant in Contemporary China: The Political Economy of Village Government,*

Berkeley: University of California Press, 1989, pp. 48~49에 나온다; Urgent Telegram to the Centre, 17 Feb. 1955, Jilin, 1-1(11)-81, pp. 1~3; 난허 현에 대해서는 Report from the Centre, 28 Aug. 1953, Jilin, 1-7(2)-7, pp. 101~104 and 117~118 참조.

16 Report on the western region of Guangdong, June 1953, Guangdong, 204-1-94, pp. 73~77; Jilin, 15 and 30 Dec. 1954, 1-1(10)-74, pp. 33 and 34.

17 Report on the western region of Guangdong, June 1953, Guangdong, 204-1-94, pp. 73~77.

18 Jilin, 12 May 1953, 55-7-2, p. 45; Sichuan, 23 Feb. 1953, JK1-729, p. 57.

19 Jilin, 12 Oct. 1954, 1-7(3)-2, p. 4; 24 Feb. 1955, 1-7(4)-1, p. 5; Zhang, *Yijiusijiu nianhou Zhongguo nongcun zhidu biange shi*, pp. 111~112.

20 예를 들어 Report from the Henan Party Committee's Financial Committee, Shandong, 6 March 1953, A1-2-138, pp. 7~14와 Guangdong, Aug. 1953, 204-1-95, pp. 31~37 참조.

21 Report by Cao Juru at Second National Conference on Finances, 28 July 1953, Shandong, A1-2-143, pp. 138~140; Bo, Ruogan zhongda shijianyu juece de huigu; vol. 1, pp. 267~280.

22 대외 무역 적자가 1억 4000만에 달했다: Report from Cao Juru at Second National Conference on Finances, 28 July 1953, Shandong, A1-2-143, pp. 138~140 참조; Report from the People's Government on Foreign Trade, Aug. 1953, Shandong, A1-2-08, pp. 70~71.

23 Minutes of conversation between Stalin and Zhou Enlai, 3 Sept. 1952, Archives of the President, Russian Federation, 45-1-329, pp. 75~87이 *Cold War International History Project Bulletin*, nos 6-7 (Winter 1995-6), pp. 10~17에 번역되어 인용됨.

24 Li Fuchun, Report on the Soviet Union's reactions to the Five-Year Plan, Shandong, 21 June 1953, A1-2-144, pp. 67~87, 인용문은 p. 73에 있다; Mao's Instructions on the 1953 Plan, 1953, Hubei, SZ1-2-115, pp. 7~10; 또한 Zhang Shu Guang, *Economic Cold War: America's Embargo against China and the Sino-Soviet Alliance, 1949-1963*, Stanford: Stanford University Press, 2001, pp. 109~110도 참조; 스탈린이 1953년 3월에 사망하기 몇 달 전에 제1차 5개년 계획을 다시 다루게 된 배경에 대해서는 이 회고록들을 참조하라, Yuan Baohua, 'Fu

Sulian tanpan de riri yeye' (The days and nights of negotiation during my visit to Moscow), D*angdai Zhongguo shi yanjiu*, Jan. 1996, pp. 17~22, and Li Yuran, 'Woguo rong Sulian shangtan' (Our country's negotiations with the Soviet Union), in Pei Jianzhang, *Xin Zhongguo waijiao fengyun* (The shifting winds of new China's foreign relations), Beijing: Shijie zhishi, 1991 , vol. 2, pp. 15~18; Bo, *Ruogan zhongda shijian yu juece de huigu*, vol. 1, pp. 305~309.

25 전매를 둘러싼 결정과 논쟁들에 관해서는 주요 관련자 중 한 명의 회고록을 참조하라, Bo, *Ruogan zhongda shijian yu juece de huigu*, vol. 1, pp. 267~280.

26 위의 책, pp. 267~272.

27 Guangdong, 1954, 204-1-122, pp. 19~21 and 31~33; Guangdong, Dec. 1953, 204-1-222, pp. 69 and 113; An Pingsheng, Report on Procurements in East Guangdong region, 8 Jan. 1954, 204-1-337, pp. 89~91.

28 Report by Li Tingxu on the Situation in Jiangxi, 15 Feb. 1954, Shaanxi, 123-1-1203, pp. 10~11.

29 Report by the Jingzhou Public Security Bureau, 28 Feb. 1954, Shaanxi, 123-1-1203, pp. 23~25; Sichuan, 4 Aug. 1955, JX1-418, pp. 115~116.

30 Guangdong, 1954, 204-1-122, pp. 19~21 and 31~33; Guangdong, Dec. 1953, 204-1-222, pp. 69 and 113; An Pingsheng, Report on Procurements in East Guangdong, 8 Jan. 1954, 204-1-337, pp. 89~91; Reports from the North-west Region, Gansu Provincial Party Committee and the Gannan Region, 21 and 29 Jan. and 1 Feb. 1954, Shaanxi, 123-1-1204, pp. 2~11; Hebei, 19 Nov. 1953 , 25 and 26 Dec. 1953 and 13 March 1954, 855-2-420, pp. 2, 17, 26, 29 and 40~47.

31 Report from South China region, Hebei, 19 Feb. 1955, 855-3-605; Report by Luo Ruiqing at the National Conference on Public Security, Shandong, 13 June 1955, A1-2-1377, pp. 66~67 and 72; Sichuan, 4 Aug. 1955, JX1-418, pp. 115~116.

32 Reports from the North-west Region, Gansu Provincial Party Committee and the Gannan Region, 21 and 29 Jan. and 1 Feb. 1954, Shaanxi, 123-1-1204, pp. 2~11, 인용문은 p. 8에 나옴.

33 Guangdong, 1954, 204-1-122, pp. 19~21 and 31~33; Guangdong, Dec. 1953, 204-1-222, pp. 69 and 113; An Pingsheng, Report on Procurements in

East Guangdong, 8 Jan. 1954,204-1-337, pp. 89~91; Report by the Jiangxi Provincial Party Committee, 4 March 1954, Shaanxi, 123-1-1203, pp. 3~10.

34 Joseph Needham and Francesca Bray, *Science and Civilisation in China*, vol. 6: *Biology and Biological Technology*, part 2: *Agriculture*, Cambridge: Cambridge University Press, 1984, p. 401.

35 Oi, *State and Peasant in Contemporary China*, p. 75.

36 Shandong, 2 Feb. 1954, A1-2-236, pp. 12~15; Tung, *Secret Diary*, p. 142.

37 Report from the Bureau for Grain, 4 June 1963, Shandong, A131-1-70; Hebei, 10 Oct. 1956, 855-3-889, p. 36; Shaanxi, 1965, 231-1-703, entire table; Urgent Telegram to the Centre, 17 Feb. 1955, Jilin, 1-1(11)-81, pp. 1~3.

38 Oi, *State and Peasant in Contemporary China*, pp. 48~49; Talk by Deng Zihui, 15 July 1954, Guangdong, 209-1-22, pp. 1~5.

39 Instructions from the Centre on the grain monopoly, 2 Jan. 1954, Guangdong, 204-1-337, p. 46; 기근에 대한 보고서들은 *Neibu cankao*, 7, 9 and 12 April 1954, pp. 70~71, 88~89 and 126에 있다; *Neibu cankao*, 13 and 14 May 1954, pp. 174~175; 186~187; *Neibu cankao*, 30 June 1954, pp. 371~372; *Neibu cankao*, 7 July 1954, pp. 117~118.

40 Instructions from the Centre, 28 Aug. 1954, Guangdong, 204-1-333, pp. 167~169; Hebei, 3 March and 3 Aug. 1955, 855-3-605, pp. 39 and 68~75; 면화와 기름에 대한 전매에 대해서는 Zhang, *Yijiusijiu nianhou Zhongguo nongcun zhidu biange shi*, p. 101 참조.

41 Background information in Tiejun Cheng and Mark Selden, 'The Origins and Social Consequences of China's *Hukou* System', *China Quarterly*, no. 139 (Sept. 1994), pp. 644~668; Shandong, 12 April 1954, A1-2-236, p. 14; Ministry of Labour, Report on Migration from the Countryside, 4 Dec. 1953, Gansu, 91-2-201, pp. 1~6; *Neibu cankao*, 5 Aug. 1954, pp. 76~77.

42 Cheng and Selden, 'The Origins and Social Consequences of China's *Hukou* System', pp. 644~668.

11장 고조

1 Lum, *Peking*, 1950-1953, pp. 164~165.

2 Telegram from Stalin to Mao, 20 April 1948, Archive of the President of the Russian Federation이 Andrei M. Ledovsky, 'Marshall's Mission in the Context of U.S.S.R.-China-U.S. Relations', in Larry I. Bland (ed.), *George C Marshall's Mediation Mission to China, December 1945-January 1947*, Lexington, VA: George C. Marshall Foundation, 1998, p. 435에 인용됨; Bo, *Ruogan zhongda shijian yu juece de huigu*, vol. 1, pp. 115~128.

3 Gao Wenqian, *Zhou Enlai: The Last Perfect Revolutionary*, New York: Public Affairs, 2007, pp. 87~88.

4 Gao, *Hong taiyang*, pp. 491~495.

5 마오쩌둥의 불면증에 대해서는 Li, *The Private Life of Chairman Mao*, pp. 107~113 참조; 마오쩌둥이 국정에 대해 보이는 변덕스럽고 종잡을 수 없는 태도와 경제학에 대한 무지에 대해서는 Michael M. Sheng, 'Mao and Chinese Elite Politics in the 1950s: The Gao Gang Affair Revisited', *Twentieth-Century China*, 36, no. 1 (Jan. 2011), p. 77 참조.

6 Chang and Halliday, *Mao*, pp. 385~386.

7 Bo, *Ruogan zhongda shijian yu juece de huigu*, vol. 1, pp. 241~242; Jin Chongji and Chen Qun (eds), *Chen Yun zhuan* (A biography of Chen Yun), Beijing: Zhongyang wenxian chubanshe, 2005, p. 880; 사건의 전모에 대해 Sheng, 'The Gao Gang Affair Revisited', and Frederick C. Teiwes, *Politics at Mao's Court: Gao Gang and Party Factionalism in the Early 1950s*, Armonk, NY: M. E. Sharpe, 1990, pp. 52~78에 상세히 기술되어 있다.

8 Sheng, 'The Gao Gang Affair Revisited, p. 79; Note to Liu Shaoqi dated 19 May 1953 in Mao, *Jianguo yilai*, vol. 4, p.229 (the emphasis is from Mao).

9 Mao Zedong, 'Refute Right Deviationist Views that Depart from the General Line', 15 June 1953, *Selected Works of Mao Zedong*, vol. 5, p. 93.

10 신민주주의의 포기에 대해서는 Lin Yunhui, *Xiang shehuizhuiyi guodu, 1953-55* (The transition to socialism, 1953-55), Hong Kong: Chinese University Press, 2009 참조.

11 Dai Maolin and Zhao Xiaoguang, *Gao Gang zhuan* (A biography of Gao

Gang), Xi'an: Shaanxi renmin chubanshe, 2011, pp. 306~307.

12 Goncharov, Lewis and Xue, *Uncertain Partners*, p. 68.

13 Wingrove, 'Gao Gang and the Moscow Connection', pp. 95~97.

14 스탈린의 죽음에 대해서는 Simon Sebag Montefiore, *Stalin: The Court of the Red Tsar*, New York: Knopf, 2004, p. 649에 서술되어 있다; 가오강의 모스크바 방문에 대해서는 Dai and Zhao, *Gao Gang zhuan*, p. 310 참조; 베이징으로 돌아가는 비행기 안에서 안드레이 레돕스키와 가오강이 나눈 대화가 Wingrove, 'Gao Gang and the Moscow Connection', p. 100에 인용됨.

15 Zhao Jialiang and Zhang Xiaoji, *Gao Gang zai Beijing*, Hong Kong: Dafeng chubanshe, 2008, p. 188.

16 베리야의 처형에 대해서는 William Taubman, *Khrushchev: The Man and his Era*, London, Free Press, 2003, p. 256 참조; Mao's comment about Sergei Goglidze is in his speech at Lushan on 11 September 1959, Gansu, 91-18-494, p. 126.

17 가오강의 죽음과 베이징의 보안 태세 둘 다에 대해서는 그의 비서가 쓴 책 Zhao and Zhang, *Gao Gang zai Beijing*, pp. 201 and 210에 서술되어 있다; 차 시중드는 소년의 이야기는 Chang and Halliday, *Mao*, p. 388에 나옴.

18 Wingrove, 'Gao Gang and the Moscow Connection', pp. 100~103.

19 Mao Zedong, On the Cooperative Transformation of Agriculture, Shandong, 31 July 1955, A1-2-292, pp. 19~42; 본문에서 인용한 번역문의 출처는 Kau and Leung, *The Writings of Mao Zedong, 1949-1976*, vol. 1, 603.

20 Liu Jianhui and Wang Hongxu, 'The Origins of the General Line for the Transition Period and of the Acceleration of the Chinese Socialist Transformation in Summer 1955', *China Quarterly*, no. 187 (Sept. 2006), pp. 729~730.

21 Pang Xianzhi and Jin Chongji (eds), *Mao Zedong zhuan, 1949-1976* (A biography of Mao Zedong, 1949-1976), Beijing: Zhongyang wenxian chubanshe, 2003, p. 377; Mao, *Jianguo yilai*, vol. 5, p. 209.

22 5월 17일 회의를 무시했다고 나중에 자백한 두 개의 성 당 위원회는 지린 성과 산둥 성이다: 그들의 자아비판을 보려면 Jilin, August 1955, 1-7(4)-1, pp. 72~79, and Report from the Provincial Party Committee, 17 Aug. 1955, Shandong, A1-1-188, pp. 204-6 참조; 7월 11일 회의에 대해 Pang and Jin, *Mao Zedong zhuan, 1949-1976*, pp. 380~381에 자세히 서술되어 있다; 또한 Liu and Wang, 'The Origins of the General Line', p. 730도 참조.

23 Mao Zedong, On the Cooperative Transformation of Agriculture, Shandong, 31 July 1955, A1-2-292, pp. 19~42.

24 Meeting with Provincial and Municipal Party Secretaries, Shandong, 15 Aug. 1955, A1-2-292, pp. 11~17; 펑이후는 중앙 위원회에 곡물 전매를 비판하는 편지를 보냈다.

25 이러한 통계들과 사회주의 고조 기간 동안에 일어난 합작사의 전반적인 확장에 대해 많은 자료들이 있는데 Kenneth R. Walker, 'Collectivisation in Retrospect: The "Socialist High Tide" of Autumn 1955-Spring 1956', China Quarterly, no. 26 (June 1966), pp. 1~43에서 그 수치들을 가져왔다; 맹인들에 대한 금지가 통과된 곳은 하이룽 현이다; Jilin, 4 Feb. 1956, 2-12-37, pp. 87~90 참조.

26 Instructions from the Centre, 15 March 1956, Guangdong, 217-1-8, p. 2.

27 Li Choh-ming, 'Economic Development', China Quarterly, no. 1 (March 1960), p. 42.

28 Loh, Escape from Red China, pp. 149~150; Guo Dihuo, 'Wo he Pan Hannian tongzhi de jiaowang', Shanghai wenshi ziliao xuanji, vol. 43 (1983), pp. 26~28, Bergère, 'Les Capitalistes shanghaïens et la période de transition entre le régime Guomindang et le communism (1948-1952)', p. 29에서 재인용함; 수십 년 후 복권되는 판한녠과 양판을 체포했던 숨겨진 이유는 복잡하며 가장 최근 정보는 Xiaohong Xiao-Planes, 'The Pan Hannian Affair and Power Struggles at the Top of the CCP (1953-1955)', China Perspectives, no. 4 (Autumn 2010), pp. 116~127 참조.

29 Report from the Jiangsu Provincial Party Committee, 27 Sept. 1955, Hebei, 855-3-617, pp. 24~31.

30 Pang and Jin, Mao Zedong zhuan, 1949-1976, pp. 448~449.

31 Loh, Escape from Red China, pp. 179~180.

32 위의 책, p. 188.

33 위의 책, pp. 181~192; 룽이런의 이후 경력에 대해서는 Becker, C. C. Lee, p. 63에 기술되어 있다.

12장 노동 수용소

1   초기 시기에 대해서는 퍼트리샤 그리핀의 작품이 여전히 해당 분야 최고의 참고 서적이다; Patricia E. Griffin, *The Chinese Communist Treatment of Counterrevolutionaries, 1924-1949*, Princeton: Princeton University Press, 1976 참조; 산둥 성에 대해서는 Frank Dikötter, 'The Emergence of Labour Camps in Shandong Province, 1942-1950', *China Quarterly*, no. 175 (Sept. 2003), pp. 803~817 참조; 중국의 노동 수용소에 대한 보다 개괄적인 역사를 알기 위해서는 현재까지 이 책을 능가하는 것이 없다, Jean-Luc Domenach, *L'Archipel oublié*, Paris: Fayard, 1992; 영어로 된 자료로는 해리 우의 책이 주요하다: Harry Hongda Wu, *Laogai: The Chinese Gulag*, Boulder: Westview Press, 1992; 또한 Philip F. Williams and Yenna Wu, *The Great Wall of Confinement: The Chinese Prison Camp through Contemporary Fiction and Reportage*, Berkeley: University of California Press, 2004도 참조.

2   Dikötter, *Crime, Punishment and the Prison in Modern China*.

3   Frank Dikötter, 'Crime and Punishment in Post-Liberation China: The Prisoners of a Beijing Gaol in the 1950s', *China Quarterly*, no. 149 (March 1997), pp. 147~159; 이러한 정치적인 범죄들에 대한 용어는 군통(軍統), 중통(中統), 국민당, 한간(漢奸), 반당(反黨)이다.

4   100만 명이라는 수치의 출처는 Report from the Third Conference on Public Security, 1 June 1951, Sichuan, JX1-834, p. 101; 후난 성에 대해서는 Report on Labour Camps, 8 June 1951 and Report from Li Xiannian on the Campaign against Counter-Revolutionaries, 1951, Hubei, SZ1-2-60, pp. 51, 79~85 and 115 참조; Report from the Guangxi Provincial Party Committee, 7 July 1951, Sichuan, JX1-836, pp. 78~82, also Hebei, 7 July 1951, 684-1-59, pp. 12~15.

5   Sichuan, 1951, JX1-839, pp. 486~487; Inspection Report on the Chongqing County Prison, 24 July 1951, Sichuan, JX1-342, pp. 33~34; 또한 Public Security Bureau Report on Prisons in Western Sichuan, 1951, Sichuan, JX1-342, pp. 92~93 참조; 서남 지역의 사망률에 대해서는 Sichuan, 5 Sept. 1951, JX1-839, pp. 386~387 참조; Hebei, 31 May 1951, 855-1-137, p. 47; Quentin K. Y. Huang, *Now I Can Tell: The Story of a Christian Bishop under Communist Persecution*, New York: Morehouse-Gorham, 1954, p. 22.

6   Mao Zedong to Deng Xiaoping, Rao Shushi, Deng Zihui, Ye Jianying, Xi Zhongxun and Gao Gang, 20 April 1951, Sichuan, JX1-834, pp. 75~77.

7   30만 명의 죄수를 노동에 투입하기로 한 결정은 Minutes of the Third National Conference on Public Security, Shandong, 16 and 22 May 1951, A1-4-9, pp. 14, 38 and 43에 나온다; Report by Luo Ruiqing, Shandong, 4 June 1951, A1-5-20, pp. 149~151.

8   Report from Luo Ruiqing to Mao Zedong, 5 Dec. 1951, Sichuan, JX1-834, pp. 240~245; 렌셴 현의 주석 광산에 대한 언급의 출처는 Report from Qian Ying, secretary of the Central Commission for Discipline Inspection, to Zhu De, 25 March 1953, Sichuan, JK1-730, p. 36.

9   Yearly report from the Ministry of Public Security, 28 April 1956, Shandong, A1-1-233, pp. 57~60; Sichuan, 21 June 1953, JK1-13, pp. 40~41; 노동 수용소 안의 전문가들에 대해서는 Order from Deng Xiaoping, 24 July and 13 Aug. 1956, Shandong, A1-1-233, pp. 74~75에 언급됨.

10 Duan, *Zhanfan zishu*; Report from the Inspectorate, 14 March 1953, Hebei, 855-2-298, pp. 16~27; Report from North-west China to the Centre, 21 March 1953, Hebei, 855-2-298, p. 30.

11 Sichuan, 20 March 1953, JK1-729, p. 29; Report on the Three-Anti Campaign in Judicial System, 16 March 1953, Beijing, 2-5-18, p. 6; 전기 장치에 관한 묘사는 Huang, *Now I Can Tell*, pp. 22~27 and 89에 나옴.

12 정신적 아우슈비츠에 대한 언급은 해리 우로부터 나온 것인데 그는 로버트 포드, 왕춘밍과 함께 Kate Saunders, *Eighteen Layers of Hell: Stories from the Chinese Gulag*, London: Cassell Wellington House, 1996, p. 73에 인용되어 있다; 수용소 재소자들이 서로를 때리도록 강요당한 일에 대한 자세한 묘사는 Harold W. Rigney, *Four Years in a Red Hell: The Story of Father Rigney*, Chicago: Henry Regnery, 1956, p. 156에 나온다; 또한 Huang, *Now I Can Tell*, pp. 106~110 참조; 오래전에 사이먼 리스는 노동 수용소로 끌려간 사람이 직면하는 두 가지 선택 사항에 대해 언급했는데 하나는 자살이고 다른 하나는 예전의 자신에 대한 완벽한 포기이다: Simon Leys, *Broken Images: Essays on Chinese Culture and Politics*, New York: St Martin's Press, 1980, p. 146 참조.

13 Report on Re-education through Labour Camps, 10 Jan. 1956, Shandong, A1-1-233, pp. 33~37; 30만이라는 수치는 Third National Conference of the

Ministry of Public Security on Reform through Labour, 27 Oct. 1955, Shandong, A1-1-233, p. 39에 나옴.

14 Report on Western Sichuan to the Fourth National Conference on Public Security, 19 July 1952, Sichuan, JX1-843, pp. 53~55; Report by Changwei County Party Committee, 22 May and 1 June 1953, Shandong, A1-5-85, pp. 86 and 992~994; Report by Luo Ruiqing, 6 Feb. 1953, Shandong, A1-5-85, pp. 20~23.

15 Loh, *Escape from Red China*, p. 69.

16 Report by Luo Ruiqing, 6 Feb. 1953, Shandong, A1-5-85, pp. 20~23.

17 *Neibu cankao*, 27 May 1950, pp. 80~81.

18 Report on the Huai River, 14 Oct. 1950, Nanjing, 4003-3-84, pp. 143~144.

19 *Neibu cankao*, 24 March 1951.

20 *Neibu cankao*, 23 March 1953, pp. 548~555.

21 Report on the Jingzhou region, 15 Dec. 1951, Hubei, SZ3 7-1-63, p. 3; Shaanxi, 27 Dec. 1953, 123-1-490, n.p., first document in folder.

22 Beijing, 30 March 1956, 2-8-58, p. 17.

23 Beijing, 1 Dec. 1956, 2-8-58, p. 34; Report by Xie Juezai on Migration, 27 July 1956, Beijing, 2-8-47, p. 4; Letters from the Public, 8 Dec. 1956, Beijing, 2-8-247, pp. 113~114.

24 Tyler, *Wild West China*, pp. 192~195.

13장 사회주의의 그늘

1 Valentin Chu, *The Inside Story of Communist China: Ta Ta, Tan Tan*, London: Allen & Unwin, 1964, pp. 13~14.

2 위의 책, pp. 37~48.

3 Cameron, *Mandarin Red*, pp. 33~35; 또한 Hung Chang-tai, M*ao's New World: Political Culture in the Early People's Republic*, Ithaca, NY: Cornell University Press, 2011, pp. 92~108도 참조; letter from Cai Shuli, 24 April 1957, Beijing, 2-9-230, p. 58; 중국 최초의 여성 트랙터 기사 중 한 명인 량쥔은 1953년 이후 포스터, 소설, 영화에서 칭송을 받았다(후에 그녀는 1위안 지폐의 도안 인물이

되었다).

4   이와 같은 이상주의적 의식에 대한 멋진 글이 Sheila Fitzpatrick, *Everyday Stalinism: Ordinary Life in Extraordinary Times: Soviet Russia in the 1930s*, New York: Oxford University Press, 1999, pp. 67~72에 있다.

5   Kinmond, *No Dogs in China*, pp. 27 and 171; 폴 홀랜더가 쓴 훌륭한 책의 중국에 관한 장도 참조하라, Paul Hollander, *Political Pilgrims: Western Intellectuals in Search of the Good Society*, Piscataway, NJ: Transaction Publishers, pp. 278~346.

6   Loh, *Escape from Red China*, pp. 161~162.

7   투어 시범 지역에 대한 뛰어난 글은 Chu, *The Inside Story of Communist China*, pp. 256~261에 있다; 또한 Hollander, *Political Pilgrims*도 참조.

8   Peter Schmid, *The New Face of China*, London: Harrap, 1958, p. 52; Wu, *Remaking Beijing*, p. 105; 또한 베이징에 대해서는 Wang Jun, *Beijing Record: A Physical and Political History of Planning Modern Beijing*, London: World Scientific, 2011 참조; Hung, *Mao's New World*, pp. 25~50.

9   J. M. Addis and Douglas Hurd, 'A Visit to South-West China' and 'A Visit to North-West China', 25 Oct. to 21 Nov. 1955, FO371-115169, pp. 4, 16 and 29; Kinmond, *No Dogs in China*, p. 113.

10 Sun Jingwen, Report at the First National Conference on City Building, 14 June 1954, Shandong, A107-2-307, pp. 49~67; Report by Gao Gang on capital construction at the Second National Conference on Financial and Economic Work, 29 June 1953 , Shandong, A1-2-144, pp. 53~59.

11 Kinmond, *No Dogs in China*, p 26.

12 Sun Jingwen, Report at the First National Conference on City Building, 14 June 1954, Shandong, A107-2-309, pp. 49~67, 인용문은 p. 55에 나옴; the report on urban planning by the Soviet expert Balakin, 15 June 1954, Shandong, A107-2-309, pp. 68~ 89도 참조; 이와 같은 공식적인 보고서 외에 대중이 인민 대표 대회에 보낸 편지에서 주택에 대한 불평들이 중요한 부분을 차지하는 예로 Beijing, 27 Dec. 1956, 2-8-247, pp. 125~126 and 181 참조; Instructions by Liu Shaoqi to the Ministry of Textile Industry, 22 Feb. 1956, Shandong, A1-2-387, p. 72; 둥자오 기차역에 대해 Beijing, 10 Nov. 1956, 2-8-247, p. 52에 언급되어 있다.

13 Li Fuchun, Report at the First National Design Conference, 24 Sept. 1957,

Shandong, A107-1-67, pp. 138~147.

14 Report from Anshan Party Committee, 22 March 1956, Shandong, A1-2-393, pp. 42~43.

15 Report from the Workers' Union, 25 June 1956, Nanjing, 4003-1-107, pp. 370~376.

16 Report on labour conditions circulated by the Centre, 22 March 1956, Nanjing, 4003-1-107, pp. 364~365.

17 Hubei, May 13 Aug. 1956, SZ29-1-13, pp. 2~3; Hubei, May 1956, SZ29-1-144, pp. 14~35; Report from the Federation of Trade Unions to the Centre, 29 May 1956, Shandong, A1-2-393, pp. 54~58; also in Nanjing, 4003-1-108, pp. 54~60.

18 Report from the Federation of Trade Unions to the Centre, 29 May 1956, Shandong, A1-2-393, pp. 54~58; also in Nanjing, 4003-1-108, pp. 54~60.

19 Report from the Workers' Union, 25 June 1956, Nanjing, 4003-1-107, pp. 370~376; Nanjing, 4 Feb. 1956, 4003-1-107, p. 48; Nanjing, 20 Feb. 1957, 4003-1-122, p. 25 ; Survey of Health Conditions in Factories, 1954, Nanjing, 5065-2-142, pp. 52~53.

20 Hubei, 28 March 1958, SZ44-2-158, pp. 16~59.

21 Report by the Youth League, 5 Aug. 1956, Shandong, A1-2-393, pp. 103~105.

22 Kawai Fan and Honkei Lai, 'Mao Zedong's Fight against Schistosomiasis', *Perspectives in Biology and Medicine*, 51, no. 2 (Spring 2008), pp. 176~187.

23 의학적인 논쟁에 대해서 David M. Lampton, *The Politics of Medicine in China: The Policy Process, 1949-1977*, Folkestone, Kent: Dawson, 1977, pp. 48 and 64~65에 언급되어 있다; 또한 Miriam D. Gross, 'Chasing Snails: Anti-Schistosomiasis Campaigns in the People's Republic of China', doctoral dissertation, University of California, San Diego, 2010도 참조.

24 Report on Eradication Work in the Last Half of 1957, 11 Sept. 1957, Hubei, SZ1-2-405, pp. 25~36.

25 Report on Leprosy in Xikang Province, 22 Aug. 1951, Sichuan, JK32-158, pp. 1~2; Report on Leprosy in Xikang Province, 1955, Sichuan, JK32-36, p. 8; *Neibu cankao*, 18 Dec. 1952, pp. 256~257; 또한 JK16-83, 1953, p. 3도 참조; Inspection Report on the Leper Colony at Yanbian, 1954, Sichuan, JK16-241,

pp. 6~8.

26 *Neibu cankao*, 13 May 1953, pp. 168~170.

27 Inspection Report on the Leper Colony at Yanbian, 1954, Sichuan, JK16-241, pp. 6-8; on Guangdong, see *Neibu cankao*, 14 April 1953, pp. 282~283.

28 *Neibu cankao*, 3 April 1953, pp. 59~61.

14장 독초

1 Taubman, *Khrushchev*, pp. 271~272.

2 Pang and Jin (eds), *Mao Zedong zhuan, 1949-1976*, p. 534; Li, *The Private Life of Chairman Mao*, pp. 182~184.

3 Taubman, *Khrushchev*, p. 272; Wu Lengxi, *Yi Mao zhuxi: Wo qinshen jingli de ruogan zhongda lishi shijian pianduan* (Remembering Chairman Mao: Fragments of my personal experience of certain important historical events), Beijing: Xinhua chubanshe, 1995, p. 57.

4 Loh, Escape from Red China, pp. 229~230.

5 Nanjing, 1957, Nanjing, 4003-1-122, p. 103; Report from the Federation of Labour Unions, 22 Feb. 1957, Nanjing, 4003-1-122, pp. 83~87; 1만 명이 넘는 학생 숫자의 출처는 Report from the Centre, 25 March 1957, Nanjing, 4003-1-122, pp. 78~82.

6 Report from the Ministry of Industry, 19 Feb. 1957, Guangdong, 219-2-112, pp. 99~100; Report from the Federation of Labour Unions, 22 Feb. 1957, Nanjing, 4003-1-122, pp. 83~87; Jilin, 20 May 195 7, 1-1(13)-50, p. 4; *Neibu cankao*, 24 Sept. 1956, pp. 615~616; 15-16 Nov. 1956, pp. 367-8 and 401-2; 17 Dec. 1956, pp. 342~343.

7 Yang Xinpei, Report on Xianju County, 13 Aug. 1957, Shandong, A1-1-318, pp. 93~98; Report from the Jiangsu Provincial Party Committee, 20 May 1957, Shandong, A1-1-318, p. 87.

8 Guangdong, 23 May 1957, 217-1-30, pp. 10~12; Report from the Shunde County Party Committee, 24 April 1957, Guangdong, 217-1-371, pp. 21~24; Report from the Xinyi County Party Committee, 6 March 1957, Guangdong,

217-1-408, pp. 16~18.

9   Guangdong, 15 Sept. 1957, 217-1-30, pp. 90~93.

10 Sichuan, 28 Mayeo 15 July 1957, JC1-1155, p. 24.

11 Report from the Ministry of Domestic Affairs, 27 Feb. 1957, Nanjing, 4003-1-122, pp. 66~67; Shandong, 9 March 1957, A1-1-318, p. 108; 참전 군인들의 비참한 생활에 대해서는 Neil J. Diamant, *Embattled Glory: Military Families, and the Politics of Patriotism in China, 1949-2001*, Lanham, MD: Rowman & Littlefield, 2009 참조.

12 Loh, *Escape from Red China*, p. 231.

13 On the Ten Great Relationships, 25 April 1956, circulated on 16 May 1956, Shandong, A1-2-387, pp. 2~17.

14 Li, *The Private Life of Chairman Mao*, p. 163; Chang and Halliday, *Mao*, p. 401.

15 Closing Speech at the Second Plenum of the Eighth Central Committee, 15 Nov. 1956, Gansu, 91-18-480, pp. 74~76.

16 Interjections by Mao at the Second Plenum of the Eighth Central Committee, 10-15 Nov. 1956, Gansu, 91-18-480, p. 60; Speech by Luo Ruiqing, 27 Nov. 1956, Hebei, 886-1-18, pp. 45~55.

17 Speech by Mao Zedong, 18 Jan. 1957, Gansu, 91-3-57, pp. 57~63; Interjection by Mao, 19 Jan. 1957, Gansu, 91-3-57, p. 77; Interjection by Mao, 23 Jan. 1957, Gansu, 91-3-57, p. 84; Speech by Mao, 27 Jan. 1957, Gansu, 91-3-57, pp. 71~72.

18 Speech to Enlarged Session of China's Supreme State Conference, 27 Feb. 1957, Gansu, 91-3-57, pp. 1~41; 거의 동일한 판본에 대한 번역문이 Roderick MacFarquhar, Timothy Cheek and Eugene Wu (eds), *The Secret Speeches of Chairman Mao: From the Hundred Flowers to the Great Leap Forward*, Cambridge, MA: Harvard University Press, 1989, pp. 131~189에 나온다; 또한 Loh, *Escape from Red China*, pp. 289~292 참조.

19 Loh, *Escape from Red China*, p. 293; 연설에 대한 또 다른 열광적인 반응들을 보려면 Eddy U, 'Dangerous Privilege: The United Front and the Rectification Campaign of the Early Mao Years', *China Journal*, no. 68 (July 2012), pp. 50~51 참조.

20 평전과 「인민일보」에 관해서는 Roderick MacFarquhar, *The Origins of the Cultural*

Revolution, vol. 1: *Contradictions among the People, 1956-1951*, London: Oxford University Press, 1974을 참조하고 특히 194쪽을 살펴보라.

21 좋은 예로 마오쩌둥이 민주주의자들과 상공업 대표단과 가진 회의를 참조하라, 7 Dec. 1956, Shandong, A1-2-387, p. 71; 지식인들에 대한 인용의 출처는 Mao's speech in Nanjing, 20 March 1957, Shandong, A1-1-312, pp. 2~17.

22 포스터의 색상에 대한 언급은 Yue Daiyun, *To the Storm: The Odyssey of a Revolutionary Chinese Woman*, Berkeley: University of California Press, 1985, p. 7에 나온다; Wu, *A Single Tear*, p. 54.

23 Dai Qing, *Liang Shuming, Wang Shiwei, Chu Anping*, Nanjing: Jiangsu wenyi chubanshe, 1989, pp. 236~238; 또한 Zhang Yihe, *Wangshi bingbu ruyan* (Do not let bygones be bygones), Beijing: Renmin wenxue chubanshe, 2004도 참조; 마오쩌둥은 뤄룽지의 말에 매우 상처받아서 제8차 중앙 위원회 3차 총회를 요약하면서 그 말에 대해 논평까지 했다, 9 Oct. 1957, Shandong, A1-1-3 15, p. 15.

24 Dai Huang, 'Righting the Wronged', in Zhang Lijia and Calum Macleod (eds), *China Remembers*, Oxford: Oxford University Press, 1999, p. 66; James P. McGough, *Fei Hsiao-t'ung: The Dilemma of a Chinese Intellectual*, White Plains, NY: M. E. Sharpe, 1979, pp. 61~62.

25 Loh, *Escape from Red China*, pp. 304~305.

26 위의 책, p. 301.

27 위의 책, p. 298; 우한에 관해서는 Roderick MacFarquhar (ed.), *The Hundred Flowers Campaign and the Chinese Intellectuals*, New York: Octagon Books, 1974, pp. 143~153 참조.

28 Elizabeth J. Perry, 'Shanghai's Strike Wave of 1957', *China Quarterly*, no. 137 (March 1994), pp. 1~27.

29 위의 책, p. 13; Loh, *Escape from Red China*, p. 300.

29 Yue, *To the Storm*, p. 7.

30 Li, *The Private Life of Chairman Mao*, p. 200.

31 'Things are Beginning to Change', *Selected Works of Mao Zedong*, vol. 5, pp. 441~442.

33 공식적인 우파의 숫자는 55만 2,887명이다(Henry Yuhuai He, *Dictionary of the Political Thought of the People's Republic of China*, Armonk, NY: M. E. Sharpe, 2001, p. 115), 하지만 반우파 투쟁에 대한 전문가들은 이 수치에는 비공식적인

박해가 포함되지 않았으며 이를 합하면 총수가 65만 명을 넘길 것으로 여긴다; 일례로 Hua Min, *Zhongguo da nizhuan: 'Fanyou' yundong shi* (China's great reversal: A history of the anti-rightist campaign), Flushing, NY: Mingjing, 1996, p. 148 참조; 덩샤오핑의 역할에 관해서는 Chung Yen-lin, 'The Witch-Hunting Vanguard: The Central Secretariat's Roles and Activities in the Anti-Rightist Campaign', *China Quarterly*, no. 206 (June 2011), pp. 391~411 참조; Song Yongyi (ed.), *Chinese Anti-Rightist Campaign Database*, Hong Kong: Universities Service Center for China Studies, 2010에 수많은 증거가 있다.

34 Report by the Beijing Municipal Party Committee, 7 July 1957, Gansu, 91-1-19, pp. 145~148; 추정된 연맹에 관해서는 Frederick C. Teiwes, *Politics and Purges in China: Rectification and the Decline of Party Norms*, Armonk, NY: M. E. Sharpe, 1993, pp. 235-240을 참조하라; 또한 Zhu Zheng, *Fan youpai douzheng shimo* (The history of the anti-rightist campaign), Hong Kong: Mingbao chubanshe youxian gongsi, 2004, pp. 275~313도 참조하라.

35 MacFarquhar, *The Hundred Flowers Campaign and the Chinese Intellectuals*, p. 264.

36 Zhu, *Fan youpai douzheng shimo*, pp. 275~313; Zhang, *Wangshi bingbu ruyan*; Dai, 'Righting the Wronged', p. 66; McGough, Fei Hsiao-t'ung, pp. 79~82.

37 Wu, *A Single Tear*, p. 64.

38 Yue, *To the Storm*, pp. 7 and 32.

39 Report by the Beijing Municipal Party Committee, 7 July 1957, Gansu, 91-1-19, pp. 145~148; 추정된 연맹에 관해서는 Teiwes, *Politics and Purges in China*, pp. 235~240 참조.

40 Wang Ning, 'The Great Northern Wilderness: Political Exiles in the People's Republic of China', University of British Columbia, doctoral dissertation, 2005, p. 33; Qian Xinbo, 'Jiaoxin cheng "youpai"' (Becoming a rightist by opening one's heart), in Niu Han and DengJiuping (eds), *jingji lu: jiyi zhong de fanyoupai yundong* (The thorny path: The anti-rightist campaign in memory), Beijing: Jingji ribao chubanshe, 1998, pp. 401~404; Dai, 'Righting the Wronged', p. 67.

41 He Ying interviewed by Wang, 'The Great Northern Wilderness', p. 48, 몇 군데에 문체를 변경함.

42 Cong Weixi, *Zouxiang hundun: Cong weixi huiyilu* (Towards chaos: Reminiscences of Cong Weixi), Guangzhou: Huacheng chubanshe, 2007, pp. 5~6이 Wang, 'The

Great Northern Wilderness', p. 137에 인용됨; Shen, 'The Death of Hu Shi's Younger Son, Sidu'.

43 Ding Ling, 'Dao Beidahuang qu' (To the Great Northern Wilderness), in Niu Han and Deng Jiuping (eds), *Yuan shang cao: jiyi zhong de janyoupai yundong* (Grass on the land: The anti-rightist campaign in memory), Beijing: Jingji ribao chubanshe, 1998, p. 318.

감사의 글

　홍콩 연구자조국(研究資助局)의 연구 보조금 HKU743911H와 타이완의 장징궈 국제 학술 교류 기금회의 연구 보조금 RG016-P-07 덕분에 필요한 조사를 수행할 수 있었기에 고마움을 전한다. 많은 사람이 초고를 읽어 주었고 의견을 주었다. 특히 게일 버로우스, 메이 홀즈워스, 크리스토퍼 허턴, 프랑수아즈 콜런, 조너선 머스키, 베로니카 피어슨, 로버트 페컴, 프리실라 로버츠, 페리 스벤슨, 앤드루 왈더에게 감사한 마음을 전한다. 홍콩 중문 대학교 산하 중국 연구 복무 중심의 진 훙도 많은 도움을 주었다. 다양한 의견과 제안, 질문에 대한 답변을 준 데이비드 정 장, 데버러 데이비스, 로더릭 맥파쿼, 테리사 마리 모로, 클렌 피터슨, 마이클 성, 콘스턴틴 둥, 에디 우, 아서 월드런에게 감사한다. 이 책의 모든 부분에서 아이디어와 통찰력을 제공해 준 크리스토퍼 허턴에게 많은 빚을 졌다. 마크 크레이머는 모스크바 기록 보관소를 방문할 수 있도록 도와주었고 로마의 신언회 관리인들 역시 너그럽게도 기록 보관소를 열람하도록 허락해 주었다. 태미 호와 천이산이 원래는 2006년에 『마오의 대기근*Mao's Great Famine*』 작업을 위해 수집했던 몇

몇 인터뷰를 이 책에도 인용했다. 쓰촨 성 기록 보관소 자료를 제공해 준 저우쉰에게 감사한다. 홍콩 대학교 인문 학부, 특히 역사학과에서 훌륭한 연구 환경을 제공해 주었으며 이 프로젝트를 지지해 준 대니얼 추아와 찰스 셍킹을 비롯한 모든 동료들에게 많은 신세를 졌다.

나는 중국 본토의 지인과 동료에게도 도움을 받았지만 굳이 말하지 않아도 명백한 이유 때문에 그들의 이름은 거론하지 않기로 했다. 그럼에도 미주를 보면 마오쩌둥 시대를 다룬 지극히 용감한 연구에 인민 공화국 내에서 얼마나 많은 사람들이 도움을 주었는지 알 수 있다. 출판사에도 많은 신세를 졌다. 마이클 피시윅, 조지 깁슨, 피터 제임스, 애나 심프슨, 올리버 홀든레아, 폴 내시를 비롯해 블룸즈버리의 모든 직원에게 신세를 졌다. 저작권 대리인인 뉴욕의 앤드루 와일리와 런던의 세라 칼판트에게 고마움을 전한다. 책에서는 첫 문장이 항상 가장 중요하듯이 마지막 문장도 매우 중요한 법인데 사랑하는 아내 게일 버로우스에게 고맙다는 말로 마지막 문장을 대신하고자 한다.

2013년 홍콩에서

찾아보기

옮긴이 **고기탁** 한국외국어대학교 불어과를 졸업했으며, 펍헙 번역그룹에서 전업 번역가로 일한다. 옮긴 책으로는 『문화 대혁명』, 『독재자가 되는 법』, 『중국과 협상하기』, 『민주당의 착각과 오만』, 『야망의 시대』, 『부모와 다른 아이들』, 『이노베이터의 탄생』, 『사회 참여 예술이란 무엇인가』, 『공감의 진화』, 『멋지게 나이 드는 기술』, 『유혹하는 책 읽기』 등이 있다.

해방의 비극

발행일   2016년 8월 10일 초판 1쇄
         2023년 9월 20일 초판 10쇄

지은이   프랑크 디쾨터
옮긴이   고기탁
발행인   홍예빈 · 홍유진
발행처   주식회사 열린책들

경기도 파주시 문발로 253 파주출판도시
전화 031-955-4000 팩스 031-955-4004
홈페이지 www.openbooks.co.kr 이메일 humanity@openbooks.co.kr

Copyright (C) 주식회사 열린책들, 2016, *Printed in Korea.*
ISBN 978-89-329-1773-3 03910

이 도서의 국립중앙도서관 출판예정도서목록(CIP)은 서지정보유통지원시스템 홈페이지(http://seoji.nl.go.kr)와 국가자료공동목록시스템(http://www.nl.go.kr/kolisnet)에서 이용하실 수 있습니다.(CIP제어번호: CIP2016018226)